A TERCEIRIZAÇÃO NO SERVIÇO PÚBLICO

À luz da nova hermenêutica constitucional

HELDER SANTOS AMORIM

Mestre em Direito Constitucional pela
Pontifícia Universidade Católica do Rio de Janeiro.
Procurador do Trabalho.

A TERCEIRIZAÇÃO NO SERVIÇO PÚBLICO

À luz da nova hermenêutica constitucional

EDITORA LTr
SÃO PAULO

Dados Internacionais de Catalogação na Publicação (CIP)
(Câmara Brasileira do Livro, SP, Brasil)

Amorim, Helder Santos

A terceirização no serviço público : à luz da nova hermenêutica constitucional / Helder Santos Amorim. – São Paulo : LTr, 2009.

Bibliografia.

ISBN 978-85-361-1300-5

1. Administração pública – Brasil 2. Direito administrativo – Brasil 3. Serviço público – Terceirização 4. Terceirização – Brasil I. Título.

09-01068 CDU-34:331.52:35 (81)

Índices para catálogo sistemático:

1. Brasil : Terceirização : Serviço público : Administração pública : Direito administrativo 34:331.52:35(81)

Produção gráfica e editoração eletrônica: **FAMA EDITORA**

Capa: **FABIO GIGLIO**

Impressão: **PROL EDITORA GRÁFICA**

LTr EDITORA LTDA.

Rua Apa, 165 — CEP 01201-904 — Fone (11) 3826-2788 — Fax (11) 3826-9180
São Paulo, SP — Brasil — www.ltr.com.br

LTr 3788.7 Março, 2009

"Queremos saber, queremos viver
Confiantes no futuro
Por isso se faz necessário prever
Qual o itinerário da ilusão
A ilusão do poder
Pois, se foi permitido ao homem
Tantas coisas conhecer
É melhor que todos saibam
O que pode acontecer."

(Gilberto Gil, da canção "Queremos saber")

AGRADEÇO

Aos meus amados pais, Lau e Lene, pelo caminho em que me ensinaram a andar, para aqui chegar e agradecer.

À minha querida esposa, Ema, pelo amor com que sonha comigo os mesmos sonhos, me ajudando a tornar esta obra uma realidade.

Aos meus filhos, Felipe e André, porque enchem de alegria os meus dias e fazem da minha vida um instigante aprendizado.

Às Professoras Gabriela Delgado e Lutiana Lorentz, pelo auxílio amigo e confiante no curso desta escrita.

A Sandra, Aline, Isabela, Luiza, e a toda família, pelo incansável incentivo.

Em especial, a tio Paulo, tio Railton e tia Gessi, pelo auxílio solidário.

A vovó Nana e vovó Sinha (em memória), pelo exemplo de vida que alimenta minha fé no ser humano.

A Tatá e Vera, pela confiança carinhosa.

Ao Ministério Público do Trabalho, que me proporcionou a experiência para o enfrentamento do tema e me concedeu um importante período de licença para a elaboração desta obra.

A Gladys, amiga bibliotecária, pelo auxílio vocacionado, íntegro, imprescindível.

À amiga Juraciara, pelos debates engrandecedores nessa jornada de escrita, dúvida e aprendizado.

SUMÁRIO

LISTA DE ABREVIATURAS E SIGLAS

Anatel	Agência Nacional de Telecomunicações
CCQs	Círculos de Controle de Qualidade
CEF	Caixa Econômica Federal
CLT	Consolidação das Leis do Trabalho
Cemig	Companhia Energética de Minas Gerais
Coelce	Companhia Energética do Ceará
Conap	Coordenadoria Nacional de Combate às Irregularidades Trabalhistas na Administração Pública
DL	Decreto-Lei
DIEESE	Departamento Intersindical de Estatística e Estudos Socioeconômicos
EC	Emenda Constitucional
Ibama	Instituto Brasileiro do Meio Ambiente e Recursos Naturais Renováveis
FGTS	Fundo de Garantia do Tempo de Serviço
Inmetro	Instituto Nacional de Metrologia, Normalização e Qualidade Industrial
INSS	Instituto Nacional de Seguridade Social
LRF	Lei de Responsabilidade Fiscal
MPT	Ministério Público do Trabalho
OPEP	Organização dos Países Exportadores de Petróleo
Sindeepres	Sindicato dos Empregados em Empresas de Prestação de Serviços a Terceiros do Estado de São Paulo
SLU	Superintendência de Limpeza Urbana
TCU	Tribunal de Contas da União
TST	Tribunal Superior do Trabalho
Unicamp	Instituto de Economia da Universidade de Campinas
VW	Volkswagen

PREFÁCIO

A análise do Direito do Trabalho na atualidade requer, como um de seus pressupostos, o desenvolvimento de abordagens interpretativas e críticas que considerem a história como elemento integrado às transformações e à configuração das relações de trabalho e de emprego no mundo contemporâneo. Tais interpretações constituem subsídios à compreensão do ramo justrabalhista de modo integrado ao processo mais amplo e complexo, constituído por variáveis sociais, políticas, econômicas, culturais e jurídicas, presentes no movimento incessante da humanidade através dos tempos.

Tal análise, do ponto de vista jurídico, enseja a recuperação não só do processo evolutivo do direito em si mesmo, como também das bases do elemento distintivo teleológico, peculiar à gênese do Direito do Trabalho.

Entre as diferentes abordagens histórico-jurídicas possíveis para o entendimento da evolução temporal e dialética do sistema capitalista de produção, destaca-se o estudo dos paradigmas do Estado constitucional contemporâneo.

Os pressupostos socioeconômicos que ensejaram a estruturação do Direito do Trabalho despontaram, preliminarmente, na vigência do Estado Liberal de Direito, fase em que o capitalismo industrial se tornou o eixo predominante de produção no mundo ocidental. Naquela época, predominou forte exploração do trabalho, tanto nos países matrizes do capitalismo, como naqueles a eles agregados e, portanto, dependentes.

Nos países periféricos, no período imediatamente anterior à Revolução Industrial, destacava-se, ainda, um dos mecanismos da clássica acumulação primitiva de capital, ou seja, a transferência de recursos para os países centrais sob a forma de metais e pedras preciosas.

As relações produtivas eram, portanto, marcadas por precária proteção legal. Tal situação, especialmente nos países em que a industrialização despontava e se consolidava, estimulou a associação da classe trabalhadora como verdadeiro contraponto aos abusos cotidianos da exploração por meio do trabalho.

A crise gradativa do liberalismo clássico, propiciada em parte pela consciência e atuação da classe obreira, contribuiu para a reformulação do modelo de Estado, que de abstencionista e com atribuições mínimas passou gradativamente a interferir na economia e nas questões sociais, ampliando seu campo de atuação e de intervenção.

No decorrer desse processo, firmou-se o Direito do Trabalho como instrumento de crítica ao sistema capitalista de produção, mas, ao mesmo tempo, como elemento viabilizador de sua continuidade, sob bases teleológicas.

Tal processo histórico de regulamentação das relações de trabalho (especialmente, de emprego), de longa duração, estendeu-se dos séculos XIX ao XX, sendo aprimorado pela consolidação, em alguns países do mundo, do Estado Social de Direito, que surgiu como resposta não só às demandas dos trabalhadores, mas também às crises porque passou o capitalismo, no decorrer de sua trajetória histórica.

Entre as diversas crises do sistema capitalista, duas se destacaram por seus grandes impactos e efeitos reprodutivos.

Em primeiro lugar, cabe referência à crise de 1929, que, como um rastilho, contaminou os mercados financeiros e produtivos, gerou graves processos inflacionários, contraiu a economia, ampliou o desemprego e colocou mais uma vez em xeque os preceitos do liberalismo.

Como desdobramento de tal crise surgiram, em diferentes países do mundo, práticas governamentais intervencionistas, centralizadoras e estatizantes, que variaram em matizes e características, incluindo desde as experiências de coloração fascista, implantadas em países como Alemanha, Itália, Espanha e Portugal, até o modelo do *New Deal*, posto em prática por Franklin Delano Roosevelt, nos EUA.

No Brasil, esse período se caracterizou pelo governo de Getúlio Vargas, iniciado em 1930, mas cujo ápice intervencionista e centralizador se deu na fase do Estado Novo, no período de 1937 a 1945.

Outra grande crise do capitalismo no século XX culminou, tempos depois, em meados da década de 1970, em um mundo quase que inteiramente interligado pelas teias do capital e do mercado. Mas, dessa feita, a solução adotada na tentativa de neutralizar os impactos do referido processo foi oposta àquela firmada na década de 1930, vez que as práticas intervencionistas cederam lugar às liberais. O fetiche do Estado mínino ancorou-se como paradigma do mundo ocidental.

Capital e Estado preconizaram, novamente, postulados da livre negociação e do abstencionismo. O liberalismo reestruturou-se sob nova roupagem — o neoliberalismo — que, moldado pela dialética histórica, tornou-se fundamento para a maioria dos países dos eixos central e periférico do ocidente.

O Direito do Trabalho também sofreu influências da orientação neoliberal, passando a inserir, em sua estrutura e dinâmica, fenômenos típicos do neoliberalismo, com destaque para a desregulamentação e a flexibilização de direitos (os anos de 1990 no Brasil trazem inúmeros exemplos nessa linha, como se sabe).

Em meio às inúmeras flexibilizações trabalhistas presentes no cenário contemporâneo brasileiro, é possível afirmar ser a terceirização uma de suas hipóteses mais perversas, sobretudo por romper com a clássica relação jurídica de emprego e dificultar a organização sindical dos trabalhadores terceirizados.

No Brasil, a difusão das práticas terceirizantes ganhou forte impulso, notadamente no setor de serviços, em especial no âmbito da iniciativa privada com a estruturação do modelo de produção toyotista. Não bastasse, a terceirização também se estendeu pela área pública e não raras as vezes de forma indiscriminada, sobretudo por avançar, como diz o autor, "temerariamente sobre competências nucleares dos órgãos e entes públicos, enfraquecendo carreiras públicas e submetendo os novos 'servidores terceirizados' a situações de profunda vulnerabilidade de seus direitos fundamentais".

É exatamente esse o desafio da presente obra: "identificar os limites democrático--constitucionais da terceirização no serviço público brasileiro".

Não me surpreende que tamanho desafio somente possa ser solucionado por juristas da estirpe do Procurador do Trabalho *Helder Santos Amorim*. E o autor não se intimida: particulariza o tema central da obra ao desenvolver importante, abrangente e denso estudo sobre a terceirização no serviço público no Brasil, traçando limites e perspectivas para a sua ingerência à luz da nova hermenêutica constitucional.

A obra ora publicada demonstra, com clareza e responsabilidade, a posição de *Helder Amorim* no sentido de enriquecer sua investigação jurídica com amparo na mais autorizada doutrina e, sobretudo, de fundamentá-la na clássica e perene função teleológica do Direito do Trabalho.

Nesse sentido, apesar de considerar a possibilidade de ingerência da terceirização no serviço público, renova seu compromisso a favor de uma interpretação emancipatória, sobretudo ao estabelecer uma resistência de âmbito principiológico à terceirização trabalhista.

Enfim, somente mediante a afirmação e reconstrução do Direito do Trabalho, por meio da ênfase à função normativa própria assegurada aos princípios, é que se poderá solidificar um dos instrumentos civilizatórios centrais para a correção do escorregadio rumo da terceirização que se alastra no caso brasileiro.

Belo Horizonte, janeiro de 2009.

Gabriela Neves Delgado
Doutora em Filosofia do Direito pela UFMG. Mestre em Direito do Trabalho pela PUC Minas. Professora Adjunta de Direito do Trabalho e Processo do Trabalho dos Programas de Graduação e Pós-Graduação em Direito da UFMG. Advogada.

INTRODUÇÃO

As imensas transformações ocorridas, em escala global, no modelo de acumulação de riquezas desencadearam forças político-econômicas que, nas últimas três décadas, marcaram uma incisiva tendência de recuperação do poder do capital sobre o trabalho, com a respectiva tensão de ruptura sobre o paradigma de Estado keynesiano, promotor da ordem econômica e social.

Esta cultura do novo capitalismo[(1)] propugna por uma nova atuação estatal no processo econômico, de perfil apenas subsidiário à iniciativa privada, com a respectiva retração das atribuições do Estado e de sua organização burocrática.

Neste contexto, a postura "minimalista" exigida da administração pública brasileira, que culminou num rigoroso processo de enxugamento do quadro de servidores públicos na década de 1990, logo conflitou com as novas demandas estatais trazidas pela Constituição de 1988. Sob o influxo do processo de redemocratização, a nova Carta Política impôs ao Estado uma grande carga de atribuições, sob rígido condicionamento da administração pública a valores republicanos, como a impessoalidade, a moralidade e a transparência no trato da coisa pública.

Tensionada entre as exigências constitucionais e a carência de um quadro de pessoal suficientemente organizado, a administração pública brasileira passou a recorrer aos mais variados artifícios de contratação flexível de mão-de-obra ao largo do regime do concurso público, a exemplo das contratações temporárias para funções permanentes, do uso do estágio acadêmico em funções estranhas à sua natureza pedagógica e do uso de convênios e contratos de prestação de serviços em atividades diversas das legalmente permitidas.

A figura da "contratação de serviços", legalmente destinada a atividades de apoio operacional à administração pública, como serviços de limpeza, conservação, vigilância, transporte, manutenção etc., passou a ser amplamente utilizada para cooptação de mão-de-obra em diversas tarefas burocráticas inseridas no núcleo de competência dos órgãos estatais.

Doutrinariamente naturalizada no bojo de uma ampla reforma administrativa do aparelho do Estado (levada a cabo na década de 1990), a terceirização logo se tornou ícone de eficiência e modernidade. Transformou-se em poderoso recurso administrativo de contingenciamento da carência de servidores públicos efetivos, carência esta acirrada pelas

(1) Em referência à obra *A cultura do novo capitalismo*, na qual o sociólogo americano Richard Sennett avalia, dentre outros temas, a marca estrutural e cultural que o novo mercado globalizado deixou nas instituições alheias ao mundo dos negócios, especialmente nas instituições do Estado previdenciário, como assistência social, educação e saúde. Cf.: SENNETT, Richard. *A cultura do novo capitalismo.* Trad.: Clóvis Marques. Rio de Janeiro: Record, 2006.

novas exigências de controle fiscal sobre os gastos com pessoal "próprio" do Poder Público, objeto da Lei de Responsabilidade Fiscal.

Esta terceirização indiscriminada — aqui amplamente referida como "terceirização no serviço público" — disseminou-se no interior dos órgãos e entes públicos em todos os níveis federativos, em todas as esferas de Poder, ensejando uma série de repercussões deletérias sobre importantes valores constitucionais.

No plano institucional, esta *superterceirização* dinamizou o movimento de desregulamentação institucional e de desprofissionalização do serviço público, concorrendo para liquidar funções e esgotar planos de carreiras indispensáveis ao exercício das responsabilidades estatais. A prática acabou, dessa forma, por vulnerabilizar o "princípio constitucional da organização funcional da administração pública", que pressupõe um quadro próprio de pessoal, organizado e profissionalizado, para o exercício contínuo das atividades concretizadoras do interesse público.

Ademais, ao viabilizar a inserção desregrada de pessoal nas atividades centrais dos entes estatais ao largo do concurso público, a *superterceirização* ainda viola os "princípios constitucionais da impessoalidade e da moralidade", criando espaço propício à promiscuidade das relações entre o público e o privado.

No plano social, por sua vez, esta terceirização desmedida precariza as condições de trabalho, fragiliza a organização coletiva dos servidores e ainda acentua uma série de discriminações indevidas entre servidores públicos e trabalhadores terceirizados, em grave violação do nível de garantia constitucional dos "direitos fundamentais" destes trabalhadores.

Diante destes impactos a valores comunitários essenciais, a terceirização no serviço público tornou-se objeto de intenso debate jurisprudencial em torno dos seus limites, especialmente no âmbito dos Tribunais de Contas e da Justiça do Trabalho, que mais de perto acompanham as repercussões do movimento sobre os interesses da sociedade e dos trabalhadores.

Em que pese esta complexa repercussão sobre variados interesses, no entanto, os limites à terceirização têm sido instituídos com base em interpretações jurídicas que pouco consideram a normatividade dos princípios constitucionais atingidos e, principalmente, a necessidade de soluções condizentes com a conflituosidade gerada pela prática.

As interpretações em voga, subsuntivas das normas escassas que tratam da questão, geralmente não oferecem soluções suficientemente capazes de apreender o conjunto dos valores constitucionais atingidos, na medida em que elas próprias (as normas legais) não são objeto de uma ampla ponderação legislativa em torno de todos esses valores.

Diante disso, a presente obra buscará identificar soluções interpretativas sobre os limites da terceirização no serviço público, adequadas à complexidade do fenômeno. Para tanto, primeiramente, buscará avaliar o movimento contemporâneo da terceirização em seus fundamentos e justificações políticas, econômicas e sociais.

No Capítulo 1 será empreendida análise sobre a lógica da terceirização em sua gênese privada no seio do novo modelo organizacional de empresa flexível "pós-fordista".

No Capítulo 2 a obra voltará atenção para a evolução e as repercussões imediatas da *superterceirização* no interior dos órgãos e entes públicos, traçando-se um quadro do movimento em sua perspectiva dinâmica, no contexto das reformulações promovidas na atuação do Estado brasileiro nos últimos anos.

Em seguida, no Capítulo 3, será promovida uma análise sobre a figura jurídica do "contrato de prestação de serviços" pela administração em suas características e peculiaridades, a fim de identificar-se o fundamento jurídico-conceitual do fenômeno da terceirização no ambiente do Direito Público.

Nesse momento, tratarão estes escritos de estabelecer as necessárias divisas conceituais entre esta terceirização de atividades de apoio, objeto das reflexões, e figuras relacionadas ao movimento de desestatização ou privatização de "serviços públicos", a fim de demonstrar a necessidade de um tratamento jurídico distintivo das figuras em face de suas diferentes finalidades institucionais.

Adiante, no Capítulo 4, serão analisadas as principais evoluções normativas sobre os limites da terceirização juridicamente aceitável, identificando-se um complexo círculo argumentativo jurisprudencial existente em torno do fenômeno no setor público e na iniciativa privada, especialmente por força da presença do Estado na atividade econômica *stricto sensu*, através de suas empresas estatais.

A partir da compreensão integrada dos conflitos desencadeados pelo fenômeno sobre diversos interesses constitucionais, a obra alcança estrutura, em seu Capítulo 5, para a formulação de uma proposta interpretativa no marco da "nova hermenêutica constitucional pós-positivista".

Esta proposta parte da premissa de que, geralmente, os limites ao fenômeno não são dados inferíveis de uma interpretação subsuntiva de normas legais e constitucionais, mas são soluções construídas normativamente a partir de uma ponderação entre todos os princípios diretamente atingidos, sob a máxima da proporcionalidade.

É levada a efeito, para isto, uma abordagem panorâmica sobre os principais elementos teóricos que atualmente constituem o pensamento da nova hermenêutica, a fim de subsidiar a formulação de critérios interpretativos específicos para o fenômeno em análise. A unidade da Constituição, o conflito principiológico, a diferença qualitativa entre regras e princípios, a exigência de efetividade dos direitos fundamentais, a proporcionalidade e a ponderação, dentre outros tantos elementos, passam a balizar a análise do fenômeno.

No contexto deste pensamento problemático, ainda no Capítulo 5 são realizados estudos de casos práticos colhidos da jurisprudência trabalhista sobre os limites da terceirização no serviço público, visando deles inferir os principais bens jurídicos ofendidos e merecedores de proteção constitucional.

Enfim, no Capítulo 6 a reflexão atingirá sua fase conclusiva, com a análise dos princípios constitucionais materiais confrontados pela terceirização, tanto no espaço privado, onde se situam as empresas estatais, como no espaço estritamente público, onde estão os órgãos da administração pública central.

Será analisada a incidência conflitiva dos princípios constitucionais da livre iniciativa e da proteção social do trabalho sobre a terceirização na iniciativa privada, assim como a recíproca incidência dos princípios da organização funcional da administração pública, da impessoalidade e da eficiência administrativa na formulação dos limites do fenômeno no seio da administração pública.

A abordagem será finalizada com a proposição de critérios interpretativos que viabilizem a construção de uma justa solução para cada caso concreto diante de suas peculiaridades. Trata-se, portanto, de uma abordagem comprometida com respostas interpretativamente construídas no espaço dialógico entre o Direito e a moral, e inspirado na efetividade e na unidade da Constituição.

Capítulo 1

TERCEIRIZAÇÃO, CAPITAL E TRABALHO

"A Constituição converter-se-á em força ativa se fizerem-se presentes, na consciência geral — particularmente, na consciência dos principais responsáveis pela ordem constitucional —, não só a vontade de poder, mas também a vontade de Constituição."

(Konrad Hesse)

1.1. IDEIAS INTRODUTÓRIAS

A terceirização é caracterizada pela transferência, a terceiras empresas, de etapas ou atividades inerentes ao processo produtivo. É uma manifestação do complexo movimento contemporâneo de reengenharia produtiva difusamente denominado de pós-fordismo, que se alastrou pelo mundo capitalista a partir da década de 1970 na esteira de uma radical transformação no modelo de acumulação econômica.

Na medida em que o processo de organização da produção constitui uma peça fundamental do modelo de acumulação de capital vigorante em cada época, não se podem compreender as transformações deste modelo e, no seu interior, as alterações do processo de produção ocorridas nas últimas três décadas, sem atentar para a cadência social, política e econômica em que se contextualizam estas evoluções.

Daí por que no presente Capítulo serão empreendidas reflexões sobre os principais movimentos políticos e econômicos que influenciaram o surgimento do fenômeno no contexto da empresa privada, bem como sobre as repercussões imediatas do fenômeno sobre as relações de trabalho. Assim, no Capítulo seguinte, o movimento poderá ser mais bem compreendido no âmbito da administração pública com a especificidade que interessa aos propósitos centrais desta obra.

1.2. LIBERALISMO, INDÚSTRIA E RELAÇÃO DE TRABALHO

O liberalismo clássico tornou-se política e doutrinariamente hegemônico no final do século XVIII por impulso das revoluções burguesas. O Estado liberal burguês individualista surgiu e se justificou no contexto de imensas transformações que ocorriam no modelo de acumulação de riquezas, com a função de articular e organizar o capitalismo de produção industrial, em superação ao capitalismo artesanal e mercantilista fundado na troca dos bens excedentes que até então vigorava.

O Estado moderno nasceu na conjuntura da primeira Revolução Industrial (1780-1820) que, inicialmente na Inglaterra, instaurou a grande indústria em torno da máquina a vapor e do tear, difundindo a produção por meio do transporte ferroviário, organizando-se sobre as bases de uma relação social até então pouco usual: a relação de compra e venda da força de trabalho, um trabalho assalariado e subordinado por conta de um terceiro, o detentor do capital.

A produção capitalista passou a estruturar-se, então, sobre as bases do poder estatal, em torno de três condições básicas, na concepção de *Braverman*: os trabalhadores são separados dos meios com os quais a produção é realizada; são livres de constrições legais como a servidão e a escravidão, e o propósito do seu emprego é a expansão do capital pertencente ao empregador, que atua como capitalista[(1)]. Ambos, capitalista e trabalhador, atuam no mercado privado por força de um contrato de compra e venda da mão-de-obra, no livre exercício de suas liberdades individuais, garantidas como fundamento último do Estado de Direito.

Sob os auspícios da doutrina do *laissez-faire*, o novo modelo produtivo encontrou, no século XIX, as condições ideais à sua plena realização, sob a tutela de um Estado garantidor da necessária segurança jurídica para a utilização dos meios de produção, especialmente a mão-de-obra, segundo as leis de mercado.

A segunda revolução industrial e tecnológica, no final do século XIX, caracterizou-se pelo surgimento da máquina movida a eletricidade, como produto do petróleo, e pela intensa produção industrial de novos bens (química, aço, dentre outros). Com isso, agudizou-se o quadro de exploração predatória da força de trabalho e de submissão pessoal do trabalhador às necessidades expansionistas do capital; a mão-de-obra tornou-se uma mercadoria barata e facilmente descartável, enquanto os grandes aportes de investimentos exigidos para o acesso à nova onda de inovação tecnológica fomentava a centralização e a concentração do capital em torno de poucas e grandes empresas, em poucos países, com a transformação do capitalismo industrial em monopolista[(2)].

Em torno destes grandes polos industriais concentraram-se também grandes massas proletárias oprimidas pelas péssimas condições de vida, favorecendo o recrudescimento da luta de classes e a organização sindical, inspiradas na doutrina socialista, que se mostrava em franca ameaça ao sistema capitalista, fomentando a atenção do Estado burguês para a questão social.

Surgiram, assim, num longo e demorado processo, os regulamentos de fábrica e as primeiras leis protetivas do trabalhador, limitando a autonomia contratual e intervindo progressivamente no conteúdo do contrato de trabalho, com o estabelecimento de condições mínimas acerca da remuneração, da jornada de trabalho, da idade mínima para o trabalho, da proteção à saúde e da segurança dos trabalhadores, da proteção ao trabalho da mulher etc.

Em face das consequências devastadoras da Primeira Grande Guerra Mundial (1914-1918), com o desemprego em massa nos países europeus, a progressiva degradação dos ideais democráticos liberais e o fortalecimento dos ideais socialistas, especialmente sob o influxo da Revolução Russa (1917), o capitalismo ocidental buscou reorganizar-se sob inspiração humanitária.

---

(1) BRAVERMAN, Harry. *Trabalho e capital monopolista:* a degradação do trabalho no século XX. Trad. Nathanael C. Caixeiro. 3. ed. Rio de Janeiro: LTC, 1987. p. 54-55.

(2) DELGADO, Gabriela. *Terceirização* — paradoxo do direito do trabalho contemporâneo. São Paulo: LTr, 2003. p. 45.

O Direito do Trabalho consolidou-se com o Tratado de Versailles (1919), que criou a Organização Internacional do Trabalho em torno do compromisso dos países signatários em regulamentar condições dignas de trabalho. Inaugurou-se uma nova fase de intervenção estatal sistemática na relação de trabalho, para garantir ao trabalhador hipossuficiente uma superioridade jurídica compensatória da inferioridade econômica, rompendo com o primado da igualdade formal que inspirou o Direito Privado no apogeu do liberalismo clássico.

No mesmo passo, o mundo assistia à constitucionalização de direitos sociais e do próprio Direito do Trabalho, primeiramente com a Constituição do México de 1917 e, em seguida, com a Constituição de Weimar, na Alemanha, de 1919[3], ambas reconhecendo a liberdade de associação sindical como um emblemático avanço no processo de maturação do sindicalismo[4]. As lutas sindicais ganhavam força e se institucionalizavam como legítimo instrumento de reivindicação por melhores condições de trabalho.

1.3. KEYNESIANISMO, FORDISMO E A MÁXIMA PRODUTIVIDADE DO TRABALHO

Surgia no início do século XX uma nova forma de estruturação produtiva e de organização do trabalho industrial que iria preponderar hegemonicamente por quase três quartos do século: o sistema *fordista* de produção em massa. Esse sistema foi inaugurado por *Henry Ford* em sua indústria automobilística, que temperava os métodos da Administração Científica do Trabalho, de *Frederick Taylor* (1911), com a engenhosidade tecnológica da linha de montagem contínua, em torno da qual os operários se concentravam, desenvolvendo específicos e sucessivos segmentos da atividade fabril, numa rotina fragmentada e cronometrada sob o ritmo imposto pela máquina.

O taylorismo, método científico de organização do trabalho concebido por *Taylor*, visava à obtenção da máxima produtividade do trabalho por meio da decomposição de cada processo de trabalho em movimentos rigidamente estudados e previstos, e da organização e execução das tarefas fragmentadas conforme rígidos padrões de tempo e movimento, separando-se o trabalho intelectual do trabalho manual e repetitivo.

O primeiro, o trabalho intelectual, foi atribuído aos empregados especializados, engenheiros e gerentes. Já o trabalho manual e repetitivo foi relegado ao operário do chão de fábrica, totalmente destituído do poder criativo e cientificamente submetido a *standards* inflexíveis de movimentos predeterminados, sob austero controle de tempo.

O trabalhador logo percebeu que essa divisão objetiva do trabalho acabaria por suprimir sua subjetividade, diminuindo sua importância no processo produtivo e tornando-o, por conseguinte, facilmente substituível, descartável, com a eliminação da sua resistência individual, o que acabou por recrudescer fortes resistências coletivas na implantação do modelo[5]. Essa resistência coletiva conduziu à ideia de que a aceitação obreira do *taylor*ismo

(3) Anota Eros Roberto Grau que ambas as Constituições, do México e da Alemanha, são fortemente programáticas quanto a estes direitos sociais, atribuindo à legislação ordinária sua realização, como face do projeto ideológico que contemplam, de amortecimento do conflito de classes. Cf.: GRAU, Eros Roberto. *A ordem econômica na Constituição de 1988* (interpretação e crítica). 11. ed. São Paulo: Malheiros, 2005. p. 47.

(4) DELGADO, Gabriela. *Terceirização* — paradoxo do direito do trabalho contemporâneo. *Op. cit.*, p. 46.

(5) VIANA, Márcio Túlio. Terceirização e sindicato: um enfoque para além do jurídico. *Revista LTr*, São Paulo, v. 67, n. 07, p. 778, jul. 2003.

dependeria da concessão de vantagens aos trabalhadores, que pudessem ser por eles concebidas como vantagem na adoção do próprio modelo de organização(6).

Sob esta premissa, a indústria fordista estruturou-se. Para alcançar com sucesso a implantação da organização taylorista, *Ford* tornou-a inicialmente aceitável pelos trabalhadores, estabelecendo a jornada de oito horas e pagando um salário de cinco dólares ao dia, um excelente padrão remuneratório para a época (o equivalente a 120 dólares/dia em 1997), além de incluir os empregados num plano de participação nos lucros, medidas condizentes com o novo espírito de humanização das relações de trabalho. Os cinco dólares por dia compensariam generosamente o tédio do trabalho mecânico e rotineiro(7).

Dessa forma, o fordismo paulatinamente transformou-se no paradigma ocidental de organização empresarial: uma estrutura industrial gigantesca, verticalizada, que domina de alto a baixo todas as etapas do ciclo produtivo, controlando os riscos de escassez de insumos numa época de profunda turbulência nas relações internacionais.

"*Ford produzia tudo, dos pneus até a última porca de seus carros*"(8), concentrando verdadeiros exércitos de empregados ao redor da planta fabril. Foi o primeiro industrial a produzir em massa um produto padronizado, com o uso de peças intercambiáveis.

Já na segunda década do século XX, *Ford* produzia milhares de carros idênticos a cada dia; os componentes individuais eram sempre cortados e moldados da mesma forma, sendo facilmente interconectados, processo este facilitado pela linha de montagem que levava o carro diretamente ao operário, reduzindo o tempo de produção e controlando o ritmo do movimento na fábrica(9).

Sua estrutura funcionava rigidamente, de forma hierárquica, segundo critérios traçados pelo alto comando, sem flexibilidade para grandes mudanças, até porque a produção padronizada refletia a pouca exigência de um consumo de massa ainda incipiente, com um consumidor acomodado à pouca variedade dos produtos oferecidos no mercado.

Além do automóvel, novos produtos surgiam, como o rádio, a televisão, o náilon, os eletrodomésticos, as calças jeans etc., mas todos eles, depois de inventados, tendiam a uma certa estabilidade, sem mudança de linha(10).

A grande depressão econômica de 1929, com a quebra da Bolsa de Valores de Nova York, marcou o ápice da crise do liberalismo econômico, chegando à sua quase supressão, com a desfuncionalidade dos fundamentos da economia capitalista. Iniciavam-se, assim, nos Estados Unidos, progressivas reformas político-econômicas fundadas na mais intensa intervenção do Estado na economia, o que se propagou pelo Ocidente, dando origem ao Estado de Bem-Estar Social, comprometido com uma distribuição considerada "mais justa" das riquezas sociais(11).

---

(6) CARELLI, Rodrigo de Lacerda. *Terceirização e intermediação de mão-de-obra*: ruptura do sistema trabalhista, precarização do trabalho e exclusão social. Rio de Janeiro: Renovar, 2003. p. 34.

(7) SENNETT, Richard. *A corrosão do caráter*: consequências pessoais do trabalho no novo capitalismo. Rio de Janeiro: Record, 2004. p. 44.

(8) VIANA, Márcio Túlio. Terceirização e sindicato: um enfoque para além do jurídico. p. 778.

(9) RIFKIN, Jeremy. *O fim dos empregos*: o declínio inevitável dos níveis dos empregos e a redução da força global de trabalho. Trad.: Ruth Gabriela Bahr. São Paulo: Makron, 2004. p. 101-102.

(10) VIANA, Márcio Túlio. Terceirização e sindicato: um enfoque para além do jurídico. p. 778.

(11) Em seu período de afirmação, a doutrina intervencionista criou ambiente filosófico e político propício à formulação e à consolidação dos *direitos sociais, econômicos e culturais* que, por natureza, desafiam a atuação de um Estado devedor de prestações positivas, assim como de um mercado submetido à função social da propriedade e do exercício da livre iniciativa. Mas, como afirma Eros Roberto Grau, essa atuação do Estado não conduz

Com estas intervenções, o capitalismo é preservado, embora sobre novas bases, pois o modo de produção baseado na exploração do trabalho assalariado, os esquemas de repartição dos lucros e os mercados capitalistas foram mantidos em sua integralidade(12).

No período entre os anos de 1945 a 1970 este modelo estatal intervencionista vigorou com imenso sucesso em sua meta de promover o desenvolvimento econômico, aliado ao modelo fordista de organização produtiva que, diante da natural resistência por parte dos trabalhadores, necessitava de um rígido controle do trabalho em sua gestão.

Esse intenso controle tornou-se ainda mais viável no novo cenário de profunda intervenção estatal, em que o Estado, fomentando o corporativismo obreiro em torno do sindicato, passou a figurar como um mediador impositivo do conflito de classes, garantindo a composição dos interesses conflitantes no interior do regime de exploração capitalista, ao que se denominou de "compromisso fordista" entre capital e trabalho.

O Estado intervencionista era o que faltava, então, para a consolidação do fordismo no segundo pós-guerra, na síntese oportuna de *Viana*, para quem *"o Estado dos tempos de Ford respondia aos seus anseios, pois se de um lado dava infra-estrutura, com obras de todo tipo, de outro garantia o consumo, com políticas de bem-estar, tudo segundo as lições de John Maynard Keynes"*(13).

Nesse contexto, o fordismo norte-americano, como modelo de organização produtiva capaz de extrair a máxima produtividade da força de trabalho, propagava-se vertiginosamente pelos países europeus de capitalismo central. Em sua aliança com o intervencionismo estatal keynesiano passou a figurar como um **novo modelo internacional de acumulação econômica e de regulação político-ideológica** — o modelo fordista-keynesiano —, hegemônico por décadas em todos os países capitalistas, fundado sobre os seguintes pilares, na visão de *Harvey*:

a) empresas gigantes que concentram todo o processo produtivo, organizadas vertical e hierarquicamente, com certa rigidez em sua cadeia produtiva;
b) relação capital-trabalho regulada de forma corporativa pelo Estado;
c) intervenção estatal, por meio do planejamento econômico e da regulação do mercado, da proteção ao capital nacional, da criação da rede de proteção social e da participação do Estado como empresário;
d) existência de fronteiras nacionais rígidas, com forte articulação entre o capital nacional e o Estado nacional;
e) ordem internacional estruturada em dois grandes blocos (guerra fria), submetendo a atividade econômica, nos dois lados, a interesses estratégicos e mesmo militares(14).

à substituição do sistema capitalista, pois é justamente para impedir tal substituição que o Estado é chamado a atuar sobre o domínio econômico. Cf.: GRAU, Eros Roberto. *A ordem econômica na Constituição de 1988* (interpretação e crítica). p. 45.

(12) *Idem, ibidem.*

(13) VIANA, Márcio Túlio. A proteção social do trabalhador no mundo globalizado — O direito do trabalho no limiar do século XXI. *Revista LTr*, São Paulo, n. 07, v. 63, p. 885. jul. 1999.

(14) HARVEY, David. Condição pós-moderna. São Paulo: Loyola, 1992. *Apud* FONSECA, Francisco César Pinto da. *O consenso forjado*: a grande imprensa e a formação da agenda ultraliberal no Brasil. São Paulo: Hucitec, 2005. p. 59.

A despeito de olvidar a subjetividade obreira, no entanto, o modelo fordista-keynesiano, quando associado ao *Welfare State*, *"propiciou o maior crescimento econômico com distribuição de renda (esta, em determinados lugares) da história do capitalismo, fato até então inusitado"*, na observação de *Fonseca*[15].

1.4. NEOLIBERALISMO E ORGANIZAÇÃO FLEXÍVEL DO TRABALHO

Mas, o modelo fordista começou a dar sinais de esgotamento na década de 1960, a partir, basicamente, da necessidade de alteração do modelo de organização produtiva, no enfrentamento da grande "crise do lucro" que se abateu sobre a economia dos países centrais, notadamente a dos Estados Unidos. Isto, aliado à globalização do mercado (fomentada pela terceira revolução tecnológica, da microinformática), ao desemprego estrutural e consequente crise fiscal do *welfare state* e ao desmoronamento do socialismo no leste europeu, desencadeou uma verdadeira avalanche no modo de acumulação capitalista, em escala global jamais vista em outro momento da história.

Trata-se de um processo ainda em curso, de reformulação do sistema econômico mundial e, consequentemente, de reformulação do modelo de intervenção estatal na economia, o que tem exigido profundas alterações no modo de atuação do Estado, levado a conformar-se às exigências do novo mercado globalizado.

Apesar da natural dificuldade de compreensão da exata dimensão dessas transformações, dada a ausência de distanciamento histórico, o relato de *Jeremy Rifkin* sobre a gênese dessas mudanças, na perspectiva econômica dos Estados Unidos, a maior potência econômica do planeta, revela com interessante realismo a articulação de alguns dos fatores desencadeantes[16].

De acordo com este autor, em meados da década de 1960 poucos americanos percebiam as mudanças radicais que estavam ocorrendo nas práticas gerenciais das empresas japonesas que, em menos de uma geração, forçariam os Estados Unidos e o mundo a repensar o próprio modo de fazer negócios.

Em 1965, relata *Rifkin*, os Estados Unidos eram a nação mais poderosa da face da Terra, com poder militar invencível e tecnologia de causar inveja ao mundo. As empresas americanas dominavam o comércio internacional, seus produtos eram procurados por sua superior qualidade. Internamente, os salários aumentavam e milhões de americanos desfrutavam dos benefícios compatíveis com o *status* de classe média.

Naquele ano, as corporações fordistas americanas tiveram aumento em seus lucros líquidos no maior patamar do pós-guerra (10%), mas, embora ninguém previsse, seria aquele o ponto culminante para a economia americana, o último ano de lucros crescentes para a comunidade empresarial. Já nos anos 1970, os lucros das empresas encolheram para menos de 6%, por uma combinação de fatores, avalia *Rifkin*.

O mercado americano tornara-se saturado com bens de consumo[17] e, ao mesmo tempo em que a demanda diminuía, aumentava a concorrência estrangeira pelo mercado

(15) *Idem, ibidem.*

(16) RIFKIN, Jeremy. *O fim dos empregos.* p. 96-101.

(17) Relata o autor que por volta de 1979 havia um carro para cada dois americanos e mais de 90% das casas americanas estavam equipadas com todos os itens de eletrodomésticos. Cf. RIFKIN, Jeremy. *O fim dos empregos*, p. 97.

interno. Produtos estrangeiros baratos inundavam os Estados Unidos, reduzindo o mercado das empresas nacionais(18).

Os aumentos de impostos e de benefícios salariais para os trabalhadores americanos reduziam ainda mais os lucros, enquanto o embargo ao petróleo da Organização dos Países Exportadores de Petróleo (OPEP) aumentou o custo da energia, reduzindo os lucros, de 1970 até o início dos anos 1980.

A desregulamentação, durante a administração *Reagan*, das indústrias americanas antes protegidas aumentou a concorrência pela fatia de mercado entre os tradicionais gigantes corporativos e empresas recém-chegadas de outros países; os lucros continuaram declinando.

Assim, empresas tradicionais, que se acomodaram ao modelo produtivo fordista durante os anos de pleno desenvolvimento, começaram a encarar as novas circunstâncias com que se defrontavam. Enfrentando a crescente concorrência internacional e interna, procuraram novas maneiras de cortar custos e aumentar a fatia de mercado e os lucros.

Inicialmente, recorreram às novas tecnologias da informação, na esperança de aumentar a produtividade em tempos de escassez. Na década de 1980, foram investidos mais de um trilhão de dólares em tecnologia nos negócios americanos — fenômeno identificado como a "terceira revolução tecnológica" —, mas a produtividade continuava despencando. Somente mais de uma década depois, a partir de 1992, esses investimentos começavam a se pagar.

Por outro lado, o maciço investimento em computadores também desencadeou a reestruturação e a redução no tamanho das empresas. Percebeu-se que o fracasso em se alcançar ganhos de produtividade rapidamente não devia ser atribuído às novas tecnologias que economizam trabalho e tempo, mas à inadequação das tradicionais estruturas empresariais para acomodar as novas tecnologias.

Percebeu-se também, segundo *Rifkin*, que o sistema gerencial do fordismo era como um gigante movendo-se pesada e desajeitadamente; um poderoso produtor capaz de fabricar grande quantidade de produtos padronizados, mas sem flexibilidade para mudanças rápidas, necessárias para adaptar-se às oscilações repentinas no mercado doméstico ou mundial.

Por conta disso, na década de 1980, o poder corporativo americano estava sendo desafiado por novos concorrentes globais, armados com uma estrutura organizacional muito diferente, flexível, mais bem equipada para tirar proveito das novas tecnologias da revolução da informação. Esta nova forma de administração surgiu na indústria automobilística japonesa do pós-guerra e divergia tão radicalmente do modelo de produção americano que passou a ser reconhecido como método de produção enxuta, regime de acumulação flexível ou produção **pós-fordismo**(19).

Óbvio que este breve relato, extraído das observações de *Jeremy Rifkin*, retrata apenas uma versão fragmentada do grande movimento que desencadeou o novo e atual modelo de

---

(18) Entre 1969 e 1979, nos Estados Unidos, o valor dos manufaturados importados aumentou, em relação aos produtos nacionais, de 14% para 38%. Em meados de 1980, para cada dólar gasto em produtos fabricados nos Estados Unidos, as famílias americanas gastavam quarenta e cinco centavos com produtos importados. Cf. RIFKIN, Jeremy. *O fim dos empregos.* p. 97.

(19) RIFKIN, Jeremy. *O fim dos empregos.* p. 96-102.

acumulação capitalista e, no seu interior, o novo modelo de organização produtiva, na qual a terceirização exerce papel central, como será visto adiante.

Para melhor compreender a presença da terceirização nesse novo cenário, é importante que se agreguem a estas observações outras perspectivas sociais e políticas.

Ao lado da queda brusca do lucro, *Viana* atribui o esgotamento do modelo fordista, além de outros fatores, à onda de rebeliões da classe trabalhadora que, nos anos 1960, "*rompendo o pacto fordista, queria a sua cota pela riqueza construída durante as décadas anteriores, e ao mesmo tempo voltava a questionar o poder diretivo, exigindo cogestão*"(20).

Antunes relata que, já no final dos anos 1960 e início dos anos 1970, deu-se o que ele denomina de explosão do "operário-massa", a parcela hegemônica do proletariado da era fordista que atuava no universo concentrado do espaço produtivo. Este novo proletariado, na proposição do autor, havendo perdido a identidade cultural da era artesanal e se ressocializado de forma homogênea sob determinados parâmetros tayloristas, marcados pela massificação, ofereceu as bases para a construção de uma nova consciência de classe, desencadeando uma revolta coletiva contra a expropriação intensa da sua força de trabalho à custa da perda de sua subjetividade(21).

As ações de revolta destes trabalhadores, reivindicando o controle social da produção, atingiram nesse período seu ponto de ebulição, anunciando o fim do compromisso fordista em forma de verdadeira revolta do "operário-massa" contra os métodos taylorista e fordista de produção(22).

Exatamente naquele momento, prenunciava-se, ironicamente, a nova crise estrutural do capitalismo que, como resposta, buscou reorganizar o capital e seu sistema ideológico e político de dominação, investindo contra o Estado de Bem-Estar Social.

As manifestações mais evidentes desse fenômeno viriam com o advento do neoliberalismo doutrinário, que trazia como fundamentos a privatização do Estado, a desregulamentação dos direitos do trabalho e a desmontagem do setor produtivo estatal, da qual a era Thatcher, na Inglaterra, e Reagan, nos Estados Unidos, foram as expressões mais fortes. A isso se seguiu um intenso movimento de reestruturação da produção e do trabalho, com vistas a dotar o capital do poder necessário à recomposição dos patamares de expansão anteriores(23).

Estes agrupamentos políticos dos países de economia central iniciaram, a partir do final da década de 1970, fortes articulações doutrinárias, de cunho liberal, com o fim de espraiar pelo mundo, especialmente pelos países de economia periférica dependentes dos organismos financeiros bilaterais, as reformas do Estado orientadas para o mercado.

Iniciava-se um processo de desmonte do Estado de Bem-Estar, sob a forte crítica do custo fiscal insustentável da burocracia estatal e do prejuízo que as prestações sociais implicavam para a saúde da economia.

---

(20) VIANA, Márcio Túlio. Terceirização e sindicato: um enfoque para além do jurídico. p. 779.

(21) Antunes explica que o processo produtivo instituído sobre as bases tayloristas implantou uma sistemática baseada na acumulação intensiva, uma produção em massa executada por operários predominantemente semiqualificados, que possibilitou o desenvolvimento do "operário-massa" (*mass worker*), o trabalhador coletivo das grandes empresas verticalizadas e fortemente hierarquizadas. Cf.: ANTUNES, Ricardo. *Os sentidos do trabalho:* ensaio sobre a afirmação e a negação do trabalho. São Paulo: Boitempo, 7. impr., 2005. p. 37 e 41.

(22) *Idem*, p. 41.

(23) *Idem*, p. 31.

Bem cedo, conforme ressalta *Viana*, o sistema político identificou um dos pontos nevrálgicos do problema econômico: o movimento operário. A resistência aumentara exatamente no momento em que era preciso reduzir os custos de mão-de-obra para que os lucros voltassem a subir.

A primeira reação veio com Margareth Thatcher que, vencendo uma longa greve dos mineiros, desarticulou uma das categorias mais organizadas e fortes da Inglaterra, seguindo-se leis antigreve e repressão ao movimento sindical. Pouco tempo depois, Ronald Reagan também curvou uma categoria fortemente organizada nos Estados Unidos, a dos operadores de voo, inaugurando no país a onda antissindical(24).

Isso demonstra que ao novo modelo de organização da produção e do trabalho não bastavam apenas a flexibilidade e a adequação estrutural necessárias para absorver a inovação tecnológica e atender à nova demanda oscilante internacional, como na versão de *Rifkin*. O novo modelo, para atender aos anseios de recomposição de poder do capital, precisava também viabilizar o corte de custos de mão-de-obra e, ao mesmo tempo, vencer o poder corporativo do novo protelariado, organizado em torno do sindicato fortalecido da era fordista(25).

Para tanto, buscaram-se no modelo de organização desenvolvido pela Toyota, indústria automobilística japonesa — por isso mesmo denominado de "toyotismo" —, os componentes organizacionais que melhor atendessem a essas novas expectativas do capital em crise.

Trata-se de um modelo produtivo voltado ao atendimento das exigências individualizadas e oscilantes do novo mercado consumidor globalizado, em ambiente de rigorosa competitividade, destituído de protecionismos estatais, o que desafia uma produção bastante variada, heterogênea e de baixo custo, fundada no princípio do *just in time*: a produção é determinada pelos níveis de demanda, em tempo real; para isso, os estoques são reduzidos ao mínimo possível e até a matéria-prima é adquirida conforme a necessidade do cliente; o trabalho humano, por conseguinte, também é limitado ao estritamente necessário em cada tempo, conforme a demanda, o que pressupõe formas flexíveis de contratação, como o trabalho temporário, trabalho *part-time* etc., determinando uma grande flutuação da mão-de-obra.

A empresa, que no fordismo era verticalizada — compreendendo todas as etapas do processo produtivo —, passou a ter uma estrutura horizontalizada, descentralizando e **externalizando** parte da produção a outras empresas, autônomas, organizadas numa rede de parceria interempresarial.

Este novo modelo organizacional logo encontra assento científico na "teoria do foco", da Ciência da Administração, segundo a qual, a empresa enxuta deve concentrar seus esforços e recursos no que constitui a especialidade do seu processo produtivo, transferindo (contratando) a terceiras empresas todas as demais atividades que lhe sejam instrumentais

(24) VIANA, Márcio Túlio. Terceirização e sindicato: um enfoque para além do jurídico. p. 779.

(25) Friedrich von Hayek, principal referência do pensamento liberal no século XX, deixou consignado que "*embora, na realidade, as conquistas obtidas pelos sindicatos com sua política salarial sejam muito menores do que realmente se supõe, apesar disso, suas atividades nesse campo são muito prejudiciais do ponto de vista econômico e extremamente perigosas do ponto de vista político*". Nesta perspectiva, o liberalismo considera o sindicato como um agente monopolista da força de trabalho, que com sua atuação retira do salário a sua característica básica: ser um preço, como qualquer outro. *Apud* FONSECA, Francisco. *O consenso forjado:* a grande imprensa e a formação da agente ultraliberal no Brasil. p. 76.

e periféricas, a fim de obter a máxima especialização produtiva, capaz de lhe assegurar melhor qualidade do produto e menor custo de produção.

Na lição de *Süssekind*, a substituição da estrutura vertical da empresa pela horizontalização das suas atividades, que caracteriza o moderno método de organização dos grandes empreendimentos, visou proporcionar planejamentos, pesquisas, orçamentos, formação e reciclagem profissional, pertinentes aos respectivos setores, além de dirigentes conhecedores das correspondentes atividades(26).

Dessa forma, no epicentro do novo modelo organizacional, encontra-se a figura da **terceirização**, processo também utilizado em cadeia pelas terceiras empresas subcontratadas, acarretando a expansão dos métodos e procedimentos a toda a rede de fornecedores, ampliando e fragmentando imensamente o espaço do processo produtivo.

Na nova empresa enxuta toyotista, conformada pelo processo produtivo flexível e parcialmente automatizado, o operário multiqualificado opera simultaneamente várias máquinas e conhece várias etapas do processo. Os trabalhadores são organizados em Círculos de Controle de Qualidade (CCQs), constituindo grupos instigados a discutir e a autocontrolar seu trabalho e desempenho, com vistas à melhora da produtividade, aproveitando a subjetividade intelectual do trabalhador(27).

Assim se estrutura o toyotismo, mantendo no interior das empresas matrizes um contingente reduzido de trabalhadores mais qualificados, multifuncionais, comprometidos com os ideais corporativos e mais bem remunerados. Contudo, por outro lado, cria e amplia enormemente um quadro flutuante de trabalhadores temporários e fomenta a substituição de um grande número de empregos diretos por empregos terceirizados, "internamente" (quando as atividades terceirizadas são prestadas no interior da empresa matriz) e "externamente" (quando as atividades contratadas são prestadas no ambiente da empresa fornecedora).

O processo produtivo é fragmentado em diversas atividades a ela inerentes, lançadas no mercado de serviços e novamente cooptadas sob o melhor custo-benefício. Forma-se, assim, uma cadeia de empresas subcontratadas, heterogeneamente situadas na órbita ao redor da empresa matriz, conforme o grau de importância da atividade terceirizada para os objetivos essenciais do empreendimento final.

Na rigorosa concorrência interempresarial desencadeada por este mecanismo, o enxugamento dos custos de produção conduz à drástica contenção dos níveis de proteção social deferidos aos trabalhadores ditos **terceirizados** (contratados pelas empresas fornecedoras dos serviços), submetidos a condições de trabalho proporcionalmente menos favoráveis quanto mais o seu trabalho se distancia da empresa principal.

Afirma *Antunes* a título de exemplo que, enquanto os trabalhadores da Toyota trabalham 2.300 horas por ano, os trabalhadores das suas subcontratadas chegam a trabalhar até 2.800 horas(28).

Essa horizontalização do espaço produtivo do modelo japonês, com a consequente fragmentação do "trabalhador coletivo", constituía um dos elementos mais cobiçados pelo capitalismo ocidental em sua busca pela aniquilação das resistências corporativas dos tra-

---

(26) SÜSSEKIND, Arnaldo. Nova regulamentação do trabalho temporário e da terceirização de serviços. *Revista de Direito Administrativo*, Rio de Janeiro, Renovar, n. 226, p. 9, 2001.

(27) ANTUNES, Ricardo. *Os sentidos do trabalho*. p. 54-55.

(28) ANTUNES, Ricardo. *Os sentidos do trabalho*. p. 57.

balhadores, a fim de enfraquecer a coalizão sindical construída no período fordista e impor as novas condições flexíveis de trabalho necessárias à expansão do capital.

Isso porque, desmontando-se o modelo de organização empresarial clássica — o modelo fordista —, sobre o qual foi erigido todo o complexo sistema jurídico sindical de proteção social dos trabalhadores no Ocidente, o novo modelo empresarial horizontalizado — o modelo toyotista — conseguiria vulnerabilizar este sistema de proteção a partir do seu esteio principal, a organização sindical, no embate do capital pela reconquista dos níveis de lucratividade do período liberal clássico. Esta análise será aprofundada em momento posterior dos escritos.

Nesse contexto, o sistema industrial japonês mostrou-se, para os países ocidentais do centro econômico, uma alternativa de superação da crise do capital, transformando-se no paradigma empresarial contemporâneo e desencadeando um gigantesco movimento de transformação em cadeia da organização empresarial em todo o mundo, com imenso impacto no capitalismo ocidental.

É certo que, em busca da redução drástica dos custos de produção, o ideário cotidiano da empresa pós-moderna restou marcado não apenas pela terceirização, mas também pela produção enxuta, o *team work*, o trabalho a tempo pacial e temporário, a eliminação de postos de trabalho, o aumento de produtividade, a qualidade total etc.[29] Mas, por sua capacidade adstringente ou mesmo neutralizadora das resistências do sistema de proteção social dos trabalhadores, foi a terceirização que se afirmou como o mais poderoso mecanismo de flexibilização organizacional estruturante da empresa contemporânea.

A adaptação do toyotismo, ou de elementos do seu mecanismo como a terceirização, para o Ocidente sofre os necessários condicionamentos às singularidades de cada país, mesclando elementos presentes no Japão com práticas locais, e gerando, assim, um modelo diferenciado, particularizado e mesmo singularizado[30], conforme, inclusive, o modo de inserção da economia de cada país no mercado globalizado.

Não cabendo nos lindes desta obra uma análise de direito comparado acerca do tema, cabe avaliar a seguir, em rápida síntese, como a terceirização disseminou-se na organização empresarial brasileira a partir da década de 1980.

1.5. DA TERCEIRIZAÇÃO À SUPERTERCEIRIZAÇÃO *NO BRASIL*

No Brasil, a terceirização na iniciativa privada, ou seja, a contratação de serviços interempresariais, assumiu notoriedade a partir dos anos 1980[31]. Mas, desde o início do processo de industrialização brasileira, nos anos 1950, uma parcela da produção da indústria automobilística já era subcontratada, formando-se ao redor das montadoras multinacionais que chegavam ao país um complexo industrial integrado por uma rede de empresas

(29) ANTUNES, Ricardo. *Os sentidos do trabalho*. p. 53.

(30) *Idem*, p. 57.

(31) Jerônimo Souto Leiria relata, na primeira obra sobre terceirização publicada no país, a experiência da radical terceirização empreendida na empresa Riocell, empresa do setor de papel e celulose. Narra que em 1986 a empresa contava com 4.580 funcionários e, após o processo de terceirização, inclusive do setor de recursos humanos, este número foi reduzido para aproximadamente 1.000 empregados; o setor de recursos humanos, que inicialmente contava com 232 funcionários, foi reduzido a 15 empregados após a entrega deste serviço a uma empresa terceirizada. Cf. LEIRIA, Jerônimo Souto. *Terceirização:* uma alternativa de flexibilidade empresarial. Porto Alegre: Sabra Luzzatto, 1993. p. 63-66.

fornecedoras de autopeças. Não obstante, esses produtores de autopeças, assim como as montadoras, possuíam uma estrutura industrial verticalizada(32).

Carelli, inspirado em *Harvey*, chama a atenção para o fato de que o fordismo, em seu ímpeto expansionista como modelo hegemônico, disseminou-se de forma desigual entre os países, num contexto muito particular de regulamentação político-econômica mundial e de dominação geopolítica dos Estados Unidos sobre países de economia periférica (como o Brasil), por meio de alianças militares. Nem todos os países eram beneficiados pelo fordismo: a negociação de salários, por exemplo, era confinada a certos países e certos setores, nos quais a demanda justificava o investimento em tecnologia de massa; e mesmo os setores fordistas recorriam à subcontratação, ao largo do modelo verticalizado, com vistas à redução de custos de produção(33).

No entanto, esta subcontratação no interior do fordismo se dava de forma circunstancial, aleatória e assistemática.

A partir dos anos 1980, diferentemente, o movimento terceirizante expandiu-se sistematicamente no país, como estratégia da flexibilização produtiva, sob o influxo das reformas neoliberais e no contexto da globalização econômica.

Com vistas a descentralizar grande parte dos riscos de produção, as empresas buscaram, inicialmente, identificar a sua vocação principal no processo produtivo (a atividade considerada estratégica, que determina a natureza do empreendimento empresarial) e passaram a transferir as demais etapas do processo (agora consideradas periféricas) para empresas especializadas, prestadoras de bens e serviços.

A nova empresa do mercado globalizado altamente competitivo precisaria da flexibilidade operacional necessária para adaptar-se, em cada momento, às exigências de um consumo cada vez mais diversificado e exigente, num ambiente de acirrada concorrência internacional.

A terceirização surgiu, assim, justificada pela ideia de "focalização" da atividade empresarial, teoricamente explicada como a busca estratégica por resultados mais qualificados: tanto pela empresa contratante, que se especializaria em seu foco produtivo, quanto pela empresa subcontratada, que passaria a desenvolver as atividades terceirizadas com maior especialização e agilidade, em busca de racionalização, economia e flexibilização no uso dos recursos produtivos.

O mote central da terceirização seria, portanto, a criação de parcerias interempresariais capazes de instaurar verdadeiras redes de empresas reciprocamente cooperativas, altamente qualificadas e produtivas(34).

---

(32) ALVES, Giovanni. *O novo (e precário) mundo do trabalho:* reestruturação produtiva e crise do sindicalismo. São Paulo: Boitempo, 1999. p. 204-205.

(33) CARELLI, Rodrigo de Lacerda. *Terceirização e intermediação de mão-de-obra.* p. 40-41.

(34) Em acurada análise, Manoel Luiz Malaguti defende que a terceirização não constitui um novo paradigma organizacional pós-fordista, mas trata-se de um legítimo descendente do taylorismo, na medida em que apenas aprofunda a desagregação e especialização de uma atividade produtiva anteriormente unificada. Este autor sustenta que, enquanto o taylorismo clássico preocupa-se em aniquilar o poder do trabalhador individual, a terceirização completa esta obra, decompondo o coletivo de trabalhadores. Com este pensamento, o autor nega veementemente a natureza cooperativa e parceira das relações interempresariais na terceirização, afirmando sua natureza conflitiva, em face do caráter estratégico da terceirização, como instrumento de expropriação da força de trabalho. Cf. MALAGUTI, Manoel Luiz. Terceirização, taylorismo e conflito. *Revista Raízes*, João Pessoa, Universidade Federal da Paraíba, n. 10, p. 36-40, dez. 1994.

Em inédita e recente pesquisa encomendada pelo Sindicato dos Empregados em Empresas de Prestação de Serviços a Terceiros do Estado de São Paulo (Sindeepres), *Marcio Pochmann*, professor do Instituto de Economia da Universidade de Campinas (Unicamp), avalia os desdobramentos do movimento de terceirização vivido no país nos últimos vinte anos, no período de 1985 a 2005, a partir de dados relativos ao Estado de São Paulo[35].

Segundo o pesquisador, diversamente do que a teoria sugere, a terceirização desenvolvida pelas empresas no Brasil não visou, inicialmente, à qualificação do produto, mas, essencialmente, a assegurar a própria sobrevivência empresarial, num contexto de quase estagnação econômica na década de 1980 e de ampla competição internacional desregulada, vinculada à "*inserção subordinada e passiva da economia nacional à globalização*". Em razão disso, a difusão generalizada da terceirização produziu especificidades que refletem o ambiente a que foi submetido o processo de trabalho no Brasil[36].

Na síntese de *Pochmann*,

> "(...) ao contrário da experiência dos países desenvolvidos, a terceirização no Brasil contém especificidades significativas. Na maior parte das vezes, a terceirização encontra-se associada ao ambiente persistente de semi-estagnação da economia nacional, de baixos investimentos, de diminuta incorporação de novas tecnologias, de abertura comercial e financeira e de desregulamentação da competição intercapitalista. Por conta isso, o sentido da terceirização vem se revelando um processo de reestruturação produtiva defensiva, mais caracterizada pela minimização de custos e adoção de estratégias empresariais de resistência (sobrevivência)."[37]

Avalia o pesquisador que, em face desses fatores, a verdadeira reestruturação produtiva no Brasil, ou seja, a terceirização toyotista, em sua concepção original, acabou se concentrando em alguns segmentos dinâmicos, tradicionalmente internacionalizados. Já grande parte do segmento produtivo, marginalizada das condições adequadas de financiamento e acesso tecnológico, recorreu à terceirização como mais uma estratégia empresarial defensiva, uma espécie de tábua de salvação, ao largo dos seus fundamentos teóricos.

Dessa forma, numerosas hierarquias funcionais foram enxugadas, assim como parcela dos trabalhadores situados nos níveis intermediários da estrutura ocupacional foi dispensada e substituída por outros terceirizados, ou apenas reabsorvida como terceirizados, por meio de empresas prestadoras de serviços.

A pesquisa revela que a maior expansão da terceirização ocorreu a partir da implantação do Plano Real, em 1994, por força de dois fatores: a baixa inflação, porém, vinculada a um ambiente macroeconômico desfavorável, influenciado por altas taxas de juros, valorização cambial e elevação da carga tributária; e o avanço da abertura comercial e financeira, de forma indiscriminada e sem políticas públicas compensatórias.

Neste cenário de acirrada e desigual concorrência interna e externa, grande parte dos empresários optou pela terceirização como forma de reduzir custos de contratação de

(35) POCHMANN, Márcio. *A superterceirização dos contratos de trabalho.* Pesquisa publicada no site do SINDEEPRES — Sindicato dos Empregados em Empresas de Prestação de Serviços a Terceiros. Disponível em: <http://www.sindeepres.org.br> Acesso em: 13.10.2007.

(36) POCHMANN, Márcio. *A superterceirização dos contratos de trabalho.*

(37) *Idem, ibidem.*

mão-de-obra, destacadamente no setor de serviços, que emprega mais de nove em cada dez empregados terceirizados no Estado de São Paulo(38).

Interessante, no entanto, é constatar, com o auxílio da pesquisa, que, se antes da implantação do Plano Real (1994) a terceirização mais se concentrava nas **atividades-meio**, assim consideradas as atividades externas ao fluxo estritamente produtivo, tais como tarefas de transporte, segurança, alimentação, manutenção, limpeza, conservação etc., no contexto da atividade industrial — a que o pesquisador denomina de *terceirização-base* —, a partir do ambiente de profunda concorrência ensejada pelo Plano Real, também ganhou dimensão crescente a terceirização de **atividades-fim**, nucleares ao processo produtivo, passando a se destacar a subcontratação de mão-de-obra para tarefas de supervisão, organização, venda, logística, gerência, inspeção de qualidade, entre outras. A este fenômeno o pesquisador denomina de *superterceirização*.

Isso vai ao encontro do que observa *Alves*, ou seja, que no setor automobilístico, paradigmático nas transformações do modelo produtivo, a terceirização logo deixou de se restringir às atividades-meio, como alimentação, transporte, vigilância, limpeza etc., que exigem pouca qualificação técnica, para se alastrar por atividades diretamente afetas à esfera da produção, como atividades de manutenção, ferramentaria, estamparia, fornecimento de peças e subconjuntos, anteriormente realizados pelos operários das montadoras(39).

Neste setor, *Alves* destaca um exemplo de descentralização a que denomina de nova — e radical — terceirização, que é a experiência do consórcio modular desenvolvido pela Volkswagen (VW) em sua unidade industrial em Resende, RJ, onde produz caminhões e ônibus. Por este modelo, os fornecedores de peças e componentes se instalam na unidade industrial da montadora, tornando-se responsáveis pelo processo de produção direta dos veículos, sob a supervisão de "um mestre" da VW, que passa a ser a coordenadora do processo de produção.

Com o uso da mão-de-obra qualificada de apenas um mestre em cada etapa da produção, o processo produtivo da VW assume uma nova materialidade, incorporando o "trabalho imaterial" como trabalho produtivo: as atividades de coordenação, logística e controle de qualidade passam a ser tão ou mais produtivas do que as atividades propriamente de produção(40).

Assim, no ambiente econômico marcado pela alta competitividade, altas taxas de desemprego e grande excedente de força de trabalho, proliferou-se no Brasil, a partir da segunda metade da década de 1990, a "multiflexibilização" do processo de trabalho, com a disseminação da terceirização tanto em ocupações qualificadas (*superterceirização*) como em ocupações mais elementares (*terceirização-base*). Dessa forma, acentuaram-se as diferenças entre o núcleo moderno dos empregos nas grandes empresas, restrito a certas funções mais sofisticadas, estratégicas, e as ocupações restantes para a grande massa de trabalhadores, submetidos às novas práticas flexíveis de gestão da mão-de-obra(41). Prevaleceram as condições superiores para o chamado "núcleo duro" do emprego interno das empresas, enquanto, para os demais trabalhadores, pertencentes ao "mercado geral de trabalho", na

(38) Os setores do comércio, construção civil e agropecuária aumentaram as contratações terceirizadas, nos vinte anos estudados, enquanto o setor industrial diminuiu sua participação. Cf. POCHMANN, Márcio. *A superterceirização dos contratos de trabalho*. p. 8.

(39) ALVES, Giovanni. *O novo (e precário) mundo do trabalho*. p. 205.

(40) *Idem*, p. 215-216.

(41) *Pochmann*, Marcio. *A superterceirização dos contratos de trabalho*. p. 19.

avaliação de *Pochmann*, restou a diversificação das formas de contratação precária, lideradas pela terceirização, com o aprofundamento de um padrão de uso da força de trabalho de alta rotatividade, contida remuneração e longa jornada de trabalho.

Esta expansão da *superterceirização*, ensejando uma mudança qualitativa do movimento de terceirização no Brasil, vem acompanhada de uma série de outras alterações no mercado de trabalho, identificadas na pesquisa acima referida. Uma delas é que, como a *superterceirização* em atividades empresariais mais estratégicas abrange ocupações que dependem de maior qualificação, proliferaram-se, a partir da segunda metade da década de 1990, as firmas individuais (pessoas jurídicas com um único titular) abertas por trabalhadores com a finalidade de viabilizar a prestação de seus serviços técnicos no interior das empresas como serviços autônomos terceirizados(42).

Restaram estabelecidos, dessarte, dois tipos de terceirização no país, com perfis diferenciados, conforme demonstra a pesquisa: a *terceirização-base*, na atividade de apoio, que agrega ocupações que não dependem de qualificação e, por isso, implicam uma remuneração menor (entre 1 e 2 salários mínimos), e a *superterceirização*, em atividades finalísticas, que exigem maior qualificação profissional e, por isso, implicam remunerações proporcionalmente maiores.

No entanto, ambas as categorias de trabalhadores terceirizados, quando comparados com os empregados diretamente contratados pelas empresas tomadoras, estão submetidos à alta taxa de rotatividade — 8 a cada 10 empregados terceirizados são substituídos ao final de cada ano de trabalho. Em ambos os casos, o rendimento médio do trabalhador terceirizado, em 2005, foi de apenas 50% da remuneração média do conjunto dos empregados paulistas diretamente contratados (o terceirizado recebe, em média, 2,3 salários mínimos, enquanto o não terceirizado recebe, em média, 4,6 salários), conforme demonstram os dados analisados(43).

Outra pesquisa, anterior, realizada em 1993 pelo Departamento Intersindical de Estatística e Estudos Socioeconômicos (DIEESE), em 40 empresas, já revelava que, mesmo antes da implantação do Plano Real (1994), o processo de terceirização no Brasil, que ocorreu primeiramente nas atividades de apoio, já se expandia para atividades produtivas. Segundo a pesquisa, naquele período, 62,5% das empresas pesquisadas já terceirizavam, além das atividades de apoio (as atividades-meio), também atividades de produção (atividades-fim)(44).

Já naquele momento, revela a pesquisa, em 72,5% dos casos os benefícios sociais nas empresas terceirizadas eram menores que nas contratantes; em 67,5% os salários eram inferiores e em 32% não eram fornecidos equipamentos de proteção individual, com maior insegurança e maior insalubridade no ambiente de trabalho terceirizado(45).

---

(42) Movimento que passou a ser conhecido como "pejotização" e que geralmente implica a reabsorção do antigo empregado, dispensado, sob a nova roupagem contratual, mais vantajosa para o empresário, já que o peso fiscal do serviço prestado por uma pessoa jurídica chega a ser 56,5% menor que a de um empregado formal, com carteira assinada, conforme revela a pesquisa. Cf. POCHMANN, Márcio. *A superterceirização dos contratos de trabalho*. p. 16.

(43) *Pochmann*, Márcio. *A superterceirização dos contratos de trabalho*. p. 16.

(44) DIEESE. *Os trabalhadores frente à terceirização*. São Paulo: Pesquisa DIEESE n. 7, maio 1993. Disponível em: <http://memoria.dieese.org.br/museu> Acesso em: 05.02.2008.

(45) *Idem, ibidem*.

Por fim, essa pesquisa ainda demonstrava que a pulverização dos trabalhadores entre as empresas subcontratadas, com a consequente fragmentação do seu enquadramento sindical (enquadramento por atividade empresarial, conforme o modelo sindical brasileiro), acabou impondo dificuldades à representação sindical desses trabalhadores, reduzindo o poder de negociação dos sindicatos, o que resultou em menores conquistas salariais e maior rotatividade de mão-de-obra(46).

À luz destes dados, avaliando a evolução da terceirização no Brasil nas últimas décadas sob a perspectiva da Ciência Econômica, *Machado* concluiu que o "movimento terceirizante à brasileira" impulsionou-se basicamente no propósito de aumentar a competitividade por meio da redução do custo salarial, expandindo o lucro à custa da precarização das condições de trabalho(47).

Não por outra razão é que *Pochmann* constatou em sua pesquisa o abrupto aumento do número de empresas de trabalho terceirizado no país: nas duas últimas décadas, esse número cresceu 25 vezes no Estado de São Paulo, passando de 257 para 6.308 empreendimentos(48).

Em setembro de 2007, do total dos investimentos externos que entraram no país (em montante superior ao dos períodos das privatizações, em que houve expressivo ingresso de capital externo no país), 47,3% desses recursos foram investidos no setor de serviços, e 9,7% destinaram-se à prestação de serviços a empresas, ou seja, a investimentos no setor de serviços terceirizados, o que atesta sua alta lucratividade(49).

1.6. TERCEIRIZAÇÃO, UMA REVOLUÇÃO PATRONAL

Para a melhor compreensão dos movimentos que fazem da terceirização um poderoso instrumento de afirmação econômica do capital sobre o trabalho, é necessário que se reconheça previamente que o sistema de proteção social dos trabalhadores erigiu-se, nos países de economia central, predominantemente sobre as bases da organização sindical, construída, por sua vez, nos espaços da organização empresarial verticalizada e centralizada do modelo fordista.

Na visão de *Antunes*, antes invocada, o universo concentrado do espaço produtivo fordista ensejou a ressocialização do trabalhador da era artesanal sobre determinados parâmetros tayloristas, marcados pela massificação, oferecendo as bases para a construção de uma nova consciência de classe desencadeada pela revolta coletiva contra a expropriação intensa da sua força de trabalho à custa da perda de sua subjetividade(50).

---

(46) Este efeito fragmentário da terceirização sobre a organização coletiva do trabalho, personalizada no sindicato, condiz com os objetivos da política antissindical desenvolvida pelos governos neoliberais promotores da terceirização, como o da Ingraterra de Tatcher, dos Estados Unidos de R. Reagan, ou mesmo do Brasil de *Fernando Henrique Cardoso*, que dobrou a categoria dos petroleiros, conseguindo perante o TST a declaração de ilegalidade da greve que paralisou o país por 31 dias em maio e junho de 1995, a demonstrar a natureza estratégica liberal desta técnica de divisão do trabalho. Cf. DIEESE. *Os trabalhadores frente à terceirização. Op. cit.*

(47) MACHADO, Carlos Wagner Costa. Mudanças na organização do trabalho: subcontratação "pós-fordista" *versus* terceirização "à brasileira". *Revista Vanguarda Econômica,* Belo Horizonte, FACISA, ano 04, p. 13. set. 1996.

(48) POCHMANN, Márcio. *A superterceirização dos contratos de trabalho.*

(49) NAKAGAWA, Fernando. Investimento externo deve bater *record* da privatização. *Folha de S. Paulo,* São Paulo, 22.09.2007, Cad. B, p. 1.

(50) ANTUNES, Ricardo. *Os sentidos do trabalho.* p. 41.

No ambiente político do Estado de Bem-Estar Social, fundado na revisão teórica keynesiana do sistema capitalista, essa organização dos trabalhadores exerceu decisivo papel na consolidação de uma matriz cultural do primado do trabalho na sociedade capitalista, materializada, especialmente, no pensamento da social-democracia europeia, que unia sindicatos e partidos políticos na busca por soluções de caráter social por meio de reivindicações legislativas.

Na Europa, segundo *Pastore* e *Zylberstajn*, o sistema de proteção social do trabalhador nasceu predominantemente legalista, estatutário, visando resolver os conflitos entre capital e trabalho por meio da lei, com a forte mediação estatal centralizadora, diverso do sistema predominantemente negocial vigente nos Estados Unidos do século XX, que privilegiava os acordos voluntários estabelecidos entre as partes(51).

Nos Estados Unidos, os direitos básicos e a consciência de classe do trabalhador eram bem diferentes da Europa: o trabalhador não desejava uma nova ordem social, pois o capitalismo estava razoavelmente bem estruturado, e como ele não precisava de partidos políticos como meio de promoção social, entrou no século XX com um sentimento individualista, usando o sindicato apenas como meio de conquista de benefícios específicos junto às empresas, por meio dos contratos coletivos(52).

Isso influenciou, segundo *Pastore* e *Zylberstajn*, a construção de um sistema de solução do conflito trabalhista europeu profundamente centralizado, com a forte intervenção estatal por meio de uma legislação densa e detalhada e da instituição da Justiça do Trabalho. Já nos Estados Unidos, esse sistema manteve-se descentralizado, atrelado ao acordo direto entre as partes, com o mínimo de disposições legais de nível nacional sobre a matéria, privilegiando-se a arbitragem privada na solução dos conflitos(53).

Não obstante a diversidade de sistemas, no entanto, a matriz cultural da "centralidade do trabalho e do emprego" constituiu a tônica do pensamento político do Estado de Bem-Estar, construído com a forte presença do sindicato dos trabalhadores na cena política e empresarial como vetor de reivindicação organizada dos direitos sociais da classe obreira.

Esta matriz cultural, na lição de *Godinho Delgado*, logo identificou na figura jurídica do "emprego" — a relação de trabalho firmada diretamente entre o trabalhador e o capitalista beneficiário final de sua mão-de-obra — o mais importante veículo de afirmação socioeconômica da grande maioria dos indivíduos componentes da sociedade capitalista(54).

O trabalho subordinado, legalmente regulado na figura do emprego, tornou-se, assim, o ponto de confluência de todos os direitos sociais, que passaram a constituir um poderoso **sistema de proteção social do trabalhador**, seja ele mais ou menos centralizado, mais ou menos atrelado à atuação orgânica do movimento sindical dos trabalhadores ou à mediação centralizada do Estado na solução dos conflitos trabalhistas.

Portanto, a relação bilateral e estável de trabalho subordinado, cristalizada na figura jurídica do emprego, e a organização sindical obreira construída em torno dos interesses comuns dos empregados reunidos no espaço da mesma atividade econômica do empre-

(51) PASTORE, José; ZYLBERSTAJN, Hélio. *A administração do conflito trabalhista no Brasil.* São Paulo: IPEA, 1987.

(52) *Idem, ibidem.*

(53) *Idem, ibidem.* Esta tendência centralizadora da administração do conflito trabalhista na Europa, segundo os autores, sofreu grandes alterações nos últimos vinte anos (a obra é de 1987) com a introdução de mecanismos de solução de conflitos mais descentralizados, ampliando-se o âmbito da negociação.

(54) DELGADO, Mauricio Godinho. *Capitalismo, trabalho e emprego:* entre o paradigma da destruição e os caminhos da reconstrução. São Paulo: LTr, 2005. p. 29.

gador, no interior da empresa fordista, tornaram-se os principais elementos de suporte daquele sistema jurídico de proteção social.

A terceirização de serviços, ao fracionar as diversas etapas do processo produtivo, desencadeando um novo modelo de empresa horizontalizada, desfigura a clássica relação bilateral de trabalho — tornando-a uma relação trilateral de trabalho — e fratura a organização coletiva dos trabalhadores. Estes migram da empresa beneficiária final do seu trabalho para dispersarem-se entre diversas outras empresas prestadoras de serviços, fazendo ruir as bases do referido sistema de proteção social.

No Brasil, por força de uma série de circunstâncias políticas e históricas, este sistema de proteção social, consubstanciado no Direito do Trabalho, já foi constituído sob a forte intervenção estatal, especialmente por meio da CLT (Decreto n. 5.452/1943) e de uma vasta legislação trabalhista esparsa, que se assenta sobre a clássica relação (bilateral) de emprego como fonte de praticamente todos os direitos laborais de origem estritamente legal, com fraco espaço reservado à negociação coletiva.

Por sua vez, a Justiça do Trabalho, originária das Juntas de Conciliação e Julgamento criadas em 1932 no âmbito da administração federal e depois integradas à estrutura do Poder Judiciário (1946), tornou-se um poderoso organismo estatal centralizador da solução jurídica do conflito trabalhista. Isso ocorreu, inclusive, por meio do poder normativo, garantido pelas sucessivas Constituições, poder pelo qual o órgão judiciário dita a solução final dos conflitos coletivos quando as partes não hajam logrado êxito conciliatório(55). Isto, na concepção de *Pastore* e *Zylberstajn*, ensejou um "efeito narcótico" sobre o desenvolvimento da consciência de classe do trabalhador brasileiro, retardando o progresso da sua organização sindical(56).

A organização sindical brasileira, que nasceu sob os auspícios da proteção estatal, com nítida inspiração fascista, sempre esteve sujeita à forte intervenção do Estado, seja em sua criação e funcionamento, seja nos seus procedimentos de negociação. Mesmo a Constituição democrática de 1988, que tratou de vedar a intervenção do Estado na criação e no funcionamento dos sindicatos, e de garantir a liberdade sindical(57), privilegiando a negociação coletiva em diversos aspectos(58), ainda assim manteve o sistema de unicidade sindical por base territorial(59), o que impede o Brasil de ratificar a Convenção n. 87 da Organização Internacional do Trabalho(60).

---

(55) A Constituição de 1988 manteve o poder normativo da Justiça do Trabalho. A EC n. 45/2004 alterou o § 2º do art. 14 da Constituição, passando a exigir o "comum acordo" entre as partes para o ajuizamento do dissídio coletivo.

(56) PASTORE, José; ZYLBERSTAJN, Hélio. *A administração do conflito trabalhista no Brasil.*

(57) Constituição de 1988, art. 8º.

(58) A Constituição de 1988 prestigiou a negociação coletiva em vários dos seus dispositivos, tais como no art. 7º, VI (na redução coletiva de salários), XIII (na compensação de jornada e redução da jornada), XIV (na fixação de jornada nos turnos ininterruptos), XXVI (no reconhecimento institucional das convenções e acordos coletivos), e art. 8º, IV (a obrigatória participação dos sindicatos nas negociações coletivas de trabalho).

(59) A Constituição de 1988, em seu art. 8º, II, veda a criação de mais de uma organização sindical, representativa da mesma categoria, em uma mesma base territorial.

(60) A Convenção n. 87 da Organização Internacional do Trabalho dispõe, em seu art. 2º, que "*os trabalhadores e empregadores, sem distinção de qualquer espécie, terão direito de constituir, sem autorização prévia, organizações sob a única condição de se conformar com os estatutos das mesmas*", vedando assim qualquer limitação estatal à criação de mais de uma organização sindical num mesmo território.

Não obstante, a Constituição de 1988 promoveu decisivo fortalecimento do sistema de proteção social dos trabalhadores, elevando os clássicos direitos sociais, que antes decorriam apenas de normas ordinárias, à categoria de verdadeiros **direitos fundamentais** (Constituição, art. 7º) e consolidando a negociação coletiva como importante fonte complementar destes direitos, embora mantendo sua posição hierárquica subsidiária em relação às garantias de origem legal (arts. 7º, XIII, XIV e XVI e 8º, VI).

Dessa forma, como objeto de forte dirigismo estatal os contratos individuais de trabalho ensejam, primeiramente, os direitos estabelecidos pela legislação trabalhista, somente então complementados pelos direitos decorrentes de convenções ou acordos coletivos.

Configurada juridicamente a relação de emprego como decorrência automática do fato da execução do trabalho subordinado no cenário empresarial, a legislação trabalhista atribui ao trabalhador uma série de direitos e edifica diversos instrumentos de proteção a estes direitos, tais como: (a) a imposição da máxima estabilidade possível ao vínculo de emprego[(61)], com predominância dos contratos de trabalho por tempo indeterminado, sobre os contratos a prazo certo[(62)]; (b) a irredutibilidade e a impenhorabilidade salarial[(63)]; (c) a vedação de alteração das condições contratuais em prejuízo do obreiro[(64)]; (d) a garantia de responsabilidade solidária do empreiteiro principal, quanto aos direitos dos empregados do subempreiteiro, por ele contratado[(65)]; e, principalmente, (e) a nulidade de todos os atos voltados a fraudar este sistema legal de proteção ao empregado etc.[(66)]

Portanto, em face da sua missão normativa de proteger socialmente o trabalhador contra os arroubos do poder econômico, o sistema jurídico-trabalhista dispõe de instrumentos de autoproteção contra atos patronais voltados a fraudá-lo, impondo-se rigidamente pela atuação fiscalizadora dos órgãos da Inspeção do Trabalho, pela atuação do Ministério Público do Trabalho (MPT) e por meio da atividade jurisdicional da Justiça do Trabalho diante das lides que lhe são apresentadas.

Trata-se de um sistema de proteção social construído sobre uma linguagem normativa defensiva, no sentido da sua preocupação em preservar contra o abuso do poder econômico a lisura das condições sobre as quais incidem seus institutos jurídico-protetivos, tais como aqueles acima citados, da relação de emprego impositiva entre o trabalhador e o beneficiário da sua mão-de-obra, da natural continuidade deste vínculo, da garantia patrimonial para o pagamento dos direitos decorrentes do trabalho, da preservação das

---

(61) No Brasil, a estabilidade no emprego após dez anos de serviço foi garantida, inicialmente, pelo art. 492 da CLT, depois transformada numa alternativa ao regime do Fundo de Garantia do Tempo de Serviço (FGTS), instituído pela Lei n. 5.107/1966. A Constituição de 1988, por sua vez, tornou o regime do FGTS obrigatório, prevendo a proteção contra despedida arbitrária ou sem justa causa por meio de uma indenização compensatória (art. 7º, I), hoje fixada, provisoriamente, em 40% do total dos depósitos do FGTS. Ato das Disposições Constitucionais Transitórias, art. 10.

(62) Dispõe a CLT que *"o contrato por prazo determinado só será válido em se tratando"* de serviços transitórios, de atividades empresariais transitórias e de contrato de experiência (art. 443, § 2º), podendo ser prorrogado por uma única vez, limite após o qual será considerado por prazo indeterminado. CLT, art. 451.

(63) A irredutibilidade salarial, salvo convenção ou acordo coletivo, está garantida pelo art. 7º, VI, da Constituição de 1988; a impenhorabilidade salarial é garantida pelo art. 649, IV, do Código de Processo Civil.

(64) CLT, art. 468.

(65) CLT, art. 455.

(66) CLT, art. 9º: *"serão nulos de pleno direito os atos praticados com o objetivo e desvirtuar, impeder ou fraudar a aplicação dos preceitos contidos na presente Consolidação"*, ou seja, os atos tendentes a fraudar a caracterização do vínculo jurídico de emprego, com todos os seus direitos consectários.

condições contratuais contra a redução de direitos, da proteção do salário contra descontos abusivos e outras formas de alienação coercitiva etc.

Partindo do reconhecimento da condição de desigualdade entre as partes na relação de emprego em face da inferioridade econômica do trabalhador, o Direito do Trabalho construiu seus códigos de segurança contra a coação patronal sobre normas marcadas pelo signo da ordem pública, impositivas de condições contratuais benéficas ao trabalhador, independentemente da declaração de vontade das partes, esta passível de desfiguração pela natureza desigual da relação de trabalho subordinado.

Esses códigos de segurança foram construídos num longo processo evolutivo, especialmente na jurisprudência dos tribunais trabalhistas, na medida em que os fatos da vida empresarial revelavam novos artifícios para burlar o regime de emprego, tais como: (a) a celebração de contratos de trabalho autônomos para esconder a configuração da relação emprego; (b) a celebração de contratos a prazo para atividades empresariais permanentes, para fugir da continuidade do vínculo; (c) o fornecimento de mão-de-obra subordinada, de uma empresa a outra, para mascarar os verdadeiros sujeitos do vínculo de emprego; (d) o pagamento de parte do salário extracontábil (salário por fora) ou a título de indenizações, para fugir da incidência sobre outros direitos sociais, como férias, FGTS e gratificações; (e) a dispensa do empregado seguida de recontratação sob condições inferiores; (f) a dispensa seguida de recontratação sob modalidade contratual autônoma, como se dá quando o trabalhador é induzido a constituir uma firma individual para prestar serviços sob o modelo da terceirização etc.

Certo é que na realidade brasileira estes artifícios patronais sempre foram rigidamente combatidos pelos organismos de proteção ao trabalho, com os instrumentos jurídicos disponibilizados pelo próprio regime de emprego, como: (a) a declaração de nulidade dos falsos instrumentos contratuais de trabalho autônomo, mediante a imposição do regime de emprego; (b) a nulificação dos falsos contratos a prazo, com a imposição de indeterminação do prazo; (c) a nulificação dos descontos salariais dissimulados e o reconhecimento da natureza salarial de verbas remuneratórias pagas sob outros títulos; (d) o reconhecimento do vínculo de emprego diretamente entre o trabalhador e o beneficiário do seu trabalho, diante das intermediações ilícitas de mão-de-obra; (e) a nulificação da dispensa fictícia, com o reconhecimento da continuidade contratual; e (f) a nulificação da dispensa fictícia e do ulterior contrato fictício de trabalho autônomo, com o reconhecimento do vínculo uno de emprego etc.

Dessa forma a linguagem normativa do Direito do Trabalho no Brasil, especialmente construída no plano jurisprudencial, aperfeiçoou-se no combate aos mais variados artifícios patronais voltados a afastar a incidência de sua proteção sobre o trabalhador com uso dos seus próprios instrumentos jurídicos.

Daí por que a contemporânea terceirização surge como veículo tão poderoso de fragilização do primado do trabalho. Ao contrário daqueles artifícios empresariais ordinariamente utilizados para fraudar o regime de emprego, a nova terceirização desponta como um movimento empresarial não conjuntural, mas economicamente estrutural, mundialmente planificado e cientificamente justificado sob o prisma da Ciência da Administração na necessidade de reestruturação da empresa, para torná-la enxuta e focalizada em seus objetivos essenciais.

Trata-se da referida "teoria do foco", à luz da qual a terceirização legitimamente propicia à organização produtiva os seguintes resultados, teleologicamente racionalizados: (a) a empresa tomadora de serviços volta a atenção para sua atividade central, chamada de atividade-fim; (b) simplifica a sua estrutura; (c) reduz sensivelmente seus encargos trabalhistas e sociais, com eliminação de postos de trabalho; (d) elimina parte de operações não essenciais, liberando o capital para aplicação em melhorias do processo produtivo, adquirindo novas tecnologia e novos produtos; (e) concentra mais recursos na área produtiva, com o consequente aprimoramento da qualidade e competitividade do produto; (f) reduz controles, liberando pessoal de supervisão para outras áreas produtivas; (g) libera recursos para aplicação em tecnologias; (h) permite o recrudescimento da especialização; (i) agiliza a tomada de decisões, com a eliminação de hierarquias intermediárias; (j) gera melhoria na administração do tempo; (l) aumenta a lucratividade; e (m) fomenta a produtividade[(67)].

O problema, para o clássico sistema de proteção social, é que, mesmo esta terceirização racionalmente justificada, ao desestabilizar as bases da organização produtiva verticalizada, horizontalizando-a numa rede de empresas parceiras mas autônomas, desmonta de fora para dentro o espaço fenomênico em que se manifesta a clássica figura jurídica da relação bilateral de trabalho e emprego, espaço em que se constrói a organização sindical dos trabalhadores.

Diante da terceirização, disseminada sistematicamente em toda a economia ocidental, o organismo sindical sofreu duro golpe com o esvaziamento e o enfraquecimento de diversas importantes categorias, e os organismos estatais de proteção ao trabalho viram, perplexos, os instrumentos de autodefesa do regime de emprego tornarem-se progressivamente obsoletos, em face da nova realidade empresarial.

Mesmo no cenário brasileiro, de fraca interferência sindical na relação de trabalho, o impacto devastador da terceirização sobre a clássica relação (bilateral) de emprego foi suficiente para causar forte impacto sobre esse sistema legal de proteção do trabalhador, reduzindo ou mesmo neutralizando a eficácia de importantes instrumentos de autoproteção do sistema.

Pela primeira vez em sua história o sistema jurídico de proteção ao emprego — o Direito do Trabalho — viu-se diante de uma nova teorização da empresa, economicamente imposta e diversa daquela sobre a qual construiu seus pilares de sustentação, agora profundamente instabilizados. E, embora haja tentado, inicialmente, impedir o fenômeno, como sempre fez em relação aos demais artifícios de fraude passíveis de inibição, o Direito do Trabalho logo se viu destituído de forças diante da pungência do fato econômico cientificamente justificado e da inaptidão dos seus clássicos instrumentos normativos de autodefesa, em face da obsolescência de sua linguagem normativa para regular a nova realidade.

A relação de emprego terceirizado, agora formada entre o trabalhador e a empresa prestadora de serviços, tornou-se naturalmente mais instável, porque dependente da relação civil de prestação de serviços, formada entre a empregadora e a empresa tomadora dos seus serviços, restando contaminada pela instabilidade própria da relação interempresarial. Esta instabilidade favoreceu a alta rotatividade no emprego, a curta duração dos contratos de trabalho e a diluição do comando patronal entre diversas instâncias de poder.

A horizontalização empresarial, na visão de *Coutinho*, propicia a exigência de um novo perfil de empregado, não mais aquele paradigmático empregado da CLT, destinatário do poder de comando e direção do empregador, mas o trabalhador produtivo, que assume responsabilidades e age independentemente do comando. O controle desse trabalho passa a

(67) DINIZ, José Janguiê Bezerra. O fenômeno da terceirização. *Revista LTr*, São Paulo, n. 60-02, 2005. p. 205.

ser complexo, despersonalizado da figura de um empregador e disseminado entre diversas empresas, organizadas em rede(68). No novo espaço da empresa flexível, para a autora,

> "a subordinação torna-se prescindível, e a força de trabalho é menos relevante do que o resultado desta. A economia encontra, então, o seu ápice de gozo. O trabalhador somente interessa ao capital na exata medida de sua capacidade de conversão do trabalho em capital, enquanto realiza o ciclo de produção agregando mais valor. O pagamento do tempo à disposição ou períodos de descanso é desperdício, identificado com custo que deva ser minimizado. (...) Desaparece a conflituosidade com a perda da identificação do empregado como pertencente a uma classe e com a instalação da concorrência, entre os próprios trabalhadores, na disputa por uma situação mais vantajosa em termos de remuneração e estabilidade das relações jurídicas, refletindo na pouca representatividade das organizações sindicais."(69)

A concorrência entre as empresas prestadoras de serviços levou naturalmente ao enxugamento acirrado dos custos da mão-de-obra dos empregados terceirizados como pressuposto de sobrevivência empresarial, submetendo esses trabalhadores a condições sociais mais precárias do que aquelas dispensadas aos empregados das empresas tomadoras dos serviços, inclusive quanto às medidas de saúde e segurança no trabalho.

O trabalhador terceirizado, submetido às acirradas condições concorrenciais em torno do produto de sua mão-de-obra (o serviço), desvinculou-se diretamente da empresa beneficiária final do seu trabalho ou teve esta relação profundamente instabilizada e, por conseguinte, distanciou-se dos demais empregados desta empresa, vendo inviabilizada a organização profissional sindical em torno dos seus interesses comuns.

Em suma, a terceirização decodificou, por assim dizer, importantes códigos de segurança do clássico sistema normativo de proteção ao trabalhador, por força de suas **repercussões deletérias imanentes** sobre as relações de trabalho, dentre as quais as seguintes, na percepção de *Diniz*: (a) a terceirização pulveriza a ação sindical, o que é inevitável, em face da transferência de grande contingente de empregados diretos, para empresas prestadoras de serviços; (b) por conseguinte, desintegra a identidade de classe dos trabalhadores; e (c) desmobiliza os movimentos grevistas; (d) enseja empregos precários e transitórios "*porque as empresas fornecedoras precisam de grande flexibilidade e mobilidade externa, conforme os movimentos do mercado*", já que estão submetidas a ambiente de acirrada concorrência pelos contratos de prestação de serviços; e, nesse movimento, (e) promovem a redução salarial e de benefícios sociais dos trabalhadores terceirizados como meio de sobrevivência; (f) a terceirização promove a piora sensível das condições de saúde e segurança no trabalho dos empregados terceirizados, com eliminação de benefícios sociais diretos e indiretos; (g) enseja a insegurança no emprego, com ampliação da rotatividade de mão-de-obra; e (h) impossibilita a integração ou a participação dos trabalhadores nos benefícios concedidos pela empresa principal, beneficiária final de seu trabalho(70).

---

(68) COUTINHO, Aldacy Rachid. Direito do trabalho: a passagem de um regime despótico par um regime hegemônico. *Revista da Faculdade Mineira de Direito*, Belo Horizonte, n. 03 e 04, v. II, p. 9-17. 1º e 2º sem. 1999.

(69) *Idem, ibidem.*

(70) DINIZ, José Janguiê Bezerra. O fenômeno da terceirização. p. 205.

Apesar de se tratarem de repercussões imanentes e, portanto, não acidentais, não costumam elas figurar dentre as explicações científicas dispensadas ao fenômeno, conforme se verá no próximo tópico.

Essas repercussões imanentes ainda podem ser potencializadas por condutas empresariais progressivamente precarizadoras das relações de trabalho terceirizado, tais como: (a) a contratação de empresa prestadora de serviço economicamente inidônea, sem aporte financeiro suficiente para garantir a satisfação dos direitos fundamentais dos trabalhadores, especialmente quanto às medidas de proteção à sua saúde e segurança; (b) a contratação de serviços por preço inferior ao razoavelmente suficiente à satisfação dos direitos dos trabalhadores ou sob condições que imponham a superexploração do trabalho terceirizado, submetido a jornadas extenuantes para dar cumprimento ao objeto do contrato; (c) a omissão em oferecer à empresa prestadora de serviço, na terceirização interna, condições ambientais condizentes com as exigências de saúde e segurança no trabalho; (d) a omissão em fiscalizar o cumprimento das obrigações trabalhistas por parte da empresa prestadora de serviços; (e) o uso indiscriminado da terceirização em atividades essenciais, estratégicas, para o empreendimento, com o fito de reduzir o custo de produção, fenômeno denominado de *superterceirização* etc.

Tais condutas, consideradas de risco, potencializam todos aqueles efeitos deletérios sobre o sistema de proteção social dos trabalhadores terceirizados, acima referidos, razão pela qual aqui são reconhecidas como **repercussões deletérias circunstanciais**.

Portanto, ao passo em que possui elementos capazes de propiciar seus objetivos cientificamente explicados, como a especialização empresarial no foco de suas atividades, com importantes ganhos de produtividade, constituindo veículo de aperfeiçoamento da função produtiva do capital, a terceirização também enseja repercussões que lhe são imanentes, capazes de desarticular importantes instrumentos jurídicos de proteção social do trabalhador e ainda comporta repercussões circunstanciais, acidentais, decorrentes do modo precário como venha a ser praticada na vida empresarial.

As primeiras repercussões são elementos constitutivos do fenômeno, a ele associados de forma indelével, enquanto as segundas são elementos adicionais, agregados por força de circunstâncias específicas.

Ao final destas notas importa que fique vincado, para o desdobramento das reflexões posteriores, o caráter revolucionário da terceirização, marcado por suas repercussões imanentes, embora subjacente à sua explicação teórico-científica. Não podendo ser apartadas do fenômeno, essas repercussões são apenas razoavelmente moduladas pela norma jurídica a fim de minimizar seus impactos sobre os direitos dos trabalhadores, como o faz o Direito do Trabalho atualmente, na medida das suas possibilidades.

1.7. TEORIA DO FOCO: UMA EXPLICAÇÃO FOCALIZADA

A fim de estabelecer premissas necessárias à formulação dos desdobramentos posteriores, ora impõe-se uma definição clara do fenômeno da terceirização, na linha da abordagem predominantemente descritiva aqui adotada.

Na observação de *Carelli*, **terceirização** é um termo brasileiro de nascença e utilização[(71)], embora designe o mesmo mecanismo gerencial de uso disseminado em toda a eco-

(71) Nos Estados Unidos o fenômeno é conhecido como *out-sourcing*; na França por *sous-traitance* ou *extériorisation*; na Itália por *subcontrattazione*; assim como na Espanha (*subcontratacion*) e em Portugal (*subcontratação*). Afirma Carelli que o termo aqui utilizado demonstra a real intenção do empresariado brasileiro, no repasse

nomia capitalista contemporânea, como se viu em momento anterior, conhecido em outros países por **subcontratação, externalização, exteriorização** etc.

Estas distintas expressões, no entanto, apesar da pretensa sinonímia, acabam por revelar diferentes aspectos do mesmo fenômeno. Enquanto a **contratação ou subcontratação** de serviços qualifica o "ato negocial" firmado entre as empresas tomadora e prestadora dos serviços, a **terceirização**, no sentido de se atribuir uma tarefa a um terceiro inicialmente estranho à sua realização, é uma expressão que mais qualifica um "movimento de exclusão" das atividades ou parcelas de atividades produtivas do contexto empresarial originário, expressando um estado de transição do modelo fordista (includente de atribuições) para o modelo flexível (excludente de etapas do processo) de organização produtiva.

A contratação ou a subcontratação configurariam, assim, o aspecto formal e instrumental da terceirização, esta em sua feição dinâmica, organizacional.

Este movimento terceirizante ou exteriorizante é bem simbolizado na reflexão de *Viana*, para quem, "*como um vulcão que vomita lava e fogo, a fábrica passou a jogar pra fora tudo o que não diz respeito ao foco de suas atividades*"(72), embora as pesquisas realizadas no mercado empresarial brasileiro, antes referidas, demonstrem que esta atividade vulcânica também atinge o foco das atividades empresariais.

A maioria dos autores nacionais que se dedicam ao estudo do tema nas áreas das ciências sociais, econômicas e jurídicas, tende a conceituar a terceirização levando em conta o propósito originário que a inspirou e justificou, na transição do modelo fordista para o toyotista de organização produtiva, retratado na referida "teoria do foco": a finalidade de concentração do organismo empresarial naquelas atividades que constituem sua vocação nuclear (atividades-fim), com vistas à maior especialização, racionalização de recursos e qualificação do produto, mediante a transferência para terceiros da execução das demais atividades, ditas acessórias, instrumentais e auxiliares (atividades-meio)(73).

Giovanni Alves, por exemplo, no campo da sociologia do trabalho, conceitua a terceirização como "*um tipo de descentralização produtiva, centrado na lógica da focalização da produção, isto é, a empresa tende a concentrar seus esforços e a se especializar na produção daquelas mercadorias sobre as quais ela detém vantagens competitivas*"(74).

Da mesma forma, *Giosa*, no campo da Ciência da Administração, define o fenômeno como "*um processo de gestão pelo qual se repassam algumas atividades para terceiros, com os quais se estabelece uma relação de parceria, ficando a empresa concentrada apenas em tarefas essencialmente ligadas ao negócio em que atua*"(75).

Na seara do Direito do Trabalho, ainda por mais fortes razões sintetizadas na função protetiva que lhe é inerente, a doutrina e a jurisprudência tendem a conceituar a terceiriza-

---

a um "terceiro" da posição de empregador e, por conseguinte, da responsabilidade pelos encargos e direitos trabalhistas. Cf. CARELLI, Rodrigo de Lacerda. *Terceirização e intermediação de mão-de-obra*. p. 74.

(72) VIANA, Márcio Túlio. Terceirização e sindicato: um enfoque para além do jurídico. p. 779.

(73) "*A teoria do foco toyotista propõe a transferência a terceiros das atividades marginais à geração do bem de maior valor (...). Esta teoria propõe que o capital concentre-se na produção do bem de maior valor — especializando-se nele —, levando em conta sua vocação maior, sem desconcentrar-se em ramos de atividade que não estão afeitas a esta vocação. A indústria, focada em sua atividade de geração de valor, imporá aos fornecedores um padrão de produção e de entrega dos insumos* just in time, *para que haja um* perpetum mobile *mais amplo que extrapola a linha de montagem.*" FERRARI, Terezinha. *Na cidade just in time:* uma forma do estar urbano. Disponível em: <http://www.usjt.br/prppg/informe/2006>. Acesso em: 12.10.2007.

(74) ALVES, Giovanni. *O novo (e precário) mundo do trabalho*. p. 205-206.

(75) GIOSA, Lívio. *Terceirização:* uma abordagem estratégica. 5. ed. São Paulo: Pioneira, 1997. p. 14.

ção contingenciando as atividades terceirizáveis àquelas meramente acessórias ao objetivo central da empresa matriz, contratante.

Em sua apurada análise jurídico-trabalhista do fenômeno, *Carelli*, embora partindo da correta premissa de que a terceirização não é um fenômeno pertencente ao Direito, mas próprio da Ciência da Administração ou da Ciência Econômica, considera que é da essência do instituto a concentração da empresa em seu foco operacional, o que "*afasta completamente a possibilidade da existência de terceirização na atividade central da empresa, comumente conhecida por atividade-fim*". Para o autor, a transferência de atividade-fim "*não se tratará de terceirização, mas de 'ato fictício', mera intermediação, desfigurando e desnaturando o instituto*"[(76)].

A rigor científico, entretanto, toda e qualquer descrição da terceirização que se baseie na "teoria do foco" estará irremediavelmente condicionada e restrita, teleologicamente, aos propósitos do específico modelo toyotista de organização produtiva. Na medida em que a referida teoria da Ciência da Administração propõe-se a explicar e a justificar a externalização toyotista, flexível, como um mecanismo da organização empresarial voltado a promover certos resultados, é este aspecto da empresa toyotista que lhe constitui o objeto da teorização. Ele é a sua referência explicativa no mundo fenomênico.

Deveras, o toyotismo, originado na indústria japonesa, parte da ideia de concentração da empresa em sua atividade de maior valor em busca do aumento da produtividade, com maior qualidade do produto e menor custo de produção.

Mas não se deve descuidar de que, no dinâmico e complexo processo de transferibilidade da organização flexível para outras partes do mundo, e especialmente no caso do Brasil, a terceirização tomou vida própria, em face do específico sistema de proteção social que aqui encontrou e sobre o qual visou exercer direto impacto, potencializando seu caráter estratégico-defensivo do capital em detrimento do valor-trabalho, conforme visto em tópico anterior.

A terceirização avançou sistematicamente sobre atividades que, em princípio, eram consideradas principais, nucleares, da operação empresarial. Muitas delas, aos poucos, passaram a ser consideradas atividades acessórias, apesar da sua natureza nuclear, revelando uma movimentação imprecisa entre os conceitos gerenciais de atividade-meio e atividade-fim.

As grandes indústrias automobilísticas, por exemplo, transformaram-se, no decorrer do tempo, desde *Ford* até a atualidade, passando de grandes fábricas de automóveis, a enxutas montadoras de peças fabricadas por uma rede de empresas terceirizadas. Foi exatamente esta transferência de atividades que, sob a engenhosidade toyotista, inaugurou o movimento terceirizante em sua concepção original. Este movimento alterou profundamente os limites conceituais entre a atividade-fim e a atividade-meio da indústria automobilística, o que revela que a delimitação dessas instâncias depende mais intensamente da concepção da atividade empresarial no plano da administração.

Portanto, se os próprios critérios de delimitação do foco empresarial são flutuantes e se, além disso, a terceirização, como instrumento econômico, tomou corpo para além da estrita concepção da gerência toyotista em sua dinâmica revolucionária, como a criatura que se liberta do jugo do criador, não há como descrevê-la sob os originários parâmetros da teoria do foco sem perder em extensão e profundidade importantes propriedades do

---

(76) CARELLI, Rodrigo de Lacerda. *Terceirização e intermediação de mão-de-obra*. p. 75.

fenômeno, especialmente aquelas propriedades econômicas que vulnerabilizam a proteção social do trabalhador.

Reconhece *Giosa* que *"os conceitos de terceirização que circunscrevem o processo às atividades-meio do tomador dos serviços não analisam a questão em sua inteireza"*[77]. Isso porque, neste caso, deixa-se de apreender o fenômeno em sua real extensão sobre a atividade produtiva. Os dados trazidos com a pesquisa desenvolvida por *Pochmann*, especialmente os reveladores do modelo por ele denominado de *superterceirização*, deixam à mostra o quanto o fenômeno pode se estender sobre atividades essenciais da produção, em seu ímpeto vulnerabilizador da proteção ao trabalho.

Por sua vez, ao justificarem a terceirização na teoria do foco, estes conceitos também não apreendem o fenômeno em sua inteira profundidade, pois condicionam a configuração do objeto conceituado a determinados propósitos científicos explicados pela Ciência da Administração — produtividade e especialização — que, no entanto, não preenchem inteiramente o conteúdo de sentido do fenômeno na vida empresarial brasileira, na medida em que não excluem, mas naturalizam, os propósitos de autodefesa do capital em crise, o que faz com que a "teoria do foco" possa ser, na prática, ironicamente "desfocada".

Mesmo na *terceirização-base*, em atividades consideradas de apoio ou atividades-meio, as repercussões precarizadoras da terceirização sobre a proteção ao trabalho podem ser profundamente potencializadas, a depender do modo como venha a ser praticada, em detrimento ou não da qualidade do produto. E, quando desprestigia a qualidade do produto, desprestigia os próprios fundamentos da "teoria do foco", não obstante sobre ela continue deitando sua justificação social, tendo em vista a tênue divisa entre o que a terceirização efetivamente propicia, inclusive em perda de proteção ao trabalho, e o que ela deveria legitimamente propiciar à organização produtiva, em ganhos de produtividade[78].

Portanto, a "teoria do foco" explica apenas uma faceta de terceirização, delimitada e comprometida com a produtividade e a qualidade do produto, mas não explica as repercussões imanentes, de caráter econômico, sobre o sistema de proteção dos trabalhadores, repercussões estas que condicionam profundamente a sua prática na vida empresarial.

Assim, consideradas todas as feições do fenômeno, a terceirização aqui deve ser descrita, sumariamente, como "uma técnica de organização produtiva por meio da qual a entidade produtora de bens e serviços contrata no mercado atividades inerentes ao seu processo produtivo".

Inspirado em *Sartre*, *Eros Grau* avalia que o conceito é atemporal, mas nem o tempo e a história podem ser objeto de um conceito, pois, desde que se introduz a temporalidade, deve-se considerar que, no interior do desenvolvimento temporal, o conceito se modifica. Já a noção, pelo contrário, pode ser definida como o esforço sintético para produzir uma ideia que se desenvolve a si mesma por contradições e superações sucessivas e que é, pois, homogênea ao desenvolvimento das coisas[79].

---

(77) GIOSA, Lívio. *Terceirização:* uma abordagem estratégica. p. 32.

(78) Matéria jornalística publicada em periódico de circulação no Estado de Minas Gerais afirma, com base em dados extraídos da Pesquisa de Emprego e Desemprego do DIEESE, que enquanto a terceirização no setor privado dá pequenos sinais de recuo a partir de 2005, inclusive por comprometimento da qualidade do produto, no setor público a terceirização dá sinais de crescimento no mesmo período. Cf. KIEFER, Sandra. Terceirização perde *status*, mas não para o governo. *Estado de Minas*, 23.09.2007, p. 6.

(79) GRAU, Eros Roberto. *A ordem econômica na Constituição de 1988*. p. 134-135.

Daí por que a descrição acima apenas retrata uma noção de terceirização, condicionada historicamente pelos aspectos da vivência contemporânea do fenômeno e que, por isso mesmo, comporta a agregação de outros diversos conteúdos de sentido, condicionados pelos propósitos que lhe determinam e pelo modo como é manifestado no mundo real.

Por sua vez, tratando-se a terceirização de uma espécie de contratação de atividades, a noção logo exclui as subcontratações interempresariais destinadas ao mero fornecimento de mão-de-obra subordinada, traduzidas na figura jurídica da locação de mão-de-obra(80). Por meio desta figura não se objetiva o fornecimento de uma utilidade, como um resultado pronto e acabado, senão apenas ao fornecimento interempresarial de trabalhadores, os quais são inseridos na dinâmica produtiva da empresa tomadora e a ela subordinados, apesar de formalmente vinculados à empresa fornecedora.

A prática da locação de mão-de-obra subordinada, classicamente repudiada pelo Direito do Trabalho (tanto que, atualmente, no Brasil, a prática somente é admitida em regime excepcional de trabalho temporário)(81), não raro é levada a efeito sob o manto da terceirização em face da proximidade dinâmica entre as duas figuras, para beneficiar-se das justificativas teórico-científicas que sustentam a terceirização. No entanto, as diferenças fenomenológicas já se encontram perfeitamente apreendidas e reguladas pelo Direito, conforme será adiante estudado.

Além disso, como ressalta *Delgado* em sua avaliação jurídica, a realidade demonstra que a terceirização é capaz de desencadear novos parâmetros de relações, inimagináveis do ponto de vista normativo, como ocorre com o fenômeno da quarteirização, mecanismo pelo qual uma quarta empresa passa a atuar como consultora e interlocutora entre a empresa matriz, tomadora dos serviços, e as prestadoras, intermediando a relação entre elas(82).

Como se observa, a noção apresentada, na medida em que serve a qualquer modelo de terceirização, não se preocupa em captar a dimensão jurídica e socialmente aceitável do fenômeno, nem está sociologicamente condicionada por um determinado conteúdo de sentido atribuído ao fenômeno. Ela busca, antes, comportar as variadas possibilidades de conteúdo estratégico-mercadológico do instituto, em fidelidade à sua manifestação fenomenológica, pois, como bem compreendeu *Cocco* ao tratar da difusão territorial dos processos produtivos, inclusive por meio da terceirização, "*o mercado entrou na fábrica, obrigando-a a flexibilizar-se para acompanhar suas evoluções cada vez mais voláteis e imprevisíveis*"(83). Cabe ao observador, portanto, diante de cada caso concreto, apreender o fato em sua exata dimensão.

Afinal, para que o Direito, como instância de legitimação democrática da vida social, política e econômica, possa desempenhar seu decisivo papel de regulador civilizatório do fenômeno social, é imperioso que capte a realidade em sua inteireza, sob pena de incorrer

(80) A locação de mão-de-obra é um negócio por meio do qual um fornecedor disponibiliza mão-de-obra alheia, por ele contratada, para prestação de serviços em outro empreendimento, sob a direção do tomador, e em estado de subordinação direta a ele. Esta modalidade negocial, cujo objeto é a mão-de-obra humana, reconhecida por *marchandage*, é proibida no país, por violar as normas de proteção ao trabalhador (Constituição da República, art. 1º, IV e CLT, arts. 3º e 9º), salvo na hipótese de trabalho temporário, regido pela Lei n. 6.019/1974.

(81) O regime de trabalho temporário, disciplinado pela Lei n. 6.019/1974, visa à disponibilização de mão-de-obra especializada para atender, exclusivamente, necessidade transitória de substituição de seu pessoal regular e permanente ou a acréscimo extraordinário de serviços (art. 2º).

(82) DELGADO, Gabriela. *Terceirização* — paradoxos do direito do trabalho contemporâneo. p. 142.

(83) COCCO, Giuseppe. *Trabalho e cidadania:* produção e direitos na era da globalização. São Paulo: Cortez, 2000. p. 98.

em grave déficit disciplinar, perdendo sua capacidade mediadora e transformadora do real. Isto mais se afirma, em se tratando da regulação normativa de um fenômeno de livre mercado, concebido com a sua pungente espontaneidade e, somente então, deontologicamente disciplinado (proibido, permitido ou ordenado) conforme as exigências sociais.

Antes da abordagem jurídica da matéria, no entanto, será levada a efeito, no Capítulo seguinte, a análise da evolução política do movimento de terceirização no serviço público brasileiro, no contexto das grandes reformulações pelas quais vem passando o Estado moderno.

Capítulo 2

EVOLUÇÕES DA TERCEIRIZAÇÃO NA ADMINISTRAÇÃO PÚBLICA BRASILEIRA

2.1. *NOTAS INICIAIS*

A rigor, não constitui novidade a contratação, pela administração pública brasileira, de serviços especializados prestados por empresas e entidades da iniciativa privada para a realização de atividades internas que, pela natureza altamente especializada ou pela necessidade apenas transitória, não justificam a criação de carreiras públicas.

Em 1967, em pleno governo militar, o Decreto-Lei (DL) n. 200/67, que instituiu uma ampla reforma administrativa, já exortava o administrador público a recorrer, sempre que possível, à execução indireta de tarefas executivas, por meio da contratação de entidades da iniciativa privada, como forma de *impedir o crescimento desmesurado da máquina administrativa* (art. 10, § 7º).

Desde então, muitas foram as transformações ocorridas no panorama político e institucional do Estado, determinadas pelo avassalador processo de reformulação do regime de acumulação capitalista no cenário da globalização econômica. Este movimento levaria à ascensão do modelo de organização empresarial flexível, com o recurso estrutural da terceirização, especialmente em países de economia em desenvolvimento, como o Brasil, conforme visto no Capítulo anterior.

O Estado moderno, por sua vez, no rastro da cultura do novo capitalismo(1), desencadeou um intenso movimento de reforma em sua atuação no espaço econômico, com vistas a adequá-la às exigências do mercado globalizado.

Esta reforma de traço neoliberal visou, basicamente, à retração da atuação estatal no domínio econômico, com vistas à superação do modelo de Estado de Bem-Estar Social.

Nesse ambiente, a velha técnica de subcontratação de atividades proliferou-se no interior da máquina administrativa para além de sua clássica função organizatória das atividades administrativas, tornando-se um vigoroso instrumento de flexibilização das relações de trabalho entre o Poder Público e seus agentes administrativos, e de expansão do domínio econômico sobre os espaços da organização estatal.

Neste Capítulo, abordam-se importantes movimentos deste processo.

---

(1) Em referência à obra *A Cultura do Novo Capitalismo*, na qual o sociólogo americano Richard Sennett avalia, dentre outros temas, a marca estrutural e cultural que o novo mercado globalizado deixou nas instituições alheias ao mundo dos negócios, especialmente nas instituições do Estado previdenciário, como assistência social, educação e saúde. Cf.: SENNETT, Richard. *A cultura do novo capitalismo*. Trad. Clóvis Marques. Rio de Janeiro: Record, 2006.

2.2. FUNDAMENTOS DO ESTADO DE BEM-ESTAR

Grandes lutas sociais garantiram conquistas humanizadoras das relações de produção, no modelo de Estado providência. Entre tais conquistas incluem-se a constitucionalização progressiva dos direitos sociais e econômicos[2], o fortalecimento dos direitos dos trabalhadores, a proteção à organização sindical, a institucionalização dos meios de composição do conflito trabalhista, a universalização dos serviços públicos e a expansão da previdência social, dentre outros relevantes veículos civilizatórios do capitalismo.

O modelo do Estado de Bem-Estar Social sintetizou valores e princípios que confrontaram fortemente o modelo liberal anterior do Estado moderno, tais como: (a) a democracia político-participativa toma uma dimensão material, passando-se a exigir a igualdade substancial como fator de afirmação e preservação da igualdade formal dos indivíduos perante a lei, o que desafia a promoção, pelo Estado, dos meios materiais de acesso a condições dignas de vida; (b) o primado do trabalho e do emprego, em contraste com a ideia da mão-de-obra como fator de produção sujeito unicamente às leis de mercado, passou a constituir um veículo para a igualdade de oportunidades, verdadeiro instrumento de poder a quem é destituído de riquezas; (c) a justiça social passou a conformar não apenas a atuação do Estado, por meio de políticas públicas redistributivas (a exemplo das políticas previdenciárias e assistenciais), como também a permear as relações sociais, por meio, especialmente, do Direito do Trabalho; e (d) a busca do bem-estar social passou a constituir relevante direito individual e social, a ser garantido pelo Estado, não mais devedor apenas de segurança às liberdades individuais, mas também de ações positivas promotoras de bens da vida[3].

Este paradigma de Estado erigiu-se por força de circunstâncias políticas e econômicas que influenciaram os Estados Unidos, no governo de Franklin D. Roosevelt, a buscarem, no intenso intervencionismo estatal pragmático na economia, a partir de 1932, as soluções radicais, ditas antiliberais, para a falência da economia de livre mercado. Essa falência foi desencadeada pelo primeiro pós-guerra e culminou com a quebra da bolsa de valores de Nova York (1929), o fechamento em massa das empresas, o desemprego estrutural e a consequente falta de perspectiva para os projetos individuais, implicando risco concreto de desintegração social diante da iminente ameaça anticapitalista representada pelo socialismo russo, em franca afirmação desde a Revolução de 1917.

Por sua vez, na Europa, as denominadas frentes populares também promoveram, desde os anos 1930, uma reforma no modo de produção capitalista, privilegiando a intervenção pragmática como forma de regular o mercado e promover o desenvolvimento econômico, acolhendo as demandas de direitos da classe trabalhadora, a fim de evitar a expansão do poder do fascismo, contrário aos conflitos inerentes à luta de classes.

Inspirado em *Habermas*, *Eros Grau* observa que, diante das crises que ameaçaram a integração social, o Estado passou a assumir funções que não se deduzem simplesmente do movimento imanente do capital[4], identificando, assim, quatro categorias de atividades

---

(2) A Constituição do México, de 1917, e a de Weimar, de 1919, são indicadas pela doutrina como as primeiras Constituições formais a preverem expressamente direitos sociais.

(3) DELGADO, Mauricio Godinho; PORTO, Lorena Vasconcelos. O Estado de bem-estar social no capitalismo contemporâneo. In: DELGADO, Mauricio Godinho; PORTO, Lorena Vasconcelos (Org.). *O estado de bem-estar social no século XXI.* São Paulo: LTr, 2007. p. 22-23.

(4) HABERMAS, Jürgen. *A crise de legitimação no capitalismo tardio.* Trad. Vamireh Chacon. Rio de Janeiro: 1980. *Apud* GRAU, Eros Roberto. *A ordem econômica na constituição de 1988.* p. 20.

que constituem a tônica do Estado moderno, em quaisquer de suas versões interventivas na economia. São elas:

1) a de **constituição e preservação** do modo de produção capitalista, por meio de certas instituições de existência contínua (instituições jurídicas que garantem a funcionalidade do mercado, inclusive contra seus próprios efeitos autodestrutíveis, *v.g.*, lei antitruste, lei trabalhista etc., e garantem a autoconservação estatal, interna e externa);
2) a de **complementação** do mercado, criando mecanismos de organização empresarial, de concorrência e de financiamento, sem, contudo, conturbar o dinamismo do processo de acumulação (por meio de instituições de direito bancário e empresarial e de manipulação do sistema fiscal);
3) a de **substituição** do mercado, em reação às debilidades das forças motrizes da economia, estimulando novas situações econômicas (seja criando demanda estatal de bens de uso improdutivo ou promovendo progresso técnico-científico, ou qualificando trabalhadores etc.); e
4) a de **compensação** de disfunções do processo de acumulação, em que o Estado assume efeitos externos da economia privada, tais como os danos ecológicos; assegura a capacidade de sobrevivência de setores ameaçados; implementa melhorias nas condições de vida dos trabalhadores com gastos sociais, por meio da assistência e previdência social pública etc.[(5)]

Nessa perspectiva, a atuação do *welfare state*, em **substituição** ao mercado e em **compensação** aos seus efeitos deletérios, passaria a constituir uma estratégia de sobrevivência do próprio sistema capitalista.

A Segunda Guerra Mundial (1939-1945), deixando um rastro de completa desestruturação da economia mundial, dividiu o mundo em dois grandes blocos ideologicamente contrapostos. Teve início a guerra fria que marcaria, pelas quatro décadas seguintes, a lógica das relações internacionais, aprofundando ainda mais a necessidade das reformas ditas antiliberais no capitalismo ocidental.

Mas, se a depressão econômica e a guerra ensejaram uma intervenção pragmática do Estado em socorro à economia, foi a filosofia social de *John Maynard Keynes*, especialmente a partir da sua obra fundamental, *Teoria Geral do Emprego, do Juro e da Moeda* (1936), que firmou verdadeiro consenso doutrinário nos países do Ocidente em torno da necessidade das despesas sociais do Estado como forma de induzir a demanda por meio da promoção do pleno emprego dos fatores de produção, especialmente do trabalho, com a criação de uma ampla malha de serviços e de proteção social aos cidadãos economicamente desprotegidos. Até porque as despesas sociais do Estado seriam indispensáveis, segundo a teoria keynesiana que se tornaria hegemônica, para preservar o ciclo produção-consumo-produção[(6)].

Isso levou à intensa ampliação das tarefas do Estado, especialmente no campo dos serviços públicos de prestação de benefícios, exigindo o aumento da burocracia e, portanto,

(5) *Idem*, p. 20.

(6) FONSECA, Francisco. *O consenso forjado:* a grande imprensa e a formação da agenda ultraliberal no Brasil. p. 53.

da máquina estatal, o que estimulou a descentralização autárquica, com a criação de diversos organismos de Direito Público dotados de autonomia administrativa.

Dessa forma, no campo dos serviços públicos, especialmente os de infraestrutura, perdeu espaço a participação da iniciativa privada, que havia sido determinante até o final do século XIX, por meio da figura da concessão(7). Se, no cenário da crise econômica do início do século XX, o Estado teve que socorrer financeiramente as empresas concessionárias, passou-se a considerar estrategicamente relevante ao interesse da sociedade, sob o ideário intervencionista, que o próprio Estado agora se incumbisse diretamente do exercício dessas atividades econômicas, utilizando, para isso, a flexibilidade operacional própria da iniciativa privada.

Esse movimento, a que *Fritz Fleiner* denominou de "*fuga para o direito privado*"(8), implicou a criação e a proliferação das sociedades de economia mista e das empresas públicas com personalidade de Direito Privado. Isso, paradoxalmente, ensejou o alargamento do espaço público ou, o que é o mesmo, a "publicização do privado", na medida em que a maioria desses serviços tomados pelo Estado tinha natureza industrial e comercial, tais como a produção e distribuição de energia elétrica, distribuição de água e gás, serviços de transportes, telecomunicações etc.

Neste passo, ascendeu a importância da profissionalização e organização das carreiras públicas, nas quais o servidor público, tido como instrumento de realização dos interesses da coletividade, tornou-se destinatário de um regime especial de direitos e prerrogativas, voltado a assegurar-lhe dignidade social compatível com a destinação coletiva das suas tarefas, bem como a assegurar à comunidade a continuidade impessoal e apartidária dos serviços públicos, ao largo do contínuo e natural processo de substituição das lideranças governistas.

Assiste-se, ao mesmo tempo, a uma crescente intervenção legislativa em quase todas as searas da atividade social, estimulada pela intensa demanda de proteção do Estado às partes mais fracas das relações sociais(9). Isso, por um lado, levou à proliferação de normas de ordem pública no campo das relações privadas, a exemplo das normas do Direito do Trabalho, instituídas como instrumento de promoção de justiça social, e, por outro lado, também promoveu o fortalecimento dos ramos do Direito Público, especialmente do Direito Administrativo, fundado na premissa da "superioridade do interesse público sobre o interesse privado" e profundamente influenciado pela feição autoritária do Estado interventor e protecionista.

Por sua vez, tece-se, nesse cenário social organicista, inspirado nos ideais da democracia substancial e igualitarista(10), um modelo de administração pública centralizadora

---

(7) O contrato de concessão surge na França, em final do século XIX, como contrato administrativo regido pelo direito público, a fim de viabilizar ao Estado liberal, em época de franco progresso econômico, a parceria com a iniciativa privada para a realização de inúmeras tarefas, como instalação de vias férreas, redes ferroviárias, redes de distribuição de gás e eletricidade. Cf. SILVA, Almiro do Couto e. Os indivíduos e o Estado na realização de tarefas públicas. *Revista de Direito Administrativo*, São Paulo, Renovar, n. 209, p. 55. 1997.

(8) SILVA, Almiro do Couto e. Os indivíduos e o Estado na realização de tarefas públicas. 57.

(9) SARMENTO, Daniel. Os direitos fundamentais nos paradigmas liberal, social e pós-social (pós-modernidade constitucional?). In: SAMPAIO, José Adércio Leite (Org.). *Crise e desafios da Constituição.* Belo Horizonte: Del Rey, 2004. p. 389.

(10) No sentido dos ideais fundados na igualdade material mínima como pressuposto do exercício das liberdades civis e políticas, ideais estes que determinaram a agenda política do *breve* século XX, assim considerado

de decisões, burocrática e autoritária. Este é um traço da predominância política do Poder Executivo, que "*se torna o verdadeiro Leviatã, com seu gigantismo e sua lógica tecnocrática*"(11), absorvendo importantes parcelas dos poderes normativos inerentes ao Legislativo, na medida em que a atuação executiva do Estado, por meio dos seus infindáveis serviços reputados indispensáveis à satisfação das necessidades sociais, passou a constituir a tônica da organização estatal.

2.3. *O ESTADO INTERVENTOR E A LÓGICA FORDISTA*

No Brasil, embora a lógica da intervenção econômica houvesse se operado à moda dos países centrais, não sem algum atraso, com o agigantamento da máquina burocrática, o Estado Social não esteve presente em sua versão universalizadora dos serviços públicos e garantidora de bem-estar à população.

Nas duas primeiras décadas do século XX, ao pequeno tamanho do Estado brasileiro correspondia sua pequena intervenção no campo econômico. Nos anos 1920, teve início um processo de descentralização administrativa(12) com a criação de autarquias, o que se incrementou após a Revolução de 1930, na era Vargas, quando essas autarquias passaram a exercer atividades de natureza industrial e comercial(13).

Após a Segunda Grande Guerra, teve início no país a fuga do Estado para o Direito Privado, com a criação das empresas estatais; entrava em franco declínio, também por aqui, a figura do contrato de concessão de serviços públicos. Os governos militares, a partir da década de 1960, ampliaram ainda mais a órbita de atuação do Estado na atividade econômica, com vistas à realização de grandes obras de infraestrutura(14).

Paralelamente, o Estado brasileiro ainda atuava como forte subsidiário financeiro da iniciativa privada, por meio de entidades bancárias oficiais(15). Isso acabou desencadeando a aquisição, pelas entidades públicas credoras, de importantes participações no capital de empresas devedoras, exercentes das mais variadas atividades econômicas, que não honravam seus empréstimos. Dessa forma, agigantou-se ainda mais a participação do Estado na atividade econômica.

---

pelos historiadores o período que compreendeu a primeira grande guerra (1914) e a queda do muro de Berlim (1989).

(11) SARMENTO, Daniel. Os direitos fundamentais nos paradigmas liberal, social e pós-social (pós-modernidade constitucional?). p. 393.

(12) Celso Antônio Bandeira de Mello ensina que uma atividade administrativa é descentralizada quando é exercida por pessoa ou pessoas distintas do Estado; é centralizada quando é exercida pelo próprio Estado, ou seja, pelo conjunto orgânico que lhe constitui a intimidade: na centralização, o Estado atua diretamente, por meio dos seus órgãos; na descentralização, o Estado atua indiretamente, pois o faz por meio de seres distintos dele, ainda quando sejam criaturas suas, constituindo em parcelas personalizadas do aparelho administrativo estatal. Cf. MELLO, Celso Antônio Bandeira de. *Curso de direito administrativo.* 11. ed. São Paulo: Malheiros, 1999. p. 97.

(13) SILVA, Almiro do Couto e. Privatização no Brasil e o novo exercício de funções públicas por particulares. Serviço público à brasileira. *Revista de Direito Administrativo,* Rio de Janeiro, Renovar, n. 230, p. 51. out. 2002.

(14) *Idem*, p. 52.

(15) Tais como o Banco do Brasil e o Banco Nacional de Desenvolvimento Econômico e Social (BNDES), à época denominado Banco Nacional de Desenvolvimento Econômico — BNDE.

Como registra *Silva*, esse quadro corresponde, dadas as proporções, à realidade também vivida na Europa continental, no auge do *welfare state*(16).

Com o agigantamento da máquina estatal, o Estado acabou incorporando à sua organização burocrática a mesma lógica operacional centralizadora de atribuições do modelo privado fordista então vigente. Para isso, organizou-se verticalmente, numa rígida estrutura hierárquica, para desincumbir-se diretamente, por meio dos seus próprios servidores e com recursos próprios, de todas as etapas do processo de produção dos serviços tipicamente públicos e das atividades econômicas nas quais intervinha.

Mesmo nas estruturas estatais descentralizadas, em que se criaram entidades paraestatais de Direito Público ou Privado, com maior ou menor autonomia administrativa, estas entidades submeteram-se a uma organização profundamente burocrática e rigidamente hierarquizada, à imagem modelo fordista.

Como ressalta *Eros Grau*, "*o capitalismo é essencialmente conformado pela microrracionalidade da empresa, não pela macrorracionalidade reclamada pela sociedade*"(17). Mesmo nos períodos de mais intenso movimento político da democracia social, fundada na consciência da cidadania participativa, a empresa fordista conseguiu impor um modelo de organização produtiva dessubjetivante para o trabalhador, exigindo-lhe um trabalho mecânico, autômato e disforme à lógica participativa da cidadania que lhe conformava a presença no espaço público.

Daí a provável razão pela qual o Estado moderno, em seu papel mediador do regime capitalista, tende a reproduzir no interior da sua estrutura organizacional a mesma microrracionalidade do modelo empresarial privado vigente em cada época. Trata-se, na visão de *Grau*, de um processo de legitimação estatal da microrracionalidade da empresa, processo mediante o qual o Estado dela se apropria na organização de sua burocracia interna(18).

Assim é que a grande máquina do Estado interventor brasileiro acabou retratando, em sua imensa organização burocrática, a mesma lógica fordista empresarial, seja na estruturação rigidamente hierarquizada, seja na fragmentação massiva das tarefas, embora jamais houvesse conseguido reproduzir, pelo menos no Brasil, o mesmo nível de controle de resultado levado a cabo pela iniciativa privada(19).

E, no mesmo passo em que a organização produtiva rumava em direção a alternativas de administração mais flexíveis e menos onerosas, a partir do final do século passado, também o Estado buscou na nova lógica de mercado o seu novo modo de atuação.

2.4. CRISE DO LUCRO, GLOBALIZAÇÃO E NEOLIBERALISMO: A REFORMA DO ESTADO

A partir da década de 1970, a alta do preço do petróleo (em razão dos dois grandes choques em 1973 e 1979) e a saturação dos bens de consumo no mercado interno dos países centrais causaram imensa redução nos lucros do setor produtivo ocidental, induzindo ao

(16) SILVA, Almiro do Couto e. Privatização no Brasil e o novo exercício de funções públicas por particulares. p. 52.

(17) GRAU, Eros Roberto. *A ordem econômica na constituição de 1988*. p. 49.

(18) *Idem, ibidem.*

(19) Especialmente em face da cultura de administração pública corporativista brasileira, que tornou o serviço público profundamente dispendioso porque distante das necessidades imediatas do cidadão e porque ineficiente na consecução de resultados.

fechamento de empresas e causando desemprego. O alto investimento em tecnologia, especialmente da informação, na tentativa de aumentar a produtividade e recompor os lucros, ensejou a redução do tamanho das empresas e intensificou o corte dos postos de trabalho.

O efeito deste quadro, na visão de *Buen*, se manifestaria no aumento dos custos sociais do Estado, que teve o arrecadamento fiscal profundamente prejudicado, ao passo em que foi ainda mais demandado no pagamento de benefícios sociais por desemprego. Gastando mais do que arrecadava, promoveu um aumento astronômico da dívida pública, mais uma causa para o aumento da inflação[20].

Nos Estados Unidos, o déficit federal, que já superava US$ 59 bilhões em 1960, subiu vertiginosamente na década seguinte, no novo cenário de baixo lucro, fechamento de empresas, desemprego e pressão inflacionária[21].

Esta crise mais se acentuou no início do processo de globalização econômica que, fomentada pela revolução da tecnologia da informação, encurtou distâncias, ampliou mercados de capitais e acirrou a concorrência internacional[22]. Chegava o momento de o capitalismo reorganizar seus fundamentos e, para isso, o Estado moderno foi chamado a adaptar-se às novas exigências de um mercado que precisava recuperar os níveis de lucratividade anteriores no amplo jogo da livre concorrência.

As políticas intervencionistas já não interessavam às novas necessidades do capital e o alto custo social do Estado de Bem-Estar tornou-se, assim, o grande entrave da ordem econômica. Esta, preconizando o livre mercado, passou a exigir a diminuição da intervenção estatal na economia, a redução da carga tributária, a flexibilização dos direitos trabalhistas e o corte das despesas públicas, especialmente por meio da supressão dos benefícios assistenciais.

Essas reformas passaram a ser sistematicamente articuladas e reivindicadas pela doutrina liberal clássica. Revigorada em seus fundamentos teóricos e apregoando o retorno aos pressupostos do *laissez-faire*, o liberalismo voltou a afirmar-se doutrinariamente em versões difusamente denominadas de "ultraliberalismo ou neoliberalismo", tendo como principal referência a obra do austríaco *Friedrich von Hayek*. Este autor, a partir dos anos 1940, com a obra *O Caminho da Servidão*, procurou mostrar que a tendência de substituir-se a ordem espontânea e infinitamente complexa de mercado por outra deliberadamente criada pelo pensamento humano e administrada por um sistema de planejamento centralizado, acabaria resultando no empobrecimento e na servidão, o que se confirmou, por exemplo, na União Soviética, no Leste Europeu e em Cuba, rendendo-lhe prestígio e adeptos.

Este ideário liberal revisitado prega, em rápida síntese: (a) a precedência da iniciativa privada sobre a pública; (b) a máxima desestatização da economia, por meio da privatização das empresas estatais; (c) a desproteção aos capitais nacionais, para competirem livremente com seus congêneres; (d) a desmontagem do aparelho do Estado de Bem-Estar Social, considerado ineficiente, ineficaz, perdulário, injusto e autoritário (por desconsiderar o mérito pessoal); (e) a quebra do compromisso corporativo entre capital e trabalho, a fim de permitir a flexibilização das condições de trabalho e viabilizar a concorrência das economias domésticas no cenário internacional, em benefício do consumidor; (f) a revalorização do livre mecanismo do mercado, como espaço de exercício da

(20) BUEN, Nestor de. O Estado do mal-estar. *Revista LTr*, São Paulo, v. 62, n. 05. p. 613. mar. 1998.

(21) RIFKIN, Jeremy. *O fim dos empregos*. p. 40.

(22) SARMENTO, Daniel. Os direitos fundamentais nos paradigmas liberal, social e pós-social. p. 395.

liberdade individual, suprimida pela presença autoritária do Estado Social; e (g) a ênfase no Estado mínimo, como mantenedor da ordem e garantidor da propriedade privada, dos contratos e do livre mercado(23).

Sob esta ideologia, capitaneada pelos governos da Inglaterra, de Margareth Tatcher (1979), e dos Estados Unidos, de Ronald Reagan (1982), iniciaram-se as novas reformas na atuação do Estado moderno. Ele deveria retomar suas iniciais funções de mera preservação do jogo capitalista, promovendo o *"deslocamento da matriz estatal para o mercado"*(24). Este movimento precisava propagar-se pelas demais nações capitalistas a fim de garantir a abertura de mercados, o que se deu nos países de economia periférica, como o Brasil, por força de condições negociadas pelos organismos financeiros multilaterais, como o Fundo Monetário Internacional (FMI) e o Banco Mundial.

Para empreender essas reformas, o grande desafio dos governantes neoliberais, no entanto, seria o de vencer a resistência do poder corporativo do trabalho, profundamente organizado, especialmente no sindicalismo europeu. Tornar-se-iam, assim, viáveis a redução de direitos sociais e a diminuição do quadro funcional do Estado, ao tempo em que se fragilizaria a organização coletiva (sindical) do trabalho, viabilizando-se a flexibilização das formas de contratação privada para permitir a necessária implementação do novo modelo "flexível" de organização produtiva empresarial, cujo principal pilar de sustentação é, como visto, a horizontalização do fluxo produtivo, com a terceirização de atividades.

Margareth Tatcher empreendeu, na Inglaterra, um rigoroso combate ao movimento sindical. Ela se defrontou com movimentos de oposição de grande envergadura, como as greves dos mineiros de 1982 e, especialmente, a histórica greve de 1984 que, após quase um ano, restou frustrada, coroando uma vitória esmagadora do governo, com a eliminação de mais de 220 mil postos de trabalho nas minas, resultando na quase extinção de uma das mais importantes categorias do movimento operário inglês(25).

Em seu governo, que durou até 1997, Tatcher privatizou praticamente tudo o que havia sido mantido sob controle estatal no período trabalhista, reduziu à quase extinção o capital produtivo estatal, desenvolveu uma legislação fortemente flexibilizadora das condições de trabalho e conseguiu a aprovação, pelo Parlamento, de um conjunto de atos fortemente coibidores da atuação sindical, promovendo, na década de 1980, a disseminação das formas flexíveis de contratação na iniciativa privada, como o trabalho *part-time*, o trabalho temporário e o autônomo(26), além da terceirização.

Os órgãos públicos centrais ingleses foram incentivados, neste período, a contratarem de firmas privadas (ou seja, a desestatizar) "serviços públicos" essenciais, como a manutenção e a limpeza de vias públicas e a coleta de lixo urbano, assim como a terceirizar "atividades de apoio administrativo" até então consideradas públicas por natureza, como limpeza e manutenção de hospitais e manutenção de prédios públicos(27).

---

(23) FONSECA, Francisco. *O consenso forjado:* a grande imprensa e a formação da agenda ultraliberal no Brasil. p. 60-61.

(24) DELGADO, Gabriela Neves. *Terceirização* — paradoxo do direito do trabalho contemporâneo. p. 55.

(25) ANTUNES, Ricardo. *Os sentidos do trabalho*. p. 69.

(26) *Idem*, p. 67.

(27) CARVALHO NETO, Antonio Moreira de. Terceirização de serviços públicos no Reino Unido e os impactos sobre as relações de trabalho: considerações sobre a realidade brasileira. *Revista do Serviço Público*, Brasília, ENAP, v. 120, n. 2, p. 103. 1966.

Conforme informação do Labour Resarch Department (1987), a desestatização de serviços públicos e a terceirização de atividades de apoio administrativo, no período, ensejaram a imediata demissão de 37,2% do pessoal empregado na coleta de lixo e limpeza urbana e 20% do pessoal empregado na limpeza e manutenção de hospitais[(28)], com enorme impacto na organização sindical no país.

A "terceirização" de atividades e a "desestatização" de serviços públicos são fenômenos que estiveram sempre vinculados no contexto das transformações ocorridas na atuação do Estado, por força de sua íntima conexão operacional. Por isso, em momento posterior desta obra serão traçadas suas diferentes características institucionais.

Nos Estados Unidos, como a estatização de atividades econômicas jamais foi política adotada, a receita para reduzir o tamanho do Estado foi a desregulamentação de certos setores, como o aeronáutico, que teve sua agência reguladora extinta em 1985[(29)]. Para isso, Ronald Reagan venceu e curvou o movimento de oposição da categoria dos operadores de voo, fortemente organizada, inaugurando a onda antissindical no país[(30)].

Empreendeu, ainda, o governo americano, a diminuição da área de administração de benefícios sociais, reduzindo fortemente o quadro de servidores públicos que, no início da década de 1980, era responsável por 17,9% do emprego total nos Estados Unidos e, no final da década, representava 16,4%[(31)].

No Brasil, desde 1979, no governo João Figueiredo (1979-1984), já ocorria certa inversão da tendência expansionista da máquina pública, com a implantação do Programa Nacional de Desburocratização, voltado a reduzir despesas com as empresas estatais, o que ensejou a alienação de algumas empresas federais[(32)].

Até o final do governo José Sarney (1985-1989), poucas outras empresas federais foram alienadas[(33)], mas, até então, este movimento privatizante no Brasil ainda não era determinado pela nova doutrina política neoliberal, já em curso nos países centrais. Tanto assim que, em 1989, o Banco Mundial considerou o processo de privatização brasileiro um

---

(28) *Idem*, p. 104.

(29) SILVA, Almiro de Couto e. Privatização no Brasil e o novo exercício de funções públicas por particulares. p. 54. Importante registrar que a desregulamentação implica a supressão do órgão regulamentador instituído pelo Estado para exercer o poder decisório sobre as políticas setoriais, devolvendo-se a regulação do setor pelas regras do livre mercado.

(30) VIANA, Márcio Túlio. Terceirização e sindicato: um enfoque para além do jurídico. p. 779.

(31) RIFKIN, Jeremy. *O fim dos empregos*. p. 41.

(32) Este Programa foi criado Decreto n. 83.740/1979. A partir de 1981, o governo instituiu uma política restritiva da criação de novas empresas paraestatais e definiu as diretrizes do movimento de privatização destas empresas, embora unicamente com vistas à redução de despesas estatais e à captação de recursos para redução do déficit público, numa época de fraco desempenho econômico, alta vertiginosa da inflação e baixa de investimentos estrangeiros. Uma Comissão Especial de Privatização identificou, nesse período, 268 empresas federais, indicou 140 delas para alienação e arrolou 50 para venda imediata. Mas, até o final do governo, em 1984, somente 21 foram vendidas e 8 absorvidas por outras instituições. Cf. PINHEIRO, Armando Castelar; FUKSAKU, Kiichiro. *A privatização no Brasil:* o caso dos serviços de utilidade pública. Brasília, Governo Federal do Brasil, Departamento de Relações Institucionais, 2000. p. 19.

(33) Criou-se, neste governo, o Programa Federal de Desestatização (Decreto n. 95.886/1988), promovendo-se, por meio dele, a venda de 18 empresas estatais. Dentre estas, a Riocel, indústria de celulose na qual foram implementadas experiências pioneiras de terceirização, inclusive em setores centrais da administração, como a área de recursos humanos, conforme relatado na primeira obra publicada no país sobre o tema, exortativa da terceirização, denominada *Terceirização: uma alternativa de flexibilização empresarial*. Cf. LEIRIA, Jerônimo Souto. *Terceirização:* uma alternativa de flexibilização empresarial.

fracasso, na medida em que não se pautava em um compromisso de redução do tamanho do Estado na economia, mas apenas num processo voltado a reduzir a expansão das despesas das empresas estatais para contenção do déficit público[34].

Iniciava-se, neste momento, o movimento de pressão internacional com vistas às reformas estatais nos países latino-americanos, por meio do programa desenvolvido em 1989 pelo denominado Consenso de Washington[35]. Sob a coordenação dos Estados Unidos, este programa previa um roteiro de metas estabelecidas como condição para a renovação das dívidas externas destes países, implicando exigências de rígida disciplina fiscal, liberalização financeira, liberdade cambial, liberalização comercial, ênfase no desenvolvimento do capital estrangeiro, desregulação e privatização, propugnando, enfim, uma cópia do modelo econômico vigente nos países centrais.

Isso convergiu com a eleição presidencial de Fernando Collor no Brasil (1990-1992), pautado numa radical proposta liberalizante que tomava como compromisso central, ao lado do controle da inflação, a redução do tamanho do Estado por meio das privatizações e da redução drástica do quadro de servidores públicos.

Collor iniciou um Programa Nacional de Desestatização[36], mas foi no governo de Fernando Henrique Cardoso (1995-2002) que mais se ampliou o processo de privatizações, com forte repercussão nos Estados e Municípios[37].

A década de 1990 ficou marcada como o período das mais contundentes reformulações neoliberais na atuação do Estado brasileiro na economia, impulsionadas pelo governo Fernando Henrique Cardoso.

Tratava-se de uma, assim denominada, "grande reforma do Estado brasileiro", em consonância com a política internacional vigente, conforme se infere do Plano Diretor da Reforma do Aparelho do Estado, uma espécie de exposição de motivos apresentada ao país em novembro de 1995 tendo por base as seguintes propostas capitais: (a) o ajustamento fiscal; (b) reformas econômicas orientadas para o mercado que garantissem a concorrência interna e criassem condições para o enfrentamento da competição internacional; (c) a reforma da previdência social; e (d) a reforma do aparelho do Estado[38].

Todo este movimento pautou-se na ideia fulcral, verdadeiro princípio doutrinário liberal, da subsidiariedade estatal no desenvolvimento da atividade econômica, princípio

(34) PINHEIRO, Armando Castelar; FUKSAKU, Kiichiro. *A privatização no Brasil*. p. 19.

(35) Denominação cunhada pelo economista John Williamson para definir o conjunto de dez regras básicas formuladas por economistas de instituições financeiras multilaterais, como Fundo Monetário Internacional (FMI) e Banco Mundial (Banco Interamericano para Reconstrução e Desenvolvimento — BIRD), para os países em desenvolvimento que passavam por dificuldades financeiras.

(36) O Programa Nacional de Desestatização foi criado pela Lei n. 8.031/1990, posteriormente revogada e substituída pela Lei n. 9.491/1997.

(37) Fernando Henrique Cardoso levou à alienação empresas estatais de grande envergadura, como a Companhia Vale do Rio Doce, a Telebrás e a Embraer. No final de 1998, a iniciativa privada já controlava os setores de telecomunicações, ferrovias, portos, algumas das principais rodovias, dois terços da distribuição de eletricidade, grande parte da geração de energia e crescente parcela da distribuição de água e esgoto no país, consolidando-se, ao final de 1999, o total de 115 privatizações realizadas na década, com receita de US$ 69 bilhões.

(38) O Plano Diretor da Reforma do Aparelho do Estado trouxe uma detalhada justificativa sobre a necessidade das reformas constitucionais que vieram a constituir o objeto da EC n. 19/1998. Cf. Governo Federal. Ministério da Administração e da Reforma do Estado. *Plano diretor da reforma do aparelho do Estado*, 1995. Disponível em: <www.bresserpereira.org.br/ Documents/MARE/ Plano Diretor/ planodiretor.pdf> Acesso em: 30.10.2007, p. 11.

este resgatado da clássica doutrina social da Igreja Católica[39] e que prega a ideia do Estado Subsidiário, fundada em três noções básicas: (1) a prioridade da iniciativa privada sobre a iniciativa governamental, limitando-se o Estado a uma atuação meramente supletiva e abstendo-se de exercer atividades que o particular tenha condições de desenvolver com seus próprios recursos; (2) a limitação do Estado às atividades de fomento, coordenação e fiscalização da iniciativa privada, de modo a permitir aos particulares o sucesso em seus empreendimentos; e (3) a ideia da parceria entre o público e o privado, na qual o Estado apenas subsidia a iniciativa privada quando esta for deficiente na satisfação de suas necessidades.

Nesta linha de pensamento, a grande reforma do Estado brasileiro exigiria reformas constitucionais que viabilizassem a ampla "parceria" estatal com a iniciativa privada. Advieram, nessa linha, a Emenda Constitucional (EC) n. 05/1995, que eliminou os monopólios estaduais de exploração de gás canalizado; a EC n. 06/1995, que abriu a pesquisa e lavra mineral às empresas brasileiras em geral, sem exigência de capital nacional; a EC n. 07/1995, que eliminou restrições ao desenvolvimento de serviço de transporte marítimo por estrangeiros; a EC n. 08/1995, que pôs fim ao monopólio estatal das telecomunicações; e a EC n. 09/1995, que flexibilizou o monopólio estatal da exploração do petróleo.

Por sua vez, foi no bojo da reforma do aparelho do Estado, a reforma especificamente administrativa, que se desencadearam as mais radicais alterações voltadas, segundo o respectivo Plano Diretor, para um novo modelo de administração gerencial descentralizada, comprometida com a eficiência dos resultados e com a qualidade dos serviços e baseada na experiência de administração gerencial da iniciativa privada, em substituição ao velho modelo de administração burocrática, rigidamente verticalizada.

A administração pública brasileira precisava adaptar-se à demanda de um novo modelo de Estado, mais ágil e flexível, para atender aos reclamos de um mercado globalizado, desregulado e imprevisível. Segundo expressão contida no Plano Diretor, a necessidade da implantação dessa reforma residiria na crise estrutural do modelo de Estado de Bem-Estar Social que, diante da dificuldade em continuar administrando as crescentes expectativas em relação à política de bem-estar, causou a grande desordem econômica nos países desenvolvidos e os desequilíbrios no Leste Europeu e na América Latina[40].

2.5. AS REFORMAS ADMINISTRATIVAS E A TERCEIRIZAÇÃO NO BRASIL

Na verdade, o movimento de reformas da administração pública brasileira com vistas à implementação de modelos baseados na administração descentralizada não foi inaugurado pelo ideário liberal da década de 1990.

Em 1967, o governo militar já havia instituído as bases legais de uma ampla reforma administrativa federal por meio do DL n. 200/1967. Este decreto teve o objetivo de descentralizar as atribuições da máquina pública, conferindo maior autonomia às entidades des-

(39) Este princípio foi edificado pela doutrina católica veiculada, principalmente, nas Encíclicas *Rerum Novarum* (1891) de Leão XIII, *Quadragesimo Anno* (1931) de Pio XI, *Mater et Magistra* (1961) de João XXIII, e *Centesimus Annus* (1991) de João Paulo II.

(40) Diz o Plano Diretor que "*a causa da desaceleração econômica nos países desenvolvidos e dos graves desequilíbrios na América Latina e no Leste Europeu era a crise do Estado que não soubera processar de forma adequada a sobrecarga de demandas a ele dirigidas. A desordem econômica expressava agora a dificuldade do Estado em continuar a administrar as crescentes expectativas em relação à política de bem-estar aplicada com relativo sucesso no pós-guerra*". Cf. *Plano diretor da reforma do aparelho do estado*. p. 10.

centralizadas (autarquias, fundações públicas e empresas estatais), que passaram a compor a "administração pública indireta" do Estado[41].

À semelhança do modelo gerencial proposto na reforma da década de 1990, com enorme ênfase na pessoa do gestor, o DL n. 200/1967 já previa o controle, pela chefia competente, da execução dos programas de governo fixados para cada setor específico; já trazia as ideias de flexibilização, eficiência e diminuição de custos; previa que o trabalho administrativo fosse racionalizado mediante simplificação de processos; e visava à supressão de controles que se revelassem puramente formais ou cujo custo fosse superior ao risco[42].

A descentralização administrativa, na esteira deste diploma, seria posta em prática distinguindo-se, no âmbito interno da administração, o nível de direção (tarefas de planejamento, coordenação, supervisão e controle) do de execução, e atribuindo-se estas tarefas meramente executivas à órbita privada, mediante contratos ou concessões[43].

Assim, sob a justificativa da necessidade de maior concentração da administração pública naquelas tarefas de direção, e "*com o objetivo de impedir o crescimento desmesurado da máquina administrativa*", o referido DL n. 200/1967 exorta expressamente o administrador ao uso da subcontratação de atividades (serviços privados destinados à máquina pública): "*a Administração procurará desobrigar-se da realização material de tarefas executivas, recorrendo, sempre que possível, à execução indireta, mediante contrato* (...)"[44].

Mas se, por um lado, esta disposição parecia instaurar condições ideais para um amplo movimento de terceirização de atividades no âmbito da máquina pública, por outro, a ausência, à época, de exigência constitucional de prévio concurso público para a admissão de empregados públicos[45] (funcionários públicos regidos pela Consolidação das Leis do Trabalho — CLT) possibilitava que os órgãos da administração pública continuassem contratando diretamente, e sem prévio concurso, o pessoal necessário para suas atividades executivas, com a flexibilidade de admissão e dispensa própria do regime de Direito Privado[46].

Desta forma, a técnica da contratação indireta — a terceirização — não figurou, naquele momento, como um mecanismo "interessante" para o administrador público[47]. Até o advento da Constituição de 1988 a contratação de atividades de apoio administrativo

---

(41) DL 200/1967, arts. 4º a 6º.

(42) PESSOA, Robertônio Santos. Alerta! A nova administração pública. *Jus Navigandi*. Disponível em: <www.jusnavigandi/doutrina> Acesso em: 31.10.2007; DL 200/1967, arts. 13 e 14.

(43) DL 200/1967, art. 10, § 1º.

(44) DL 200/1067, art. 10, § 7º.

(45) A Constituição de 1967 somente exigia concurso público para a primeira investidura em cargo público (art. 97, § 1º, com redação dada pela EC 01/1969).

(46) Até 1946, não se aplicava a legislação trabalhista a servidores públicos no Brasil; no período de 1946 a 1967, apareceram diversos textos legais esparsos reconhecendo a situação de empregado celetista a servidores não estatutários; a partir de 1967, proliferou na administração pública federal, no Brasil, o regime trabalhista. Cf. NOGUEIRA NETO, Domingos de Souza. A contratação por via de empresa interposta e a atividade de telefonia. *Revista LTr*, São Paulo, v. 56, p. 1.223-1.232. out. 1992.

(47) Isso colaborou para frustrar a referida estratégia revelada pelo DL, de incitar a subcontratação de atividades, assim como, de resto, também restaram frustrados muitos outros objetivos alvejados pela reforma, pois as autarquias, com poucas exceções, jamais titularizaram efetiva autonomia. Cf. PESSOA, Robertônio Santos. Alerta! A nova administração pública. p. 03. As empresas estatais federais, por sua vez, não raro transformadas em instrumentos de captação de recursos externos para financiar o déficit em conta-corrente da União, viram deteriorarem-se as suas contas e a qualidade dos seus serviços. Cf. PINHEIRO, Armando Castelar; FUKSAKU, Kiichiro. *A privatização no Brasil.* p. 17.

figurou apenas como mais um instrumento flexível, ao lado da própria contratação direta de empregados sem concurso, para o exercício de praticamente quaisquer atividades administrativas.

Ainda assim, inúmeros foram os casos anteriores à atual Constituição em que a Justiça do Trabalho, em lides ajuizadas por trabalhadores terceirizados, reconheceu a existência de vínculos de emprego diretamente entre eles e o Poder Público subcontratante(48), pela forma indiscriminada como a terceirização já era utilizada, sujeitando diretamente estes trabalhadores ao comando da administração pública, sem a necessária autonomia operacional característica dos contratos de prestação de serviços.

Com a entrada em vigor da Constituição da República de 1988, no entanto, este quadro alterou-se profundamente, pois passou-se a exigir a ampla submissão a concurso público para admissão em "cargo e emprego público" (Constituição, art. 37, II). A regra do concurso, antes restrita às entidades públicas com personalidade jurídica de Direito Público, passou a ser aplicável também às empresas estatais, sob pena de nulidade do ato de admissão (art. 37, § 2º)(49).

Esta exigência, gradativamente absorvida pela jurisprudência em início da década de 1990, passou a constituir sério obstáculo à contratação imediata de pessoal sem concurso(50). Isso coincidiu com o início do radical processo de enxugamento do quadro funcional da União, no plano da política de diminuição da máquina do Estado, levada a cabo pelo governo Fernando Collor.

A nova política implicou uma imediata redução do número de funcionários públicos federais (o número de servidores civis ativos do Poder Executivo da União caiu de 713 mil em 1989, para 580 mil em 1995)(51) e em radical restrição à realização de novos concursos públicos, com reflexo nas esferas estadual e municipal. Ainda assim, as demandas sociais continuaram desafiando o Estado à prestação das atividades públicas (serviços públicos, poder de polícia, atividades de fomento, serviços administrativos dos órgãos políticos etc.) com a exigência de renovação dos recursos humanos.

Na ausência de uma política regular de concurso público, os administradores foram levados a cooptar estes recursos humanos por meios alternativos ao regime oficial do cargo e do emprego público, proliferando-se na administração dos órgãos e entes públicos as contratações temporárias irregulares, porque destinadas a atender necessidades permanentes(52),

(48) Exemplo dessa situação encontra-se no quadro funcional da Companhia de Abastecimento e Saneamento de Minas Gerais — COPASA, empresa pública estadual, em que mais de duzentos dos seus empregados são originários de empresas prestadoras de serviços. Eles tiveram seus vínculos de emprego reconhecidos com o Poder Púbico, pela Justiça do Trabalho, em face da constatação da ilegalidade da terceirização (terceirização em atividade-fim) antes da promulgação da Constituição de 1988. Cf. *Ministério Público do Trabalho*. Procuradoria Regional do Trabalho da 3ª Região. Procedimento de Acompanhamento de Termo de Compromisso n. 513/2004.

(49) Por força da nova exigência constitucional, em 1993 o TST, em revisão ao então Enunciado n. 256, editou a Súmula n. 331, cujo inciso II dispõe: "*A contratação irregular de trabalhador, mediante empresa interposta, não gera vínculo de emprego com os órgãos da administração pública direta, indireta ou fundacional (art. 37, II, da CF/1988)*".

(50) Apesar de a prática ainda estar longe de ser abolida, como demonstram as inúmeras ações civis públicas propostas pelo Ministério Público dos Estados e pelo Ministério Público do Trabalho contra entidades públicas, com vistas ao afastamento de servidores admitidos sem concurso público após a Constituição de 1988.

(51) *Plano diretor da reforma do aparelho do estado.* p. 22.

(52) O art. 37, IX, da Constituição de 1988, prevê a contratação temporária direta de servidor, por necessidade temporária de excepcional interesse público, nos casos previstos em lei. Segundo Celso Antônio Bandeira de Mello, o inciso constitucional contempla situações nas quais, ou a própria atividade a ser desempenhada,

as contratações irregulares de estagiários, porque ao largo do regime pedagógico(53), o uso indiscriminado de cargos em comissão (de livre contratação sem concurso apenas para funções de direção, chefia e assessoramento)(54), dentre outros artifícios voltados a suprir necessidades funcionais imediatas ao largo da regra do concurso público.

Dentre estes artifícios, a contratação de serviços — a terceirização —, legalmente concebida para a obtenção de apoio administrativo, passou a ser utilizada como poderoso instrumento alternativo de inserção de mão-de-obra na administração pública nos mais diversos setores, inclusive para atividades inerentes ao núcleo de competências dos órgãos públicos contratantes, coincidentes com atribuições dos cargos constantes nos quadros de carreira.

No âmbito federal, essas contratações abusivas logo violaram a legislação que delimitava as atividades passíveis de contratação indireta. A Lei n. 5.645/1970 somente admitia a terceirização em atividades de "*transporte, conservação, custódia, operação de valores, limpeza e outras assemelhadas*"(55), levando o Tribunal de Contas da União, responsável pelo controle externo da legalidade dos atos do Poder Público federal, a julgar irregulares muitas contratações de atividades inseridas no núcleo das atribuições dos entes públicos contratantes(56).

Pressionado por essas decisões, o governo federal promoveu a revogação do dispositivo da Lei n. 5.645/1970 que regulava a matéria, editando o Decreto n. 2.271/1997(57), por meio do qual instituiu limites mais flexíveis à contratação de serviços no âmbito da administração pública direta, autárquica e fundacional.

Este diploma define como passíveis de contratação indireta pelo Poder Público as "*atividades materiais acessórias, instrumentais ou complementares às matérias de competên-*

---

requerida por razões muitíssimo importantes, é temporária, eventual (não se justificando a criação de cargo ou emprego, pelo que não se poderia cogitar de concurso público), ou a atividade não é temporária, mas o excepcional interesse público demanda que se faça imediato suprimento temporário de uma necessidade (neste sentido, necessidade temporária), por não haver tempo hábil para realizar concurso sem que suas delongas deixem insuprido o interesse incomum que se tem de acobertar. Cf.: MELLO, *Curso de Direito Administrativo*, 13. ed., São Paulo: Malheiros, 2001, p. 260-261. Inúmeras são as ações civis públicas ajuizadas pelo Ministério Público Estadual e pelo MPT contra entes federativos, com vistas a coibir a utilização desta espécie de contrato para a admissão de servidores em serviços permanentes, sem concurso público.

(53) O estágio de estudantes de nível superior e de nível médio é disciplinado pela Lei n. 6.494/77 e tem por finalidade pedagógica a complementação do ensino e da aprendizagem, em conformidade com os currículos e programas escolares (art. 1º, § 3º). Uma das atuações pioneiras do MPT em defesa da regra do concurso público se deu com o ajuizamento de ação civil pública contra a Caixa Econômica Federal, em julho de 1993, com vistas à substituição de 1.750 estagiários de nível médio e superior, submetidos a funções desconformes às finalidades pedagógicas do instituto, em desvio à regra do concurso público. Posteriormente, foram firmados Termos de Compromisso de Ajustamento de Conduta pelo Banco do Brasil (Inquérito PGT/01/1991) e pela Empresa Brasileira de Correios e Telégrafos (Inquérito PGT/11/1995), por meio dos quais comprometeram-se a não mais utilizar mão-de-obra de estagiários para finalidade diversa da legalmente permitida. *Revista do Ministério Público do Trabalho*, Brasília, Procuradoria Geral do Trabalho, ano IV, n. 07, mar. 1994.

(54) Os cargos em comissão, de livre nomeação e exoneração, destinam-se apenas às funções de direção, chefia e assessoramento (Constituição, art. 37, V). Não raro, os cargos em comissão são utilizados por entes federativos para admitir pessoal sem concurso público em atividades administrativas não enquadradas no permissivo constitucional.

(55) Lei n. 5.645/1970, art. 3º, parágrafo único.

(56) Nesse sentido, o julgamento, pelo Tribunal de Contas da União, dos Processos ns. TC — 000.384/90-9; TC — 225.096/93-5; e TC — 475.054/95-4, dos anos de 1990, 1993 e 1995, respectivamente. Cf. FERNANDES, Jorge Ulisses Jacoby. A terceirização no serviço público. *Revista LTr*, São Paulo, n. 60, p. 474. abr. 1996.

(57) DI PIETRO, Maria Sylvia Zanella. *Parcerias na administração pública* — concessão, permissão, franquia, terceirização, parceria público-privada e outras formas. 5. ed. São Paulo: Atlas, 2005. p. 236.

cia legal do órgão ou ente público contratante", **assim consideradas** *exemplificativamente* pela norma, as atividades de conservação, limpeza, segurança, vigilância, transporte, informática, copeiragem, recepção, reprografia, telecomunicações e manutenção de prédios, equipamentos e instalações.

Ainda assim, a prática governamental continuou violando os limites instituídos na norma com a contratação de serviços em atividades centrais às matérias de competência dos órgãos e entes públicos.

2.6. A TERCEIRIZAÇÃO NA REFORMA DO APARELHO DO ESTADO (1998)

No contexto de um movimento político muito mais amplo, de redimensionamento da presença do Estado no processo econômico, o governo Fernando Henrique articulou a aprovação parlamentar da denominada "reforma do aparelho do Estado", por meio da EC n. 19/1998. Esta emenda instituiu as bases da reforma(58), com vistas a implementar, segundo o Plano Diretor, um modelo de administração pública gerencial, de resultados.

Para isso, oitenta preceitos da Constituição foram alterados, inserindo-se nela mais sete novos artigos(59), para a instituição de diretrizes que constituem a tônica da reforma, dentre as quais:

a) a **eficiência** no desempenho da atividade pública, que passa a constituir, ao lado da legalidade e da moralidade, um princípio constitucional regedor da nova administração(60), com vistas à predominância do controle de resultados sobre o controle das formas ou dos processos, expressão máxima da nova tendência à produtividade, traduzida, nas palavras do Plano Diretor da Reforma, como *"a necessidade de reduzir custos e aumentar a qualidade dos serviços, tendo o cidadão como beneficiário"*(61), o novo cidadão-cliente(62);
b) a ampliação da autonomia gerencial, orçamentária e financeira dos órgãos públicos, por meio de contrato de gestão(63) em que são fixadas metas de desempenho, passíveis de controle, a serem cumpridas pelos seus respectivos administradores, estimulando-se *"a competição administrada no interior do próprio Estado, quando há a possibilidade de estabelecer concorrência entre unidades internas"*(64), com o consequente destaque à figura do gestor público, exortado a exercitar as habilidades administrativas próprias da iniciativa privada;
c) no plano da estrutura organizacional, a reforma visou à descentralização e à redução dos níveis hierárquicos, na medida em que, conforme dispõe o Plano

(58) O Plano Diretor justifica a reforma sob o argumento de que a Constituição de 1988 representou um retrocesso no desenvolvimento do modelo gerencial de administração pública, na medida em que estendeu às empresas estatais e aos serviços públicos as mesmas regras rígidas e burocráticas próprias para o núcleo estratégico do Poder Público. Cf. *Plano diretor da reforma do aparelho do estado*. p. 22.

(59) Entre artigos, parágrafos e incisos. Cf. TÁCITO, Caio. A reforma do Estado e a modernidade administrativa. *Revista de Direito Administrativo*, Rio de Janeiro: Renovar, n. 215. p. 03. 1999.

(60) Constituição, art. 37, *caput*.

(61) *Plano diretor da reforma do aparelho do estado*. p. 16.

(62) Diz o Plano Diretor que *"a administração pública gerencial vê o cidadão como contribuinte de impostos e como cliente dos seus serviços. Os resultados da ação do Estado são considerados bons (...) porque as necessidades do cidadão-cliente estão sendo atendidas"*. *Plano diretor da reforma do aparelho do estado*. item 02.

(63) Art. 37, § 8º da Constituição, com a redação dada pela EC 19/1989.

(64) *Plano diretor da reforma do aparelho do Estado*. p. 16.

Diretor, "*o paradigma gerencial contemporâneo (...) exige formas flexíveis de gestão, horizontalização de estruturas, descentralização de funções e incentivos à criatividade*"[(65)]; e

d) no plano funcional, foi promovida a fixação de teto salarial para todo o funcionalismo público, além de outras restrições remuneratórias[(66)]; a cessação da obrigatoriedade de um regime jurídico único estatutário, cominada com a extinção da estabilidade para o regime de emprego público[(67)]; a limitação dos gastos com pessoal conforme previsão em lei complementar[(68)]; e a possibilidade de exoneração de servidores estáveis por força de avaliação periódica de desempenho[(69)] e de cumprimento da limitação orçamentária prevista na referida lei complementar[(70)].

Analisando os contornos da reforma à luz do seu Plano Diretor, *Di Pietro* considera que, ao identificar os quatro setores de atuação do Estado — núcleo estratégico, atividades exclusivas, serviços não exclusivos e setor de produção de bens para o mercado[(71)] — em relação aos quais foram projetados comportamentos gerenciais específicos, o Plano apenas considerou as "atividades-fim" da administração pública, não fazendo nenhuma referência às "atividades-meio", entendidas pela autora, ainda que de forma lacônica, como aqueles serviços administrativos que constituiriam instrumento para a realização das atividades finalísticas[(72)].

Daí que, segundo *Di Pietro*, "*para* [estes] *serviços administrativos (não mencionados no Plano Diretor), é possível a terceirização (...), seja qual for o setor de atuação, desde que abranja atividades não exclusivas do Estado (...)*"[(73)].

Entretanto, em documento publicado em 1997 intitulado "A Reforma do Estado dos anos 90: Lógica e Mecanismos de Controle"[(74)], o então Ministro da Administração Federal, Luis Carlos Bresser Pereira, explicitou com mais detalhamento a proposta do governo reformador em relação à terceirização. Nele, ressaltou-se a necessidade de se divisar as atividades principais (*core activities*) e as atividades auxiliares ou de apoio no bojo de cada um dos setores de atuação estatal, a fim de que estas "atividades de apoio" fossem destinadas à execução indireta, por meio da terceirização:

> "As atividades principais são as atividades propriamente de governo, são as atividades em que o poder de Estado é exercido. São as ações de legislar, regular, julgar,

---

(65) *Idem*, pp. 17.

(66) Constituição, art. 37, XI a XVI.

(67) O art. 39, *caput*, da Constituição, que previa a obrigatoriedade do regime jurídico único, foi alterado pela EC 19/1998, para suprimir estas exigência e permitir o retorno do regime paralelo de emprego público.

(68) Em 2000 foi editada a LC n. 101/2000, denominada Lei de Responsabilidade Fiscal, regulamentando o art. 169 da Constituição, com as alterações promovidas pela EC n. 19/1998.

(69) Constituição, art. 41, § 1º, III.

(70) Constituição, art. 169, *caput* e § 4º.

(71) O Plano Diretor da Reforma identifica e confere tratamento a quatro setores de atuação do Estado: núcleo estratégico, atividades exclusivas de Estado, serviços não exclusivos de Estado e produção de bens e serviços para o mercado. O tema será aprofundado em momento posterior da pesquisa. Cf. *Plano diretor da reforma do aparelho do Estado*. p. 41-42.

(72) DI PIETRO, Maria Sylvia Zanella. *Parcerias na administração pública*. p. 50-51.

(73) *Idem*, p. 59.

(74) Governo Federal. Ministério da Administração e Reforma do Estado. *Caderno MARE n. 01*. Disponível em: <http://www.planejamento.gov.br/arquivos> Acesso em: 25.2.2008, p. 21.

policiar, fiscalizar, definir políticas, fomentar. Mas para que estas funções do Estado possam ser realizadas é necessário que os políticos e a alta burocracia estatal, no núcleo estratégico, e também a média administração pública do Estado, conte com o apoio de uma série de atividades ou serviços auxiliares: limpeza, vigilância, transporte, coperagem, serviços técnicos de informática e processamento de dados etc. Segundo a lógica da reforma do Estado dos anos 90, estes serviços devem em princípio ser terceirizados, ou seja, devem ser submetidos à licitação pública e contratados com terceiros. Dessa forma, esses serviços, que são serviços de mercado, passam a ser realizados competitivamente, com substancial economia para o Tesouro."(75)

Vê-se, assim, que a terceirização, na reforma, foi tida como técnica de contratação de serviços auxiliares e de apoio, no âmbito dos estritos setores em que o Estado deva necessariamente atuar, após haver transferido, à iniciativa privada, pelos meios específicos de desestatização, a responsabilidade pela gestão das atividades e serviços considerados inconvenientes à atuação estatal.

Conforme admitiu o governo reformador, entretanto, não faltam áreas cinzentas entre o que se considera atividade principal e auxiliar, entre o que se deve ou não terceirizar, no interior de cada unidade de serviço governamental.

Isso é o que faria necessária, na concepção originária do plano da reforma, a existência de dois regimes jurídicos funcionais dentro do Estado: (1) um regime de Direito Público, destinado aos servidores estatutários, estáveis em seus cargos, inerentes às carreiras estratégicas, as denominadas *carreiras de Estado*; e (2) um regime de Direito Privado (CLT), destinado a empregados públicos não detentores de estabilidade, atribuídos de funções burocráticas intermediárias, não passíveis de terceirização, mas também não adequadas a um regime estatutário(76).

Com este objetivo, o governo buscou promover a supressão do "regime jurídico único", estatutário, imposto pela redação original do *caput* do art. 39 da Constituição, que inviabilizava a contratação de empregados públicos sem estabilidade no emprego. Buscava-se, no mesmo passo, restringir a admissão de servidores estatutários detentores de mais extensos direitos e prerrogativas constitucionais, ao âmbito das atividades estratégicas, as denominadas "atividades exclusivas de Estado"(77).

Os dois regimes seriam, por sua vez, complementados pela contratação terceirizada nas funções consideradas de apoio às atividades principais.

Assim, com a alteração do art. 39 da Constituição, a EC n. 19/1998 suprimiu a obrigatoriedade do regime jurídico único estatutário,(78) e com a alteração do art. 41 da Constituição

(75) *Idem, ibidem.*

(76) Diz o documento governamental: "*Sempre poderá haver exceções nesse processo de terceirização. As áreas cinzentas não faltarão. (...) Por isso e porque também haverá áreas cinzentas entre o que deve ser publicizado e o que não, é adequado, haver dois regimes jurídicos dentro do Estado: o dos funcionários estatuários e o dos empregados. Essa é uma prática, de fato, comum nos países desenvolvidos, dotados de burocracias desenvolvidas. A condição de servidores estatutários fica limitada às carreiras de Estado, sendo considerados empregados — numa situação intermediária entre o servidor estatutário e o trabalhador privado — os demais servidores que exerçam atividades auxiliares que se decidiu não terceirizar ou que não foi possível publicizar.*" *Caderno MARE n. 01. Op. cit.*, p. 22.

(77) As atividades exclusivas de Estado estão referidas no art. 247 da Constituição, em redação inserida pela EC n. 19/1998.

(78) Texto originário do art. 39, *caput*, da Constituição de 1988: "*A União, os Estados, o Distrito Federal e os Municípios instituirão, no âmbito de sua competência, regime jurídico único e plano de carreiras para os servidores*

buscou reservar o direito de estabilidade apenas aos servidores estatutários, detentores de cargos públicos[79]. Já planejando levar a cabo novas contratações pelo regime da CLT, a União chegou a editar a Lei n. 9.962/2000, disciplinando a contratação dos empregados públicos no âmbito da administração direta, autárquica e fundacional[80],[81].

No entanto, o Tribunal Superior do Trabalho (TST), por meio da Orientação Jurisprudencial n. 265 da sua Subseção de Dissídios Individuais I (convertida na Súmula n. 390)[82], a despeito da alteração havida no texto do art. 41 da Constituição, continuou considerando devida a estabilidade aos novos empregados públicos das entidades da administração direta, autárquica e fundacional, equiparando-os, neste aspecto, aos servidores estatutários.

Isso frustrou profundamente o objetivo do governo reformador que, provavelmente por esta razão, sequer levou a cabo o projeto de ampla contratação de empregados públicos no âmbito da administração direta federal[83].

---

da administração pública direta, das autarquias e das fundações públicas". O novo texto, inserido pela EC n. 19/1998, não trata de regime jurídico, versando sobre a instituição de conselho de política de administração e remuneração de pessoal.

(79) Em seu texto original, o art. 41 da Constituição dizia que "*são estáveis, após dois anos de efetivo exercício, os servidores nomeados em virtude de concurso público*", não fazendo distinção quanto ao regime jurídico; o novo texto, inserido pela EC n. 19/1998, dispõe, restritivamente, que "*são estáveis, após três anos de efetivo exercício, os servidores nomeados para cargo de provimento efetivo em virtude de concurso público*", referindo-se, assim, apenas aos servidores estatutários exercentes de cargos públicos.

(80) De acordo com a "Exposição de Motivos dos Senhores Ministros de Estado Chefe da Casa Civil da Presidência da República e da Administração Federal e Reforma do Estado", que acompanhou a proposição que deu origem à Lei n. 9.962/2000, tendo em vista a supressão feita pela EC n. 19/1998 do dispositivo que prescrevia a instituição de regime jurídico único para os servidores da administração direta, autárquica e fundacional de cada ente federado, "(...) *o presente projeto de lei tem por escopo adotar o modelo 'celetista' para a grande maioria dos empregos efetivos no serviço público. O regime comum passa a ser o da legislação trabalhista. Essa fórmula confere maior flexibilidade à relação de emprego no âmbito do Estado, a par de transferir ao regime previdenciário comum os servidores regidos pela legislação trabalhista. Tais vantagens representam considerável economia para as finanças públicas, em momento crucial de ajuste de contas, dado o déficit elevado da previdência do setor público, incapaz de se autosustentar, por falta estrutural de concepção.*" Cf. GUERZONI FILHO, Gilberto. Análise da Lei n. 9.962, de 22 de fevereiro de 2000. A contratação de servidores pela CLT. *Revista Diálogo Jurídico*, Salvador, CAJ — Centro de Atualização Jurídica, ano I, v. 1, n. 2, maio 2001. Disponível em: <http://www.direitopublico. com. br> Acesso em: 20.2.2008.

(81) Interpretando este novo diploma legal (Lei n. 9.962/2000), Gilmar Mendes e Ives Gandra concluíram: "*não há dúvida (...) de que os servidores regidos por esse sistema* [a CLT] *não estarão submetidos ao modelo de estabilidade previsto no art. 41 da Carta*" [Constitucional]. Cf. MENDES, Gilmar Ferreira; MARTINS, Ives Gandra da Silva. A superação do regime único: legitimidade da admissão de servidores público sob o império da consolidação das leis do trabalho. *Revista LTr*, São Paulo, n. 62. p. 1.462. nov. 1998.

(82) Súmula n. 390 do Tribunal Superior do Trabalho: "*O servidor público celetista da administração direta, autárquica e fundacional é beneficiário da estabilidade prevista no art. 41 da Constituição Federal*".

(83) A estratégia governamental de instituir o regime de emprego público, paralelo ao regime estatutário, acabou sepultado pelo Supremo Tribunal Federal que, no julgamento de medida cautelar na ADIn n. 2135, concedeu liminar para suspender a eficácia do dispositivo da EC 19/1998 que alterou o *caput* do art. 39 da Constituição, repristinando a norma anterior que institui o regime jurídico único, agora novamente em vigor, enquanto se aguarda o julgamento do mérito da ação. Cf. *Supremo Tribunal Federal*, ADIn n. 2135, decisão publicada no DOU. 14.08.2007.

Desprovida a administração pública direta, autárquica e fundacional da possibilidade de lançar mão do emprego público sem estabilidade, restaram-lhe apenas outras duas alternativas situadas em polos extremos: o regime estatutário, rígido na concessão de prerrogativas, e o regime privado da terceirização, forma ultraflexível de contratação de mão-de-obra sem qualquer vínculo de trabalho com o órgão público beneficiário.

Nesse cenário, dois fatores vieram consolidar uma nova cultura de terceirização no serviço público.

Primeiramente, o fator pragmático, decorrente das contingências impostas pela reforma constitucional às novas admissões de servidores públicos estatutários, em forma de limitação aos gastos com despesas de pessoal.

Conforme será visto detalhadamente no Capítulo 4, a Lei Complementar n. 101/2000 — Lei de Responsabilidade Fiscal (LRF) —, regulamentando a nova redação do art. 169 da Constituição inserida pela EC n. 19/1998, instituiu um rígido limite de gastos dos entes públicos com pessoal (próprio), sob pena de responsabilidade do administrador, influenciando sobremaneira o acirramento da política de contenção de novas admissões de servidores mediante concurso público[(84)].

Aliado a isso, a reforma administrativa ainda instigou doutrinariamente o novo gerente público a empreender a batalha da eficiência contra qualquer modelo normativo burocrático e ineficiente, e a assumir uma posição de vanguarda em relação às normas conformadoras da administração pública, consideradas burocráticas, obsoletas, inflexíveis, distantes da realidade e, portanto, merecedoras de superação em nome da governança (inclusive as normas que disciplinam o regime estatutário).

A "eficiência", inserida expressamente no *caput* do art. 37 da Constituição, como verdadeiro princípio propulsor da administração pública em direção à gerência de resultados, tornou-se o dogma fundamental deste novo modelo, simbolizado, em rápida síntese, num ideal de maximização de resultados econômicos por meio da contenção de novas admissões de servidores e da máxima racionalização do uso de mão-de-obra própria.

Nesse sentido, registra *Coelho Motta* que o grande desafio ora colocado às nações emergentes é redesenhar o Estado "*para resgatar o Poder Público das condições de falência e inoperância por todos reconhecidas*". Esta ruptura com o passado, anota o administrativista, "*tem proporcionado fórmulas criativas de execução indireta de serviços, abrangendo a terceirização de atividades*", a fim de reduzir o espaço ocupado pela onipresença do Poder Público, "*para que este arrecade mais e gaste menos, seja mais moderno e mais eficiente, conferindo ainda maior força e credibilidade ao governo*"[(85)].

Este caráter doutrinário assumidamente neoliberal da reforma orientou fortemente o administrador público a alargar os espaços da terceirização, inclusive mediante a extinção de cargos públicos com funções consideradas auxiliares, com vistas à redução do quadro de pessoal[(86)]. Esta influência doutrinária acabou contribuindo para que, nos espaços interpre-

---

(84) O art. 18, § 1º, da Lei Complementar n. 101/2000 (Lei de Responsabilidade Fiscal) considera no total das "despesas com pessoal" a contratação terceirizada de mão-de-obra em substituição a servidores públicos, mas, como se verá no Capítulo 4, em estudo mais detalhado, esta regra somente tem sido aplicada à terceirização praticada fora dos seus limites legais.

(85) MOTTA, Carlos Pinto Coelho. Terceirização e funcionalização: conflito ou complementariedade. *Boletim de Direito Administrativo*, São Paulo, NDJ, p. 799-807. dez. 1977.

(86) Em momento posterior, a EC n. 32/2001 alterou o art. 84 da Constituição, para autorizar o chefe do Poder Executivo a extinguir cargos públicos vagos, por mero decreto, o que veio facilitar sobremaneira a extinção de

tativos deixados pelo Decreto n. 2.271/1997 em torno de conceitos como "acessoriedade e instrumentalidade das atividades", a terceirização se expandisse para atividades centrais da competência dos órgãos e entes públicos.

Di Pietro percebe esse movimento expansivo das técnicas "extralegais" de administração no âmbito do Poder Público, embora atribua-as à sistemática burocratizante do texto original da Constituição de 1988. Para a autora, a rigidez disciplinar originalmente dispensada pela Constituição à administração pública "*acabou, indiretamente, por incentivar a procura de novos caminhos, alguns lícitos, alguns ilícitos, mas, quase como regra legal, colocando o administrador público muitos passos adiante do legislador e fazendo com que se coloque em xeque o próprio princípio da legalidade* (...)"(87).

Dessa forma, segundo a autora, a administração pública foi abrindo brechas na órbita de ação prevista na lei, criando quase que uma *administração paralela*(88), cujo exemplo flagrante é exatamente a existência de *quadros paralelos de servidores públicos*, contratados à margem da Constituição, "*com a utilização do instituto da 'terceirização', porém de uma 'falsa' (para não dizer ilícita) terceirização, de que os governos se socorrem para burlar as normas constitucionais sobre servidores públicos*"(89).

No entanto, à sistemática constitucional dita, burocratizante, somaram-se as novas contingências decorrentes: (a) do acirramento de controle fiscal sobre os gastos com pessoal, proveniente da reforma constitucional, e (b) da frustração do projeto governamental de instituição de um regime paralelo de emprego público sem estabilidade.

Com isso, a terceirização, já disseminada pelas diversas atividades dos órgãos e entes públicos no curso da década de 1990, acabou novamente fortalecida, pois preencheu o espaço estratégico deixado pela ausência de um regime de emprego e pela inconveniência fiscal de um regime de cargo público.

A reforma constitucional fez alastrar, ainda mais, o uso indiscriminado da técnica por setores centrais da atividade administrativa, configurando fenômeno idêntico ao constatado por *Pochmann* na iniciativa privada, o da *superterceirização* de atividades inerentes ao fluxo operacional produtivo da entidade tomadora.

Diante desse quadro, a terceirização, que antes figurou como mais um artifício usado pela administração para contornar a recessão de pessoal efetivo, na nova cultura administrativa pós-reforma (1998) passou a exercer papel estrutural, doutrinariamente justificado no mesmo papel que exerce no âmbito privado, de viabilizar a especialização e a focalização dos órgãos e entes estatais em suas atividades nucleares, com racionalização de custos. Doutrinariamente naturalizada, a prática rompe com os limites legais e invade espaços centrais das competências dos órgãos e entes públicos.

2.7. A SUPERTERCEIRIZAÇÃO *NO INTERIOR DA MÁQUINA PÚBLICA*

Viu-se que o Estado tende a reproduzir no interior de sua burocracia a microrracionalidade da empresa, exercendo um papel legitimador desta lógica empresarial. E, se assim

carreiras públicas com funções de serviços auxiliares para sua substituição pela terceirização (Constituição, art. 84, VI, *b*).

(87) DI PIETRO, Sylvia Maria Zanella. *Parcerias na administração pública* — concessão, permissão, franquia, terceirização, parceria público-privada e outras formas. p. 45-46.

(88) *Idem*, p. 46.

(89) *Idem, ibidem.*

foi no modelo de Estado Social, que reproduziu na máquina pública o modelo de organização produtiva fordista/taylorista, seria natural que o novo Estado liberal também buscasse se adequar ao modelo produtivo flexível atualmente em voga.

O Plano Diretor da Reforma do Aparelho do Estado identifica com clareza este movimento ao argumentar que o velho modelo administrativo burocrático do Poder Público estaria inspirado num tipo de organização empresarial também ultrapassado. É o que se infere do seguinte trecho:

> "Nos primórdios [referindo-se à década de 1930], a administração pública sofre a influência da teoria da administração científica de *Taylor*, tendendo à racionalização mediante a simplificação, padronização e aquisição racional de materiais, revisão de estruturas e aplicação de métodos na definição de procedimentos."(90)

A nova administração pública gerencial, expõe o Plano, também "*inspira-se na administração de empresas* (...)". Mas, "*o paradigma gerencial contemporâneo* (...) *exige formas flexíveis de gestão, horizontalização de estruturas, descentralização de funções, incentivos à criatividade*"(91), o que corresponde exatamente ao paradigma flexível ou enxuto de organização da nova empresa, sobre a qual refletiu-se no Capítulo 1.

Assim como na iniciativa privada, a flexibilidade de gestão na administração pública também reclama formas brandas de contratação, como o trabalho temporário, a tempo parcial e, principalmente, o trabalho terceirizado.

Dados disponibilizados pelo Tribunal de Contas da União (TCU), entidade competente para exercer o controle externo, financeiro e de legalidade dos atos do Poder Público federal, dão conta desta realidade. Entre os anos de 1995 e 2001, constatou-se um vertiginoso decréscimo no ingresso de novos servidores públicos mediante concurso no Poder Executivo Federal.

Tais dados, a seguir expostos, ajudam a compreender o desenvolvimento da *superterceirização* no âmbito federal nos exercícios posteriores, de 2001 a 2005.

Tabela 1 — Novos servidores públicos federais: 1995 - 2001(92)

Ano	1995	1996	1997	1998	1999	2000	2001
N. novos servidores	19.675	9.927	9.055	9.055	2.927	2.927	660

No relatório e parecer prévio sobre as contas do governo da República do ano 2001, o TCU avalia que, em decorrência desta redução na formação de vínculos efetivos de trabalho com a administração pública, sobretudo nas funções intermediárias e auxiliares,

> "exsurge, em contrapartida, a terceirização no serviço público, fenômeno de propensão privatista e por meio do qual o Governo vem buscando, em última análise, deso-

(90) *Plano diretor da reforma do aparelho do Estado.* item 7, p. 18.

(91) *Idem, ibidem.*

(92) Tribunal de Contas da União. *Relatório e parecer prévio sobre as contas do governo república — exercício 2001*, p. 245. Disponível em: <www2.tcu.gov. br/pls/ portal/ docs/ PAGE/TCU> Acesso em: 1º.11.2007.

nerar o Estado de encargos sociais e assecuratórios, decorrentes das relações laborais de caráter efetivo."[93]

Nesta avaliação fiscal, o Tribunal observou que, no exercício de 2001, somente na administração direta do Poder Executivo federal eram terceirizados 25.930 postos de trabalho, com custo correspondente a 24% do total da despesa com o pessoal civil ativo (já considerados todos os cargos em comissão e os contratos temporários por excepcional interesse público)[94].

Em auditorias realizadas em setores específicos que se destacaram nos gastos com terceirização, constatou-se, por exemplo, que no Instituto Brasileiro do Meio Ambiente e Recursos Naturais Renováveis (Ibama) e no extinto Departamento Nacional de Estradas de Rodagem (DNER)[95], "*os gastos com terceirização não se destinam apenas às ações acessórias, instrumentais e complementares, mas também às ações relacionadas com toda a fiscalização e controle, vinculadas, essencialmente, às atividades-fim dessas entidades*"[96].

No Ibama estavam terceirizadas as diversas atividades de fiscalização ambiental que constituem a razão de existência da autarquia federal[97], enquanto no DNER identificou-se terceirização da atividade de fiscalização em rodovias federais, inclusive com aplicação de multas por infração de trânsito, tarefa ínsita ao poder de política, privativo de Estado[98].

Este Relatório ainda constata, por exemplo, a terceirização, pelo Instituto Nacional de Seguridade Social (INSS), de atividades de habilitação, concessão e formatação de benefícios no sistema de processamento de dados da Previdência Social, tarefas inerentes às categorias funcionais da autarquia, em direta violação da norma de regência (DL n. 2.271/1997)[99].

Estas situações, pontualmente destacadas, constituem, no entanto, pequenos fragmentos de uma realidade muito maior e mais complexa. Nos últimos anos, esta prática espraiou-se por, praticamente, todos os órgãos e entes públicos brasileiros, em todas as esferas da federação, de suas atividades instrumentais mais elementares, como limpeza e conservação, para o centro de suas competências essenciais, como atividades administrativas próprias do fluxo de operações burocráticas, especialmente aquelas que dependem da tecnologia da informação (inserção e processamento de dados em sistemas informatizados), ao lado das outras diversas formas de contratações flexíveis, desvirtuadas dos seus objetivos legais.

Em 2003, por exemplo, primeiro ano do governo Luis Inácio Lula da Silva, eleito com uma proposta partidária comprometida com a valorização das carreiras públicas e com a correção dos excessos flexibilizadores da reforma neoliberal, o TCU não percebeu aumento no número das contratações terceirizadas no Executivo Federal, mas, em compensação, conforme consta do respectivo relatório de contas, houve um incremento de 30% nas

(93) *Idem, ibidem.*

(94) *Idem, ibidem.*

(95) A Lei n. 10.233/2001 extinguiu o DNER e o substitui pelo Departamento Nacional de Infra-Estrutura de Transportes (DNIT).

(96) *Relatório e parecer prévio sobre as contas do governo república — exercício 2001.* p. 247.

(97) *Idem, ibidem.* Exemplos de atividades terceirizadas pelo Ibama: controle comercial e transporte de produtos florestais, fiscalização da poluição e degradação ambiental, fiscalização dos recursos florestais, hídricos e pesqueiros, licenciamento ambiental, controle de desmatamentos e queimadas etc.

(98) *Idem, ibidem.*

(99) *Idem,* p. 247-248.

contratações temporárias justificadas como contratações por excepcional interesse público (Constituição, art. 37, IX)(100).

Portanto, em seu primeiro ano de gestão o governo Lula já buscou suprir a deficiência do quadro ordinário de pessoal com um mecanismo constitucional extraordinário, somente destinado a situações excepcionais, sem a proporcional contrapartida na realização de concurso público.

No exercício do ano de 2004, por sua vez, novamente chamou atenção do TCU o incremento dos gastos com terceirização em órgãos específicos do Executivo federal e, conforme ressalta o Tribunal em seu relatório de contas, "*a comparação desses gastos com as despesas de pessoal pode evidenciar a opção pela terceirização, em detrimento da contratação de pessoal próprio, mediante concurso público*"(101).

Sob este enfoque, constatou-se, por exemplo, que no recém-criado Ministério do Desenvolvimento Social e Combate à Fome, as despesas com pessoal terceirizado representavam 410% do total das despesas com pessoal próprio; no Ministério do Turismo, 185%; no Ministério dos Esportes, 159%; no Ministério de Desenvolvimento Social e Comércio, 110%; no Ministério da Defesa, 82%; e por aí adiante(102).

O Relatório de Contas do ano de 2004 ainda dá notícia de uma auditoria realizada nos contratos de terceirização da administração pública federal, cujo relatório destaca que "*o modelo de terceirização utilizada pela administração pública está em desconformidade com o que preceitua o Decreto n. 2.271/1997*"(103). Isso significa que muitas das tarefas terceirizadas ou estão inseridas dentre as atividades finalísticas dos órgãos fiscalizados ou constituem objeto das funções que integram seus quadros de carreira.

À luz destas constatações, no ano de 2005, por determinação do TCU, o Poder Executivo federal realizou amplo levantamento das atividades terceirizadas em aproximadamente 60% dos órgãos de sua administração pública direta, identificando, somente neste universo, um total de 33.125 trabalhadores terceirizados que desenvolviam **exclusivamente funções finalísticas**, essenciais às competências dos órgãos e entes públicos, não autorizadas pelo Decreto n. 2.271/1997, sem contar aqueles trabalhadores já terceirizados nas denominadas atividades acessórias ou instrumentais(104).

Observe-se que em 2001 o TCU havia contabilizado um total de 25.930 trabalhadores terceirizados em toda a administração pública direta federal, enquanto em 2005 foram identificados 33.125 trabalhadores terceirizados "*somente nas atividades finalísticas dos entes públicos federais*", sem considerar os terceirizados em situações regulares nas atividades de apoio e, mesmo assim, num universo de apenas 60% dos órgãos da administração pública direta federal.

---

(100) "*A reduzida contratação de servidores públicos mediante concurso público pode ser evidenciada comparando-se o crescimento da contratação temporária na administração pública federal no biênio 2002/2003, cerca de 30%, enquanto o ingresso de novos servidores civis ficou em 1%*". Tribunal de Contas da União. *Relatório e parecer prévio sobre as contas do governo república — exercício 2003.* Disponível em: <www2.tcu.gov.br/ pls/portal/ docs/ PAGE/ TCU> Acesso em: 1º.11.2007.

(101) *Relatório e parecer prévio sobre as contas do governo república — exercício 2004.* Disponível em: <www2.tcu.gov.br/ pls/portal/ docs/PAGE/ TCU> Acesso em: 12.01.2008.

(102) *Idem, ibidem.*

(103) *Idem, ibidem.*

(104) Tribunal de Contas da União. Processo n. TC - 0300.00348/2005-50. Cf. Governo Federal. Ministério do Planejamento, Orçamento e Gestão. *Nota Técnica n. 149/2005COGEDIC/SRH/MP*, 17.11.2005.

Estes dados bem demonstram a evolução avassaladora da terceirização nos órgãos de cúpula da administração pública brasileira.

Em alguns órgãos e setores o número de trabalhadores terceirizados chega a representar 64% do número de servidores efetivos, como no Instituto Nacional de Metrologia, Normalização e Qualidade Industrial (Inmetro), 52% na Agência Nacional de Telecomunicações (Anatel) e no Ministério das Comunicações (sede), 44% no Ministério do Desenvolvimento, Indústria e Comércio (sede) e 21% no Ibama[(105)]. Estes números por si mesmos constituem excelente amostra da realidade que se reproduz ainda mais gravemente nos Estados federados e Municípios, cujos recursos são, de regra, muito mais escassos que os do governo federal para o atendimento de suas demandas.

A Pesquisa de Emprego e Desemprego (2007) realizada pelo DIEESE em Belo Horizonte, São Paulo, Porto Alegre, Salvador, Recife e Distrito Federal revela que, enquanto na iniciativa privada a terceirização sofreu um pequeno recuo entre os anos de 2002 e 2005 (fato atribuído à queda na qualidade da produção), no âmbito da administração pública federal, estadual e municipal o fenômeno vem tomando ainda maior impulso[(106)].

No Distrito Federal, por exemplo, o índice de trabalhadores terceirizados no Poder Público saltou de 7,1% para 26,6%, entre 1996 e 2005; na região metropolitana de Belo Horizonte, a proporção de terceirizados no Poder Público dobrou, no mesmo período, de 12% para 23%, ultrapassando, inclusive, o ramo da construção civil (21,9%), um dos setores nos quais a terceirização sempre teve uma presença orgânica[(107)].

Por força deste quadro, desde a década de 1990 tem se intensificado a atuação do Ministério Público do Trabalho (MPT)[(108)] contra a prática da *superterceirização* em atividades finalísticas às atribuições dos órgãos e entes da administração pública, em violação da norma de regência. Considera-se que esta prática, além dos prejuízos causados aos direitos fundamentais dos trabalhadores, ainda viola valores constitucionais republicanos, como a impessoalidade, a legalidade e a moralidade no trato da coisa pública.

Em ação civil pública[(109)] ajuizada pelo MPT contra a União, com o fim de inibir a descrita terceirização em atividades finalísticas dos seus órgãos, em 2007 restou firmado acordo judicial, no qual a entidade federativa comprometeu-se a somente efetuar contratações de serviços terceirizados nas hipóteses previstas no art. 1º do Decreto n. 2.271/1997 (atividades acessórias, instrumentais ou complementares às competências dos órgãos públicos),

---

(105) *Idem.* Em valores nominais — Inmetro: 844 cargos efetivos e 544 postos terceirizados; Anatel: 798 cargos efetivos e 420 postos terceirizados; M.Comunicações (sede): 802 cargos para 420 postos terceirizados; M. Indústria e Comércio (sede): 546 cargos para 244 postos terceirizados; Ibama: 5.536 cargos e 1.197 postos terceirizados.

(106) DIEESE. *Pesquisa de emprego e desemprego 2007.* Disponível em: <http://www.dieese.org.br> Acesso em: 23.11.2007; KEIFER, Sandra. Terceirização perde *status*, mas não para o governo. *Estado de Minas*, 23.09.2007, Caderno Economia, p. 03-06.

(107) *Idem, ibidem.*

(108) O Ministério Público do Trabalho consiste em um dos ramos do Ministério Público da União (Constituição de 1988, art. 128, I, *b*), instituição permanente, essencial à função jurisdicional do Estado, dotada de atribuição de defesa da ordem jurídica, do regime democrático e dos interesses sociais e individuais indisponíveis (art. 127, *caput*). As atribuições específicas do Ministério Público do Trabalho estão disciplinadas na Lei Complementar n. 75/1993, art. 84 cominado com o art. 6º.

(109) A "ação civil pública" constitui um instrumento processual expressamente previsto no art. 129, III, da Constituição, através do qual o Ministério Público promove "*a proteção do patrimônio público e social, do meio ambiente e de outros interesses difusos e coletivos*", os quais, no âmbito do Ministério Público do Trabalho, dizem respeito especialmente aos direitos sociais dos trabalhadores violados por ato de particular ou do próprio Poder Público.

e a rescindir gradativamente todos os contratos de terceirização firmados fora destes parâmetros, mediante a substituição dos respectivos trabalhadores terceirizados por servidores admitidos mediante concurso público, sob pena de multa por cada trabalhador terceirizado de forma irregular[110].

Não obstante os compromissos firmados pelo Poder Executivo, o cumprimento destas metas, por depender do provimento de cargos públicos, sujeita-se a uma complexa negociação política que pressupõe o enfrentamento, pelo governo, de sérias resistências no Parlamento, no mercado financeiro e em setores da grande imprensa[111].

2.8. *REPERCUSSÕES SOCIAIS E INSTITUCIONAIS DA TERCEIRIZAÇÃO PRATICADA NO INTERIOR DA ADMINISTRAÇÃO PÚBLICA*

Aspectos conjunturais do modelo de terceirização precária implantado na iniciativa privada e, não raro, reproduzido no interior da administração pública, desencadearam repercussões profundamente conflitivas em diversos níveis de interesses.

Se é ínsito ao sistema capitalista o permanente conflito capital-trabalho, e se este conflito restou amenizado pela mediação conciliatória realizada pelo Estado Social em suas quatro décadas de pleno vigor (1930-1970), seria inevitável que, no atual ambiente econômico neoliberal, de recuperação estrutural do capital em seu domínio sobre o trabalho, os meios para tanto utilizados, tal como a terceirização agressiva, constituíssem fatores de profundo desequilíbrio no plano dos interesses dos agentes envolvidos.

No âmbito da administração pública, além das consequências que lhe são inerentes na iniciativa privada, a terceirização ainda agrega repercussões institucionais próprias ao ambiente estatal, cuja manifestação irá amoldar-se à intensidade e à extensão com que for praticada.

---

(110) Este acordo foi firmado nos autos da ação civil pública ajuizada pelo Ministério Público do Trabalho em face da União, Processo n. 00810-2006-017-10-00-7, 17ª Vara do Trabalho de Brasília — DF. Por meio dele, a União compromete-se a: "*até 31/07/2009, (...) substituir, no mínimo, 30% do pessoal terceirizado que esteja realizando atividades incompatíveis com o presente Termo de Conciliação por trabalhadores admitidos mediante concurso público, nos termos do art. 37, II, da Constituição; (...) Até 31/12/09, a União deverá substituir, no mínimo, mais 30% do pessoal terceirizado; (...) Até 31/12/10, a União deverá substituir todo o pessoal terceirizado que esteja realizando atividades incompatíveis com o presente Termo de Conciliação por trabalhadores admitidos mediante concurso público, nos termos do art. 37, II, da Constituição Federal, ultimando a adequação de que trata a cláusula segunda do presente Termo de Conciliação*". Cf. *Tribunal Regional do Trabalho da 10ª Região*. Processo n. 00810-2006-017-10-00-7. Disponível em: <http://www.trt10.gov.br/index.php> Acesso em: 11.2.2008. O Fundo de Amparo ao Trabalhador, criado pela Lei n. 7.998/1990, destina-se, especialmente, ao pagamento do seguro-desemprego e ao pagamento de um abono salarial anual aos trabalhadores com renda de até dois salários mínimos mensal.

(111) Exemplos de matérias jornalísticas neste sentido: (1) "*Pressão por mais pessoal piora a situação das contas. A situação das contas públicas tende a piorar pois, além do impacto permanente com a contratação de funcionários por meio de concursos públicos, pressões por mais pessoal devem aumentar o tamanho da máquina pública. O governo fechou acordo com o Tribunal de Constas da União (TCU) para substituir 33 mil terceirizados por concursados*". Cf. BATISTA, Henrique Gomes. Uma máquina de R$ 100 bi. *O Globo*, 15.10.2006, p. 3; (2) "*Pela primeira vez, desde o início da década de 1990, a quantidade de ingressos no serviço público superou as saídas por morte, aposentadorias, demissão e outros motivos. O quadro teve aumento de 42,8 mil funcionários de carreira, interrompendo o processo de enxugamento conduzido pelos governos Collor, Itamar e Fernando Henrique Cardoso.*" Cf. Em 2008, governo pode contratar até 56 mil. *Folha Online, Folha de S. Paulo*. Disponível em: <http://www1. folha. uol.com.br/folha/brasil> Acesso em: 14.2.2008.

Tais efeitos deletérios serão aqui brevemente avaliados em dois planos específicos: o institucional, que reflete as repercussões da terceirização no interior da máquina pública e na relação entre o público e privado; e o social, que reverbera nos direitos dos trabalhadores e dos destinatários das atividades públicas.

2.8.1. Repercussões deletérias no plano institucional

No plano institucional, a *superterceirização* dinamiza o movimento de desregulamentação institucional e desprofissionalização do serviço público, liquidando funções e esgotando planos de carreiras indispensáveis ao exercício das responsabilidades que se encontram sob o pálio estatal, seja porque são próprias de Estado, como atividades que implicam o exercício do poder de polícia, seja porque não foram transferidas ao particular pelos meios ordinários de desestatização, como os serviços públicos centralizados.

Com isso, promove-se a quebra do paradigma do serviço público e do correspondente agente público sem a necessária deliberação democrática a respeito das funções que a sociedade, no âmbito do Estado subsidiário, deseja tomar como seu próprio campo de atuação.

Viola-se, neste caso, o Estado subsidiário que, na apropriada visão de *Moreira Neto*, "*não haverá de ser nem 'grande' nem 'pequeno', porque a vontade geral é que lhe cometerá mais ou menos funções, dependendo do que cada sociedade haja reservado (...) como seu próprio campo de atuação (...)*"[112].

Por outro lado, a crescente presença dos interesses lucrativos no interior da máquina estatal, por meio das empresas terceirizadas, constitui fator de predomínio do capital privado sobre interesses sociais.

Por meio da terceirização, o capital se organiza estrategicamente em todos os vieses da máquina estatal na defesa dos interesses de mercado, em privilégio de camadas empresariais muito restritas da sociedade, acentuando o ambiente propício à promiscuidade entre o público e o privado, e aprofundando o caráter patrimonialista das relações entre os governos e as elites econômicas.

O corporativismo das elites burocráticas, de servidores públicos privilegiados, firmemente combatido pela Reforma do Aparelho de Estado[113], acaba substituído pelo corporativismo das empresas empreiteiras, prestadoras de serviços, não menos agressivo na colonização privada do espaço estatal.

Noticiou-se, em reconhecido periódico da imprensa nacional, que no pleito eleitoral de 2006 as empreiteiras, ou seja, empresas terceirizadas contratadas pelo Poder Público, foram as principais doadoras das campanhas eleitorais vitoriosas de deputados e senadores dos maiores partidos políticos do país, destinando mais de R$ 24 milhões a 254 deputados federais e 15 senadores eleitos, quase metade das vagas que estavam em disputa em ambas as casas do Legislativo federal[114].

---

(112) MOREIRA NETO, Diogo de Figueiredo. Globalização, regionalização, reforma do Estado e da Constituição. *Revista de Direito Administrativo*, Rio de Janeiro, Renovar, n. 211, p. 05. 1998.

(113) A respeito desta questão, o Plano Diretor destaca que "*a denúncia da 'privatização' do Estado pela esquerda corresponde à denúncia da direita de que o Estado e a sociedade estão sendo vítimas da prática generalizada do 'rent seeking', da busca de rendas ou vantagens extra-mercados para grupos determinados através do controle do Estado*". Cf. *Plano diretor da reforma do estado*. p. 18.

(114) VAZ, Lúcio. Maiores doadoras a candidatos eleitos no Congresso são empreiteiras. *Folha de S. Paulo*, 11.11.2006, Cad. A, p. 4.

Em edição posterior, o mesmo periódico noticia que somente empresas terceirizadas da Petróleo Brasileiro S/A (Petrobras), a maior empresa estatal do país, doaram R$ 2 milhões a candidatos do partido governista no pleito eleitoral do ano de 2006(115).

As notícias de fraudes em licitações de serviços terceirizados se alastram pelo país na mesma intensidade com que a terceirização se intensifica no âmbito do Poder Público(116) (117).

Anota *Jacoby Fernandes* que alguns tipos de contratos de terceirização têm ensejado graves distorções no processo de terceirização, abrindo-se portas à corrupção administrativa. Nesse sentido, alguns contratos de informática, como enfatiza o administratitivista do alto de sua experiência como Procurador do Ministério Público junto ao Tribunal de Contas do Distrito Federal:

> "Há vários registros de casos em que os empregados da contratada chegam a receber até quatro vezes o salário dos servidores em cargos equivalentes; em outros, a Administração tem se tornado refém do contratado, pela dependência técnica e ausência de cláusulas contratuais de transferência de tecnologia, ensejando que os gestores públicos fiquem forçados a encontrar meios de burlar o processo licitatório para manter determinado contrato."(118)

Além desse aspecto, a carência de pessoal efetivo passa a ser suprida ao largo do regime do concurso público. Apesar de o processo de licitação para a escolha das empresas prestadoras de serviços também constituir instrumento de realização do princípio da impessoalidade, ele não produz com a mesma eficácia o propósito da seleção de pessoal, pois não impede as ingerências dos administradores na escolha dos trabalhadores terceirizados.

Tornou-se comum, nos órgãos públicos, a prática nepotista, camuflada por seu caráter aparentemente benemérito e protetivo, deflagrada nas situações em que trabalhadores terceirizados tornam-se beneficiários de uma indevida estabilidade no exercício da mesma função terceirizada por força da proteção pessoal que lhes é conferida por administradores

---

(115) SPITZ, Clarice. Fornecedores da Petrobras doaram R$ 2 milhões ao PT. *Folha de S. Paulo*, 21.11.2006, Cad. A, p. 4.

(116) A título de exemplo, a seguinte notícia veiculada em periódico nacional: "*Em 2007 o Ministério Público Federal denunciou 26 pessoas por participação em esquema de fraude de licitações para beneficiar empresas empreiteiras responsáveis por serviços de manutenção de plataformas da Petrobrás, na denominada Operação Águas Profundas. Nesta operação, a Polícia Federal prendeu 13 pessoas, dentre as quais, 3 funcionários da Petrobras, acusados de passarem informações privilegiadas para as empresas beneficiárias. Os réus respondem por crimes de corrupção ativa, fraude em licitações, falsidade documental e estelionato*". Cf. SPITZ, Clarice. PF prende 13 por fraudes na Petrobras; três são funcionários da estatal. *Folha Online*, 10.07.2007. Disponível em: <http://www1.folha.uol.com.br/folha/brasil> Acesso em: 11.10.2007.

(117) Outro exemplo: "*Em novembro de 2007, a Polícia Federal deflagrou a denominada Operação Jaleco Branco, na qual foi realizada a prisão de influentes políticos, servidores públicos e dirigentes de empresas prestadoras de serviços de vigilância, segurança e conservação a órgãos públicos municipais, estaduais e federais no estado da Bahia, acusados de um imenso esquema de fraudes em licitações, que teriam custado aos cofres públicos um prejuízo de, aproximadamente, R$ 625 milhões. Dentre os acusados estão o Presidente do Tribunal de Contas do Estado da Bahia, um ex-presidente da Assembléia Legislativa da Bahia, uma Procuradora da Universidade Federal do Estado da Bahia, servidores do INSS, da Receita Federal e da Prefeitura de Salvador*". PF realiza operações contra fraudes em licitações públicas na Bahia. *Folha Online*, 22.11.2007. Disponível em: <http://www1.folha.uol .com.br/folha /brasil/ ult96 u3 47668.shtml> Acesso em: 19.2.2008.

(118) FERNANDES, Jorge Ulisses Jacoby. Lei de responsabilidade fiscal e terceirização. *Boletim de Direito Administrativo e Responsabilidade Fiscal*, São Paulo, NDJ, ano III, n. 32, p. 897-898. mar. 2003/2004.

públicos. Com facilidade estes impõem a continuada contratação dos seus terceirizados favoritos às diversas empresas prestadoras de serviços vencedoras dos sucessivos procedimentos de licitação.

Esta prática também é registrada por *Fernandes* como um vício que compromete toda a imagem de probidade do serviço público, "*criando 'hierarquias paralelas' por vínculos não funcionais e promíscuos*"(119). Trata-se de uma indesejável intromissão do Poder Público na escolha dos empregados das empresas terceirizadas, em violação à necessária impessoalidade no trato com a empresa e com o trabalhador terceirizado, viciando a licitude da terceirização(120).

Dessa forma, a terceirização acaba substituindo indevidamente o processo de escolha criteriosamente impessoal de servidores públicos, pela escolha apenas relativamente impessoal de trabalhadores terceirizados.

2.8.2. Repercussões deletérias no plano social

No plano social, por sua vez, a terceirização no serviço público enseja, em suma: (1) a precarização das condições de trabalho, (2) a fragilização da organização coletiva dos servidores, e (3) a discriminação entre servidores públicos e terceirizados.

A *superterceirização* coloca o Estado na rota da exploração desmedida da mão-de--obra privada flutuante, sob o mesmo regime de controle quantitativo que move a iniciativa privada na busca pelo absoluto domínio do capital sobre o trabalho, ao passo em que os seus próprios servidores, envolvidos nas mesmas atividades de finalidade social, gozam de maior segurança jurídica e social e trabalham sob regime mais benéfico, de controle qualitativo e profissional.

Os dados de pesquisas realizadas no mercado demonstram que, nas empresas terceirizadas, os benefícios sociais são menores do que nas entidades contratantes, os salários são inferiores e os trabalhadores subcontratados são submetidos a jornadas mais extenuantes.

Conforme elementos extraídos de pesquisa retratada no Capítulo 1, o rendimento médio do trabalhador terceirizado, no ano de 2005, foi de apenas 50% da remuneração média do conjunto dos empregados paulistas diretamente contratados; o terceirizado recebe, em média, 2,3 salários mínimos, enquanto o não terceirizado recebe, em média, 4,6 salários(121).

A terceirização ainda promoveu uma ampliação significativa da rotatividade entre os trabalhadores terceirizados, que em 2005 chegou a ser superior a 80%, o que significa que, ao final de cada ano, 8 entre cada 10 trabalhadores terceirizados são substituídos nas empresas de terceirização no Estado de São Paulo(122), o que condiz com a exigência de flutuação de mão-de-obra, própria do modelo produtivo flexível.

Ademais, a pesquisa realizada em 1993 ainda demonstra, com certa obviedade, que a pulverização dos trabalhadores entre as empresas subcontratadas acabou impondo difi-

---

(119) *Idem, ibidem.*

(120) O art. 37, *caput,* da Constituição de 1988, impõe à administração pública a observância do princípio da impessoalidade no trato com os particulares; e a Súmula 331 do TST condiciona a legalidade da terceirização à inexistência de pessoalidade e subordinação entre o tomador dos serviços e os trabalhadores terceirizados (Súmula 331, III, do TST), normas estas que serão objeto de oportuno estudo.

(121) *Pochmann,* Márcio. *A superterceirização dos contratos de trabalho.* p. 12-17.

(122) *Idem,* p. 12-17.

culdades à sua organização sindical, reduzindo o poder de negociação dos sindicatos, o que resultou nas menores conquistas salariais e na maior rotatividade de mão-de-obra[(123)].

No serviço público estas repercussões são ainda mais gravosas. A fragmentação das relações jurídicas promovida pela terceirização constitui elemento de dispersão e enfraquecimento dos movimentos reivindicatórios dos terceirizados, vulnerabilizados no confronto de forças, e dos próprios servidores públicos efetivos que, diante dos constantes cortes de pessoal e da ausência de novas admissões por concurso público, veem seus sindicatos se esvaziarem.

Aliás, os sindicatos dos servidores estatutários raramente incluem os terceirizados. O permanente clima de "ameaça" de novas terceirizações e o natural temor de avanço da terceirização em direção às atribuições dos cargos efetivos tendem a tornar perversa a relação entre efetivos e terceirizados, marcada pelo choque de interesses, fazendo com que os efetivos não se identifiquem como membros da mesma classe que os terceirizados e estes, por sua vez, assumam a condição de "subtrabalhadores"[(124)].

Este contrachoque de posições favorece, inclusive, um ambiente de profunda discriminação. Embora prestando sua força de trabalho em benefício de um único empreendimento de caráter coletivo, com finalidade social, trabalhadores efetivos e terceirizados são segregados em direitos para que o erário possa usufruir da máxima produtividade.

Ainda que inserido no ambiente do serviço público, o trabalho subcontratado reenquadra-se no sistema capitalista do ponto de vista quantitativo e qualitativo. A terceirização promove um processo de disseminação do subemprego público, embora os salários menores dos terceirizados não representem necessariamente custos menores para o ente público contratante[(125)].

Em averiguações realizadas em seus próprios contratos de terceirização de serviços, no exercício do controle interno, o Poder Executivo federal já chegou a constatar que, além dos casos de flagrante corrupção, em que se pratica o superfaturamento de preços em prejuízo ao erário, os próprios parâmetros normativos de remuneração das empresas prestadoras de serviços ensejam margens de lucro muito elevadas. Isso faz com que os custos com a terceirização possam superar, não raro, os gastos que seriam relativos à admissão direta de servidores públicos efetivos[(126)].

---

(123) DIEESE. *Os trabalhadores frente à terceirização.*

(124) GUSMÃO, Rute. A terceirização de serviços na contra-reforma do Estado. *Revista Quadrimestral de Serviço Social*, São Paulo, Cortez, n. 70, p. 108-109. jul. 2002.

(125) *Idem, ibidem.*

(126) Em matéria intitulada "Governo gasta com terceirização até o dobro do que paga a servidor", periódico diário de circulação nacional noticia: "*Para Controladoria-Geral da União, metodologia adotada pelo Executivo para definir remuneração 'beneficia excessivamente' as empresas. O Executivo gasta demais com serviços de empresas terceirizadas. Laudo do Instituto Nacional de Criminalística (INC), da Polícia Federal, ao qual o Estado teve acesso, mostra que em alguns casos um funcionário terceirizado chega a custar duas vezes mais que um servidor público. Ao examinar um contrato de serviços de informática firmado pelo Instituto Nacional do Seguro Social (INSS) em 2001, no valor de R$ 54,5 milhões, os peritos do INC apontam que o salário considerado era de R$ 1,3 mil, enquanto um servidor de carreira tem remuneração de R$ 635,98. O mesmo laudo do INC conclui que os valores contratados superavam em R$ 14,4 milhões a média dos preços cobrados no mercado pelo mesmo tipo de serviço. Auditoria da Controladoria da União em um contrato de emergência de prestação de serviços firmado pelo Ministério do Desenvolvimento, Indústria e Comércio Exterior em 2004, também apontou possível prática de preços superiores aos do mercado e de contratos semelhantes na própria administração pública. Os auditores estimaram em R$ 2,7 milhões o prejuízo potencial em 6 meses. Além disso, a Controladoria-Geral da União (CGU) concluiu que a metodologia adotada pelo Executivo desde 2001 como referência para definir a remuneração de terceirizados 'bene-*

A própria lógica da terceirização defensiva, voltada a obter o resultado do serviço com o máximo proveito e ao menor custo (o que no âmbito da administração pública se apura por meio do procedimento de licitação) já constitui, por si só, fator de retração das condições de trabalho, na medida em que, sob pressões da concorrência e esgotadas as estratégias administrativas racionalizadoras de custos, as empresas são levadas a oferecer preços mais atrativos, com o uso da superexploração da produtividade do trabalho(127).

Esta superexpectativa de produtividade, quando não alcançada, aliada à falta de fiscalização efetiva da execução dos contratos de terceirização pelo órgão público contratante, cria o ambiente ideal para o abandono de contratos de prestação de serviços em execução por seus respectivos prestadores, com a consequente inadimplência trabalhista custeada pelo próprio Estado, em regra condenado judicialmente a responder de forma subsidiária pelos débitos trabalhistas. Nestes casos, esvazia-se o sentido de economicidade e racionalidade dos recursos públicos.

Por fim, ressalta-se, pela gravidade, o problema das precárias condições de saúde e segurança a que são submetidos os trabalhadores terceirizados, inclusive no Poder Público.

Legalmente atribuída às empresas terceirizadas a responsabilidade imediata pela implementação dos programas de controle e prevenção de riscos ambientais relativamente aos seus empregados, estas empresas tendem a restringir ou a negligenciar as medidas protetivas devidas no intento de conter custos e oferecer preços acessíveis. É isso o que demonstra a pesquisa realizada pela consultoria Marsh Risk Consulting junto a 137 fábricas e 135 mil trabalhadores brasileiros, divulgada no ano de 2007.

A pesquisa revela que no ano de 2006 o índice de sinistros nas empresas pesquisadas foi o menor dos últimos sete anos anteriores(128), mas, ainda assim, 23% dos acidentes de trabalho ocorreram com trabalhadores terceirizados, os quais correspondiam a apenas 6% do universo de trabalhadores entrevistados. Este descompasso revela, seguindo a conclusão

ficia excessivamente' as empresas (...). Segundo o Ministro-Chefe da Controladoria-Geral da União, Jorge Hage, há um problema normativo e os parâmetros de remuneração das prestadoras de serviços precisam ser revistos. 'Os tetos estão elevados demais.' Ele disse que, por exemplo, o lucro máximo que o governo admite ao contratar empresas para serviços de vigilância e limpeza corresponde a 7,2% da soma dos salários incluídos nos contratos. 'O razoável seria 4% a 5%". Cf.: VERÍSSIMO, Renata; FILGUEIRAS, Sônia. Governo gasta com terceirização até o dobro do que paga a servidor. *Folha de S. Paulo*, 07.01.2007, p. 05.

(127) A Instrução Normativa n. 18/1997, do Ministério do Planejamento, estabelece as unidades de medida de produtividade mínima exigida das empresas contratadas na prestação de serviços de vigilância, conservação, limpeza etc., mediante criteriosa descrição das tarefas a serem desenvolvidas pelos trabalhadores terceirizados, sua jornada de trabalho e a descrição dos direitos que devem integrar a planilha de custos, calculados por homem-mês terceirizado. A título de exemplo, diz o item 4.3.1 da referida IN que, em condições normais, o índice de produtividade de cada servente (serviço de limpeza e conservação) em jornada de oito horas diárias, não pode ser inferior a 550m² de área física interna a ser conservada; 1.100m² de área externa; 220m² de esquadrias etc. Na visão de Rute Gusmão, "*esta IN mostra o Estado duramente comprometido com a intensificação do trabalho dos servidores subcontratados pelas empreiteiras privadas, por meio de um rigoroso controle. (...) Esta lógica está visivelmente comprometida com os lucros, e não com a qualidade dos serviços oferecidos à população, prestados sob difíceis condições materiais*". Cf. GUSMÃO, Rute. A terceirização de serviços na contra-reforma do Estado. p. 105-106.

(128) Este decréscimo é atribuído à alteração promovida na legislação de seguridade social (Decreto Federal n. 6.042/2007), que prevê a variação da alíquota do Seguro de Acidente de Trabalho a cargo das empresas na proporção do número de acidentes ocorridos no ano anterior ao do fato gerador.

da pesquisa, que a estes trabalhadores não são destinadas as necessárias medidas de segurança no trabalho(129).

Inúmeras outras pesquisas vêm demonstrando, sempre no mesmo sentido, que o modelo agressivo da terceirização praticada, inclusive no setor público, tem sido um fator diretamente indutor de acidentes e adoecimentos físicos e psíquicos. *Gusmão* invoca um levantamento sindical, segundo o qual, no ano de 2000, foram registrados 95 acidentes nas unidades da Petróleo Brasileiro S/A (Petrobras), maior empresa estatal brasileira, com 18 vítimas fatais, dentre as quais 16 prestavam serviços subcontratados(130).

No ano de 2001, um acidente que causou o afundamento da Plataforma P-36 da Petrobras, na Bacia de Campos, ceifando a vida de 11 trabalhadores, a maioria terceirizados, chamou a atenção sobre o aumento do número de acidentes de trabalho associado às precárias condições de saúde e segurança a que eram submetidos estes trabalhadores. Este cenário tem como pano de fundo o agressivo e indiscriminado processo de terceirização levado a cabo pela estatal na década de 1990(131): dos 150 mil trabalhadores que prestavam serviços à Petrobras naquele ano, cerca de 34 mil eram funcionários efetivos e 116 mil eram subcontratados por meio de empresas terceirizadas(132). Em 2007, o número de empregados da estatal saltou pra 49,9 mil, enquanto o de terceirizados já havia subido para cerca de 150 mil(133).

Conforme informação prestada pelo sindicato dos petroleiros e confirmada pelo presidente da empresa, dois terços dos 175 trabalhadores que laboravam na Plataforma P-36, que afundou, eram funcionários de firmas terceirizadas(134).

A desqualificação técnica das empresas terceirizadas, aliada à falta de efetivo controle da execução do contrato por parte da entidade tomadora dos serviços, é considerada, assim, a principal causa das precárias condições de saúde e segurança no trabalho a que são submetidos os trabalhadores terceirizados(135).

---

(129) BARROS, Guilherme. Empresas cuidam mais dos funcionários. *Folha de S. Paulo*, 7.9.2007, Cad. B, p. 2.

(130) GUSMÃO, Rute. A terceirização de serviços na contra-reforma do Estado. p. 107.

(131) Periódico diário de circulação nacional noticiou a este respeito: "*A terceirização dos serviços na Petrobras tem levado às áreas de manutenção e instalação técnicos cada vez menos experientes, qualificados e capacitados. E as instalações não acompanharam o crescimento da produção da empresa, que não investe como deveria em processos de controle e prevenção ambiental. Essas foram as principais causas apontadas, por ambientalistas e petroleiros ouvidos pela Folha, para os frequentes acidentes nas instalações da Petrobras. Para o secretário da área de saúde, segurança e tecnologia da FUP (Federação Única dos Petroleiros), Hélio Seidel, a empresa vem perdendo engenheiros experientes e 'memória técnica'. 'Muita gente saiu por aposentadoria e outros foram transferidos, sem reposição desse pessoal. O problema é que os serviços foram terceirizados, sem investimentos em capacitação', afirmou Seidel.*" Cf. MARIA, Estanislau. Terceirização e instalações são criticadas por ambientalistas. *Folha Online*, 12.4.2001. Disponível em: <http://www1. folha.uol. com.br/folha / cotidiano> Acesso em: 11.12.2007.

(132) MARCHADO, Milla. Terceirização, quem perde e quem ganha. *Revista Anamatra*, São Paulo, Forense, p. 35, out. 2003.

(133) SOARES, Pedro. Petrobras gasta 36,5% a mais com pessoal. *Folha de S. Paulo*, 21.5.2007, Cad. B, p. 4.

(134) AROUCA, José Carlos. *O sindicato em um mundo globalizado*. São Paulo: LTr, 2003. p. 428.

(135) A propósito do acidente ocorrido na Plataforma P-36, periódico semanal de circulação nacional noticiou: "*O Ministério Público do Trabalho acusa a Petrobras de negligenciar o controle da contratação de mão-de-obra terceirizada. Desde 1995, a companhia iniciou um processo de incentivo a aposentadorias e demissões, passando a contratar mão-de-obra terceirizada para várias funções. O presidente da Associação dos Engenheiros da Petrobras, Fernando Siqueira, aponta como o maior problema a baixa qualificação das empreiteiras que trabalham com a companhia. 'Nos Estados Unidos, eles trabalham com terceirizados de empresas de ponta. Aqui, a contratação é aberta para qualquer empresinha de fundo de quintal', protesta. A própria Petrobras reconhece que precisa dar melhor treinamento ao pessoal terceirizado. E a Agência Nacional de Petróleo (ANP), uma semana antes do acidente*

2.9. CONSIDERAÇÕES CONCLUSIVAS

Do exposto extrai-se que também no âmbito da administração pública a terceirização atualmente praticada, sob a lógica privatista da superexploração do trabalho humano, produz as mesmas repercussões imanentes e circunstanciais próprias do fenômeno na iniciativa privada, mas profundamente potencializadas pelo caráter público dos interesses envolvidos.

A *superterceirização* é aqui utilizada não apenas em sua finalidade privatista original, de supervalorização do capital em detrimento do trabalho, mas também como veículo de invasão privada e precária de competências centrais dos órgãos e entes públicos, em burla à impessoalidade e moralidade administrativas e em profunda desestabilização dos interesses sociais.

Estas repercussões desencadeiam inúmeros conflitos de interesses que deverão repercutir na forma como o Direito retrata o problema. No rastro deste tratamento jurídico, o estudo deverá voltar-se, no próximo Capítulo, a desvendar a conformação jurídico-institucional da *contração de serviços* no âmbito da administração pública, a fim de divisá-la de institutos afins e viabilizar um entendimento juridicamente adequado sobre o "caráter privatizante" que hoje comumente se atribui à terceirização.

com a P-36, já tinha dado um puxão de orelhas na empresa nesse sentido". Cf. Desastre em alto-mar. *Veja Online*, 21.3.2001. Disponível em: <http://veja.abril.com.br> Acesso em: 12.11.2007.

Capítulo 3

O INSTITUTO JURÍDICO DA CONTRATAÇÃO DE SERVIÇO NA ADMINISTRAÇÃO PÚBLICA

3.1. NOTAS INICIAIS

Deixaram-se à mostra, até o presente momento, aspectos fundamentais da terceirização no serviço público em sua dimensão dinâmica, como fato social pulsante, dotado de um sentido ou propósito cuja compreensão se assenta na leitura social, econômica e política da realidade circundante.

Mas a terceirização praticada no interior da "administração pública central", assim compreendidos os órgãos e entes públicos submetidos ao regime jurídico de Direito Público[(1)], ainda que conformada por estes aspectos sociais, culturais e econômicos, constitui resultado de um arranjo político, filtrado e instrumentalizado pelo Direito e, mais especificamente, pelo Direito Público, Administrativo, em sua função reguladora da estrutura organizacional do Estado, nisto divorciando-se radicalmente da terceirização praticada na economia privada, resultante da livre iniciativa organizacional dos agentes econômicos como manifestação da "autonomia da vontade".

Instrumentalizada por um contrato administrativo, a prática da terceirização no serviço público condiciona-se à realização de finalidades de interesse público, juridicamente vinculadas, mas, por outro lado, a sua prática enseja repercussões, inclusive restritivas, sobre diversos valores ou interesses sociais constitucionalmente consagrados.

Pela complexidade dessa dinâmica voltada à realização do interesse público, mas potencialmente capaz de desencadear restrições a valores ou princípios constitucionais, a terceirização no serviço público não encontra seus limites nitidamente traçados em enunciados normativo-constitucionais expressos e autossuficientes. Estes limites dependem de uma conjunção de elementos normativos, com caráter de regras e princípios constitucionais, referidos aos bens coletivos e aos direitos fundamentais diretamente atingidos pela prática.

O primeiro passo na identificação destes limites reside na própria delimitação conceitual e institucional do fenômeno da *terceirização no serviço público*, o que pressupõe uma análise sobre os limites conceituais do "serviço público" e sobre o instituto da "contratação de serviços" no interior da máquina pública, objetivo fulcral do presente Capítulo.

---

(1) A expressão "administração pública central" é aqui utilizada sem suporte doutrinário específico, apenas para simplificar a designação das entidades da administração pública direta e indireta com personalidade jurídica de Direito Público — União, Estados, Distrito Federal e Municípios, assim como suas autarquias e fundações públicas.

3.2. ATIVIDADE ECONÔMICA E SERVIÇO PÚBLICO, UMA DIVISA CONSTITUCIONAL

Para que se reconheça a *contratação de serviços* no âmbito da máquina pública, em sua natureza institucional, e a partir dela se possa promover a delimitação conceitual e institucional do fenômeno da *terceirização no serviço público,* é imprescindível que antes se proceda a uma abordagem analítica da própria figura do "serviço público", a fim de que a forma genérica e imprecisa como até este momento a expressão vem sendo utilizada não lhe deturpe o sentido conforme à sua gênese institucional.

A concepção vulgar de "serviço público", como sendo qualquer atividade desenvolvida pela administração pública direta e indireta, contraria o sentido técnico-jurídico mais apurado do termo conferido pela doutrina do Direito Administrativo. São diversas as acepções históricas que o termo comporta, com destacada importância, inclusive na própria divisa disciplinar do Direito Administrativo francês, fonte de inspiração da doutrina administrativista brasileira(2).

Mas o que importa fique aqui vincado é que a noção de serviço público implica o reconhecimento de que determinadas atividades econômicas — no sentido lato, de atividades voltadas à satisfação de necessidades humanas, por meio de bens e serviços produzidos com recursos escassos — são atribuídas ao Estado, num dado momento histórico, como indispensáveis à realização e ao desenvolvimento da coesão social(3) e que, por isso, são realizadas sob um regime de Direito Público.

Trata-se, portanto, de uma noção intimamente afeta à repartição da titularidade — ou do domínio — das atividades econômicas naquele sentido lato entre o Estado e a sociedade civil (a iniciativa privada), à luz de um específico regime constitucional.

Serviço público é tema, portanto, que diz respeito, na visão de *Eros Grau*, à delimitação constitucional da atuação do Estado em relação à atividade econômica. Nesse sentido, a atividade econômica em sua acepção ampla constitui gênero compreensivo de duas espécies: o "serviço público", quando esta atividade é constitucionalmente atribuída ao Estado para a execução direta ou indireta, sempre sob regime de Direito Público, na forma do art. 175 da Constituição; e a "atividade econômica em sentido estrito", aquela reservada à iniciativa privada para a prestação sob o regime de Direito Privado, na forma do art. 170, IV, da Constituição(4).

---

(2) Em nota rodapé, Bandeira de Mello anota que, sob o patrocínio teórico de Léon Duguit, o publicista que capitaneou a Escola do Serviço Público, a noção de serviço público apareceu como fórmula revolucionária do Direito Público em geral e do Direito Administrativo em particular, substituindo o eixo metodológico da disciplina — classicamente construída sob a ideia do "poder" estatal — pela ideia de "serviços" aos administrados. Cf. MELLO, Celso Antônio Bandeira de. *Curso de direito administrativo.* 11. ed. São Paulo: Malheiros, 1999. p. 478.

(3) É de Duguit a ideia de serviço público como "atividade indispensável à realização e ao desenvolvimento da interdependência social". Cf. MELLO, Celso Antônio Bandeira de. *Curso de direito administrativo.* p. 478.

(4) Eros Roberto Grau, em sua interpretação da ordem econômica na Constituição de 1988, ao tratar das formas de atuação do Estado em relação ao processo econômico, busca identificar os momentos em que a Constituição refere-se à atividade econômica em sentido lato, como gênero (ex.: arts. 170, *caput*, e 174), e aqueles em que se refere à atividade econômica como espécie, no sentido estrito, titularizada pela iniciativa privada (arts. 1º, IV e 170, IV), neste caso somente permitida ao Estado quando, na forma da lei, for necessária aos imperativos de segurança nacional ou a relevante interesse público (art. 173, § 1º). Cf. GRAU, Eros Roberto. *A ordem econômica na Constituição de 1988.* p. 92-155.

O conceito de serviço público, afirma *Eros Grau*, é um conceito aberto, porque passível de ser preenchido por dados da realidade, com significação resgatada na realidade social. A distinção entre serviço público e atividade econômica em sentido estrito decorre das relações entre as forças sociais vigentes em cada época. Num modelo ideal (categoria de análise sociológica), o autor sugere a seguinte relação de forças em curso:

> "Pretende o capital reservar para sua exploração, como 'atividade econômica em sentido estrito', todas as matérias que possam ser, imediata ou potencialmente, objeto de profícua especulação lucrativa. Já o trabalho aspira atribua-se ao Estado, para que este as desenvolva não de modo especulativo, o maior número possível de 'atividades econômicas (em sentido amplo)'. É a partir deste confronto — do estado em que tal confronto se encontrar, em determinado momento histórico — que se ampliarão ou reduzirão, correspectivamente, os âmbitos das 'atividades econômicas em sentido estrito' e dos 'serviços públicos'. Evidentemente, a ampliação ou retração de um ou outro desses campos será função do poder de reivindicação, instrumentado por poder político, de um e outro, capital e trabalho. A definição, pois, desta ou daquela parcela da 'atividade econômica em sentido amplo' como 'serviço público' é — permanecemos a raciocinar em termos de modelo ideal — decorrência da captação, no universo da realidade social, de elementos que informem adequadamente o estado, em um certo momento histórico, do confronto entre interesses do capital e do trabalho."[(5)]

A definição dos serviços públicos é questão que diz respeito, portanto, ao perfil da ordem econômica vigente, o que se revela, no caso brasileiro, pela localização do art. 175 da Constituição, que trata da titularidade estatal dos serviços públicos no bojo do Título VII destinado à Ordem Econômica e Financeira.

Esta fluidez política e histórica inerente aos limites conceituais do serviço público também é captada por *Justen Filho*:

> "Discutir serviço público conduz a enfrentar questões políticas e jurídicas essenciais. Trata-se de definir a função do Estado, seus limites de atuação e o âmbito reservado à livre iniciativa dos particulares. Essa é uma questão histórica, e cada Estado desenvolve um modelo peculiar. O elenco de serviços públicos reflete determinada concepção política. A constituição de cada país identifica a disciplina adotada para o serviço público e a atividade econômica."[(6)]

Daí que, sem deixar de reconhecer que, como toda e qualquer noção jurídica, a noção de serviço público só tem utilidade num dado sistema de princípios e regras, *Bandeira de Mello* põe-se a conceituar serviço público como

> "toda atividade de oferecimento de utilidade ou comodidade material fruível diretamente pelos administrados, prestado pelo Estado ou por quem lhe faça as vezes, sob um regime de Direito Público (...), instituído pelo Estado em favor dos interesses que houver definido como próprios no sistema normativo."[(7)]

---

(5) *Idem*, p. 110-111.

(6) JUSTEN FILHO, Marçal. *Curso de direito administrativo*. São Paulo: Saraiva, 2005. p. 483.

(7) MELLO, Celso Antônio Bandeira de. *Curso de direito administrativo*. p. 477.

Nestes termos, a noção é composta, diz o estudioso, de dois elementos: um "substrato material", consistente na prestação de utilidades ou comodidades diretamente fruíveis pelos cidadãos em geral, que o Estado assume como atribuições próprias *"por serem reputadas imprescindíveis, necessárias ou apenas correspondentes a conveniências básicas da comunidade, em dado tempo histórico"*; e um "traço formal", consistente em um específico regime de Direito Público, o regime jurídico-administrativo, *"que confere caráter jurídico à noção de serviço público"*[(8)].

Bandeira de Mello traça os fundamentos desse regime jurídico-administrativo a partir de duas ideias básicas que atuariam como os princípios nucleares do sistema: (1) o "princípio da supremacia do interesse público sobre o privado", que proclama a superioridade do interesse da coletividade sobre os interesses individuais, inclusive como condição de asseguramento destes últimos, e (2) o "princípio da indisponibilidade do interesse público, pela administração", segundo o qual a administração pública apenas exerce função de tutela sobre o interesse público, titularizado tão-somente pelo Estado, razão pela qual não lhe cabe senão curá-lo, no exercício da função administrativa[(9)].

Do primeiro princípio-mor procedem, segundo o autor, duas consequências imediatas que são: (a) "a posição privilegiada" do órgão encarregado de zelar pelo interesse público nas relações com os particulares, e (b) "a posição de supremacia do órgão público" nestas relações.

Estas repercussões ensejam, por sua vez, a possibilidade em favor da administração pública de constituir os privados em obrigações por atos unilaterais, assim como o direito de modificar unilateralmente estas obrigações; da mesma forma, resulta a exigibilidade imediata dos atos administrativos e, muitas vezes, até a sua executoriedade forçada com recurso à compulsão material sobre a pessoa ou coisa — a execução de ofício[(10)].

Por sua vez, decorre do segundo princípio-mor: a rígida submissão da administração pública à estrita legalidade; a obrigatoriedade do desempenho da atividade pública de forma contínua, sem interrupções; e a submissão dos atos administrativos ao controle administrativo, às exigências de isonomia, de publicidade etc.[(11)]

Daí a observação do administrativista de que o primeiro elemento do serviço público (seu substrato material) seria insuficiente para configurá-lo, por tratar-se de simples suporte fático, ainda dependente deste elemento jurídico sobre o qual se constrói a noção jurídica de serviço público, propriamente dita. Sem a consideração do regime jurídico, segundo o autor, a utilidade prestada pelo Estado diretamente aos administrados configura mero "serviço governamental", ainda pendente do regime jurídico de Direito Público para configurar verdadeiro "serviço público"[(12)].

Mas o que determina a natureza de uma atividade econômica como serviço público? Será o substrato material do serviço público que, pelas qualidades intrínsecas a uma dada atividade, atrai a incidência do regime jurídico-administrativo, ou, pelo contrário, será o regime jurídico de Direito Público legalmente aplicado a qualquer atividade econômica que lhe qualificará como serviço público?

(8) *Idem,* p. 479-480.
(9) *Idem,* p. 25-35.
(10) *Idem, ibidem.*
(11) *Idem,* p. 225-35.
(12) *Idem,* p. 481.

A resposta a esta indagação encontra-se naquele caráter histórico e dogmático-jurídico da noção, bem retratado no conceito de serviço público proposto por *Bandeira de Mello*, segundo o qual, para além do substrato material e do traço formal, é serviço público aquele "*instituído pelo Estado em favor dos interesses que houver definido como próprios no sistema normativo*"(13).

Nesse sentido, a noção da essencialidade de um determinado serviço para a sociedade é um pressuposto definido "normativamente" pela Constituição. Trata-se de uma identificação que, nas palavras de *Eros Grau*, "*não se pode dar no plano dos modelos ideais, à margem da ordem jurídica*", já que serviço público "*não é um conceito, mas uma noção, plena de historicidade*"(14).

Daí a razão por que o significado da expressão "serviço público", na visão de *Eros Grau*, não pode ser determinado mediante o recurso a um conceito de serviço público sob o paradigma da filosofia do objeto, fundado no essencialismo, que se propõe a pesquisar a natureza das coisas(15). Antes de tudo, é a Constituição que encerra todos os elementos e critérios que propiciam a identificação de quais atividades empreendidas pelo Estado constituem serviço público(16).

Na dogmática constitucional brasileira, os serviços públicos são determinados pela Constituição, prioritariamente, por enunciação expressa, com indicação precisa do ente federativo ao qual compete, tais como: (a) à União compete prestar serviços postal e de correio aéreo, telecomunicações, de radiodifusão sonora e de imagens, de instalações de energia elétrica e navegação aérea, transporte aquaviário e ferroviário, transporte interestadual e internacional, portos marítimos, fluviais e lacustres (art. 21, X, XI e XII); (b) aos Estados compete prestar serviços locais de gás canalizado (art. 25, § 2º); (c) aos Municípios são atribuídos os serviços de transporte coletivo e outros de interesse local (art. 30, V); (d) a todos os entes federativos, em escala de responsabilidades, são atribuídos os serviços de saúde e educação (art. 23, II e V)(17).

Mas, além da identificação expressa de específicos serviços públicos, a Constituição ainda oferece critérios interpretativos lançados no espaço de deliberação política do legislador ordinário, ou seja, em sua margem de ação discricionária, para a designação de outras atividades como serviço público. Resta saber se é dado ao legislador ordinário atribuir a qualquer atividade econômica *lato sensu* o caráter de serviço público(18).

---

(13) *Idem*, p. 477.

(14) GRAU, Eros Roberto. *A ordem econômica na Constituição de 1988*. p. 111.

(15) Conforme ficou registrado no Capítulo 1, quando se tratou do conceito de terceirização, "Inspirado em *Sartre*, Eros Roberto Grau avalia que *conceito* é atemporal, mas nem o tempo e a história podem ser objetos de um conceito, pois, desde que se introduz a temporalidade, deve-se considerar que no interior do desenvolvimento temporal, o conceito se modifica. Já a *noção*, pelo contrário, pode ser definida como o esforço sintético para produzir uma idéia que se desenvolve a si mesma por contradições e superações sucessivas e que é, pois homogênea ao desenvolvimento das coisas". Daí por que, finaliza Grau, referindo-se à noção de serviço público, "*lá onde a doutrina brasileira erroneamente pensa que há conceito indeterminado há, na verdade, noção*", razão pela qual, salienta, a muito pouco conduz a determinação de um conceito de serviço público, impondo buscar-se a sua *noção*, repleta de historicidade. Cf. GRAU, Eros Roberto. *A ordem econômica na Constituição de 1988*. p. 134-135.

(16) *Idem*, p. 125.

(17) Constituição de 1988, art. 23: "*II — cuidar da saúde e assistência pública, da proteção e garantia das pessoas portadoras de deficiência*"; (...) *V — proporcionar os meios de acesso à cultura, à educação e à ciência*".

(18) Robert Alexy trata da "dogmática das margens de ação" do legislador (uma expressão consolidada na jurisprudência do Tribunal Constitucional Federal alemão), com vistas à verificação dos critérios teóricos que de-

Nesta questão reside o aspecto político fulcral daquela divisão entre os serviços públicos e as atividades estritamente econômicas. É nesse plano político, do livre jogo democrático, que se estabelecem as relações de forças entre os interesses estatizantes ou privatizantes sobre determinadas atividades, como vem ocorrendo, de forma intensa, no processo de reforma da atuação do Estado em voga em todo o mundo e, particularmente, no Brasil, tratado no Capítulo 2.

O jogo democrático, no entanto, desenvolve-se no tabuleiro constitucional sob critérios interpretativos que delimitam a margem de ação discricionária do legislador, situada entre o que lhe é permitido e o que lhe é proibido a respeito da matéria pela Constituição(19).

Neste campo, os critérios de delimitação da margem de ação do legislador são orientados, basicamente, pelas normas constitucionais relativas à ordem econômica garantidoras da livre iniciativa, isto é, normas que garantem o domínio privado sobre todas as atividades econômicas não designadas como essenciais à coesão e à interdependência social. Estas atividades estão reservadas à livre exploração lucrativa por força do "princípio da livre concorrência" (art. 170, IV) e do princípio do "valor social da livre iniciativa", este estruturante da República Federativa do Brasil (Constituição, art. 1º, IV)(20).

Fixado este limite entre o que pertence ao domínio público (serviço público) e o que pertence ao domínio estritamente privado (atividade econômica em sentido estrito), a Constituição de 1988, por sua vez, somente permite ao Estado intervir neste domínio econômico privado, explorando "atividades estritamente econômicas", em duas distintas situações: (1) para explorar determinadas atividades econômicas em regime de monopólio, por razões de segurança nacional, na forma do art. 177 da Carta Política (pesquisa e lavra de jazidas de petróleo e gás natural; refinação e transporte de petróleo; pesquisa, lavra, industrialização e comércio de minérios e minerais nucleares e seus derivados etc.), e (2) para explorar atividade econômica de forma supletiva e concorrencial com a iniciativa privada, por meio de empresas estatais, "*quando necessário aos imperativos da segurança nacional ou a relevante interesse coletivo*", na forma do art. 173 da Constituição.

Na segunda hipótese, o Estado põe-se a explorar atividade econômica em sentido estrito, sob regime jurídico idêntico ao aplicado às empresas privadas, para preservar as condições concorrenciais inerentes ao ambiente de mercado, embora sujeito a contenções constitucionais de Direito Público (como o concurso público, a licitação, o contrato administrativo, o controle financeiro e de legalidade etc.), voltadas a compatibilizar a atuação do ente público com os interesses republicanos. Isso faz com que seja reconhecida a existência, neste caso, de um regime jurídico híbrido, predominantemente de Direito Privado, mas com limitações constitucionais de Direito Público, para preservar a vontade do ente estatal criador e os fins de interesse público para os quais a entidade foi criada(21).

---

vem ser observados na fixação dos limites de ação do legislador ordinário, no processo de constitucionalização da ordem jurídica, e que será objeto de estudo detalhado no Capítulo 5. Cf. ALEXY, Robert. Tres escritos sobre los derechos fundamentales y la teoría de los principios. Derecho constitucionale e derecho ordinario: jurisdiccione constitucionale e jurisdiccione ordinaria. Trad. Carlos Bernal Pulido. *Serie de teoría jurídica y filosofía del derecho*, Bogotá, Universidad Externado de Colômbia, n. 28, 2003. p. 50.

(19) *Idem, ibidem.*

(20) MELLO, Celso Antônio Bandeira de. *Curso de direito administrativo*. p. 487.

(21) Segundo Di Pietro, "*a administração pública, ao instituir, com autorização em lei, empresas públicas, sociedades de economia mista ou fundações de direito privado, está se socorrendo de meios de atuação próprios do Direito Privado, exatamente em função do qual o Poder Público passou a adotar esse tipo de entidade, já que sob ele o Estado pode atuar com maior liberdade do que a administração pública direta. No entanto, essas pessoas jamais*

Duas ideias fundamentais demarcam a diferença do regime de Direito Privado, em relação ao regime de Direito Público: (1) a liberdade de iniciativa do ente privado, titular do próprio interesse, em contraposição à submissão da administração pública a um dever, uma função de tutela do interesse público que lhe é indisponível e, por conseguinte, à sua submissão ao princípio da legalidade administrativa, com todos os seus consectários restritivos; e, por outro lado, (2) a situação de coordenação ou igualdade do particular em relação aos demais entes privados, diversamente da posição de supremacia da administração pública em relação aos particulares, com todos os privilégios de Estado que lhe são decorrentes.

Não há dúvida de que ambos, administração e particular, submetem-se à exigência da legalidade, como corolário lógico do Estado de Direito. No entanto, o princípio da legalidade opera com conteúdos diversos em relação a cada espaço.

No espaço privado, a legalidade opera sob "conteúdo de comprometimento negativo" (*negative Bindung*), segundo o qual é lícito fazer tudo o que não for vedado por lei, ideia expressa na norma principiológica do art. 5º, II, da Constituição da República — "*ninguém será obrigado a fazer ou deixar de fazer alguma coisa, senão em virtude de lei*".

Já no espaço público, a legalidade opera, diversamente, sob "conteúdo de comprometimento positivo" (*positive Bindung*), exatamente por conta da indisponibilidade do interesse público pelos órgãos e entes da administração pública, que não pode atuar senão quando a norma jurídica prévia e expressamente a autorize[(22)].

Bandeira de Mello busca retratar esta diferença na fórmula que se tornou clássica, segundo a qual, "*ao contrário dos particulares, os quais podem fazer tudo o que a lei não proíbe, a Administração só pode fazer que a lei antecipadamente autorize*"[(23)], noção positivista severamente questionada no plano da nova interpretação constitucional, como será visto no Capítulo 6[(24)].

À luz destas ideias já é possível concluir, portanto, que o Estado desenvolve atividades de prestação de comodidades à sociedade — assim consideradas as atividades econômicas em sentido lato — sob duas modalidades: (1) como "serviços públicos", aquelas atividades por ele reservadas ao seu domínio, em regime de Direito Público, com todas as prerrogativas e contenções que lhe são peculiares; e (2) como "atividades econômicas em sentido estrito", aquelas que, por continuarem no domínio privado, são por ele exploradas apenas de forma supletiva à iniciativa privada, sob o mesmo regime de Direito Privado, embora, neste caso, também sob contenções especiais de Direito Público.

Como observa *Di Pietro*, esta noção de serviço público, por seu caráter restritivo, certamente não compreende todas as atividades administrativas desenvolvidas pela adminis-

---

se sujeitam inteiramente ao Direito Privado: o seu regime é híbrido porque, sob muitos aspectos, tais entidades se submetem ao Direito Público, especialmente a fim de fazer prevalecer a vontade do ente estatal, que a criou para atingir determinado 'fim de interesse público'". Cf.: DI PIETRO, Maria Sylvia Zanella. *Direito administrativo*. 12. ed. São Paulo: Atlas, 2000. p. 351.

(22) GRAU, Eros Roberto. *A ordem econômica na Constituição de 1988*. p. 120-121.

(23) MELLO, Celso Antônio Bandeira de. *Curso de direito administrativo*. p. 63.

(24) A concepção será criticada no Capítulo 6 no contexto da nova hermenêutica constitucional, segundo a qual a administração pública não só atua no marco das decisões legais, mas também decide em diversos espaços deixados em branco pela legislação, o que desafia a necessidade de construção destas decisões com observância do princípio democrático e dos direitos fundamentais, fenômeno denominado *constitucionalização do Direito Administrativo*. Cf.: BINENBOJM, Gustavo. Da supremacia do interesse público ao dever de proporcionalidade: um novo paradigma para a o direito administrativo. *Revista de Direito Administrativo*, Rio de Janeiro, Renovar, n. 239, p. 1-31. 2005.

tração pública em regime de Direito Público. Além das prestações de comodidade prestadas pelo Estado diretamente à comunidade (serviço público) outras atividades administrativas são por ele também exercidas em benefício indireto da comunidade, como o exercício do poder de polícia, atividades de fomento e intervenção(25).

Bandeira de Mello destaca, ao lado do serviço público no sentido estrito, (1) a "obra pública", como construção, edificação ou ampliação de bem imóvel pertencente ao domínio público, diversa do serviço público porque apenas indiretamente atende à coletividade, não se constituindo numa comodidade que lhe é diretamente auferida; e (2) o exercício do "poder de polícia", mediante o qual o Estado restringe e condiciona, por força de lei, o exercício de liberdades privadas a fim de compatibilizá-las com o bem-estar geral (ex.: atos de fiscalizações, inspeções e vistorias, expedição de licenças, autorizações e permissões), diversa do serviço público porque não produz utilidades fruíveis pelos administrados, mas, pelo contrário, constituem restrições à sua liberdade de ação(26).

A estas atividades o autor ainda soma as estritamente econômicas exploradas pelo Estado de forma supletiva à iniciativa privada (Constituição, art. 173), reunindo todas elas como espécies do gênero "serviços governamentais", figura compreensiva, portanto, dos serviços públicos em sentido estrito e de quaisquer outras tarefas administrativas desenvolvidas pelo Estado(27).

3.3. A NOÇÃO DE SERVIÇO PÚBLICO PARA OS FINS DESTA ANÁLISE

A avaliação a que se propõe esta obra abrange a terceirização levada a efeito no interior da administração pública como um todo: a administração central e a "administração pública empresarial"(28), em relação a todas as suas órbitas de competência, seja na prestação de serviço público *stricto sensu,* seja na realização de atividades de polícia ou fomento, ou mesmo no desenvolvimento das atividades econômicas pelas empresas estatais.

Portanto, em princípio, a conotação que mais se adequaria à extensão da presente abordagem seria a dos "servidos governamentais", compreensiva da totalidade das atividades administrativas desenvolvidas pela administração pública direta e indireta.

Isso porque, à interpretação constitucional sobre os limites da terceirização no interior de um ente ou órgão público, como aqui se propõe, não interessa imediatamente se a sua atividade principal possui natureza econômica (uma prestação material) ou jurídica (o exercício de poder de polícia). Independentemente da natureza de suas competências, todo ente público é responsável na mesma medida pelo exercício de suas atribuições e será diante desta responsabilidade que os limites da terceirização serão traçados.

Daí a razão por que a figura da terceirização na administração pública não sofre *a priori* influência direta da noção estrita de serviço público.

Mais importa, para este fim, saber o regime jurídico a que se encontra submetido o órgão ou ente público contratante do serviço terceirizado, pois são os interesses protegidos

(25) DI PIETRO, Maria Sylvia Zanella. *Direito administrativo.* p. 98-99.

(26) MELLO, Celso Antônio Bandeira de. *Curso de direito administrativo.* p. 482-484.

(27) *Idem,* p. 481.

(28) O termo é aqui utilizado sem suporte doutrinário específico, a fim de simplificar a designação das "entidades da administração pública dotadas de personalidade jurídica de Direito Privado" — empresas públicas e sociedades de economia mista — exploradoras de atividade econômica, submetidas ao regime jurídico próprio das empresas privadas, na forma do art. 173 da Constituição.

por cada um destes regimes jurídicos que determinarão os limites da prática da contratação de serviço no âmbito das respectivas entidades.

Mas, por outro lado, a noção estrita de serviço público também possui uma importância esclarecedora sobre o fenômeno terceirização no interior da máquina pública.

É nela que se encontra a verdadeira identidade político-jurídica entre o processo de delimitação do serviço público (como algo que se aparta do domínio privado) e o processo de delimitação das atividades terceirizáveis no âmbito dos órgãos e entes públicos (como algo que se aparta do pleno exercício público).

Do mesmo modo como a noção estrita de serviço público traça as linhas divisórias entre os domínios do público e do privado no bojo do processo econômico sobre uma tensa relação de forças entre razões estatizantes e privatizantes, também a delimitação interpretativa dos limites da terceirização funda-se numa relação conflituosa entre diferentes interesses políticos.

Assim como a noção de serviço público em sentido estrito, pelas divisas que estabelece entre o público e privado, pressupõe uma decisão política juridicamente traduzida pela Constituição, também os limites constitucionais da terceirização estão fundados, embora em menor dimensão, em decisões políticas constitucionalizadas sobre os limites das competências estatais, ou seja, sobre os limites do público e do privado, passíveis de averiguação interpretativa.

Destarte, a preferência pelo uso da expressão "terceirização no serviço público" aqui justifica-se não apenas pela força coloquial do termo, já consagrado na linguagem comum designativa de toda atividade estatal, mas, antes, pela conotação conflituosa que confere ao enfrentamento das questões, hoje tão em voga, relativas aos limites entre o domínio público e o domínio privado, e que repousa sobre a base das reflexões travadas neste livro.

Portanto, a expressão "serviço público" continuará sendo aqui utilizada em sua conotação ampla e comum (para referir-se a todos os serviços governamentais), mas será na noção estritamente jurídica, acima enunciada, que se buscará, sempre que necessário, e de forma expressa, suporte doutrinário para a compreensão dos fenômenos estudados.

Nesta linha de reflexão, ora serão traçados os necessários limites conceituais entre os fenômenos da "terceirização" e da "desestatização", a fim de garantir-se a idoneidade científica das análises em torno do específico objeto desta obra.

3.4. TERCEIRIZAÇÃO OU DESESTATIZAÇÃO?

O fenômeno tratado nesta obra diz respeito à contratação privada de atividades de apoio, pela administração pública, em socorro às suas necessidades imediatas no desenvolvimento de suas atribuições.

Um dos mais importantes desafios no estudo da terceirização no serviço público consiste na precisa identificação do fenômeno no amplo cenário de institutos e procedimentos administrativos que lhe são afins, próximos ou simplesmente tomados pela mesma terminologia por força do uso. Não é tarefa fácil apreender, da doutrina do Direito Administrativo, a precisa acepção em que o termo "terceirização" é tomado em cada momento e em cada contexto, dada a largueza semântica com que é utilizado.

Nesta doutrina, o termo é utilizado para designar desde típicas concessões de serviços públicos a formas genéricas de parcerias entre os setores público e privado (a exemplo da figura da parceria público-privado instituída pela Lei n. 11.079/2004), ou mesmo para designar contratações outras que, embora formalmente veiculadas por um típico contrato de prestação de serviços, não têm por objeto atividades materiais de apoio administrativo.

Enfim, de terceirização são denominados, na doutrina do Direito Administrativo, vários mecanismos de transferência de bens ou serviços públicos à iniciativa privada, comparecendo o termo, comumente, como homônimo ou espécie do gênero "desestatização" e "privatização".

Juarez Freitas, por exemplo, ao tratar dos limites de legalidade da terceirização, afirma a ilicitude de terceirização em atividade-fim "do Estado", tomando a terceirização como forma de desestatização, ao lado das concessões e da alienação de ações de empresas estatais. Afirma o autor que a terceirização realizada fora da **atividade-meio do Estado** viola o princípio da impessoalidade consubstanciado na regra do concurso público(29).

Nesta mesma linha de acepção do fenômeno, *Coelho Motta* vislumbra na terceirização uma fórmula criativa de execução indireta de **serviços públicos**, que recoloca o equilíbrio entre a economia e o Direito. Trata, portanto, a terceirização, como uma forma de desestatização de "serviço público"(30).

Di Pietro, embora considere a terceirização no sentido estrito tomado nesta obra, também designa por terceirização contratações administrativas com objeto diverso das atividades de apoio administrativo, a exemplo do contrato de prestação de serviço de saúde previsto no art. 199, § 1º, da Constituição.

Assim é que a autora, ao abordar a existência de uma ampla concepção doutrinária da privatização, "*que envolve todas as medidas adotadas com o objetivo de diminuir o tamanho do Estado*", elenca, dentre estas medidas, a contratação de serviços ou a terceirização (*contracting out*) no mesmo plano da desmonopolização estatal de atividades econômicas, da venda de ações de empresas estatais ao setor privado e da concessão de serviços públicos(31).

Sem que aqui se postule a correção doutrinária no uso da expressão, essencial é que o fenômeno sobre o qual se investiga reste precisamente delimitado, para que não se tome na análise de sua legitimidade constitucional elementos estranhos à sua conformação, comprometendo-se a lisura do resultado.

O primeiro passo nesta delimitação está em compreender que a desestatização constitui veículo de remodulação da atuação do Estado no processo econômico, sob a lógica da doutrina política liberal. É matéria que diz respeito à demarcação constitucional entre o domínio estatal sobre o serviço público e o domínio privado sobre a atividade econômica em sentido estrito.

---

(29) FREITAS, Juarez. Sistema de parceria entre os setores público e privado: execução de serviços através da concessão, permissão e terceirização — aplicação adequada destes institutos. *Boletim de Direito Administrativo* — Doutrina, pareceres e atualidades, São Paulo, NDJ, p. 327-330. maio 1997.

(30) MOTTA, Carlos Pinto Coelho. Terceirização e funcionalização: conflito ou complementariedade. *Boletim de Direito Administrativo* — Doutrina, pareceres e atualidades, São Paulo, NDJ, p. 799-807, dez. 1997.

(31) A autora apresenta um conceito amplo de terceirização, da lavra de Jorge A. Aja Espil, para quem, "*a chamada privatização era, até pouco tempo, uma daquelas palavras exóticas que os dicionários se omitiam de incluir. Apenas recentemente, em começos da década de 80, as novas edições dos léxicos norte-americanos começaram a dar conta de sua definição: 'popular e embaraçoso jargão destinado a desembaraçar o Estado de funções próprias do setor privado'. Está claro que o conceito de privatização importava em redefinir o âmbito próprio do Estado, mudar suas antigas por novas fronteiras, mediante uma revitalização das liberdades econômicas dos indivíduos*". Cf.: DI PIETRO, Maria Sylvia Zanella. *Parcerias na administração pública:* concessão, permissão, franquia, terceirização, parceria público-privada e outras formas, p. 23-24.

Por sua vez, a terceirização no serviço público, ora em estudo, constitui figura jurídica de menor dimensão política, pois diz respeito à contração de atividades na iniciativa privada para auxiliar o Poder Público no exercício de suas atribuições, razão pela qual não delimita o tamanho do Estado no processo econômico, mas apenas o tamanho da economia dentro do Estado na realização direta de suas atribuições.

Somente com a compreensão e a fixação destas diferenças será possível impedir que a lídima concepção jurídico-institucional da contratação de serviços no âmbito da máquina estatal, firmada no plano do Direito Público, seja contaminada pelo movimento político-ideológico que se utiliza da *superterceirização* como mecanismo de enxugamento ilegal da máquina pública, deformando a figura da terceirização ao transformá-la em veículo de uma "desestatização sub-reptícia".

Trata-se de um movimento constitucionalmente ilegítimo, pois diferentemente do modo como se configura na iniciativa privada, a terceirização no espaço público não constitui manifestação da autonomia da vontade. Nesse espaço ela é uma invenção do Direito Público como qualquer outro mecanismo de constituição e organização da estrutura governamental, conforme será visto nos próximos passos.

3.4.1. *As diferentes conformações jurídicas da terceirização no plano privado e no espaço público*

Ao final do Capítulo 1, a terceirização praticada na iniciativa privada restou descrita como "uma técnica de organização produtiva por meio da qual a entidade produtora de bens e serviços *contrata* no mercado atividades inerentes ao seu processo produtivo". Portanto, é na autonomia da vontade que esta prestação de serviços encontra seu fundamento no plano privado. Somente então, num segundo momento, o Direito condicionará essa vontade para proteger interesses maiores da sociedade, constitucionalmente resguardados.

No plano da administração pública central, diferentemente, a terceirização consiste numa "técnica de organização administrativa por meio da qual os órgãos e entes públicos, para obterem auxílio no exercício eficiente de suas competências, *contratam* da iniciativa privada as tarefas de apoio administrativo legalmente autorizadas, sob o *regime contratual especial de Direito Administrativo*".

Aqui, portanto, a contratação de serviços possui fundamento estatutário e institucional: manifesta-se por meio de um contrato de Direito Administrativo, ato administrativo com forte conteúdo vinculado à lei e à Constituição, pois a serviço de finalidades estatais. Diferentemente da noção oferecida ao fenômeno no plano do Direito Privado, aqui a noção ressalta os aspectos estatutário e teleológico do fenômeno jurídico.

A Lei n. 8.666/1993, em seu art. 6º, II, define o serviço passível de contratação como sendo "*toda atividade destinada a obter determinada utilidade de interesse para a Administração (...)*".

A natureza das atividades terceirizáveis no âmbito dos órgãos e entes públicos federais é atualmente traçada pelo Decreto n. 2.271/1997, que em seu art. 1º define como passíveis de contratação as "*tarefas acessórias, instrumentais e complementares aos assuntos que constituem área de competência legal do órgão ou entidade*" pública contratante[(32)].

---

(32) Decreto Federal n. 2.271/1997, art. 1º: "*No âmbito da Administração Pública Federal direta, autárquica e fundacional poderão ser objeto de execução indireta as atividades materiais acessórias, instrumentais ou comple-*

Lidos articuladamente, o DL n. 200/1967 e o Decreto n. 2.271/1997 que o regulamenta, revelarão como interesses a serem perseguidos pela administração na contratação de serviços: (a) que os entes e órgãos da administração pública possam *"concentrar-se"* (DL n. 200/1967, art. 10, § 2º) nas atividades nodais de suas competências para delas *"melhor desincumbir-se"* (§ 7º); (b) *"impedir o crescimento desmesurado da máquina administrativa"* (§ 7º); e (c) promover a *"economicidade"* e *"melhor aproveitamento dos recursos humanos, materiais ou financeiros disponíveis"* (Dec. n. 2.271/1997, art. 2º, III).

Desta forma, dotada de um objeto próprio (o serviço de apoio administrativo), de um instrumento peculiar (o contrato administrativo) e de finalidades legais específicas que lhe constituem a razão de existência, a contratação de serviços — ou a terceirização — na administração pública central assume verdadeira feição de instituto jurídico, nisto residindo seu caráter estatutário.

Seu aspecto teleológico, retratado nas finalidades legais acima arroladas, decorre, em último plano, da vinculação direta destas finalidades à realização do interesse público, fundamento de toda a atuação estatal que constitui traço particular do seu veículo, o contrato administrativo, em relação ao contrato privado, nas palavras de *Bandeira de Mello*:

> "Estes tipos de avença [referindo-se aos contratos administrativos] entre entidade pública e terceiros, consoante opinião prevalecente dos doutos, apresentam originalidade em relação às congêneres do Direito Privado, pela circunstância de sua disciplina jurídica sofrer o influxo de um interesse público qualificado a ser, por via delas, satisfeito."(33)

No âmbito da administração pública central a terceirização constitui, assim, uma invenção política normativamente manifestada e, por isso mesmo, sempre condicionada pelo interesse público como destino último de toda a atuação estatal.

Conclui-se, neste traçado, que o Direito exerce sobre a terceirização influxos totalmente diversos, no plano público e no plano privado: neste último, o Direito Privado disponibiliza aos indivíduos a competência para a celebração do contrato, veículo de manifestação da vontade privada autônoma, exercendo posteriormente sobre esta liberdade contratual seu influxo restritivo para adequar-lhe ao interesse social; no espaço público, diferentemente, o Direito Público já concebe o fenômeno vinculado e condicionado à realização do interesse social.

Portanto, não há como compreender-se a terceirização no âmbito da administração pública central sem tomá-la em sua dimensão jurídico-institucional, como produto do Direito que lhe concebe e antecede. Exatamente por isso, eventual papel privatizante ou desestatizante que se pretenda reputar à terceirização no serviço público terá que ser aquele estritamente delimitado em sua função institucional, pois fora desses quadrantes, tal como ocorre com a *superterceirização* praticada fora dos limites jurídicos, a contratação de serviços não passa de um ilícito administrativo.

---

mentares aos assuntos que constituem área de competência legal do órgão ou entidade. § 1º. As atividades de conservação, limpeza, segurança, vigilância, transportes, informática, copeiragem, recepção, reprografia, telecomunicações e manutenção de prédios, equipamentos e instalações serão, de preferência, objeto de execução indireta. § 2º. Não poderão ser objeto de execução indireta as atividades inerentes às categorias funcionais abrangidas pelo plano de cargos do órgão ou entidade, salvo expressa disposição legal em contrário ou quando se tratar de cargo extinto, total ou parcialmente, no âmbito do quadro geral de pessoal".

(33) MELLO, Celso Antônio Bandeira de. *Curso de direito administrativo*. p. 445.

3.4.2. Desestatização "de" serviço público e terceirização "no" serviço público

O fundamento legal da desestatização consiste, portanto, na focalização da atuação do Estado naquelas atividades em que a sua presença seja considerada essencial para a realização dos interesses sociais prioritários, fórmula que sintetiza "o princípio da subsidiariedade ou do Estado subsidiário".

O Estado Subsidiário, reivindicado pela doutrina política liberal pós-social, na lúcida visão de *Moreira Neto*, pressupõe que a sociedade proveja prioritariamente a tudo o que puder, por seus próprios entes e por seus respectivos meios, assim como que o Poder Público atue apenas subsidiariamente na solução dos problemas que a sociedade não possa prover eficientemente. Mas o princípio da subsidiariedade não define um determinado tamanho de Estado, "*porquanto a vontade geral é que lhe cometará mais ou menos funções, dependendo do que cada sociedade haja reservado, na linha do princípio* (...), *como seu próprio campo de atuação* (...)"[(34)].

Este princípio almeja que a sociedade passe a assumir responsabilidades que antes eram estatais, como resultado de uma deliberação democrática.

Conforme o art. 2º, § 1º, da Lei n. 9.491/1997, a desestatização se promove por meio (1) da alienação à iniciativa privada de ações de empresas estatais, a que a norma denomina de "privatização" em seu acepção estrita; (2) da alienação de direitos sobre bens móveis ou imóveis; e (3) da "*transferência, para a iniciativa privada, da execução de serviços públicos explorados pela União, diretamente ou através de entidades controladas, bem como daqueles de sua responsabilidade*"[(35)].

Nesta última modalidade encontra-se a específica figura da desestatização de "serviço público", expressão utilizada pela norma no sentido mais amplo e coloquial possível, abrangendo: tanto (1) as atividades de responsabilidade do Estado, os serviços públicos em sentido estrito (Constituição, art. 175); como (2) as atividades econômicas titularizadas pela iniciativa privada mas exploradas pelo Estado de forma subsidiária e complementar, em regime de Direito Privado (Constituição, art. 173).

A desestatização consiste, portanto, num conjunto de mecanismos institucionais voltados à retração da presença do Estado no espaço econômico, podendo manifestar-se em duas formas: (1) pela "descentralização por colaboração", através das figuras da concessão e da permissão, em que o Estado transfere à iniciativa privada a gestão operacional e a execução material dos "serviços públicos propriamente ditos"[(36)], e (2) pela cessação da

---

(34) MOREIRA NETO, Diogo de Figueiredo. Globalização, regionalização, reforma do Estado e da Constituição. *Revista de Direito Administrativo*, Rio de Janeiro: Renovar, n. 211, p. 04-05. 1998.

(35) Lei n. 9.491/1997, art. 2º, § 1º.

(36) A "descentralização por colaboração" se verifica quando, "*por acordo de vontades ou ato administrativo unilateral, se transfere a execução de determinado serviço público a pessoa jurídica de direito privado, previamente existente, conservando o poder público a titularidade do serviço*". Por meio do acordo de vontades se destacam as seguintes modalidades de descentralização: (a) as várias formas de concessão de serviços públicos, (b) a permissão de serviço público (Lei n. 8.987/1995); (c) os contratos de gestão com as organizações sociais, a exemplo da área de saúde; e (d) a franquia que tenha por objeto a delegação de serviço público. Como exemplos de descentralização por ato unilateral: (a) a autorização de serviço público, prevista no art. 21, XI e XII da Constituição e (b) a permissão de serviço público, quando tratada pela norma ordinária como ato unilateral, tal como a Lei Geral das Telecomunicações — Lei n. 9.427/1997. Cf. DI PIETRO, Maria Sylvia Zanella. *Parceria na administração pública* — concessão, permissão, franquia, terceirização, parceria público-privada e outras formas. *Op. cit.*, p. 64-65. A descentralização por colaboração difere da "descentralização por serviços", em que o Estado "ou-

intervenção estatal num específico domínio econômico privado, mediante a devolução à iniciativa privada da exploração de uma atividade econômica cuja titularidade já lhe é atribuída prioritariamente pela Constituição.

No entanto, se a terceirização também implica uma transferência de atividades públicas ao particular, que característica fundamental a distancia da desestatização?

Para melhor explicitar os níveis de responsabilidades transferidas do Estado ao particular, *Di Pietro*, invocando *Guglielmi*, distingue as seguintes funções inerentes às atividades do serviço público, nesta ordem: (1) a função primeira, mais concreta, de "execução material" de uma prestação; (2) a função intermediária e mais heterogênea, de "gestão operacional" do serviço, que concerne ao seu modo de funcionamento e a uma parte da sua organização, visando à continuidade do serviço, à logística, à resolução de conflitos (regulação) e também a operações pelo melhor custo e adaptações necessárias à obtenção de produtividade (otimização); e (3) a função mais elevada, de "gestão estratégica ou direção" do serviço público[(37)].

Na desestatização de serviço público *stricto sensu* por concessão ou permissão, o Estado transfere ao particular (concessionário ou permissionário) a responsabilidade pela "gestão operacional" (2ª função, intermediária) e pela "execução material" do serviço público (a 1ª função, mais concreta) perante seus usuários.

Neste caso, o ente privado pode ser diretamente remunerado pelos usuários, por meio da tarifa, quando se trata de um serviço de natureza econômica passível de ser prestado individualmente, *uti singuli* (como distribuição de energia elétrica, de água, de gás e as telecomunicações etc.) ou pode ser remunerado pelo Poder Público, como na concessão administrativa, quando se trata de um serviço não estritamente econômico (tal como a limpeza urbana), prestado *uti universi*, não passível de mensuração individual[(38)].

Em ambas as hipóteses de desestatização, o grau mais elevado de responsabilidade sobre o serviço, que é a sua gestão estratégica ou direção (a 3ª função), sempre permanece com o ente público titular. Assim, o serviço nunca perde sua natureza pública, jamais se tornando um serviço privado pelo fato de ser operacionalizado pelo particular, embora o Estado se desonere da responsabilidade por sua gestão operacional perante os usuários, traço fundamental da desestatização.

Em todas essas formas de desestatização de serviços — o que é crucial para o raciocínio — o Estado transfere ao particular a gestão de um serviço considerado em sua integralidade, uma unidade de produção de certa utilidade à coletividade, como, por exemplo, um serviço de saúde num dado estabelecimento, um serviço de limpeza urbana em certa região, um serviço de distribuição de energia elétrica em um dado território etc.

---

torga" não apenas a execução, mas também a "titularidade" do serviço público a uma pessoa jurídica (de direito público ou privado) por ele criada, ou seja, uma entidade paraestatal, o que implica um movimento de estatização do serviço. Cf. DI PIETRO, Maria Sylvia Zanella. *Direito administrativo*. p. 338-340.

(37) GUGLIELMI, Gilles. *Introducion au droit des services publics.* Paris: Librairie Générale de Droit e de Jurisprudence, 1994. *Apud* DI PIETRO, Maria Sylvia Zanella. *Parcerias na administração pública.* p. 240.

(38) A concessão administrativa, disciplinada pela Lei n. 11.079/2004, é uma forma de "parceria público-privada" que consiste, basicamente, numa modalidade de concessão em que a remuneração fica integralmente a cargo do poder público.

Denomina-se este mecanismo *desestatização "de" serviço público*, na medida em que tem por objeto um serviço público considerado na integralidade de suas operações constitutivas.

De outra banda, o contrato administrativo de prestação de serviços, que veicula a terceirização, somente transfere ao particular uma parcela diminuta de responsabilidade pela "execução material" (1ª função, mais concreta) sobre uma específica tarefa administrativa considerada em seu resultado útil auxiliar no desenvolvimento das competências dos órgãos ou entes públicos contratantes.

A qualificação que a Lei n. 8.666/1993 confere ao serviço, objeto do contrato por ela regulado (art. 6º, II), bem evidencia a diferença nuclear entre as duas categorias em estudo: o "serviço" objeto da contratação administrativa é, na expressão legal, uma tarefa prestada pelo particular imediatamente à administração pública para satisfação dos interesses da administração em apoio ao exercício de suas atribuições. Somente de forma mediata este serviço é prestado à comunidade, através do ente público contratante, beneficiário direto da prestação.

Isoladamente considerada, esta atividade não constitui utilidade fruível pelos usuários nem a eles é diretamente prestada, mas à administração pública, que a remunera e controla seus resultados.

Dora Ramos, apontando traços distintivos entre as figuras da concessão e da terceirização, observa que "*quanto ao 'objeto', (...) na concessão é um serviço público em sua inteireza, enquanto na terceirização é uma atividade específica, um segmento do serviço prestado*"[(39)].

Mas a inteireza ou segmentação do serviço, embora possa corresponder à realidade, não marca a distinção fundamental entre os dois institutos, na medida em que ressalta uma diferença meramente quantitativa, conduzindo à ideia de terceirização no serviço público como uma medida menor da desestatização, incidente apenas sobre uma parcela do serviço. A diferença entre os institutos é muito antes qualitativa.

Na terceirização, a atividade é prestada à administração pública para auxiliá-la na focalização de suas competências institucionais, o que pressupõe que a administração pública esteja a desenvolver de forma centralizada (diretamente) o serviço público ou, simplesmente, que esteja a desenvolver a atividade jurídica que lhe é privativa, como o poder de polícia.

Conforme anota *Aragão*, diferentemente dos veículos de descentralização de serviços públicos (como a desestatização), a terceirização é um meio de que se serve a administração pública para realizar a gestão "centralizada" do serviço público, através de recursos humanos e materiais de terceiros[(40)]. Apesar do nome, o contrato de prestação de serviços não tem por objeto a transferência de serviço público ao particular e, por conseguinte, não constitui instrumento de descentralização administrativa[(41)].

(39) RAMOS, Dora Maria de Oliveira. *Terceirização na administração pública*. São Paulo: LTr, 2001. p. 121.

(40) ARAGÃO, Alexandre Santos de. Delegações de serviço público. *Revista Interesse Público*, Rio de Janeiro, Notadez, n. 40, p. 109-110. 2006.

(41) Destas considerações infere-se o equívoco incorrido pelo DL n. 200/1967, quando, naquela época, tratou a "contratação de serviços" como mecanismo de descentralização de serviços públicos (art. 10, § 7º). Cf. DI PIETRO, Maria Sylvia Zanella. *Direito administrativo*. p. 337; MEIRELLES, Hely Lopes. *Direito administrativo brasileiro*. 16. ed. São Paulo: Revista dos Tribunais, 1991. p. 299-300. *Apud* RAMOS, Dora Maria de Oliveira. *Terceirização na administração pública*. São Paulo: LTr, 2001. p. 116.

Daí por que o princípio da subsidiariedade que informa a desestatização institucionalizada na Lei n. 9.491/1997 não se articula da mesma forma com a ideia da focalização promovida pela terceirização: a ideia basilar da desestatização reside na prioridade da atuação privada e na subsidiariedade da atuação estatal no processo econômico, razão por que esta atuação estatal subsidiária se torna restrita, focalizada em prioridades; já a terceirização visa a propiciar aos órgãos e entes do Estado auxílio na realização de quaisquer atividades, econômicas ou jurídicas, prioritárias ou não prioritárias sob o prisma da subsidiariedade, reafirmando a competência estatal na prestação centralizada daquele serviço ao viabilizar que o ente público focalize sua atenção nos aspectos essenciais desta "competência".

Sob o prisma da subsidiaridade pode-se vislumbrar, portanto, na desestatização, um movimento centrífugo de responsabilidades públicas perante os cidadãos-usuários e, na terceirização, ao contrário, um movimento centrípeto, sempre que estiver a serviço dos legítimos interesses para os quais foi concebida, fortalecendo a execução direta, pelo Estado, de suas competências.

Trata-se, assim, de um instituto jurídico cujo objeto diz respeito à execução, pela iniciativa privada, de tarefas localizadas na intimidade da administração pública, razão pela qual leva o designativo de *terceirização "no" serviço público.*

Disto dessume-se que a terceirização nada tem a ver com a definição da atividade-fim ou atividade-meio "do Estado". Nem tem a ver com a demarcação dos limites da presença do Estado no processo econômico, questão que diz respeito exclusivamente à figura da desestatização, que tem como parâmetro demarcatório o conjunto das atividades que o Estado desenvolve em relação ao conjunto daquelas que, idealmente, deveria desenvolver. Sob esta perspectiva é que o Plano Diretor da Reforma do Estado classifica em quatro os "setores de atuação do Estado brasileiro", propondo, em relação a cada um deles, um esboço de reordenação estratégica(42).

---

(42) O Plano Diretor da Reforma do Estado primeiramente identifica quatro setores de atuação do Estado: *"NÚCLEO ESTRATÉGICO: (...) É o setor que define as leis e as políticas públicas, e cobra o seu cumprimento. É portanto o setor onde as decisões estratégicas são tomadas. Corresponde aos Poderes Legislativo e Judiciário, ao Ministério Público e no poder executivo, ao Presidente da República, aos ministros e aos seus auxiliares e assessores diretos (...); ATIVIDADES EXCLUSIVAS: É o setor em que são prestados serviços que só o Estado pode realizar (...) - o poder de regulamentar, fiscalizar, fomentar; SERVIÇOS NÃO EXCLUSIVOS: Corresponde ao setor onde o Estado atua simultaneamente com outras organizações públicas não-estatais e privadas (...). São exemplos: as universidades, os hospitais, os centros de pesquisa e os museus; PRODUÇÃO DE BENS E SERVIÇOS PARA O MERCADO: Corresponde à área de atuação das empresas. É caracterizado pelas atividades econômicas voltadas para o lucro que ainda permanecem no aparelho do Estado, como, por exemplo, as do setor de infra-estrutura".* Em seguida, o Plano Diretor analisa o tipo de gestão pública adequada para cada um desses setores e, por conseguinte, o tipo de propriedade ideal, pública ou privada, para os meios de produção das respectivas atividades, demarcando, assim, a presença (ideal) do Estado no processo econômico. Em síntese, o Plano propõe para o NÚCLEO ESTRATÉGICO: "*O fundamental é que as decisões sejam as melhores, e, em seguida, que sejam efetivamente cumpridas. A efetividade é mais importante que a eficiência. (...) No núcleo estratégico a propriedade tem que ser necessariamente estatal*". Para o NÚCLEO DE ATIVIDADES EXCLUSIVAS E NÃO EXCLUSIVAS: "*No setor das atividades exclusivas e de serviços competitivos ou não exclusivos, o importante é a qualidade e o custo dos serviços prestados aos cidadãos. (...) Logo, a administração deve ser necessariamente gerencial. (...) Nas atividades exclusivas de Estado, onde o poder extroverso de Estado é exercido, a propriedade também só pode ser estatal. (...) Para o setor não-exclusivo ou competitivo do Estado a propriedade ideal é a pública não-estatal*". Para o SETOR DE PRODUÇÃO DE BENS E SERVIÇOS:"*(...) o setor das empresas, (...), enquanto estiverem com o Estado, deverão obedecer aos princípios gerenciais de administração. (...) a gestão privada tenderá a ser a mais adequada, desde que acompanhada por um seguro sistema de regulação*". Cf.: Plano diretor da reforma do aparelho do estado. p. 41-44.

A mecânica da terceirização, por sua vez, limita-se a demarcar os espaços da atuação privada na execução material de tarefas consideradas auxiliares aos "órgãos e entes públicos", tomando como parâmetro demarcatório (das atividades terceirizáveis) apenas o conjunto das competências legais de cada órgão ou entidade pública isoladamente considerada, e inferindo destas competências as atividades que lhe sejam principais e acessórias, finalísticas e instrumentais, na forma do art. 1º do Decreto n. 2.271/1997.

Por isso é que, diferentemente da desestatização, que delimita a atividade-fim e atividade-meio "do Estado", a terceirização apenas delimita a atividade-fim e a atividade-meio "dos entes e órgãos públicos" para maximizar esforços no exercício de suas competências institucionais.

A linguagem normativa utilizada pelos diplomas legais referidos aos dois institutos revela com clareza esta distinção qualitativa, cravada, inclusive, na diferença paramétrica de suas órbitas de aplicação: a Lei n. 9.491/1997 reza que os mecanismos de desestatização estão voltados para *"reordenar a posição estratégica do 'Estado' na economia"* (art. 1º, I), enquanto a Lei n. 8.666/1993 que trata da contratação de serviços refere-se às atividades de interesse "da administração" (art. 6º, II) e o Decreto n. 2.271/1997, que atualmente disciplina os limites da terceirização na administração pública federal, o faz referindo-se às atividades acessórias, instrumentais e complementares aos assuntos que constituem área de competência legal do *"órgão ou entidade pública"* contratante (art. 1º).

Como dito acima, há quem designe por terceirização típicas contratações administrativas firmadas pelo Poder Público com entidades privadas tendo por objeto a execução de serviços públicos não privativos de Estado. É o que ocorre com os serviços de saúde (Constituição, art. 199, § 1º) que, não sendo objeto de concessão, mas podendo ser objeto de um contrato tipicamente administrativo na forma da Lei n. 8.666/1993, acabam também rotulados como serviços sujeitos à "terceirização". Esta é a perspectiva oferecida por *Di Pietro*[(43)].

No entanto, dela se afasta a presente abordagem, considerando que, nestes casos, apesar da identidade do instrumento contratual, o objeto da contratação mais se aproxima de um serviço público considerado em sua inteireza, a exemplo do serviço de saúde contratado pelo Poder Público a um estabelecimento particular de saúde e que pressupõe a execução da totalidade das operações necessárias à fruição da utilidade pelo usuário[(44)].

A mistura conceitual entre terceirização e desestatização, no entanto, não ocorre apenas na órbita da doutrina administrativista. Em importante decisão proferida pela Justiça do Trabalho em matéria de terceirização no serviço público, as figuras sofreram idêntico tratamento indiscriminado, ensejando resultado contrário ao que se deve esperar do bom manejo conceitual dos institutos jurídicos.

O MPT no estado do Ceará ajuizou ação civil pública em face da empresa pública estadual prestadora do serviço de distribuição de energia elétrica, a Companhia Energética do Ceará (Coelce), com vistas a fazer cessar a contratação de empresas terceirizadas para prestação de serviços inseridos em sua atividade finalística, como construção e manutenção de redes de energia, instalação de padrões, retirada de ligações clandestinas, leitura de

---

(43) DI PIETRO, Maria Sylvia Zanella. *Parcerias na administração pública*. p. 242-245.

(44) Neste caso, como deixa bem frisado Di Pietro, o ente público não irá administrar um hospital público, mas irá prestar serviço de saúde ao público em seu próprio estabelecimento. DI PIETRO, Maria Sylvia Zanella. *Parcerias na administração pública*. p. 244.

medidores, atividades de corte e religação de consumidores, vistorias em consumidores, ligações de novos clientes etc., ou seja, típicas atividades operacionais ínsitas às atribuições da empresa pública.

O juízo de primeira instância acolheu a demanda, reputando ilícita a terceirização inserida na atividade finalística da empresa, à luz da Súmula n. 331 do TST, que somente admite a terceirização em atividade relacionada à atividade-meio do tomador do serviço. No entanto, o Tribunal Regional do Trabalho, afastando a aplicação da Súmula, conferiu à terceirização em apreço o tratamento do art. 175 da Constituição, que cuida da desestatização de serviço público, ao argumento de que a subcontratação levada a cabo teria por objetivo "*desatrelar o Estado da pesada carga operacional da gestão direta de serviços e obras públicas*"(45).

Nesta decisão o Tribunal censurou severamente o julgamento de primeira instância sob o argumento de que o mesmo teve o "*propósito de impactar e interferir no correto plano federal de desestatização, que busca desvincular-se da gestão de coisas que deve transferir à iniciativa privada (...)*"(46).

Como se vê, destarte, o órgão julgador trabalhista de segunda instância incorreu em grave déficit analítico-conceitual ao tomar a transferência da "execução material" de tarefas específicas, inseridas na dinâmica da empresa pública, como uma espécie de transferência de "gestão operacional do serviço público", ou seja, como uma forma de desestatização.

Neste caso, o serviço público já se encontrava outorgado a uma empresa pública por opção do ente federativo, que poderia tê-lo concedido a uma entidade privada, desestatizando-o. Se optou o ente federativo pela exploração estatal da atividade econômica, cabe à própria empresa pública concessionária gerir o serviço público que lhe justifica a existência, com uso dos seus próprios recursos, humanos e materiais. Se lhe é dado ou não terceirizar determinadas atividades de apoio, esta é uma questão a ser decidida nos lindes do regime jurídico-trabalhista próprio das empresas da iniciativa privada, por imposição do art. 173, II, da Constituição da República.

Diante destes elementos, já é dado concluir que a terceirização não é instrumento nem manifestação do instituto da desestatização, dela diferindo qualitativamente.

3.4.3. As propriedades desestatizantes da terceirização e da superterceirização

Embora não constitua mecanismo da desestatização, isto não deve ofuscar certa propriedade ou uma potencialidade desestatizante da terceirização, retratada no seu caráter viabilizador da atuação privada na execução de tarefas estatais.

Observe-se que a figura da terceirização não foi originalmente instituída para reduzir o tamanho da máquina pública a serviço de um movimento desestatizante, mas para impedir o crescimento desmesurado, desmedido, desta máquina, conforme disposto do § 7º do art. 10 do DL n. 200/1967(47).

---

(45) *Tribunal Regional do Trabalho da 7ª Região*. Processo n. 02582.2001. 001. 07. 00-6. Disponível em: <http://www.trt7.gov.br/consultaProcessual/index.aspx?numero=02582&ano=2001&origem=1> Acesso em: 11.02.2008.

(46) *Idem*.

(47) DL n. 200/1967, art. 10, § 7º: "*Para melhor desincumbir-se das tarefas de planejamento, coordenação, supervisão e controle e com o objetivo de impedir o crescimento desmesurado da máquina administrativa, a Administração procurará desobrigar-se da realização material de tarefas executivas, recorrendo, sempre que possível, à execução*

Uma leitura interpretativa teleológica, que atualize o enunciado normativo ao movimento político e social contemporâneo, poderá atribuir à terceirização uma "repercussão desestatizante", principalmente quando, para implementar a terceirização em atividades auxiliares legalmente permitidas, e que antes eram desenvolvidas diretamente por servidores de carreira, a administração venha a promover a substituição gradativa destes servidores por trabalhadores terceirizados na medida em que os respectivos cargos públicos forem se tornando vagos e, *a posteriori*, administrativamente extintos[(48)].

Por outro lado, também é possível vislumbrar-se na figura da contratação de serviços uma "potencialidade estatizante" se se considerar que a técnica, utilizada em seus estritos limites legais, pode constituir veículo para tornar mais dinâmica e eficiente a prestação direta, pelo Estado, de um determinado serviço público *stricto sensu* situado numa zona de hesitação política a respeito da real conveniência da presença do Estado, justificando, neste caso, a continuidade de sua prestação estatizada.

A ocorrência desta hipótese não é de todo desarrazoada se a terceirização for utilizada com observância de sua estrita finalidade institucional.

Já a *superterceirização*, realizada em atividades centrais da competência dos órgãos e entes públicos, assume outra dimensão político-desestatizante, ilegítima, porque é fruto de abuso de poder do administrador. Neste caso, violando a própria competência o administrador utiliza a figura do contrato de prestação de serviços para promover a invasão privada de competências institucionais do órgão ou ente público cujos interesses lhe é dado curar.

Invadindo espaços competenciais da administração pública, a *superterceirização* afronta o regime institucional da contratação de serviços na administração pública em dois aspectos básicos: (1) no desvio do *objeto* contratual e (2) no desvio de *finalidade* do instituto da terceirização[(49)], ao utilizar a figura da contratação de serviços para cooptar mão-de-obra não aprovada em concurso público, destinando-a ao exercício de tarefas privativas de cargos públicos da carreira, ferindo, com isso, diversos princípios constitucionais, tais como os da organização funcional da administração pública, da legalidade, da moralidade e da impessoalidade (Constituição, art. 37, *caput*), dentre outros, conforme será estudado amiúde no Capítulo 6[(50)].

A *superterceirização* no espaço público constitui, desse modo, uma forma de desestatização "sub-reptícia", pois por meio dela apropria-se do contrato administrativo de prestação de serviços para promover-se a redução dos recursos humanos da máquina

---

indireta, mediante contrato, desde que exista, na área, iniciativa privada suficientemente desenvolvida e capacitada a desempenhar os encargos da execução".

(48) A possibilidade de extinção administrativa de cargos vagos por decreto autônomo está prevista no art. 84, VI, *a*, da Constituição, inserido pela EC n. 32/2001; e a possibilidade de contratação de serviços para atividades parcialmente desenvolvidas por servidores de carreira está prevista no art. 1º, § 2º, do Decreto Federal n. 2.271/1997 cominado o art. 64 da Lei Federal n. 9.995/2000, conforme será visto detalhadamente no Capítulo 4.

(49) Na lição de Celso Antônio Bandeira de Mello, o princípio da finalidade está contido no princípio da legalidade, pois exige a aplicação da lei tal qual ela é, ou seja, na conformidade de sua razão de ser, do objetivo em vista do qual foi editada. Desta forma, um ato praticado pelo administrador público em desvio de finalidade é também um ato em desvio de poder, sendo nulo. Para o autor, há desvio de poder por violação da finalidade legal, tanto nos casos em que a atuação administrativa é estranha a qualquer finalidade pública, quanto naqueles em que o fim perseguido, embora seja condizente com o interesse público, não é o fim especificamente visado pela norma. Cf. MELLO, Celso Antônio Bandeira de. *Curso de direito administrativo*. p. 64-65.

(50) Estes princípios materiais serão estudados no Capítulo 6.

administrativa para aquém do real tamanho do Estado compreendido na extensão de suas competências.

Mesmo quando utilizada apenas para suprir a carência de pessoal efetivo, sem a extinção de cargos e a substituição de servidores públicos concursados, esta *superterceirização* apenas mascara a atrofia do aparelho estatal que continua insuficiente, precário e, portanto, ineficiente para o atendimento das atribuições do Estado, violando, em vez de promover, o princípio da subsidiariedade.

3.5. NOTAS CONCLUSIVAS

Se no plano descritivo a *superterceirização* (em atividades finalísticas dos órgãos públicos) e a *terceirização-base* (em atividades de apoio) parecem constituir intensidades de um mesmo fenômeno, no plano jurídico-institucional estas duas realidades representam fenômenos absolutamente diversos: (a) a *terceirização-base* constitui técnica concebida pelo Direito Público voltada a viabilizar a focalização dos órgãos e entes públicos em suas competências essenciais, podendo constituir, assim, instrumento de afirmação destas competências, enquanto (b) a *superterceirização* constitui ilícito administrativo, caracterizado pela atribuição indevida de competências públicas a agentes privados, em verdadeira desestatização sub-reptícia e democraticamente ilegítima de funções estatais, fragilizando a atuação do Estado no exercício de suas responsabilidades.

Daí o motivo por que as "repercussões" desestatizantes da *terceirização-base*, decorrentes da transferência de responsabilidades à iniciativa privada, não podem ser confundidas com as "características" ou "propósitos" desestatizantes ilegítimos da *superterceirização.*

No próximo Capítulo será analisado o movimento legal e jurisprudencial em torno destes limites entre a terceirização e a *superterceirização.*

Capítulo 4

ELEMENTOS NORMATIVOS DA TERCEIRIZAÇÃO NO SERVIÇO PÚBLICO

4.1. NOTA INTRODUTÓRIA

Dando continuidade à proposta da análise, em busca dos critérios constitucionais que delimitam a legitimidade democrática da prática da terceirização no interior do serviço público brasileiro, neste Capítulo 4 será levada a cabo uma abordagem sobre os principais paradigmas normativos acerca do tema, especialmente os consolidados pela jurisprudência da Justiça do Trabalho, que determinam, atualmente, as soluções oferecidas aos conflitos laborais decorrentes do fenômeno.

Em face de sua competência para apreciar os litígios decorrentes das relações de trabalho terceirizado, a Justiça do Trabalho é a esfera jurisdicional que enfrenta, em seu cotidiano, os inúmeros conflitos gerados pelo fenômeno da terceirização na vida dos trabalhadores, inclusive no âmbito da administração pública, com repercussões em diversos valores constitucionalmente protegidos.

Somente através do conhecimento da argumentação construída no enfrentamento desses conflitos que decorrem da dinâmica da terceirização será possível a construção de novos parâmetros argumentativos capazes de conferir ao fenômeno um adequado tratamento constitucional.

Com este objetivo, aqui será realizada uma abordagem dos principais fatos normativos relacionados ao tema em estudo, conferindo-se uma organização preferencialmente cronológica à exposição com vistas à construção de um panorama evolutivo dos elementos estudados, no contexto das transformações legais e jurisprudenciais também referentes à terceirização na iniciativa privada, em face do profundo imbricamento político e jurídico do fenômeno em ambos os espaços, público e privado.

4.2. O MARCO INICIAL: DECRETO-LEI N. 200/1967

O primeiro e, até hoje, mais importante marco legislativo sobre a contratação de serviços no âmbito da administração pública é o DL n. 200/1967, por meio do qual o governo militar objetivou criar condições para uma ampla reforma administrativa, baseada, dentre outros, no princípio da descentralização (art. 6º, III).

À luz deste princípio, objetivou o governo: (a) no interior da administração centralizada da União, a distinção entre tarefas de direção (planejamento, coordenação, supervisão e controle) e tarefas meramente executivas, a fim reservar as primeiras aos órgãos de cúpula, liberando-os das rotinas de execução de tarefas de mera formalização de atos administrativos (art. 10, § 1º, *a*, e § 2º); (b) a transferência da execução de tarefas da União aos Estados, mediante convênios (art. 10, § 1º, *b*); e (c) a transferência de atividades meramente executivas "*da Administração Federal para a órbita privada, mediante contratos ou concessões*" (art. 10, § 1º, *c*), o que ora aqui interessa particularmente.

Ao referir-se a "contratos ou concessões", a norma jurídica, já naquele momento, reconhecia a diferença substancial existente entre duas formas de transferências de atribuições públicas a entes da iniciativa privada, conforme estudado no Capítulo 3: referindo-se à "concessão", tratou de identificar um instrumento de desestatização por meio do qual se transfere a um particular a gestão operacional de um serviço público como um todo (*v.g.*, um serviço de distribuição de energia elétrica em dada região); ao referir-se ao "contrato", distinguindo-o da concessão[(1)], tratou a norma de identificar o contrato administrativo por meio do qual se transfere à iniciativa privada a simples execução material de determinadas tarefas de interesse direto da administração pública (*v.g.*, o serviço de limpeza de prédio público), figura designada pela norma, em outras passagens, como "contratação indireta ou contração de serviços", objeto específico desta obra.

Sobre esta figura dispõe o § 7º do art. 10 do DL n. 200/1967:

> "Para melhor desincumbir-se das tarefas de planejamento, coordenação, supervisão e controle e com o objetivo de impedir o crescimento desmesurado da máquina administrativa, a Administração procurará desobrigar-se da realização material de tarefas executivas, recorrendo, sempre que possível, à execução indireta, mediante contrato, desde que exista, na área, iniciativa privada suficientemente desenvolvida e capacitada a desempenhar os encargos de execução."

A leitura isolada do dispositivo conduz à ideia de que o propósito do governo, à época, já era transferir à iniciativa privada todas as tarefas executivas, assim consideradas, por exclusão, as que não fossem tarefas de direção, coordenação, supervisão e controle, próprias dos órgãos de cúpula, com o fim de evitar o crescimento desmedido do quadro funcional.

Isto retrata o espírito inovador da reforma num momento em que ainda vigia, nos países ocidentais e no Brasil — ao seu modo peculiar —, o modelo de Estado profundamente interventor e concentrador de atribuições. Naquela década de 1960, ainda não se falava "politicamente" em privatização ou desestatização.

Vigorava um paradigma de administração pública (e privada) profundamente centralizadora e burocrática, à semelhança dos países europeus ocidentais, o que confere à norma em apreço um aspecto "despreocupadamente" exortativo da contratação de tarefas internas do setor público ao setor privado, com finalidade estritamente organizacional, num cenário político que não representava qualquer risco de abuso privatista.

Isto se evidencia na forma ampla e lacônica como o citado § 7º refere-se às atividades passíveis de contratação indireta — "as tarefas executivas" —, sem preocupação com a delimitação do seu conteúdo ou da sua natureza.

---

(1) Em que pese a reconhecida natureza contratual da concessão, conforme doutrina de Justen Filho, para quem a concessão de serviço público é um contrato plurilateral, na medida em que é pactuado entre três partes, que são o poder concedente, a sociedade e o particular, por meio do qual o concessionário assume a responsabilidade pelo desempenho do serviço público perante os usuários. Cf. JUSTEN FILHO, Marçal. *Curso de direito administrativo*. p. 501.

No paradigma administrativo da época, a preocupação maior do governo militar residia na desburocratização dos processos de decisão na administração pública direta e no controle operacional e financeiro das empresas estatais. O grande desafio da época era flexibilizar a administração dessas empresas para atribuir maior operacionalidade e reduzir custos nas atividades econômicas do Estado(2).

Certamente que, se à época não havia ambiente político e jurídico para a instituição de um movimento de terceirização no âmbito da administração pública central, muito menos havia no ambiente privado em que se situam as empresas estatais, rigidamente controlado pela Justiça do Trabalho.

A Constituição de 1967 somente exigia concurso público para investidura em cargo público(3), o que não atingia as empresas estatais submetidas ao regime de emprego público. Portanto, é natural que a norma do § 7º, em comento, revele a preocupação especial do governo da época em evitar o crescimento desmesurado do quadro de empregados da administração central, mas também das empresas estatais, diante da facilidade com que o administrador levava a cabo essas contratações diretas sem prévio concurso.

A atenção da norma estaria mais voltada para o aumento do quadro de empregados públicos, de livre contratação pelo administrador, do que mesmo para o crescimento do quadro de servidores públicos estatutários, porque, em relação a estes, a dependência de lei para a criação dos correspondentes cargos públicos e a necessidade de concurso público para o seu primeiro provimento já constituíam suficientes instrumentos de controle pela cúpula do Poder Executivo.

O art. 111 do DL em apreço deixa à mostra esta preocupação ao estatuir que as contratações diretas de pessoal (sem a intermediação de uma empresa), processadas sob "a forma de prestação de serviços" para as atividades eventuais (referindo-se a atividades transitórias) não caracterizariam "vínculo de emprego"(4).

Portanto, a norma veio viabilizar como meio de se evitar a contratação de novos empregados públicos, a contratação direta de pessoal para serviços transitórios (sem vínculo empregatício), assim como a contratação indireta de serviços permanentes através de empresas prestadoras. A expressão literal do *caput* do art. 10 do DL não deixa dúvida de que se pretendia aplicar estes mecanismos de retração do emprego público em toda a administração federal, compreendida, na forma do art. 4º do mesmo diploma, pela administração direta e indireta.

No entanto, em relação às empresas estatais, o ambiente jurídico-trabalhista onde se situam, fortemente administrado pela Justiça do Trabalho à luz de uma rígida concepção

(2) *Plano diretor da reforma do aparelho do Estado*, p. 20.

(3) Constituição da República Federativa do Brasil de 1967, com redação dada pela EC n. 01/1969, art. 97, § 1º.

(4) DL n. 200/1967, art. 111: "*A colaboração de natureza eventual à Administração Pública Federal sob a forma de prestação de serviços, retribuída mediante recibo, não caracteriza, em hipótese alguma, vínculo empregatício com o Serviço Público Civil, e somente poderá ser atendida por dotação não classificada na rubrica 'PESSOAL', e nos limites estabelecidos nos respectivos programas de trabalho.*" Regulamentando este dispositivo, o Decreto n. 66.715/1970, dispôs, em seu art. 1º, que "*a colaboração de natureza eventual, sob a forma de prestação de serviços, a órgãos federais, estaduais, municipais, autárquicos ou paraestatais, para trabalho em programas de emergência, de caráter assistencial, organizados em virtude de fenômenos climáticos ou meteorológicos, será admitida sem qualquer espécie de vínculo empregatício com o serviço público*". O regulamento deixa à evidência que a norma se destina, exclusivamente, à administração pública central (pessoas jurídicas de direito público).

protetiva da relação bilateral de trabalho, não oferecia a mínima condição para a disseminação imediata desses contratos de prestação de serviços em atividades permanentes.

Aliás, nem no plano da administração central o intento governamental surtiria resultado imediato, pois, contrariando a expectativa da cúpula governista que editou o Decreto-Lei, continuou prevalecendo por algum tempo a tendência de contração direta de empregados sem prévio concurso para atividades auxiliares da administração.

Em 1970 a Lei n. 5.645 (que disciplinou uma classificação de cargos públicos na esfera federal) discriminou os serviços passíveis de contratação indireta, mas com aplicação estrita à administração pública central da União, restando consagrada a destinação específica deste modelo de contratação às entidades dotadas de personalidade jurídica de Direito Público.

Dispunha este diploma no parágrafo único do seu art. 3º:

> "As atividades relacionadas com transporte, conservação, custódia, operações de valores, limpeza e outras assemelhadas serão, de preferência, objeto de execução indireta, mediante contrato, de acordo com o art. 10, § 7º, do Decreto lei número 200, de 25 de fevereiro de 1967".

A partir de então, iniciou-se um processo de gradual adesão da administração pública central à contratação indireta de atividades de apoio, embora com a preocupação de preservar o quadro de carreira do funcionalismo público federal mesmo no exercício das atividades auxiliares, como demonstra a norma do art. 2º, § 2º, da Lei n. 5.845/1972, já revogada, que vedava a contratação de serviços para a execução de atividades compreendidas no Grupo de Serviços Auxiliares do quadro de carreira do funcionalismo público federal(5).

4.3. O DIREITO DO TRABALHO E A QUEBRA DO PARADIGMA DA RELAÇÃO BILATERAL DE TRABALHO

Nesse período (final dos anos 1960 a início dos anos 1970), na órbita privada, a contratação indireta de atividades inerentes ao processo produtivo das empresas ainda era uma prática rarefeita e assistemática no Brasil. Havia a presença circunstancial em determinados setores, como o automobilístico e o da construção civil, mas não ainda como um mecanismo estrutural de organização horizontalizada das empresas privadas, como viria mais tarde a ocorrer, sob o signo da "terceirização", a partir da década de 1980.

O Direito do Trabalho, consolidado no início do século XX por meio de uma extensa legislação social de ordem pública e fundado em rígidos princípios doutrinários tuitivos do trabalhador, adotou uma linguagem normativa fortemente construída sobre o modelo da "relação fática bilateral de trabalho", próprio da organização industrial fordista, verticalizada, em que esta relação é naturalmente formada entre o trabalhador e a empresa beneficiária final da sua mão-de-obra. Neste cenário o Direito do Trabalho concebeu sua *fatispécie* fundamental, a "relação jurídica de emprego", fonte motriz de todos os direitos laborais.

---

(5) Referindo-se a um grupo de funções auxiliares constante do quadro de carreira do serviço público federal, criado pela Lei n. 5.645/1970, a Lei n. 5.845/1972, em seu art. 2º, § 2º, dispõe: "*É vedada a contratação, ou respectiva prorrogação, de serviços, a qualquer título e sob qualquer forma, inclusive com empresas privadas na modalidade prevista no § 7º do artigo 10 do Decreto Lei n. 200, de 25 de fevereiro de 1967, bem como a utilização de colaboradores, retribuídos mediante recibo, para a execução de atividades compreendidas no Grupo Serviços Auxiliares*". Dispositivo revogado pela Lei n. 9.527, de 1997.

Reconhecendo a desigualdade fático-econômica entre o laborista e o capitalista, o Direito do Trabalho rompeu com a tradição contratual civilista traduzida na figura da *locatio conductio operarum*, ou locação de serviço, firmada sobre o pressuposto da autonomia das partes na relação de trabalho. A subordinação jurídica do trabalhador em relação ao seu empregador passou a constituir o elemento de identificação automática da nova relação de trabalho regulado — a relação de emprego —, reservando-se o contrato civil de prestação de serviços às situações de autêntica autonomia relacional.

No Brasil, caracterizada a relação jurídico-empregatícia à luz do fato da execução do trabalho pessoal, subordinado, não-eventual e remunerado, conforme disposição descritiva do art. 3º da CLT[(6)], incide imperativamente toda a carga protetiva da legislação social por força de um conteúdo impositivo do contrato de trabalho. A norma trabalhista de ordem pública torna indisponíveis os direitos dela decorrentes[(7)], afastando quaisquer manifestações de vontade das partes em sentido contrário, assim como quaisquer atos praticados com o fim de desvirtuar este regime de proteção[(8)].

Esse atual modelo de contratação de serviços interempresariais — a terceirização —, ao desencadear uma relação trilateral de trabalho (trabalhador, empresa prestadora de serviços e empresa tomadora dos serviços), dissocia do empregador a figura do beneficiário empresarial final da mão-de-obra, desarticulando um dos principais fundamentos do sistema de proteção trabalhista, que é a integração social contínua do trabalhador à empresa beneficiária final do valor agregado por sua força de trabalho, cujo patrimônio constitui a garantia capital de satisfação dos benefícios econômicos atribuídos ao laborista.

Daí por que, num primeiro momento, a contratação de serviços representou para o Direito do Trabalho grave afronta ao seu sistema basilar de proteção, sendo associada à figura da *marchandage*, que designa, no direito europeu, formas de agenciamento ou colocação de mão-de-obra por empresa interposta, espécie de comercialização de força de trabalho frontalmente contrária à organização social. A *marchandage* é expressamente repudiada pela Convenção n. 96 da Organização Internacional do Trabalho[(9)].

Princípios fundamentais do Direito do Trabalho, como o da "primazia da realidade sobre a forma" e o da "continuidade da relação de emprego", difundidos na doutrina do jurista uruguaio *Plá Rodriguez*[(10)], deixam à mostra o quanto a disciplina jurídica trabalhista estruturou-se sobre a natureza bilateral e direta de uma específica relação fática de trabalho, formada num determinado modelo de organização produtiva (fordista) que desenvolve todas as etapas do processo produtivo, mantendo sob a sua responsabilidade todos os prestadores de força de trabalho.

---

(6) CLT, art. 3º: "*Considera-se empregado toda pessoa física que prestar serviços de natureza não eventual a empregador, sob a dependência deste e mediante salário*".

(7) CLT, art. 444.

(8) CLT, art. 9º.

(9) Já em 1848, o contrato de *marchandage*, assim considerado toda espécie de contrato que implicasse intermediação de mão-de-obra, foi proibido em França, através do Decreto de 02 de março, que estabelecia penas de prisão de 1 a 6 meses ao *marchandeur*. O dispositivo foi reproduzido no art. 31 da Lei de 28.12.1910, também em França. Cf.: PRUNES, José Luiz Ferreira. *Terceirização do trabalho*. Curitiba: Juruá, 1995. p. 321. Por sua vez, a Convenção n. 96 da OIT, que coíbe a *marchandage*, foi ratificada pelo Brasil, em 1968, através do Decreto n. 62.859/1968, embora posteriormente denunciada, em 1972, através do Decreto n. 70.224/1972, em razão de não haver o país conseguido cumprir a data limite para supressão das agências de colocação de mão-de-obra com objetivo de lucro.

(10) RODRIGUEZ, Américo Plá. *Princípios de direito do trabalho*. São Paulo: LTr, 1993.

O princípio da primazia da realidade informa que o Direito do Trabalho deve ser interpretado à luz da prática concreta da execução dos serviços, independentemente da eventual manifestação de vontade das partes, impondo-se a realidade do trabalho sobre a forma dos contratos como característica própria do dirigismo estatal e da consectária relativização da autonomia da vontade.

Esta relativização da autonomia da vontade é realidade concebida nos parâmetros da relação bilateral, razão pela qual, inicialmente, os tribunais trabalhistas se valeram deste princípio para negar validade a quaisquer contratos interempresariais de prestação de serviços, reconhecendo a relação de emprego subjacente entre a empresa tomadora e os empregados da empresa prestadora, a fim de resguardá-los dos efeitos nefastos da intermediação do seu labor.

Por sua vez, o princípio da continuidade da relação de emprego pressupõe a integração contínua do trabalhador na estrutura e na dinâmica empresarial com vistas a sua afirmação social, inclusive no plano previdenciário, privilegiando a contratação do trabalho por tempo indeterminado, salvo raras exceções. Esse aspecto justifica a resistência do sistema protetivo a qualquer modelo flexível ou provisório de contratação de trabalho, tais como a contratação direta por prazo determinado e a contratação indireta de serviços, nas quais o trabalhador não se integra, senão de forma intermediada e transitória, à dinâmica da empresa beneficiária final do seu labor.

O Direito do Trabalho é assim construído sobre instituições jurídicas tais como o "contrato contínuo e estável de trabalho" com "conteúdo mínimo legalmente instituído", a "relação bilateral de emprego" faticamente determinada e o "enquadramento sindical dos trabalhadores pela natureza da atividade do empregador", instituições estas que conformam o específico modelo de proteção social fundado sobre o específico modelo de empresa-total(11).

Metaforicamente, pode-se afirmar que o Direito do Trabalho montou sua aparelhagem normativa de segurança social na confrontação dos muros da empresa fordista. Por isso seu código normativo de segurança depende, para bem funcionar, da ocorrência, no plano dos fatos, daquele modelo de relação fática de trabalho próprio da empresa tradicional.

Afora este modelo, a legislação trabalhista brasileira organizada na CLT de 1943(12) somente previu a relação triangular de trabalho de forma excepcional, na clássica figura da subempreitada no setor da construção civil. Neste caso, a norma reconhece a relação triangular, legitimando-a, e confere segurança jurídica ao trabalhador atribuindo responsabilidade patrimonial solidária ao empreiteiro principal, o tomador dos serviços, pelos créditos trabalhistas inadimplidos pelo subempreiteiro, o prestador dos serviços e empregador(13).

---

(11) Nesse sentido Robortella afirma que: "*Como se sabe, o direito do trabalho tradicional sustenta-se basicamente no estereótipo de uma empresa-total, que assume por si mesma o ciclo completo de produção, muitas vezes com matéria-prima, transporte, comercialização, seguro e financiamento próprios. Este o modelo estudado pelos primeiros cultores do direito do trabalho do princípio do século até o final dos anos trinta*". Cf. ROBORTELLA, Luiz Carlos Amorim. *Terceirização:* aspectos jurídicos, responsabilidades, direito comparado. São Paulo: LTr, 1994. v. 58, p. 58-08/940.

(12) DL n. 5.452/1943.

(13) Este enquadramento dado, na hipótese, às figuras do empreiteiro principal e do subempreiteiro, como o tomador e o prestador dos serviços, respectivamente, não é o enquadramento mais adotado pela doutrina que, classicamente, identifica o tomador dos serviços na figura do dono da obra, vislumbrando no empreiteiro principal e no subempreiteiro a idêntica figura do prestador de serviços.

Neste sentido, o art. 455 da CLT:

"Nos contratos de subempreitada responderá o subempreiteiro pelas obrigações derivadas do contrato de trabalho que celebrar, cabendo, todavia, aos empregados, o direito de reclamação contra o empreiteiro principal pelo inadimplemento daquelas obrigações por parte do primeiro."

O primeiro momento de ruptura normativa com o paradigma da relação bilateral de trabalho ocorreu, no Brasil, com a edição da Lei n. 6.019/1974, que instituiu o regime de "trabalho temporário" urbano, assim considerado pela norma como "*aquele prestado por uma pessoa física a uma empresa, para atender à necessidade transitória de substituição de seu pessoal regular e permanente ou a acréscimo extraordinário de serviços*" (art. 2º), intermediado por uma terceira empresa, empregadora e fornecedora desta mão-de-obra, a denominada empresa de trabalho temporário, pelo prazo máximo de três meses(14).

Assim, pela primeira vez, o sistema jurídico nacional reconheceu a possibilidade de "fornecimento de mão-de-obra" de uma empresa (empregadora) a outra (cliente), embora apenas para suprir demandas transitórias desta última decorrentes de férias e licenças dos seus empregados ou picos de produção motivados por eventos extraordinários, a exemplo dos picos de vendas no comércio em períodos festivos.

Estabelece-se, neste caso, o vínculo especial de emprego temporário entre o trabalhador e a empresa fornecedora de sua mão-de-obra, com direito a remuneração equivalente à recebida pelos empregados da empresa tomadora (Lei n. 6.019/1974, art. 12, I), à qual a norma atribui responsabilidade patrimonial solidária pelo recolhimento de contribuições previdenciárias e pelo pagamento de remuneração e indenizações rescisórias aos empregados temporários em caso de falência da fornecedora (art. 16).

Nesta situação, a clássica relação de emprego é desconfigurada na medida em que o trabalho é prestado à empresa empregadora (fornecedora) e por ela remunerado, mas é a terceira empresa, cliente, beneficiária desse labor, que exerce o poder diretivo sobre a força de trabalho. Rompe-se, assim, com uma característica basilar da relação jurídica de emprego, que confere o poder diretivo (*jus variandi*) sobre a força de trabalho exclusivamente ao empregador, na forma do art. 2º da CLT(15).

Por esta razão o regime de trabalho temporário logo foi identificado como um regime de exceção, com todos os seus traços especiais delineados pela legislação e pela doutrina a fim de evitar-se o seu uso indiscriminado.

No entanto, é importante realçar que este regime de trabalho temporário não consiste numa modalidade de "prestação de serviços interempresariais", em que a empresa prestadora se responsabiliza pela execução de uma determinada tarefa considerada em seu resultado útil para a empresa-cliente. O trabalho temporário constitui verdadeira espécie de "locação

(14) Lei n. 6.019/1974, art. 10. Por sua vez, o art. 4º do mesmo diploma descreve como empresa de trabalho temporário aquela "*cuja atividade consiste em colocar à disposição de outras empresas, temporariamente, trabalhadores, devidamente qualificados, por elas remunerados e assistidos*". Na justificativa do projeto que deu origem à Lei n. 6.019/1974, o governo afirma que este regime não viria concorrer com o trabalho permanente, mas visava a vitalizar a economia e melhorar a renda individual dos que não dispõem de tempo integral para um emprego regular. Cf. *Diário do Congresso Nacional*, 30-06-1973, fl. 3.766.

(15) CLT, art. 2º: "*Considera-se empregador a empresa, individual ou coletiva, que, assumindo os riscos da atividade econômica, admite, assalaria e dirige a prestação pessoal de serviços*".

de mão-de-obra", em que a força de trabalho é apenas colocada à disposição de um terceiro beneficiário que a dirige e administra no exercício do seu poder diretivo(16).

Identifica-se, portanto, neste regime, uma grande aproximação com a figura da *marchandage* (ou comercialização de força de trabalho), aqui legalmente admitida em regime excepcional por razões de ordem político-econômica, dividindo a doutrina e a jurisprudência sobre os seus pressupostos conceituais(17),(18).

4.4. A TERCEIRIZAÇÃO NO SETOR PRIVADO E A RESISTÊNCIA JURISPRUDENCIAL, NA DÉCADA DE 1980

Embora não represente uma modalidade de contratação de serviços, o regime legal de trabalho temporário acabou cimentando caminho para a naturalização da ideia da "prestação de serviços interempresariais" na iniciativa privada, no embalo do movimento já iniciado na administração pública.

No plano privado, o movimento é especialmente impulsionado pela edição da Lei n. 7.102/1983 que, ao disciplinar o sistema de segurança dos estabelecimentos financeiros (bancos oficiais ou privados, sociedades de crédito e associações de poupança), permitiu a prestação, por *"empresa especializada contratada"*, de serviços de vigilância patrimonial ostensiva e de transporte de valores (art. 3º, I)(19).

Sob o influxo dessas exceções legais criadas no âmbito privado, somadas às já existentes possibilidades de contratações indiretas de serviços na administração pública central (Lei n. 5.645/1970), a partir do início da década de 1980 expandiu-se sistematicamente no país o processo influenciado pela política internacional neoliberal, de expulsão de várias atividades do interior das empresas, com a progressiva organização de um mercado de serviços.

Tomava os primeiros impulsos no Brasil o "movimento" de terceirização na iniciativa privada, não sem a impetuosa resistência inicial da jurisprudência dos tribunais trabalhis-

(16) A doutrina justrabalhista logo consolidou entendimento no sentido de que, no regime de trabalho temporário o empregado submete-se a dupla subordinação: tanto ao tomador dos serviços (em relação à execução das atividades), quanto ao próprio empregador (em relação ao cumprimento de suas obrigações perante o tomador). Cf. CATHARINO, José Martins. *Trabalho temporário*. Rio de Janeiro: Edições Trabalhistas, 1984. p. 37.

(17) A respeito dos limites desta aproximação entre o regime de trabalho temporário e a figura da *marchandage* a doutrina especializada naturalmente divergiu. Catharino afirma que "*trabalho temporário* [é aquele] *natural e necessariamente prestado por pessoas naturais, contratadas por empresas de trabalho temporário, que não são meras agências de colocação, o que é pacífico*". Cf. CATHARINO, José Martins. *Trabalho temporário. Op. cit.* p. 67. Discordando desta posição, Prunes assevera que "*as empresas intermediadoras de mão-de-obra temporária funcionam, de certa forma, como agências de colocação de trabalhadores junto a outras empresas, no sentido de propiciar empregado a um empresário, deste (ou daquele) recebendo uma paga*". Cf. PRUNES, José Luiz Ferreira. *Terceirização do trabalho*. p. 78.

(18) Neste sentido, os seguintes excertos de julgados trabalhistas: (1) "*A lei 6.019/74 estabelece os requisitos exigidos para a locação de mão-de-obra. A sua inobservância importa no reconhecimento do tomador de serviços como verdadeiro empregador*". Tribunal Superior do Trabalho, 1ª Turma, RR 5.834, Rel. Min. Fernando Vilar, DH de 18.12.87 ; (2) "*Apenas a formalização do contrato não é suficiente, pois o que mais importa é a sua materialização no mundo jurídico, porquanto o trabalho temporário é exceção, que não dispensa a presença dos requisitos fáticos e formais previstos na Lei 6.019/74*". Tribunal Regional do Trabalho da 2ª Região, RO 20.589/89.9, 5ª Turma, Rel. Juiz Carlos de Araújo. Cf. PRUNES, José Luiz Ferreira. *Terceirização do trabalho*. p. 78.

(19) Este serviço de segurança privada, passível de contratação indireta, teve sua extensão alargada pela Lei n. 8.863/1994, para atender a quaisquer outras entidades ou estabelecimentos.

tas, firme na defesa da clássica relação bilateral de emprego diante da sistemática tentativa de uso indiscriminado do regime de exceção do trabalho temporário em diversas atividades permanentes de apoio empresarial[20].

Naquele momento a jurisprudência trabalhista ainda não admitia o modelo de contratação de serviços permanentes de apoio vigente no setor público central como paradigma aplicável ao mercado privado. Tendia a identificar como essenciais à dinâmica organizacional das empresas todas as tarefas que lhe fossem permanentemente necessárias[21] e a reputar como locação de mão-de-obra permanente e, portanto, como ilícitos, todos os contratos que tivessem estas atividades por objeto[22].

Nessa esteira, diante da grande quantidade de conflitos individuais levados ao conhecimento da Justiça do Trabalho em torno da prática da terceirização, o Tribunal Superior do Trabalho (TST) viu-se na contingência de editar o Enunciado de Jurisprudência n. 256 de 30/09/86, por meio do qual restringiu duramente, naquele primeiro momento, a institucionalização da terceirização privada no país. Dispôs o Enunciado:

> "Salvo nos casos de trabalho temporário e de serviço de vigilância, previstos nas Leis 6.019, de 03.01.74 e 7.102, de 20.06.83, é ilegal a contratação de trabalhadores por empresa interposta, formando-se o vínculo empregatício diretamente com o tomador dos serviços."

Como se vê, a tendência inicial dos tribunais foi a de desconsiderar, para os fins da relação de emprego, a validade dos contratos civis de prestação de serviços firmados entre empresas, inclusive em atividades de apoio como conservação, limpeza, zeladoria etc.[23], fenômeno logo qualificado de "terceirização ilícita".

---

(20) O seguinte excerto de julgado do TST, do início da década de 1980, retrata a resistência jurisprudencial a qualquer forma de contrato de prestação de serviços em atividades permanentes das tomadoras: "*Trabalho temporário é aquele e tão-somente aquele de que trata a Lei n. 6.019. Qualquer tipo de locação de mão-de-obra, ultrapassando os limites temporais da referida lei, importa em vinculação direta de trabalho com o tomador do serviço. Confusão que se estabeleceu na área do trabalho, com a proliferação de contratos espúrios para trabalhos nitidamente permanentes. Marchandagem legalmente condenada*". *Tribunal Superior do Trabalho*, Pleno, AG. e RR 343/83, Rel. Min. Barata Silva, DJ n. 27/1986.

(21) Neste sentido, o seguinte excerto de julgado do TST: "*Prestação de serviços de mão-de-obra locada a Banco Comercial — Trabalhos de limpeza e conservação. Os trabalhos de limpeza e conservação são necessários, indispensáveis e permanentes em estabelecimento bancário. Não há, na legislação brasileira, autorização para a contratação de mão-de-obra locada, através de empresa prestadora (...)*". *Tribunal Superior do Trabalho*, RR 4.579, 3ª Turma, 79/86, Rel. Min. Guimarães Falcão, DJU 28.02.86.

(22) Embora a diferença entre locação de mão-de-obra e prestação de serviços já estivesse ganhando traços na jurisprudência, como demonstra a 1ª ementa a seguir transcrita, a prestação de serviços não autorizados em lei ainda era predominantemente considerada como mera intermediação ilícita de mão-de-obra, conforme teor da 2ª ementa: (1ª) "*Trabalho temporário. Prestação de serviços. O contrato de trabalho temporário não se confunde com o de prestação de serviços, porque naquele há delegação do 'jus variandi' do cedente ao tomador de mão-de-obra, enquanto neste permanece integralmente com o prestador de serviços.*" *Tribunal Regional do Trabalho da 9ª Região*, RO 1.656/87, Rel. Juiz Tobias de Macedo Filho, DJ PR 17.08.88. (2ª) "*Locação de mão-de-obra. Ilegalidade. A cessão permanente de trabalhador, v.g., zelador, vigia etc., que executa serviços essenciais à tomadora, não pode ser conceituada como espécie de serviços, regida pelo direito comum. Ao contrário, o que se dá, em todos os casos conhecidos, é típica intermediação do trabalho que interposta pessoa, que nada mais faz do que, numa relação triangular, favorecer-se do trabalho comum, sem nada acrescer-lhe. Para a contratação de serviços essenciais ao fim econômico da tomadora, o único instrumento legalmente admissível é o contrato individual de trabalho. Ante ilegalidade na locação perpetrada, responde a tomadora pelos direitos trabalhistas do empregado.*" *Tribunal Regional do Trabalho da 9ª Região*, 2ª Turma, RO 408/86, Rel. Juiz Euclides Alcides Roha, DJ 11.06.86.

(23) Analisando-se o teor das decisões que serviram de precedentes para a edição do Enunciado n. 256 do TST, constata-se que em sua maioria elas não reconheciam a validade de contratos de prestação de serviços de

O acórdão que deu origem ao referido Enunciado, à luz da Constituição de 1967 então em vigor (com a Emenda n. 01/1969), esteia-se, dentre outras, nas seguintes premissas argumentativas: (1) de que a ordem constitucional econômica e social, fundada nos princípios da valorização do trabalho e da dignidade da pessoa humana, assegura aos trabalhadores a integração na vida e no desenvolvimento da empresa beneficiária do seu labor; (2) de que a possibilidade de o tomador dos serviços não assumir diretamente os ônus trabalhistas, valendo-se, para tanto, do contrato de natureza civil, só pode ser permitida excepcionalmente em caso de serviço transitório e não vinculado à atividade normal da tomadora; (3) de que a relação jurídica mantida entre a tomadora dos serviços e a empresa contratada, nestas atividades normais, possui características de arrendamento, locação ou aluguel de força de trabalho, revestindo-se de ilicitude, pois somente as coisas — não os homens — podem ser objeto deste tipo de ajuste; (4) de que há mais de meio século o Direito do Trabalho vem em socorro do empregado para evitar a sua exploração sem causa; e (5) de que este objetivo fica ameaçado, diante dos contratos civis de intermediação de mão-de-obra que ensejam lucros aos intermediários, deduzidos dos salários que pagam aos trabalhadores[24].

Como esta solução restritiva cristalizada no Enunciado era dada apenas no âmbito das lides individuais, nas quais o órgão julgador restringe-se a reconhecer a relação de emprego entre o trabalhador reclamante e a empresa tomadora do seu trabalho, garantindo apenas as repercussões patrimoniais pretéritas, a aplicação do Enunciado n. 256, no plano destas lides, não impedia a continuidade da execução dos contratos de terceirização ilícita na realidade das empresas.

Paradoxalmente, no mesmo período da edição do Enunciado n. 256 que restringia a terceirização nas lides individuais, o então Ministro do Trabalho Almir Pazzianotto aprovou parecer administrativo que legitimava perante a Inspeção do Trabalho a atividade das empresas prestadoras de serviços permanentes de asseio e conservação[25], absorvendo o avanço da terceirização no mundo empresarial.

Ademais, a posição restritiva do TST sofreu duro combate doutrinário na seara do Direito Econômico e da Ciência da Administração, e mesmo na arena mais liberal do Direito do Trabalho[26], expandindo-se ainda mais rapidamente na segunda metade da década a ter-

---

conservação e limpeza, embora já muito comuns no mercado privado. A exemplo, o Processo RR 5492/80, 1ª Turma, 3694/81, Rel. Min. Guimarães Falcão, em que se reconheceu relação de emprego de trabalhador que prestava serviços de limpeza e portaria num banco, por meio de empresa locadora de mão-de-obra, por mais de 3 anos; e o Processo RR 889/81, 2ª Turma, 377/82, Rel. Min. Marcelo Pimentel, em que se concluiu pela ocorrência de relação de emprego com empresa distribuidora de energia elétrica que usou trabalho de conservação e asseio oferecido por empresa de locação de mão-de-obra. Cf. BARROS, Alice Monteiro de. A terceirização e a jurisprudência. *Revista do TRT 3ª Região*, Belo Horizonte, Tribunal Regional do Trabalho da 3ª Região, n. 22(51), p. 119-131. jul. 91-jun. 1992.

(24) Acórdão do Tribunal Superior do Trabalho, Processo RR 3442/84, Min. Marco Aurélio Mendes de Faria Melo. Cf. BARROS, Alice Monteiro de. A terceirização e a jurisprudência. p. 125.

(25) Ministério do Trabalho e Emprego, Processo n. 24000-011.808/85, D.O.U. 27.01.86. Integrando posteriormente o colegiado do TST, Almir Pazzianotto Pinto exerceu significativo papel no movimento de flexibilização jurisprudencial sobre o tema da terceirização na década de 1990, movimento que será objeto de oportuna reflexão.

(26) A exemplo da contundente doutrina de Octavio Bueno Magano, para quem o Enunciado n. 256 do TST era inconstitucional ao proibir a terceirização além das hipóteses legalmente previstas, pois, não havendo no cenário normativo nacional nenhuma norma que proibisse a prática, violava-se o princípio constitucional da legalidade, então insculpido no art. 153, § 2º da Constituição de 1967, em vigor, segundo o qual ninguém pode ser constrangido a deixar de fazer alguma coisa senão em virtude de lei. Cf. MAGANO, Octavio Bueno. O TST e a prestação de serviços a terceiros. *Revista LTr* — Suplemento Trabalhista, São Paulo, p. 1-87. 1987.

ceirização em atividades como de informática, segurança e vigilância privada, manutenção de máquinas, elevadores e outros equipamentos, fornecimento de alimentação, assistência médica e jurídica etc.

À ineficácia da solução jurisdicional oferecida na lide individual trabalhista para conter o avanço do fenômeno ao largo dos limites jurisprudenciais, aliou-se a rápida guinada ocorrida no próprio comportamento da jurisprudência trabalhista do final da década.

Diante da pungência do fato social, os julgadores aos poucos passaram a adotar um comportamento resignado, distanciando-se das premissas que sustentaram originariamente o Enunciado n. 256 (os clássicos princípios do Direito do Trabalho). Gradativamente, puseram-se a considerar a prestação de serviços permanentes especializados na área de apoio empresarial um instituto jurídico diverso da locação de mão-de-obra (associada à *marchandage*) e, portanto, juridicamente tolerável (27).

Desse modo, o próprio Enunciado n. 256 passou a sofrer uma interpretação restritiva por parte dos julgadores trabalhistas(28), curvando-se a jurisprudência ao fato da terceirização.

Antes do aprofundamento desta análise, porém, serão avaliados os primeiros elementos textuais trazidos pela Constituição de 1988 sobre o tema da contração de serviços na administração pública, a fim de preservar-se a ordem cronológica da exposição inicialmente proposta.

4.5. ART. 37 DA CONSTITUIÇÃO DE 1988: CONCURSO PÚBLICO E LICITAÇÃO

Sob a aura da reconstrução do Estado Democrático de Direito, a Constituição de 1988 instituiu um rígido sistema de controle democrático das instituições estatais e, particularmente, da administração pública.

Em seu art. 37, que inaugura o Capítulo VII (Da Administração Pública) do Título III (Da Organização do Estado), a Constituição institui diretrizes fundamentais para a atuação da administração pública direta e indireta, submetendo-a aos princípios republicanos da legalidade, impessoalidade, moralidade, publicidade e eficiência(29).

Para conferir moralidade e impessoalidade à contratação de servidores púbicos, a Constituição passou a exigir o concurso público como condição de validade de qualquer ato de admissão de pessoal em cargo ou emprego público, tanto na administração central como nas empresas estatais, à luz do inciso II do seu art. 37, segundo o qual,

---

(27) Julgado do TST, do final da década de 1980, que confirma o arrazoado: "*Prestadora de serviços. Empresa de limpeza e asseio. É lícito o contrato celebrado com empresa especializada na prestação de serviços de asseio e limpeza, eis que não se regula pela Lei 6019/74, satisfazendo a todas as obrigações pertinentes à sua atividade e às de natureza trabalhista*". *TST*, Processo 0001190, RR 3410/88, 1ª Turma, Rel. Min. Almir Pazzianoto Pinto, DJ 19.5.89.

(28) Nesse sentido, o seguinte julgado: "*Há distinção entre a prestação de serviços técnicos especializados e a intermediação de mão-de-obra, incidindo o Enunciado 256 do TST tão-somente em relação a esta hipótese, por inadmissível o 'marchandage'. Tratando-se de serviços técnicos especializados, inaplica-se o verbete sumulado*". Tribunal Regional do Trabalho da 3ª Reg., RO 4768/88, Ac. 1ª Turma, Rel. Juiz Luiz Carlos C. Avellar, 22.5.89, *Revista LTr*, São Paulo, n. 54-3, p. 301.

(29) O "princípio da eficiência" foi inserido, posteriormente, pela EC n. 19/1998, e será objeto de oportuno estudo.

> "a investidura em cargo ou emprego público depende de aprovação prévia em concurso público de provas ou de provas e títulos, ressalvadas as nomeações para cargo em comissão declarado em lei de livre nomeação e exoneração."[30]

No § 2º do mesmo art. 37 a Constituição dispunha que "*a não-observância do disposto nos incisos II e III implicará a nulidade do ato e a punição da autoridade responsável, nos termos da lei*".

Por sua vez, ao exigir a licitação como veículo de moralidade e impessoalidade nas contratações de serviços e obras realizadas pelo Poder Público, a Constituição, em seu art. 37, XXI, trouxe expressa previsão sobre a figura da contratação de serviços, objeto do presente estudo, enunciando:

> "Ressalvados os casos especificados na legislação, as obras, serviços, compras e alienações serão contratados mediante processo de licitação pública que assegure igualdade de condições a todos os concorrentes, com cláusulas que estabeleçam obrigações de pagamento, mantidas as condições efetivas da proposta, nos termos da lei, o qual somente permitirá as exigências da qualificação técnica e econômica indispensáveis à garantia do cumprimento das obrigações."

Da extensa e complexa fórmula do enunciado é possível extrair-se, de forma sumarizada, um comando para que, "ao contratar serviços, a administração, direta e indireta, observe o processo de licitação; e que esta licitação, na forma da lei, assegure igualdade de condições aos concorrentes e somente faça as exigências técnicas e econômicas suficientes para garantir o cumprimento das obrigações a serem pactuadas".

Resta claro, portanto, que, ao disciplinar o procedimento de licitação, o dispositivo tratou das **contratações de** obras, **serviços**, compras e alienações, como institutos jurídico-contratuais já usuais no âmbito da máquina burocrática.

A linguagem normativa adotada pela Constituição não inaugura os conceitos jurídicos constantes na fórmula textual, e nem precisava fazê-lo. Na observação de *Ávila*, a previsão de conceitos constitucionais pode ser feita tanto de modo direto, quando a Constituição enuncia expressamente as propriedades conotadas pelos conceitos, como indireto, quando o Constituinte simplesmente adota expressões cujas propriedades já eram conotadas em conceitos elaborados pelo legislador infraconstitucional à época da promulgação da Constituição, incorporando-os ao ordenamento constitucional[31].

No caso em apreço, ao referir-se aos contratos de obras, serviços, compras e alienações, o Constituinte de 1988 adotou conceitos jurídicos já consagrados no DL n. 2.300/1986, então em vigor. Este diploma legal instituía à época "*o estatuto jurídico das licitações e contratos administrativos pertinentes a obras, serviços, compras e alienações, no âmbito da Administração Pública Federal centralizada e autárquica*" (art. 1º), e definia, adiante, cada um desses objetos passíveis de contratação, inclusive o serviço, assim considerando "*toda atividade realizada direta ou indiretamente, tais como demolição, fabricação, conserto, instalação, montagem, operação, conservação, reparação, manutenção, transporte, comunicação ou trabalhos técnicos profissionais*" (art. 5º, II).

---

(30) Este dispositivo foi alterado pela EC n. 19/1998, mas apenas para acrescentar que o concurso público será "*de acordo com a natureza e a complexidade do cargo ou emprego, na forma da lei*".

(31) ÁVILA, Humberto. *Teoria dos princípios* — Da definição à aplicação dos princípios jurídicos. 6. ed. São Paulo: Malheiros, 2006. p. 112.

Além disso, à época da promulgação da Constituição a Lei n. 5.645/1970 ainda exercia uma função normativa específica, delimitadora dos serviços passíveis de terceirização na administração pública federal (direta, autárquica e fundacional) mediante a discriminação das respectivas atividades terceirizáveis.

Portanto, no plano desta análise estritamente semântica da norma constitucional, pode-se afirmar que a Constituição de 1988, em seu art. 37, XXI, expressamente recepcionou a figura da contratação indireta de serviços — a terceirização — no âmbito da administração pública central e das empresas estatais, embora o enunciado não ofereça, por si só, elementos suficientes para a delimitação dos espaços em que a terceirização é constitucionalmente admissível.

4.6. *1990: A LONGA DÉCADA DA (FLEXIBILIZAÇÃO INTERPRETATIVA DA) TERCEIRIZAÇÃO*

A década de 1990, conforme dito no Capítulo 2, ficou marcada como o período das mais contundentes reformulações neoliberais na atuação do Estado brasileiro. E uma das mais incisivas destas exigências, a flexibilização das formas de contratação de mão-de-obra, deu-se por meio da terceirização em praticamente todos os setores da economia privada, invadindo, inclusive, as atividades consideradas essenciais das empresas, conforme revelam as pesquisas avaliadas no Capítulo 1.

Analisando a repercussão das alterações econômicas e políticas mundiais sobre o trabalho no Brasil, na década de 1990, *Godinho Delgado* registra importantes movimentos legislativos e jurisprudenciais que ensejaram o desprestígio de clássicos princípios e instrumentos do Direito do Trabalho.

Inicialmente, registra a tentativa do Governo Collor (1990-1992) de instituir a plena flexibilização das relações de trabalho por meio do anteprojeto da Lei das Relações Individuais do Trabalho, que propunha a prevalência das condições de trabalho previstas em negociações coletivas sobre aquelas previstas nas normas legais de proteção ao trabalhador. A iniciativa visava a subverter a lógica vigente de prevalência dos direitos de fonte legal, mas a proposta acabou abandonada por força da deposição do Presidente da República[32].

No governo seguinte foi aprovada a Lei n. 8.949/1994 que, inserindo um parágrafo único no art. 442 da CLT, passou a prever a inexistência de vínculo de emprego entre a cooperativa prestadora de serviços e seus associados, assim como entre estes associados e os tomadores dos serviços. Esse fato ensejou a proliferação de cooperativas meramente fornecedoras de mão-de-obra subordinada por todo o país, em violação ao regime de proteção legal do trabalho, agravando ainda mais o quadro de precariedade da terceirização praticada, inclusive, no âmbito da administração pública, como bem enfrenta *Carelli* na obra especificamente dedicada ao problema, *Cooperativas de Mão-de-Obra: Manual Contra a Fraude*[33].

---

(32) DELGADO, Mauricio Godinho. *Capitalismo, trabalho e emprego:* entre o paradigma da destruição e os caminhos da reconstrução. p. 137.

(33) Nesta obra, Carelli enfrenta a questão do fornecimento de mão-de-obra cooperativada no âmbito da administração pública, enfatizando o forte combate desta prática ilícita pelo Ministério Público do Trabalho, por meio das ações civis públicas ajuizadas perante a Justiça do Trabalho, concluindo, ao final, que "*as atuais cooperativas de mão-de-obra, em sua maioria, realizam puro fornecimento de trabalhadores a preço vil, posando de modernidade e flexibilidade das relações de trabalho, quando na verdade têm como objetivo o simples fim do prote-*

Foi no governo Fernando Henrique Cardoso (1995-2002), no entanto, que se produziu o mais severo combate pela desregulamentação trabalhista, com algumas modificações normativas concretas(34), além de outras tentativas frustradas, como a do Projeto de Lei n. 4.302/1998, que buscava institucionalizar a terceirização de serviços, e a do Projeto de Lei n. 5.483/2001 que, novamente, buscava instituir a prevalência das condições de trabalho negociadas coletivamente sobre aquelas previstas em lei, mas que acabou não obtendo o apoio parlamentar.

Porém, como enfatiza *Godinho Delgado*, parte significativa do avanço desregulamentador e flexibilizador do sistema jurídico-trabalhista ocorrido no Brasil se deu independentemente de autorização legal, como fato supostamente incontrolável e superior a todo o Direito. Exemplo emblemático encontra-se na terceirização, que se generalizou no mercado de trabalho ao largo de qualquer previsão legal que justificasse esse disseminado implemento(35).

A jurisprudência trabalhista, por um lado, segundo *Godinho*, corrigindo excessos protecionistas do Direito do Trabalho construídos nas décadas precedentes, por outro acabou promovendo verdadeira "flexibilização interpretativa" da ordem jurídico-trabalhista no período seguinte à Carta Constitucional de 1988(36).

Na primeira terça parte da década de 1990 a jurisprudência trabalhista cedeu ao fato de que o fenômeno da terceirização de serviços de apoio se tornara uma realidade estrutural no mundo empresarial brasileiro, à revelia, inclusive, da própria jurisprudência restritiva.

Em 1993, quando ainda vigia o Enunciado n. 256 do TST, restritivo da terceirização, o Instituto Nacional de Seguridade Social (INSS) já havia baixado ordem de serviço estabelecendo procedimentos especiais de fiscalização de recolhimento de contribuições previdenciárias nas empresas prestadoras de serviços da iniciativa privada. Nesta norma, o INSS já previa expressamente como hipóteses de serviços interempresariais, além das atividades legalmente terceirizáveis, também outras que não se encontravam expressamente autorizadas pelo Enunciado n. 256 do TST, então em vigor, tais como serviços de limpeza

---

cionismo estatal sobre os trabalhadores". Cf. CARELLI, Rodrigo de Lacerda. *Cooperativas de mão-de-obra:* manual contra a fraude. São Paulo: LTr, 2002, p. 167.

(34) Algumas destas medidas legislativas concretas, embora não digam respeito à terceirização, são: (1) Medida Provisória n. 2.164-41/2001, que estendeu o regime de estágio aos estudantes de nível médio, sem conexão direta com a formação profissional, facilitando a cooptação de mão-de-obra juvenil barata e flexível; (2) Lei n. 9.601/1998 — Lei do Contrato Provisório de Trabalho, que cria uma forma flexível de contratação, com prejuízo dos direitos clássicos; e (3) Lei n. 9.601/1998, que institui o regime de compensação anual de horas extraordinárias trabalhadas (banco de horas), permitindo o extrapolamento da jornada máxima constitucional, de 8 horas diárias e 44 semanais. Cf. DELGADO, Mauricio Godinho. *Capitalismo, trabalho e emprego:* entre o paradigma da destruição e os caminhos da reconstrução. p. 138-139.

(35) *Idem*, p. 138-139.

(36) *Idem*, p. 139. A respeito do movimento jurisprudencial flexibilizador da década de 1990, Godinho Delgado afirma que "*é necessário reconhecer que a flexibilização interpretativa foi muito além de certos naturais ajustes e adequações da ordem jurídica à mudança social: é ela que contribuiu pra construir, nos anos de 1990, verdadeira nova cultura em torno do Direito Individual e Coletivo do Trabalho, reduzindo, em muito, a efetividade de suas regras e princípios jurídicos*". Em nota de rodapé, no entanto, ressalta que "*o TST, a partir da Resolução Administrativa n. 121, publicada em 19.11.2003, iniciou importante processo de reestruturação de praticamente toda a sua jurisprudência sumulada, passando a balizar, de modo claro, as fronteiras máximas do processo interpretativo flexibilizatório, colocando aparente termo final à tendência dominante da década de 1990*". Cf. DELGADO, Mauricio Godinho. *Capitalismo, trabalho e emprego*. p. 140.

e conservação, manutenção, transporte de carga e de passageiros e outras que viessem a ser definidas pelo Ministério do Trabalho (item I, 2)[(37)].

Tratava-se de um reconhecimento oficial por parte do ente previdenciário nacional de que a terceirização no âmbito privado ao largo das hipóteses legais já constituía uma realidade econômica com a qual ter-se-ia que conviver.

Nesse ambiente, a jurisprudência trabalhista, refletindo o estado de confronto e de perplexidade que tomava a doutrina juslaboral, dividiu-se entre a preocupação acerca dos efeitos da terceirização sobre os fundamentos do Direito do Trabalho e o discurso entusiasmado de modernização da disciplina jurídica, não raro lastreado em modelos do direito comparado, invocados como fórmulas ideais para balizar os rumos dos novos acontecimentos do trabalho no país[(38)].

Em palestras proferidas em congresso jurídico realizado em outubro de 1993[(39)], restou à mostra a existência, no interior do TST, de imensa tensão entre distintas correntes de pensamento em torno da matéria, uma favorável à manutenção do Enunciado 256 e outra propensa a uma atitude mais liberal da mais alta corte trabalhista do país[(40)].

O Ministro do TST, *Armando de Brito*, expressou sua preocupação com os rumos da tercerização por "*retirar o trabalhador do âmbito político-social de uma empresa, de sua imagem e vivificação, na qual ele se integra, participando com o capital do seu trabalho para o desenvolvimento (...) do empreendimento*"[(41)].

O então Ministro Vice-Presidente daquele Tribunal, *José Ajuricaba da Costa e Silva*, por sua vez, invocando as vantagens do modelo legal japonês, amplamente permissivo da subcontratação de serviços, propalou a necessidade de abertura da interpretação normativa sobre o tema com a revogação do Enunciado n. 256, o qual, segundo afirmou,

> "nesses sete anos de sua vigência, embora tenha dificultado a vida das empresas de prestação de serviços, não conseguiu fazê-las desaparecer, o que [a seu ver], prova estar contra a realidade da vida e dos fatos, impondo-se sua urgente revogação, para, a exemplo do que aconteceu no país oriental, ser substituída por um disciplinamento legal, ainda que rigoroso, da contratação de mão-de-obra."[(42)]

Foi neste clima de incertezas e de acirrados debates que, dois meses depois, o TST reviu o Enunciado n. 256.

Na ocasião, o MPT exigia do Banco do Brasil e da Caixa Econômica Federal, ambas empresas estatais, a cessação de contratações terceirizadas de serviços de digitação, limpeza,

---

(37) Ordem de Serviço MPS/INSS/DAF n. 83/93. Esta Ordem de Serviço não se destinava ao trabalho temporário, ao qual era destinada a Ordem de Serviço MPS/INSS/DAF n. 87/93.

(38) SILVA, José Ajuricaba da Costa e. Terceirização, a solução jurídica japonesa. *Revista LTr*, São Paulo, v. 58, n. 02, p. 141-143, fev. 1994.

(39) Congresso Comemorativo do Cinquentenário da CLT, realizado em Brasília nos dias 28 e 29.10.93, no Memorial JK, organizado pelo TST e pela Academia Nacional de Direito do Trabalho.

(40) Conforme pronunciamento do então Ministro do TST, *Almir Pazzianotto*, por ocasião de Audiência Pública realizada em 13.11.2001, no Senado Federal, a respeito do Projeto de Lei da Câmara n. 03/2001 (sobre o tema da terceirização). SOUTO, Paulo. *Notas taquigráficas da audiência pública realizada na comissão de estudos econômicos do senado federal.* Brasília: Senado Federal, p. 37.

(41) BRITO, Armando de. O contrato realidade e a terceirização. *Revista LTr*, São Paulo, v. 58, p. 58-02/135, 1994.

(42) SILVA, José Ajuricaba da Costa e. *Terceirização, a solução jurídica japonesa.* p. 143.

telefonia, ascensorista, copeiragem, estiva e gráfica, e a respectiva contratação de empregados públicos concursados para o exercício destas funções.

O Banco do Brasil havia celebrado termo de compromisso de ajustamento de conduta[(43)] com o Ministério Público, comprometendo-se a promover concurso público para estas funções no prazo de 240 dias[(44)]. Findo o prazo a empresa requereu, no entanto, a revisão do termo de compromisso, ao argumento, especialmente, da dificuldade de adequação dos candidatos ao concurso público para atividades de limpeza e conservação, em face do risco de aprovação de candidatos de nível superior com propósito de ascensão funcional interna, levando ao desemprego os 13.000 empregados das prestadoras de serviço que laboravam para o Banco[(45)].

Com base nestes argumentos, e considerando ainda as reiteradas decisões de Turmas do TST que já não aplicavam o Enunciado n. 256 às hipóteses de prestação de serviços de limpeza e conservação, em outubro de 1993 o MPT requereu ao TST, em caráter de urgência, a revisão daquele Enunciado, propondo fossem excetuadas da restrição à terceirização as empresas públicas e sociedades de economia mista[(46)].

---

(43) O "termo de compromisso de ajustamento de conduta" consiste num instrumento por meio do qual o Ministério Público firma com a pessoa a quem imputa violação da ordem jurídica um compromisso de ajustamento espontâneo de sua conduta, a fim de prevenir o ajuizamento da ação civil pública. Neste instrumento são previstas as obrigações a serem cumpridas sob pena de pagamento de multa reversível a um fundo financeiro público, voltado à restituição do bem jurídico lesado, e passível de execução judicial. O termo de compromisso de ajustamento de conduta está previsto no art. 5º, § 6º, da Lei n. 7.347/1985, e, quando firmado pelo Ministério Público do Trabalho, é passível de execução perante a Justiça do Trabalho, na forma do art. 876 da CLT.

(44) Por meio do termo de compromisso de ajustamento de conduta firmado perante o então Subprocurador-Geral do Trabalho Ives Gandra da Silva Martins Filho o Banco do Brasil comprometeu-se perante o MPT a: "*1) Dispensar, no prazo de 180 (cento e oitenta) dias, a utilização, através de prestadoras de serviços, de mão-de-obra locada para a realização das tarefas de digitação e lavagem de carros; 2) Abrir concurso público em 240 (duzentos e quarenta) dias para a admissão de empregados nas áreas de limpeza, telefonista, ascensorista, copeiro, estiva e gráfica, ou, no mesmo prazo, oferecer solução distinta da realização do concurso público, que esteja de acordo com a legislação em vigor, caso em que será apreciada pelo Ministério Público, que poderádesobrigar o Banco do cumprimento do presente item, se a encontrar legalmente correta*". Cf. *Revista do Ministério Público do Trabalho*, Brasília, Procuradoria Geral do Trabalho, n. 07, p. 51-52, mar. 1994.

(45) No requerimento de revisão do Enunciado n. 256 do TST, o então Subprocurador-Geral do Trabalho Ives Gandra da Silva Martins Filho trouxe ao Tribunal o argumento de que "*no caso do inquérito do Banco do Brasil, o reconhecimento do vínculo empregatício direto com o Banco seria a conseqüência natural, não fosse a recente decisão do Supremo Tribunal Federal, no sentido de que as sociedades de economia mista também estão sujeitas à regra do concurso público para a contratação de empregados (MS n. 21.322-1 DF, Rel. Min. Paulo Brossard, DJU de 23.4.93)*". Dessa forma, argumenta que, equiparadas estas empresas estatais à mesma exigência do concurso público imposta ao Poder Público central, também haveria que se lhes conceder, por "analogia", aos entes de Direito Público a possibilidade de contratação indireta de serviços de apoio, prevista na Lei n. 5.645/1970, em face da idêntica "*dificuldade de realização de concurso público para serviços de apoio que não requeiram escolaridade ou qualificação especial*". Cf. MARTINS FILHO, Ives Gandra da Silva. Pedido de revisão do Enunciado n. 256, da súmula do TST. *Revista do Ministério Público do Trabalho*, Brasília, Procuradoria Geral do Trabalho, n. 07, p. 52-57, mar. 1994.

(46) *Idem, ibidem.* No requerimento de revisão do Enunciado n. 256 do TST, o então Subprocurador-Geral do Trabalho Ives Gandra da Silva Martins Filho sugeriu a seguinte redação para o verbete sumulado: "*Enunciado n. 256 — Contratação de Prestação de Serviços — Legalidade — Salvo os casos previstos nas Leis ns. 6.019/74 e 7.102/83, é ilegal a contratação de trabalhadores por empresa interposta, inclusive para serviços de limpeza e digitação, formando-se o vínculo empregatício diretamente com o tomador de serviço, com exceção das empresas públicas, sociedades de economia mista e órgãos da administração direta, autárquica e fundacional*".

Apreciando este requerimento, em dezembro de 1993 o TST foi além do pedido e alargou não apenas para as empresas estatais, mas para quaisquer entidades da iniciativa privada, a possibilidade de contratação de quaisquer "serviços especializados ligados à atividade-meio do tomador", rompendo dessa forma com os estreitos limites legais do trabalho temporário (Lei n. 6.019/1974) e do serviços de vigilância bancária (Lei n. 7.102/1983).

Para isso, o Tribunal cancelou o Enunciado n. 256 e editou a Súmula de Jurisprudência n. 331 de 21.12.1993, uma espécie de solução compromissória entre as diferentes correntes internas de pensamento, vazada nos seguintes termos:

> "I — A contratação de trabalhadores por empresa interposta é ilegal, formando-se o vínculo diretamente com o tomador dos serviços, salvo no caso de trabalho temporário (Lei n. 6.019, de 3.1.1974).
>
> II — A contratação irregular de trabalhador, mediante empresa interposta, não gera vínculo de emprego com os órgãos da administração pública direta, indireta ou fundacional (art. 37, II, da CF/1988).
>
> III — Não forma vínculo de emprego com o tomador a contratação de serviços de vigilância (Lei n. 7.102, de 20.06.1983), de conservação e limpeza, bem como a de serviços especializados ligados à atividade-meio do tomador, desde que inexistente a pessoalidade e a subordinação direta.
>
> IV — O inadimplemento das obrigações trabalhistas, por parte do empregador, implica na responsabilidade subsidiária do tomador dos serviços quanto àquelas obrigações, desde que tenha participado da relação processual e conste também do título executivo judicial."

Com este entendimento, o TST inaugurou uma nova fase do relacionamento do Direito do Trabalho (visto pelos tribunais) com o fenômeno da terceirização.

A partir desse momento as exceções ao clássico regime da relação bilateral de trabalho em atividades empresariais permanentes não mais dependeriam de expressa previsão legal, mas estariam pressupostamente autorizadas pelo próprio regime, sob certas condições, rompendo-se um paradigma argumentativo que, até a edição do Enunciado n. 256, sete anos antes, figurava como premissa de sobrevivência do próprio Direito do Trabalho.

Passou-se, assim, a reconhecer, para os fins do Direito do Trabalho, a licitude dos contratos civis de prestação de serviços interempresariais permanentes, nas atividades consideradas auxiliares ou de apoio não inseridas na dinâmica do processo produtivo, denominadas de "atividades-meio" — à imagem do que já vigia no âmbito da administração pública central, por força da Lei n. 5.645/1970 —, restringindo-se a ilicitude da terceirização àquelas atividades consideras nucleares, estratégicas do processo produtivo, as denominadas "atividades-fim".

Na visão de *Godinho Delgado*, moldada na vivência da magistratura laboral, estas noções de atividade-fim e atividade-meio, cristalizadas na Súmula n. 331, já vinham sendo elaboradas pela jurisprudência trabalhista ao longo das décadas de 1980 e 1990 "*por influência dos dois diplomas legais dirigidos à contratação de serviços no âmbito da administração pública federal, o DL n. 200/1967 e a Lei n. 5.645/1970*", e como parte do esforço jurisprudencial voltado a alargar a dinâmica jurídica da terceirização para além dos estritos limites constantes no antigo Enunciado n. 256 do TST. Nas palavras do autor, "*a Súmula 331 claramente assimilou os resultados desse esforço hermenêutico*"(47).

---

(47) DELGADO, Mauricio Godinho. *Curso de direito do trabalho*. 6. ed. São Paulo: LTr, 2007. p. 442.

De fato, uma rápida análise da argumentação jurisprudencial em período anterior à edição da Súmula n. 331 revela o quanto a disciplina legal da terceirização na administração pública central da União, aliada à prática terceirizante nesse ambiente público, influenciou o posicionamento do TST na consolidação dos limites jurisprudenciais da terceirização na atividade-meio das entidades privadas:

a) Antes da Súmula n. 331, enquanto o Enunciado n. 256 restringia a terceirização na iniciativa privada às duas hipóteses legalmente previstas (trabalho temporário e vigilância bancária), sob o argumento de que prestação de outros serviços configuraria *marchandage* (venda de força de trabalho), a legislação federal — Lei n. 5.645/1970 — mais que permitia, incitava a mesma prestação de serviços em atividades nitidamente instrumentais e de apoio administrativo no âmbito do Poder Público central, colocando a jurisprudência trabalhista diante do desafio de justificar juridicamente esta diversidade de tratamentos, como se infere dos seguintes excertos de julgados anteriores à edição da Súmula n. 331:

> "Empresa prestadora de serviços — Legitimidade da contratação. A contratação interposta de trabalhadores, pela União Federal, mediante contrato com empresas prestadoras de serviços, para desempenho de atividades tais como, as de limpeza e vigilância, encontra expressa previsão no art. 3º, parágrafo único, da Lei 5.645/1970. Inaplicável, portanto, o Enunciado 256 à espécie. Recurso desprovido." (DJ 2.9.1993)[48]

> "Locação de mão-de-obra. Serviço de limpeza. A obtenção de serviço de conservação e limpeza, necessários permanentemente nas instituições bancárias (art. 226 da CLT), não pode ser pactuado mediante cessão ou mesmo locação de um trabalhador, traduzindo-se em *marchandage* do trabalho humano. Sendo a atividade continuamente indispensável para a tomadora dos serviços, é ilegal a contratação por interposta empresa, fora das estritas hipóteses da Lei 6.019/74 e 7.102/89." (DJ PR 23.3.90)[49]

b) Esta diversidade de tratamentos entre o Poder Público e o particular repercutia numa diferença de tratamento interno à própria administração pública, entre os entes com personalidade jurídica de Direito Público, regidos pela Lei n. 5.645/1970, e as empresas estatais exploradoras de atividade econômica, regidas pelo Direito do Trabalho, como se infere do seguinte julgado do ano de 1990:

> "Empregados de empresa prestadora de serviços de limpeza industrial. Enunciado 256/TST. Empresa estatal. O disposto no DL-200/67 e na Lei 5.645/1970 tem em mira a política administrativa geral de descentralização e, em especial, de execução indireta das obras e serviços, partindo da Administração Pública Direta para a Indireta e, quando possível, para o particular. No que tange, porém, à sociedade de economia mista que explora atividade econômica, equipara-se à empresa privada no que tange à incidência das normas trabalhistas (C.F., art. 173, § 1º), razão pela qual a contratação de empresa particular para prestação de serviços não enquadrados nas duas exceções do Enunciado

(48) Tribunal Regional do Trabalho da 10ª Região, Processo RO 5.986/90, Ac. 133/93, 2ª T., Rel. Juiz Lauro de Silva Aquino, DJ 2.9.93. Cf.: PRUNES, José Luiz Ferreira. *Terceirização do trabalho. Op. cit.*, p. 109.
(49) *Idem, ibidem*. Tribunal Regional do Trabalho da 9ª Região, Processo RO 1.088/89, 2ª T., Rel. Juiz Ernesto Trevisan, DJ PR 23.3.90.

256/TST atrai a vedação nele contida. Recurso ordinário a que se nega provimento." (DJ MG 9.2.1990)[50]

c) Nesse cenário, o TST passou a dispensar ao seu Enunciado n. 256 uma interpretação gradativamente flexível, acentuando a diferença conceitual entre as figuras da contratação de serviços e do fornecimento (ilícito) de mão-de-obra, para estender à iniciativa privada, e por conseguinte às empresas estatais, o mesmo tratamento legal oferecido ao Poder Público central, conforme demonstra o seguinte aresto de julgado publicado no mês de outubro de 1993, véspera da edição da Súmula n. 331:

"Enunciado 256, do TST. Exegese. O enunciado em epígrafe cuida da hipótese em que o obreiro é contratado por pessoa interposta, e não da contratação meramente da prestação de serviços a uma empresa outra. Na primeira hipótese, há vínculo de pessoalidade na prestação de serviços (isto é, à empresa contratante interessa que o trabalho seja executado por pessoa específica, dado o grau de conhecimento desta dos procedimentos de trabalho na empresa contratante). Na segunda hipótese, tal não ocorre, vale dizer, ao tomador de serviço interessa apenas o resultado material contratado, sendo irrelevante que o labor seja executado por esse ou aquele obreiro. Revista da reclamada Caixa Econômica Federal conhecida e provida." (DJU 3.9.1993)[51]

c) A jurisprudência construiu esta diferença conceitual entre a prestação (lícita) de serviços e a intermediação ou locação (ilícita) de mão-de-obra, muito influenciada pela legislação que disciplinava a terceirização na administração pública central, como se infere do julgado trabalhista do final da década de 1980:

"O Dec.-lei 220/67 e a Lei 5.645/1970 não autorizam a locação de mão-de-obra pelo ente público ou paraestatal, mas a execução de serviços no âmbito de sua atividade, por empresas, com pessoal próprio, não inseridas no ordenamento funcional da contratante."[52]

d) Desse modo, a legislação sobre a terceirização na administração pública central acabou exercendo forte influência na construção jurisprudencial da noção de legalidade da prestação de "serviços especializados ligados à atividade-meio do tomador dos serviços", noção esta cristalizada na Súmula n. 331, como demonstra o seguinte excerto de julgado de fevereiro de 1993:

"Licitude da contratação celebrada entre o Estado e a empresa especializada no fornecimento de mão-de-obra para serviços de limpeza, asseio e conservação, a exemplo da legislação laboral de países de Primeiro Mundo. Prática disseminada no setor público, onde encontra expressa autorização legal. Tarefas necessárias mas não relacionadas diretamente à atividade-fim do Estado." (DJ 11.02.1993)[53]

---

(50) *Idem*, p. 104. Tribunal Regional do Trabalho da 3ª Região, Processo RO 2.629/89, 1ª T., Rel. Juiz Manoel Mendes de Freitas, DJ MG 9.2.90.

(51) *Idem*, p. 92. TST, Processo TT 55.139/92.6, 2ª T., Rel. Min. Ventuil Abdala, DJU 3.9.93.

(52) *Idem*, p. 107. Tribunal Regional do Trabalho da 9ª Região, Processo RO 3.182/86, 1ª T., Rel. Juiz Pedro Ribeiro Tavares.

(53) *Idem*, p. 245. Tribunal Regional do Trabalho da 4ª Região, Processo REO RO 48.91, 5ª T., Rel. Juiz André Avelino Ribeiro Neto, DJ 11.2.93.

Nesse complexo movimento argumentativo, as noções de atividade-fim e atividade-meio da empresa foram-se consolidando na medida em que a prática da terceirização se disseminava e sua legalidade era reivindicada pelos empresários, prestadores e tomadores de serviços nas lides individuais propostas pelos trabalhadores terceirizados.

Na busca por uma justificação "científica" para a permissibilidade da prestação de serviços de apoio administrativo, o TST lançou mão das noções de "atividade-meio" e "atividade-fim" como critérios delimitadores da legalidade da prática, socorrendo-se da explicação teórica oferecida pela Ciência da Administração para o modelo de organização horizontal e flexível da empresa *toyotista*: a denominada "teoria do foco" ou da focalização da empresa naquilo que é considerado a sua especialidade(54).

Desse modo o Direito do Trabalho brasileiro passou a incorporar um novo conceito de empresa, diverso do modelo fordista sobre a qual erigiu seu sistema de proteção ao trabalho. Iniciava-se, aqui, um longo processo de adaptação argumentativa aos novos padrões de relações jurídicas que esta nova empresa fragmentada impunha ao operador juslaboral.

Das definições de atividades-fim e atividades-meio oferecidas por *Godinho Delgado* infere-se o axaustivo esforço argumentativo que marcaria, doravante, a tradução jurídico-trabalhista da nova empresa flexível, diante de um cenário paradoxal: uma legislação marcadamente traçada sob os moldes da empresa-total e uma realidade econômica compulsivamente voltada para a fragmentação empresarial. Traduzir os "objetivos da empresa" passou, nesse cenário, a constituir o desafio fundamental para a confrontação do lícito e do ilícito:

> "Atividades-fim podem ser conceituadas como as funções e tarefas empresariais e laborais que se ajustam ao núcleo da dinâmica empresarial e do tomador dos serviços, compondo a essência dessa dinâmica e contribuindo inclusive para a definição de seu posicionamento e classificação no contexto empresarial e econômico. São, portanto, atividades nucleares e definitórias da essência da dinâmica empresarial do tomador dos serviços. (...) Por outro lado, atividades-meio são aquelas funções e tarefas empresariais e laborais que não se ajustam ao núcleo da dinâmica empresarial do tomador dos serviços, nem compõem a essência dessa dinâmica ou contribuem para a definição de seu posicionamento no contexto empresarial e econômico mais amplo. São, portanto, atividades periféricas à essência da dinâmica empresarial do tomador dos serviços"(55).

No Capítulo 1 foi dito que, a rigor científico, toda e qualquer descrição da terceirização que se baseie na "teoria do foco" estará irremediavelmente condicionada e restrita, teleologicamente, aos propósitos do específico modelo toyotista de organização produtiva.

Mas foi exatamente sob esta perspectiva teleológica que o Direito do Trabalho, por meio da Súmula n. 331 do TST, incorporou um conceito de terceirização condicionado à realização de propósitos teoricamente legítimos. Referindo-se a "serviços especializados" ligados à atividade-meio do tomador (item III), a Súmula pressupõe a "especialização" da empresa prestadora dos serviços como meio de viabilizar a "especialização" — no sentido de focalização — da empresa tomadora em seus objetivos estratégicos.

À luz do raciocínio construído pela Súmula, **deixa-se de presumir** que a terceirização em atividade-meio constitua um artifício fraudulento de comercialização de mão-de-obra

(54) ANTUNES, Ricardo. *Os sentidos do trabalho*. p. 54-55.
(55) DELGADO, Mauricio Godinho. *Curso de direito do trabalho*. p. 442-443.

(a *marchandage*) e **passa-se a presumir** exatamente o contrário, que esta terceirização constitui um veículo de especialização da empresa tomadora em sua vocação essencial.

A partir desse momento, o Direito do Trabalho não mais se satisfaria, na investigação científica sobre a relação de emprego, com uma *hermenêutica meramente descritiva* do fato do trabalho (não mais seria suficiente para caracterizar uma legítima relação de emprego a descrição do trabalho prestado de forma subordinada, pessoal, remunerada e não-eventual a um beneficiário dessa mão-de-obra), mas estenderia sua investigação, também, ao plano de uma *hermenêutica explicativa* dos propósitos da atividade empresarial (a identificação da figura do empregador numa relação de trabalho triangularizada passou a depender da fixação do que constitui "fim e meio" da empresa tomadora, beneficiária final da mão-de-obra).

Dessa forma, ao julgar as lides trabalhistas individuais sobre terceirização a jurisprudência trabalhista passou a concentrar-se: (a) na delimitação da atividade-fim e da atividade-meio da empresa tomadora do serviço, dando azo a delongados debates doutrinários e jurisprudenciais sobre os objetivos centrais das diversas atividades econômicas, públicas e privadas; e, constatada no caso concreto a legalidade da terceirização, (b) no oferecimento de proteção patrimonial ao trabalhador terceirizado.

4.7. AS REPERCUSSÕES DA SÚMULA N. 331 DO TST SOBRE A TERCEIRIZAÇÃO NO SERVIÇO PÚBLICO

A Súmula n. 331 do TST exerceu imenso impacto sobre a disciplina da terceirização no âmbito da administração pública brasileira, repercutindo no "plano prático" em dois aspectos principais.

Primeiramente, ao igualar a disciplina das empresas estatais à das entidades administração pública central, admitindo como lícitas as contratações de serviços de limpeza e outras atividades de apoio (manutenção, portaria, telefonia etc.), delas afastou a exigência (proveniente do Ministério Público e do Tribunal de Contas) de realização de concurso público para as respectivas funções de apoio(56).

No vácuo legislativo sobre o tema da terceirização na iniciativa privada, a Súmula veio conferir *status* de legalidade a uma prática já consolidada na vida empresarial, inclusive das empresas estatais que, a partir de então, viram-se livres para trocar o procedimento mais rigoroso, do concurso público, pelo procedimento mais simples, de licitação de empresas prestadoras de serviços, nas tarefas consideradas atividades-meio.

A segunda repercussão prática da Súmula sobre a terceirização no serviço público seria o reconhecimento explícito de que, diferentemente dos casos de terceirização ilícita nas empresas privadas (em que a consequência é o reconhecimento do vínculo de emprego entre o trabalhador e a empresa tomadora), no caso dos entes públicos, inclusive empresas estatais, a ilicitude da terceirização não ensejaria o reconhecimento de vínculo de emprego, dada a exigência constitucional de prévio concurso público (Súmula n. 331, II)(57).

(56) Na prática, essas empresas estatais já vinham lançando mão de contratos de prestação de serviços para tais finalidades, conforme restou demonstrado a respeito do Banco do Brasil S/A no relato sobre o termo de compromisso firmado perante o Ministério Público do Trabalho.

(57) Em decisão paradigmática publicada em abril de 1993, o Supremo Tribunal Federal afastou qualquer dúvida sobre a submissão das empresas estatais exploradoras de atividade econômica à regra do concurso público

Mas também no "plano normativo" a Súmula n. 331 impactou sobre a terceirização no serviço público, pois influenciou uma nova disciplina legal sobre a terceirização na administração pública federal.

A *superterceirização* praticada no setor público a partir do início da década de 1990 logo chocou-se com a disciplina normativa conferida à matéria pelo art. 3º, parágrafo único, da Lei n. 5.645, da década de 1970, então em vigor. Esta norma somente admitia a terceirização, recorde-se, em atividades relacionadas com transporte, conservação, custódia, operações de valores, limpeza e outras assemelhadas, atividades estas reunidas *"pela circunstância de dizerem respeito a atividades de apoio, instrumentais, atividades-meio"*(58).

Muitas das tarefas burocráticas, especialmente relacionadas a serviços de informática, que vinham sendo terceirizadas pela administração pública federal, não se enquadravam nos estreitos limites destas atividades meramente instrumentais previstas na norma.

Na segunda metade da década de 1990, pressionado por julgamentos do Tribunal de Contas da União, restritivos de muitos dos seus contratos de terceirização, o governo federal tratou de alargar normativamente suas atividades passíveis de terceirização e, para isso, buscou inspiração no "conceito" de atividade-meio trazido pela Súmula n. 331 do TST. Ao tempo em que a Lei n. 5.645/1970 trazia uma enumeração restritiva de atividades instrumentais, o verbete sumulado confere ao intérprete a ampla possibilidade de tradução casuística, diante de cada situação concreta, sobre o que constitui a atividade-meio e a atividade-fim da empresa analisada.

Assim, no bojo das articulações da reforma do aparelho do Estado, na segunda metade da década de 1990, o governo federal promoveu a revogação da Lei n. 5.645/1970(59) e, em substituição, editou o Decreto n. 2.271/1997, a pretexto de regulamentar o disposto no § 7º do art. 10 do DL n. 200/1967(60), disciplinando a contratação de serviços no âmbito da administração pública central em linguagem normativa muito parecida com a da Súmula n. 331 do TST.

Diz o art. 1º do Decreto:

> "No âmbito da Administração Pública Federal direta, autárquica e fundacional, poderão ser objeto de execução indireta as atividades materiais acessórias, instrumentais ou complementares aos assuntos que constituem área de competência legal do órgão ou entidade.
>
> § 1º As atividades de conservação, limpeza, vigilância, transportes, informática, copeiragem, recepção, reprografia, telecomunicações e manutenção de prédios, equipamentos e instalações serão, de preferência, objeto de execução indireta.
>
> § 2º Não poderão ser objeto de execução indireta as atividades inerentes às categorias funcionais abrangidas pelo plano de cargos do órgão ou entidade, salvo expressa disposição legal em contrário ou quando se tratar de cargo extinto, total ou parcialmente, no âmbito do quadro geral de pessoal."

A nova norma, como se vê, contrariamente à norma anterior, parte de uma linguagem conceitual generalizante — "*atividades acessórias, instrumentais ou complementares aos assun-*

---

para a contratação de empregados. Cf. *Supremo Tribunal Federal*, Mandado de Segurança n. 21.322-1 DF, Rel. Min. Paulo Brossard, DJU de 23.4.93.

(58) DELGADO, Mauricio Godinho. *Curso de direito do trabalho*. p. 435.

(59) A revogação expressa foi feita pela Lei n. 9.527/1997.

(60) Os decretos-leis anteriores a 5.10.88, aprovados pelo Congresso Nacional, que não estiverem em confronto com novo regime constitucional, gozam de força de lei ordinária.

tos de competência do órgão ou ente público" — para, somente depois, a título de exemplo, especificar algumas atividades que ilustram o conceito, deixando ao intérprete, especialmente ao administrador público, primeiro destinatário da regra, uma significativa margem de interpretação casuística e, portanto, flexibilizadora, dos limites legais da terceirização.

Aproximou-se assim a disciplina normativa da terceirização no serviço público daquela conferida à iniciativa privada pela Súmula n. 331, pois identicamente ao critério conceitual utilizado pela jurisprudência ("atividade-fim e atividade-meio"), o Decreto também institui critérios conceituais ("atividades acessórias, instrumentais ou complementares") que visam a permitir o enquadramento casuístico das atividades terceirizáveis à luz da análise casuística das atribuições principais e periféricas de cada órgão ou ente público.

Dentre as atividades exemplificadas no § 1º, o dispositivo repetiu da norma anterior — Lei n. 5.645/1970 — as atividades de transporte, conservação e limpeza; excluiu as atividades de custódia e operação de valores, porque já previstas na Lei n. 7.102/1983; acrescentou outras tarefas instrumentais não-burocráticas, como as de segurança, vigilância, copeiragem, recepção, reprografia, telecomunicações e manutenção de prédios, equipamentos e instalações; e acrescentou, por fim, a atividade de informática que, pela generalidade da expressão, e pela larga utilização da tecnologia da informação na estrutura operacional do serviço público, apanha uma enormidade de funções burocráticas, senão essenciais, dos órgãos e entes públicos, elastecendo novamente, neste aspecto, os limites traçados pela norma revogada.

Por fim, em seu § 2º o dispositivo reproduz uma restrição interpretativa criada pela jurisprudência do Tribunal de Contas da União, ao proibir a terceirização em "*atividades inerentes às categorias funcionais abrangidas pelo plano de cargos do órgão ou entidade*"[(61)], embora a norma excepcione desta regra os "cargos total ou parcialmente extintos" no quadro de pessoal, sugerindo admitir-se, numa primeira leitura: (1) que os cargos cujas funções sejam acessórias, instrumentais ou complementares à competência do órgão ou entidade pública federal, sejam *totalmente* extintos e, em seu lugar, sejam terceirizadas as respectivas funções, ou, (2) que estes cargos sejam *parcialmente* extintos e suas funções sejam exercidas parte por servidores de carreira e parte por trabalhadores terceirizados.

Esta última hipótese viabiliza uma espécie de transição entre o sistema de cargos e o sistema de funções terceirizadas. Apanha as situações em que os cargos públicos com funções de apoio, tornando-se gradativamente vagos em face das aposentadorias, falecimentos e exonerações dos seus titulares, não seriam novamente providos mediante novos concursos públicos (como vem ocorrendo, em regra, desde o início da década de 1990). Estes cargos vagos seriam extintos, restando apenas os antigos ainda providos pelos antigos servidores de carreira, cujas funções passam a ser paralelamente exercidas pelos novos trabalhadores terceirizados até a extinção total da carreira.

A alteração introduzida pela EC n. 32/2001 no inciso VI, *b*, do art. 84 da Constituição da República, ratifica esta sugestão interpretativa, pois veio viabilizar que o Presidente da República mediante simples decreto autônomo disponha sobre "*a extinção de funções e car-*

(61) No julgamento do Processo TC-475054-95-4, o Tribunal de Contas da União pronunciou-se a respeito, nos seguintes termos: "*Efetivamente, a contratação indireta de pessoal, por meio de empresa particular, para o desempenho de atividade inerente à Categoria Funcional* [...], *abrangida pelo Plano de Classificação e Retribuição de Cargos do Serviço Civil da União, configura procedimento atentatório a preceito constitucional que impõe aprovação prévia em concurso público para investidura em cargo ou emprego público...*" Cf. *Tribunal de Contas da União*. Processo TC-475054-95-4, DOU 24.7.1995.

gos públicos, quando vagos"[62], facilitando sobremaneira a substituição administrativa destes cargos vagos por serviços terceirizados quando suas funções sejam consideradas instrumentais ou acessórias.

Essa articulação normativa vem contribuir ainda mais intensamente para a consolidação do processo de terceirização no serviço público, em substituição a cargos públicos, por ação administrativa, potencializando o poder de deliberação atribuído às instâncias administrativas sobre os limites das atividades acessórias, instrumentais ou complementares no processo de definição dos limites concretos da terceirização no serviço público, ao largo de um processo deliberativo específico acerca da questão.

É certo que, na forma do Decreto n. 2.271/1997, o ato extintivo do cargo público somente enseja a substituição dos cargos suprimidos pela terceirização nos limites das atividades ditas "acessórias, instrumentais ou complementares" à competência dos respectivos órgãos ou entidades públicas. No entanto, o alargamento conceitual promovido pelo Decreto propositadamente destina ao administrador ampla margem de interpretação para promover o enquadramento de funções próprias de cargos públicos dentre as atividades passíveis de terceirização.

Observa-se, nesse ponto, um verdadeiro círculo argumentativo entre os limites normativos da terceirização no serviço público e os limites fixados para a iniciativa privada, pois a velha legislação sobre a terceirização no serviço público central — Lei n. 5.645/1970 — influenciou a fixação das divisas entre a atividade-fim e a atividade-meio previstas na Súmula n. 331, e, por sua vez, a linguagem normativa mais permissiva desta Súmula também influenciou a nova legislação federal em vigor sobre os limites da terceirização na máquina pública federal — Decreto n. 2.271/1997.

Esta ordem de recíproca influência argumentativa, enfim, revela a existência de dois movimentos intimamente imbricados: (1) o movimento real, do mundo dos fatos, em que a terceirização inicia-se timidamente no serviço público central na década de 1960, sem qualquer propósito político privatista, e se expande na década de 1990 no contexto das reformulações neoliberais da atuação do Estado, paralelamente ao movimento de *superterceirização* na iniciativa privada; e (2) o movimento normativo, do mundo do dever-ser, em que a disciplina jurídica originária e restritiva da terceirização no serviço público central, das décadas de 1960 e 1970, vem servir de paradigma normativo para um disciplinamento jurídico mais permissivo da terceirização privada na década de 1990, e, posteriormente, nele se inspira para alargar, na atualidade, a permissibilidade da terceirização no serviço público.

Este complexo processo de retroalimentação fática e normativa do fenômeno nos dois espaços, público e privado, somente corrobora a tensa relação de forças políticas que a ele subjaz.

4.8. A RESPONSABILIDADE PATRIMONIAL DO PODER PÚBLICO NAS CONTRATAÇÕES DE SERVIÇOS

Embora no aspecto da delimitação das atividades terceirizáveis a administração pública federal haja buscado aproximar o disciplinamento da terceirização no serviço público

(62) Sobre esta inovação, Di Pietro registra que "*como hoje o Presidente da República tem competência para extinguir cargos por meio de decreto, conforme redação dada art. 84, VI, b, da Constituição Federal pela Emenda Constitucional n. 32/2001, a terceirização ficou de certa forma facilitada para as atividades-meio*". Cf. DI PIETRO, Maria Sylvia Zanella. *Parcerias na administração pública*. p. 238.

daquela disciplina mais permissiva vigente na iniciativa privada (Súmula n. 331), no aspecto da sua responsabilidade patrimonial pelos débitos trabalhistas deixados pelas empresas prestadoras inadimplentes a administração pública logo buscou evadir-se deste idêntico tratamento, buscando guarida para isso no art. 71, § 1º, da Lei n. 8.666/1993.

Em seu item IV a Súmula n. 331 buscou conferir compensatoriamente ao trabalhador terceirizado (o empregado da empresa prestadora de serviços) uma espécie de garantia patrimonial contra a insolvabilidade econômica de sua empresa empregadora, atribuindo à entidade tomadora uma responsabilidade patrimonial dita "subsidiária" pelo pagamento das verbas laborais inadimplidas.

Especialmente após a alteração textual inserida pela Lei n. 9.032/1995 o citado art. 71, § 1º, da Lei n. 8.666/1993 aparentemente busca eximir a administração pública de qualquer responsabilidade pelos débitos trabalhistas e fiscais de suas empresas contratadas, dispondo:

> "Art. 71. O contratado é responsável pelos encargos trabalhistas, previdenciários, fiscais e comerciais resultantes da execução do contrato.
>
> § 1º A inadimplência do contratado, com referência aos encargos trabalhistas, fiscais e comerciais, não transfere à Administração Pública a responsabilidade por seu pagamento (...)."

À luz desta regra, o Poder Público logo suscitou, nas lides trabalhistas em que era demandado como tomador de serviços terceirizados, a ilegalidade da aplicação da responsabilidade patrimonial à administração pública, instaurando-se acirrado debate doutrinário e jurisprudencial em torno da questão, até que, no ano de 2000, o TST, apreciando incidente de uniformização de jurisprudência, entendeu aplicável a responsabilidade patrimonial subsidiária à administração pública, reformulando o item IV da Súmula n. 331 para vigorar com a seguinte redação:

> "IV — O inadimplemento das obrigações trabalhistas, por parte do empregador, implica a responsabilidade subsidiária do tomador dos serviços, quanto àquelas obrigações, inclusive quanto a órgãos da administração pública direta, indireta ou fundacional, desde que haja participado da relação processual e conste também do título executivo judicial (art. 71 da Lei n. 8.666, de 21.6.1993)."[(63)]

À decisão que ensejou este entendimento, o Tribunal adotou como premissas argumentativas: (1) que o art. 71 da Lei n. 8.666/93 somente se aplica na hipótese em que o contratado age dentro de regras e procedimentos normais de desenvolvimento de suas atividades, pautando-se o órgão público contratante nos estritos limites e padrões da normatividade pertinente; evidenciado o descumprimento de obrigações, por parte do contratado, entre elas as relativas aos encargos trabalhistas, deve ser imposta à contratante a responsabilidade subsidiária, em decorrência desse seu comportamento omisso ou irregular, ao não fiscalizar o cumprimento das obrigações contratuais assumidas pelo contratado, em típica culpa *in vigilando*; (2) que é incompatível com o princípio da moralidade administrativa a recusa da administração pública em assumir responsabilidade por seus atos administrativos quando caracterizada sua ação omissiva ou comissiva geradora de prejuízos a terceiros;

(63) Texto alterado por força da Resolução TST n. 96 de 18.9.2000.

e (3) que o art. 37, § 6º, da Constituição Federal[64], consagra a responsabilidade objetiva da administração pública, sob a modalidade de risco administrativo, estabelecendo, portanto, sua obrigação de indenizar sempre que cause danos a terceiro, pouco importando que esse dano se origine diretamente da administração ou indiretamente de terceiro que com ela contratou e executou obra ou serviço em decorrência de ato administrativo[65].

Desta forma, a jurisprudência trabalhista conferiu à terceirização no serviço público tratamento similar ao dispensado na iniciativa privada, afastando a similitude apenas no ponto em que recusa o reconhecimento do vínculo de emprego entre o trabalhador terceirizado e o ente público tomador dos serviços na hipótese de terceirização ilícita, por ausência do concurso público (Súmula n. 331, II).

4.9. A LEI N. 8.666/1993 E OS LIMITES DA TERCEIRIZAÇÃO NO SERVIÇO PÚBLICO

Cada entidade federativa (União, Estados, Distrito Federal e Municípios) dispõe de autonomia constitucional (Constituição, art. 18) para promover a organização de sua administração pública e, nesse contexto, para delimitar normativamente as atividades passíveis de terceirização no âmbito de suas pessoas jurídicas de Direito Público.

Quanto às empresas estatais exploradoras de atividade econômica, estando sujeitas ao regime jurídico trabalhista próprio das empresas privadas (Constituição, art. 173), submetem-se, em qualquer instância federativa, aos regramentos sobre terceirização impostos pelo Direito do Trabalho, cuja competência para legislar é privativa da União (Constituição, art. 22).

O DL n. 200/1967 e o Decreto Federal n. 2.271/1997, ao disporem sobre a terceirização na organização administrativa da União, não delimitam, portanto, os serviços passíveis de terceirização no âmbito da administração pública dos Estados federados, do Distrito Federal e dos Municípios, por força de suas respectivas autonomias administrativas.

O principal ponto de referência constitucional expressa sobre os contratos de prestação de serviços firmados pelo Poder Público encontra-se, como visto, no inciso XXI do art. 37 da Constituição da República, que trata do procedimento de licitação para contratação de obras, serviços e alienações. O art. 22, XXVII, da Constituição, por sua vez, reserva privativamente à União a competência para legislar sobre "*normas gerais de licitação e contratação, em todas as modalidades, para as administrações públicas diretas, autárquicas e fundacionais da União, Estados, Distrito Federal e Municípios* (...)".

Dando cumprimento a esta competência, a União editou a Lei n. 8.666/1993, que regulamenta o art. 37, XXI, da Constituição Federal, instituindo normas para licitações e contratos das administrações públicas de todas as entidades federativas. Aos Estados a Constituição (art. 24, §§ 2º e 4º) reserva a competência para expedir normas suplementares

(64) Constituição de 1988, art. 37, § 6º: "*As pessoas jurídicas de direito público e as de direito privado prestadoras de serviços públicos responderão pelos danos que seus agentes, nessas qualidades, causarem a terceiros, assegurando o direito de regresso contra o responsável nos casos de dolo ou culpa*".

(65) Resolução TST n. 96/2000, DJ 18.9.2000. Precedente: Incidente de Uniformização de Jurisprudência em Recurso de Revista, Processo n. TST-IUJ-RR-297.751/96.2, em que é recorrente o Banco do Brasil S/A e recorrida Maria Tereza Leite da Silva. DJ 20.10.2000.

a respeito da matéria, desde que não conflitem com o diploma de caráter nacional (competência concorrente-suplementar)[(66)].

A Lei n. 8.666/1993, em seu art. 6º, II — utilizando redação muito parecida com a utilizada anteriormente pelo DL n. 2.300/1986, que disciplinava licitação e contratos administrativos antes da Constituição de 1988[(67)] —, conceitua o "serviço" objeto do contrato de prestação de serviços, ou seja, o objeto da terceirização, como

> "toda atividade destinada a obter determinada utilidade de interesse para a Administração, tais como, demolição, conserto, instalação, montagem, operação, conservação, reparação, adaptação, manutenção, transporte, locação de bens, publicidade, seguro ou trabalhos técnico-profissionais."

À luz desta noção, dois elementos normativos qualificam os serviços passíveis de contratação no âmbito das administrações públicas.

O primeiro é um elemento puramente conceitual, indutivo, referido à "utilidade de interesse da administração" como um "resultado" a ser obtido por meio da atividade contratada. Este elemento já afasta a contratação de serviços (a) dos mecanismos de desestatização, voltados que são a descentralizar a prestação de "serviços públicos" diretamente aos usuários, e, (b) ao mesmo tempo, visando a uma utilidade como "resultado" pronto e acabado, já afasta a contratação de serviços da mera contratação de mão-de-obra diretamente subordinada aos órgãos e entes da administração pública.

Mas este elemento conceitual, por si só, diz pouco, pois qualquer atividade de interesse da administração poderia, em sua esteira, reputar-se terceirizável, ideia que contradiz a função delimitadora do conceito.

Neste passo é que comparece o segundo elemento qualificador das atividades terceirizáveis, consistente na exemplificação de atividades apanhadas pela norma. Dos exemplos deduzem-se características comuns que agregam qualificação às atividades passíveis de terceirização, sendo, por isso, um elemento dedutivo. Neste aspecto, inclusive, a Lei n. 8.666/1993 também não inovou em relação à norma substituída (DL n. 2.300/1986), pois, como ela, refere-se basicamente a atividades instrumentais não-burocráticas: demolição, conserto, instalação, montagem, operação, conservação, reparação, adaptação, manutenção, transporte, locação de bens, publicidade, seguro ou trabalhos técnico-profissionais.

Estes são os critérios ditados pela legislação nacional regulamentadora da Constituição, que norteiam prioritariamente a contratação de serviços em todas as instâncias federativas, no âmbito da administração pública brasileira. O sentido e a extensão destes critérios, por sua vez, devem ser tomados de uma interpretação da norma à luz da Constituição, como se pretende adiante levar a cabo.

---

(66) O princípio geral que norteia a repartição de competência entre as entidades componentes do Estado Federal é o da "predominância do interesse", segundo o qual, à União caberá tratar das questões de interesse geral, aos Estados as questões de interesse regional e aos Municípios as questões de interesse local. Quando a Constituição atribui aos Estados competências concorrentes-suplementares, tais como aquelas previstas no art. 24 da Constituição, confere preferência hierárquica às normas gerais editadas pela União a respeito de idêntica matéria. Cf. MORAES, Alexandre de. *Direito constitucional*. 22. ed. São Paulo: Atlas, 2008. p. 268.

(67) O DL n. 2.300/1986 — revogado — conceituava serviço passível de contratação em seu art. 5º, II, como "*toda atividade realizada direta ou indiretamente, tais como demolição, fabricação, conserto, instalação, montagem, operação, conservação, reparação, manutenção, transporte, comunicação ou trabalhos técnicos profissionais*".

Importa frisar que, quando entrou em vigor, a Lei n. 8.666/1993 encontrou uma legislação disciplinadora das atividades terceirizáveis no âmbito da União — o art. 3º, parágrafo único, da Lei n. 5.645/1970 — plenamente compatível com seus critérios, na medida em que esta legislação federal conferia um tratamento ainda mais restritivo às atividades passíveis de contratação: as atividades previstas na legislação federal eram expressamente auxiliares, não-burocráticas.

No entanto, o Decreto Federal n. 2.271/1997 (que substituiu a Lei n. 5.645/1970), inspirado na Súmula n. 331 do TST, trouxe posteriormente, com seus conceitos de "acessoriedade, instrumentalidade e complementariedade", um disciplinamento normativo mais poroso à interpretação casuística dos serviços passíveis de terceirização.

Tornou-se, assim, ainda mais relevante a necessidade de uma interpretação constitucional destes diplomas legais, considerando que a norma nacional — Lei n. 8.666/1993 — prefere constitucionalmente ao Decreto n. 2.271/1997 em dois aspectos: (a) no aspecto hierárquico-normativo, porque a lei prefere ao decreto; e (b) no aspecto hierárquico-material, porque a norma da União, regulamentadora de matéria constitucional aplicável a todas as esferas de Poder (tal como se dá com a licitação e os contratos), prefere às normas que disciplinam a mesma matéria no estrito âmbito federativo (Constituição, art. 24, §§ 1º e 2º).

Sobre a matéria da contratação de serviços, portanto, a Constituição institui uma escala de disciplinamento normativo-hierárquico que parte da própria norma constitucional (art. 37, XXI), passando pela lei nacional (Lei n. 8.666/1993, art. 22, XXVII), para finalizar na norma de Direito Público de competência da própria entidade federativa terceirizadora no exercício de sua autonomia administrativa.

Exemplo de aplicação desta ordem pode ser encontrado no pronunciamento feito pelo Tribunal de Contas do Estado de Minas Gerais que, ao responder consulta formulada pelo Município mineiro de Araporã sobre a possibilidade de terceirizar todas as suas atividades administrativas, invocou a incidência do art. 6º, II, da Lei n. 8.666/1993, e, com base nas noções de atividade-fim e atividade-meio da Súmula n. 331 do TST, concluiu:

> "Ementa: Terceirização de serviço público. Distinção entre atividade-fim e atividade-meio. Possibilidade de execução indireta unicamente para serviços de apoio ou de caráter auxiliar. Enumeração exemplificativa contida no art. 10 da Lei n. 8.666, de 21.06.93. Incidência das normas da Lei Federal n. 8.666/93. As atividades-fim, por seu exercício de natureza vinculada, não permitem a contratação de terceiros[68].
>
> (...) não é possível ao Município a terceirização de todos os seus serviços, mas apenas a daqueles de atividade auxiliar, ligados à atividade-meio. Não pode o Município terceirizar serviços que abranjam a sua atividade fim, traduzindo atribuições típicas de cargos permanentes, que só podem ser preenchidos por concurso público."[69]

---

(68) A ementa refere-se ao art. 10 da Lei n. 8.666/1993 provavelmente querendo referir-se ao art. 6º, II, onde se encontram exemplificadas as atividades terceirizáveis. O art. 10 do diploma trata unicamente das formas de prestação, direta ou indireta, de serviços.

(69) Tribunal de Contas do Estado de Minas Gerais, Consulta n. 44.2370, formulada pelo Município de Araporã — MG. Cf. FERRAZ, Luciano. A lei de responsabilidade fiscal e a terceirização de mão-de-obra no serviço público. *Revista eletrônica de direito administrativo*, Salvador, Instituto Brasileiro de Direito Público, n. 08, nov. e dez. 2006, jan. 2007. Disponível em: <www.direitodoestado.com.br> Acesso em: 20.1.2008.

4.10. A EMENDA CONSTITUCIONAL N. 19/1998 E A RESPONSABILIDADE FISCAL

Em conformidade com os apontamentos iniciais, a EC n. 19/1998 alterou profundamente as disposições constitucionais financeiras sobre despesas do Poder Público com seu pessoal.

Modificando o texto do art. 169 da Constituição, a Emenda conferiu nova redação ao § 1º do dispositivo e acrescentou-lhe mais seis parágrafos, instituindo critérios restritivos às despesas dos entes públicos com pessoal e impondo medidas a serem observadas para o seu cumprimento, tudo sob regulamentação remetida a lei complementar.

Regulamentando o dispositivo, a Lei Complementar n. 101/2000 — a denominada Lei de Responsabilidade Fiscal (LRF)(70) — estabeleceu limites percentuais máximos da receita corrente líquida de cada ente federativo a serem destinados a despesas com pessoal (conforme art. 18: União: 50%; Estados: 60%; Municípios: 60%) e, no âmbito de cada ente federativo, os percentuais máximos a serem gastos, dentro do seu limite, com o pessoal vinculado a cada esfera de Poder (art. 20), sob pena de nulidade dos atos que provoquem aumento ilegal de despesas (art. 21), dentre outras sanções.

Como sanções, preveem-se proibições de criação de novos cargos e empregos públicos, de concessão de vantagens e aumentos para o funcionalismo, de contratação de horas extras etc. (art. 22), além da redução de, pelo menos, 20% das despesas com cargos em comissão e funções de confiança (Constituição, art. 169, § 3º, I), da exoneração de servidores não estáveis (§ 3º, II) e da perda do cargo por parte do servidor estável (§ 4º).

Interessante observar, no que toca ao tema em estudo, que o art. 18 da LRF classifica estas despesas com pessoal em duas rubricas: (a) a "despesa total com pessoal", nela incluídas todas as espécies remuneratórias devidas aos servidores e empregados públicos, inclusive exercentes de cargos em comissão, contratados temporariamente por excepcional interesse público, aposentados e pensionistas (*caput*), e (b) "outras despesas com pessoal", aqui considerados "*os valores dos contratos de terceirização de mão-de-obra que se referem à substituição de servidores e empregados públicos*" (§ 1º).

À vista desse último enunciado, a doutrina especializada logo levantou acirrada polêmica em torno do seu exato alcance, dividindo-se em variadas correntes de interpretação.

Há quem considere inconstitucional o dispositivo, por nele vislumbrar uma autorização para substituição de servidores de carreira através da locação de mão-de-obra diretamente subordinada à administração, em burla à regra do concurso público (Constituição, art. 37, II)(71).

Há quem, conferindo ao dispositivo interpretação condizente com o regime de contratação de serviços, considere como "outras despesas com pessoal" os gastos realizados com quaisquer contratos de terceirização(72).

E, por fim, há quem entenda, à luz do enunciado, que o cômputo dos gastos com contratos de terceirização nas "outras despesas com pessoal" é devido exatamente quando a

(70) Esta Lei Complementar substitui, revogando, a Lei Complementar n. 96/1999.

(71) Neste sentido: FILHO, Leônidas Siqueira. A terceirização de mão-de-obra no serviço público e a lei de responsabilidade fiscal. *Repertório de Jurisprudência IOB*, São Paulo, IOB, n. 06, 2ª quinzena mar. 2002, Cad. 01, p. 189.

(72) Neste sentido: ZAGO, Lívia Maria Armentano Koenigstein. As despesas com o pessoal: lei complementar n. 101, de 04 de maio de 2000. *Revista de Direito Administrativo*, Rio de Janeiro, Renovar, n. 226, p. 125-126, out.-dez. 2001.

terceirização é ilegal, fora do regime de prestação de serviços (mediante a intermediação ou locação de mão-de-obra) ou quando praticada em atividades essenciais dos entes públicos, ao largo das atividades legalmente terceirizáveis(73).

Esta última posição é a que encontra guarida no art. 64 da Lei n. 9.995/2000 — Lei de Diretrizes Orçamentárias da União —, que interpretou de forma autêntica o § 1º do art. 18 da LRF no âmbito da União nos seguintes termos:

> "Art. 64. O disposto no § 1º do art. 18 da Lei Complementar n. 101, de 2000, aplica-se exclusivamente para fins de cálculo do limite da despesa total com pessoal, independentemente da validade dos contratos.
>
> Parágrafo único. Não se considera como substituição de servidores e empregados públicos, para efeito do *caput*, os contratos de terceirização relativos à execução indireta de atividades que, simultaneamente:
>
> I — sejam acessórias, instrumentais ou complementares aos assuntos que constituem área de competência legal do órgão ou entidade;
>
> II — não sejam inerentes a categorias funcionais abrangidas por plano de cargos do quadro de pessoal do órgão ou entidade, salvo expressa disposição legal em contrário, ou quando se tratar de cargo ou categoria extinto, total ou parcialmente."

À luz deste enunciado, a terceirização substitutiva de servidores e empregados públicos, que deve ser tomada no limite da despesa com pessoal no âmbito da União, é apenas aquela terceirização ilícita, a *superterceirização* que não observa os parâmetros legais. Por consequência, a terceirização praticada em conformidade com a legislação de regência (Dec. n. 2.271/1997) não teria seus gastos inseridos no limite das despesas com pessoal previsto na LRF.

Seguindo esta linha de raciocínio, na hipótese de substituição de servidores de carreira por trabalhadores terceirizados em atividades consideradas acessórias, instrumentais ou complementares, mediante a extinção administrativa dos respectivos cargos vagos, a redução de despesas decorrente desta extinção de cargos, na rubrica de gastos com pessoal, não é seguida da correspondente inclusão, nesta rubrica, das novas despesas com a terceirização que a substitui, o que confere às contas governamentais imediata aparência redutora de "despesas com pessoal".

Trata-se, no entanto, de mais uma articulação legislativa voltada a estimular a substituição do regime de cargos e empregos públicos pela contratação indireta de serviços, sob o discurso do ajuste fiscal: a despesa deixa de figurar como "despesas com pessoal" para integrar rubricas de despesas operacionais, mesmo que esta manipulação burocrática não represente, necessariamente, ao final, uma correspondente redução de gastos públicos.

Dessa forma, a norma estimula a prática da terceirização, conferindo-lhe *status* de medida de ajuste fiscal, mas dela não exige efetiva redução de despesas com o pagamento de mão-de-obra, o que coloca em xeque a legitimidade dessa interpretação autêntica, diante da evidente desconformidade teleológica com o espírito da norma interpretada: a LRF.

A interpretação do art. 18, § 1º, da LRF que mais se harmoniza com a noção teleológica integrada do diploma é aquela que considera como "outras despesas com pessoal" os gastos realizados com quaisquer contratos de terceirização que impliquem efetiva substituição de empregos ou cargos públicos por mão-de-obra terceirizada.

---

(73) Neste sentido: DI PIETRO, Maria Sylvia Zanella. *Parcerias na administração pública*. p. 237.

Se ilícita a terceirização, a substituição já resta automaticamente caracterizada por força de uma presunção legal, incluindo-se a respectiva despesa nos limites da LRF até que a prática ilícita seja cessada ou coibida. No entanto, mesmo em se tratando de uma terceirização lícita, se ela for substitutiva de cargos ou empregos públicos extintos, seu custo também deverá figurar dentre as "outras despesas com pessoal", pois é exatamente neste caso que, se a substituição implicar economia de recursos públicos, esta economia beneficiará a entidade pública na redução de suas despesas com pessoal, permitindo-lhe adequar-se aos limites de gastos que a LRF lhe confere. Esse é o sentido que anima a norma de responsabilidade fiscal.

A interpretação autêntica, que exclui das "despesas com pessoal" os contratos de terceirização lícita, apenas opera a camuflagem das despesas com pessoal próprio, que, substituído por mão-de-obra terceirizada, passa a ter o seu custo mascarado com o rótulo de despesas operacionais, incitando o desmonte das carreiras públicas sem qualquer compromisso com a racionalidade no uso dos recursos públicos, em ofensa direta ao espírito da norma fiscal[(74)].

4.11. ENCAMINHAMENTOS CONCLUSIVOS

Destas análises conclui-se que, no plano normativo, a terceirização no serviço público ganhou impulso não tanto em decorrência de uma deliberação legal específica, que haja levado em consideração as repercussões positivas e deletérias da prática sobre os interesses constitucionais, mas em decorrência de articulações políticas, legais e jurisprudenciais assistemáticas, que, numa tensa relação de forças, acabaram colocando a terceirização prioritariamente a serviço de interesses imediatos e pragmáticos da máquina pública, prioridade esta apenas abrandada em proteção a alguns interesses comunitários.

Ademais, a interpretação sobre os limites da terceirização no serviço público encontra-se, na atualidade, intimamente atrelada aos critérios interpretativos utilizados pela jurisprudência trabalhista para delimitar os lindes da terceirização na iniciativa privada, numa aproximação hermenêutica (entre o público e o privado) cuja legitimidade carece de teste à luz da Constituição.

Isso porque "as terceirizações" no serviço público e na iniciativa privada estão constitucionalmente afastadas por cisão profunda, diante da diversidade de interesses e responsabilidades que os organismos público e privado terceirizantes titularizam perante a sociedade e, por conseguinte, da diversidade dos impactos que a terceirização promove sobre estes interesses.

Prestam-se, para início desta análise, as expressões do próprio Plano Diretor da Reforma que, ao traçar os contornos do modelo gerencial de administração pública, ressalta elementos fulcrais delimitadores dos comportamentos do Estado e da empresa no tocante aos seus meios e fins de atuação:

---

(74) Em julgamento de medida cautelar em Ação Direta de Inconstitucionalidade contra diversos dispositivos da Lei de Responsabilidade Fiscal — LC n. 101/2000 —, o Supremo Tribunal Federal negou o pedido de suspensão dos efeitos do § 1º do art. 18 desse diploma ao argumento de que *"a norma visa a evitar que* a *terceirização de mão--de-obra venha a ser utilizada como fim de ladear o limite de gasto com pessoal. Tem, ainda, o mérito de erguer um dique à contratação indiscriminada de prestadores de serviço, valorizando o servidor público* e o *concurso".* No entanto, é exatamente esse efeito deletério que acaba sendo promovido pela interpretação autêntica em comento, feita pela Lei Federal nº 9.995/2000, pois ao excluir das "outras despesas com pessoal" a terceirização lícita, mas substitutiva de cargos e empregos públicos, ladeia o limite de gastos com pessoal, desvalorizando o serviço público e o concurso, em ofensa à finalidade da norma fiscal, reconhecida pela Corte Constitucional. Supremo Tribunal Federal, Ação Direta de Inconstitucionalidade n. 2238-5/DF, Relator Ministro Ilmar Galvão, Pub. DJ 12.09.2008.

"A administração pública gerencial inspira-se na administração de empresas, mas não pode ser confundida com esta última. Enquanto a receita das empresas depende dos pagamentos que os clientes fazem livremente na compra de seus produtos e serviços, a receita do Estado deriva de impostos, ou seja, de contribuições obrigatórias, sem contrapartida direta. Enquanto o mercado controla a administração das empresas, a sociedade — por intermédio de políticos eleitos — controla a administração pública. Enquanto a administração de empresas está voltada para o lucro privado, para a maximização dos interesses dos acionistas, esperando-se que, através do mercado, o interesse coletivo seja atendido, a administração pública gerencial está explícita e diretamente voltada para o interesse público."[75]

Por certo que a globalização da economia fez pesar sobre o Estado-nação poderosas pressões políticas e econômicas transnacionais, tornando-o progressivamente desprovido de domínio sobre o rumo de uma (específica) economia, na medida em que as especificidades sucumbem ao grande mercado globalizado, nele se diluindo com a ruptura das fronteiras nacionais e dos limites territoriais, mitigando profundamente a noção de soberania[76].

Mas, ainda assim, ao Estado-nação restam importantes espaços de deliberação política na conformação do interesse público e, por conseguinte, na organização de uma máquina pública cujos instrumentos de atuação atendam à realização daquele interesse. Na concepção pós-moderna de Estado, o interesse público direciona-se cada vez mais para a concretização dos direitos fundamentais, elementos nucleares do Estado Democrático de Direito[77].

Na linha de princípio do Estado subsidiário, o Brasil já avançou consideravelmente em concentrar-se em atribuições sociais estratégicas, após o intenso processo de desestatização que devolveu à iniciativa privada muitas das atividades econômicas que antes desenvolvia.

A *superterceirização* no interior do serviço público, ao invadir espaços da atuação estritamente estatal, em prejuízo de suas competências, embora guarde uma similitude dinâmica com o fenômeno privado em sua função flexibilizadora do modo de contratação e redutora dos custos com mão-de-obra, não se explica como estratégia econômica defensiva.

No interior da máquina estatal, ao invés de constituir recurso de autodefesa institucional — como, segundo *Pochmann*, ocorre com a empresa —, a *superterceirização* constitui, contrariamente, artifício de desconstrução da máquina pública para o alargamento dos espaços de atuação do mercado privado[78], revelando, neste aspecto, sua "característica" desestatizante sub-reptícia.

Ante ao exposto, a tradução jurídica dos limites da terceirização no serviço público depende de uma leitura do tema à luz da Constituição, com toda a sua gama de valores individuais e comunitários e, mais precisamente, à luz dos direitos fundamentais dos agentes diretamente envolvidos, os trabalhadores terceirizados, pois somente assim a questão será enfrentada sob o crivo hermenêutico do Estado Democrático de Direito.

Este é o caminho a ser traçado a partir do Capítulo 5.

---

(75) *Plano diretor da reforma do aparelho do Estado*. item 2.

(76) BAUMAN, Zigmunt. *Globalização, as consequências humanas*. Trad.: Marcus Penchel. Rio de Janeiro: Jorge Zahar, 1999. p. 63-74.

(77) MOREIRA NETO, Diogo de Figueiredo. Globalização, regionalização, reforma do Estado e da Constituição, p. 05.

(78) Gusmão chega a considerar que *"(...) 'o conceito de terceirização para o setor estatal está mais voltado ao desmantelamento, descontrole e ao desaparelhamento do Estado, do que propriamente a uma complementação do público com o privado'"*. Cf. GUSMÃO, Rute. A terceirização de serviços na contra-reforma do Estado. p. 104.

Capítulo 5

TERCEIRIZAÇÃO E CONSTITUIÇÃO: PADRÃO TEÓRICO DE ANÁLISE DO CONFLITO

5.1. NOTA INTRODUTÓRIA: POR UM NOVO PADRÃO TEÓRICO DE ANÁLISE DO FENÔMENO

Conforme visto no Capítulo anterior, a terceirização no âmbito privado, em face da sua potencialidade restritiva sobre a proteção jurídica dos trabalhadores terceirizados, tornou-se objeto de um tratamento jurisprudencial relativamente restritivo, hoje consubstanciado na Súmula n. 331 do TST, que admite a sua prática na atividade-meio do tomador, desde que inexistentes a pessoalidade e a subordinação, sob pena de reconhecimento do vínculo de emprego entre o trabalhador e o beneficiário final do seu trabalho.

No âmbito da administração pública central a matéria relativa à contratação de serviços encontra-se mais intensamente submetida à legislação nacional consubstanciada na Lei n. 8.666/1993 e ao tratamento legal de competência de cada entidade federativa.

À luz dessa legislação, a jurisprudência trabalhista tem restringido as atividades passíveis de terceirização nos órgãos e entes públicos àquelas consideradas atividades-meio, vedado o reconhecimento do vínculo de emprego com o trabalhador terceirizado nos casos de *superterceirização*, dada a exigência constitucional do concurso público como condição de ingresso em carreira pública (Constituição, art. 37, II).

Por sua vez, os Tribunais de Contas, acometidos do controle externo de legalidade dos atos do Poder Público, em sintonia com a jurisprudência trabalhista, também condicionam a legalidade da terceirização na administração pública às atividades não abrangidas por cargos ou empregos públicos (salvo se total ou parcialmente extintos), à luz da legislação vigente na esfera federal, sempre em respeito à exigência constitucional do concurso público.

Portanto, a medida da legitimidade da terceirização, inclusive no serviço público central, tem sido aferida pela jurisprudência exclusivamente à luz dos critérios relativos à natureza acessória ou principal da atividade terceirizada no contexto das atribuições dos órgãos públicos.

Condicionada pelo raciocínio subsuntivo — de subsunção dos fatos às regras jurídicas —, a jurisprudência não tem aprofundado argumentação acerca das repercussões da terceirização sobre o nível de higidez constitucional dos princípios republicanos e de proteção aos direitos fundamentais dos trabalhadores terceirizados, na apreciação dos casos concretos.

O controle de legalidade da terceirização hoje realizado pela jurisprudência não condiz com o exame de "constitucionalidade" que o pensamento hermenêutico contemporâneo exige, pois, ao deixar de apreciar a prática à luz de todos os valores constitucionais afetados, perde-se a dimensão do inteiro conflito social e principiológico inerente ao fenômeno.

Este conflito é aqui proposto no seguinte modelo ideal, para fins exclusivamente heurísticos: *"um conflito entre o interesse imediato da máquina pública em fazer o máximo uso da terceirização, sempre que coincidente com o interesse social, para a realização ágil e eficiente das atividades governamentais (princípio da eficiência administrativa), e, de outro lado, interesses relevantes da sociedade, indispensáveis à coesão social (a máxima proteção social do trabalhador e a máxima realização de valores republicanos, como uma administração pública profissionalizada e autônoma, regida pela impessoalidade e pela moralidade), limitadores da prática da terceirização a um patamar minimamente indispensável".*

A partir desta proposição, impõe-se verificar se os condicionamentos legais e jurisprudenciais atualmente impostos à terceirização, traçados numa interpretação marcada pelo paradigma positivista, conferem à prática, no âmbito da administração pública, uma conformação constitucional condizente com o grau de suas repercussões deletérias — imanentes ou circunstanciais — sobre todos estes valores ou princípios constitucionais atingidos pela prática.

O questionamento desafia, portanto, uma análise teórica situada no marco da dogmática constitucional contemporânea, a "nova hermenêutica constitucional"(1), que, disposta a inovar o paradigma da interpretação positivista fundada na autossuficiência das regras jurídicas, busca reaproximar o Direito da moral no reconhecimento da plena normatividade dos princípios, valores compartilhados por toda a comunidade, e que, por isso, passam a abrigar-se na Constituição(2) dotados de carga deontológica equivalente à das regras.

Esta nova hermenêutica constitucional, difusamente denominada *pós-positivista*, substitui o dogma positivista da estrita sujeição à lei pela máxima sujeição à Constituição, dotada de força normativa e agora considerada como um "sistema normativo aberto de regras e princípios"(3). Este sistema pressupõe a "interconflituosidade principiológica" como algo imanente ao ordenamento jurídico, algo inevitável, reflexo da natureza compromissória das Constituições dirigentes dos regimes democráticos.

Supera-se, nessa perspectiva, a tradicional ideia da ordem jurídica como um sistema fechado de normas harmonicamente articuladas, em que não se admite que uma situação possa ser regida ao mesmo tempo por duas normas que se contraponham. *Canotilho* expressa com clareza, a seguir, o sentido desta mudança de rumo na hermenêutica:

> "Considerar a constituição como uma ordem ou sistema de ordenação totalmente fechado e harmonizante significa esquecer, desde logo, que ela é, muitas vezes, o resultado de um compromisso entre vários actores sociais, transportadores de idéias, aspirações e interesses substancialmente diferenciados e até antagônicos ou contraditórios. O consenso fundamental quanto a princípios e normas positivo-constitu-

---

(1) BARROSO, Luis Roberto. Fundamentos teóricos e filosóficos do novo direito constitucional brasileiro: pós-modernidade, teoria crítica e pós-positivismo. In: BARROSO, Luis Roberto (Org.). *A nova interpretação constitucional:* ponderação, direitos fundamentais e relações privadas. Rio de Janeiro: Renovar, 2003. p. 475.

(2) *Idem, ibidem.*

(3) CANOTILHO, J. J. Gomes. *Direito constitucional e teoria da Constituição.* 7. ed. Coimbra: Almedina, 2003. p. 1.033.

cionalmente plasmados não pode apagar, como é óbvio, o pluralismo e antagonismo de ideias subjacentes ao pacto fundador."[4]

A hermenêutica que parte do pressuposto do conflito subjacente ao sistema de normas lança-se ao desafio de encontrar, na ideia de proporcionalidade ou razoabiliadade, o eixo de equilíbrio que garante a unidade da Constituição.

Neste quadrante é que, a partir de agora, volta-se a obra para a elaboração de uma análise no plano constitucional acerca da relação de forças entre os fundamentos de legitimidade da terceirização no serviço público e suas repercussões restritivas sobre valores democráticos e republicanos, e sobre os direitos fundamentais dos trabalhadores, a fim de oferecer critérios interpretativos que orientem a conformação constitucional do fenômeno, diante das diversas situações concretas do mundo real.

O passo inicial nesta direção consistirá na análise dos padrões teóricos elementares da nova hermenêutica constitucional. Posteriormente, na esteira desse pensamento teórico problemático, será procedida uma análise de casos concretos, do quais serão inferidos os bens jurídicos, as normas e os fatos relevantes para a interpretação constitucional.

5.2. NOVA HERMENÊUTICA CONSTITUCIONAL: O PENSAMENTO PÓS-POSITIVISTA

O novo ideário pós-positivista propõe-se a restabelecer a presença do discurso moral nos domínios do Direito, por meio do reconhecimento da plena normatividade dos princípios jurídicos como vetores axiológicos dotados não mais, apenas, daquela função interpretativa que antes se atribuía aos princípios gerais de Direito, mas agora dotados de *status* de norma jurídica e, notadamente, de norma jurídico-constitucional, com força deontológica equiparada à das regras jurídicas e com um sentido axiológico reconstruído pelo intérprete, diante de cada caso concreto.

Esta perspectiva de análise funda-se na premissa de que a Ciência do Direito deve ser concebida, primeiramente, como uma disciplina prática, tal como é concebida na atualidade, pois sua pergunta central, na proposição de *Alexy*, é o que é devido nos casos concretos ou imaginados, cuja resposta irá depender da forma como, em torno do fenômeno aqui analisado, se relacionam e se integram as três dimensões da dogmática jurídica: (1) a *dimensão analítica*, que trata de toda a estrutura sistemático-conceitual do direito em vigor (conceitos, instituições, relações jurídicas, concepções hermenêuticas etc.); (2) a *dimensão empírica*, que diz respeito ao conhecimento do direito positivo, legislado e jurisprudencial sobre a questão; e (3) a *dimensão normativa*, que se incumbe da construção valorativa da norma aplicável ao caso concreto, à luz dos elementos tratados nas outras dimensões[5].

Nesse contexto, o que em cada caso concreto é concebido como juridicamente devido, na dimensão normativa, se determina pela forma como ela se relaciona com as demais — a empírica e a analítica.

---

(4) CANOTILHO, J. J. Gomes. *Direito constitucional e teoria da Constituição*. p. 1.056.

(5) ALEXY, Robert. *Teoria de los derechos fundamentales*. Trad.: Ernesto Garzón Valdés. Madrid: Centro de Estudios Constitucionales, 1993. p. 33.

5.2.1. Os desafios da nova hermenêutica

O reconhecimento da normatividade dos princípios jurídicos constitucionais e da sua força normativa hierarquicamente equivalente à das regras da Constituição fincou base para a construção do caminho de expansão dos valores democráticos sobre todos os aspectos da vida social.

Bonavides chega a afirmar que a grande novidade do Direito no fim do século XX foi a passagem de uma concepção de Estado de Direito doutrinariamente vinculada ao "princípio da legalidade", para outra concepção atada ao princípio da "constitucionalidade", "*que deslocou para o respeito dos direitos fundamentais o centro de gravidade da ordem jurídica*"(6).

No entanto, na medida em que os princípios constitucionais, veiculadores de garantias fundamentais e de projetos coletivos, foram reconhecidos em sua normatividade, eles também tiveram que ser reconhecidos em sua conflituosidade recíproca, em face do seu conteúdo preliminarmente finalístico, axiológico, e de pouca precisão comportamental, caráter este, portanto, capaz de ensejar colisões entre princípios constitucionais diante de suas incidências simultâneas e contraditórias em um mesmo caso concreto.

Esta conflituosidade principiológica, obviamente, há que ser racionalmente resolvida sob critérios jurídicos a fim de preservar-se a unidade da Constituição em todas as esferas de atuação do Estado, no plano legislativo (no disciplinamento das matérias constitucionais), administrativo (na concretização dos fins legais de interesse público) e judicial (na solução dos conflitos concretos de interesses). Sem estes critérios, a sociedade ver-se-ia sujeita ao arbítrio do Poder Público diante da imposição legislativa, administrativa ou judicial de alguns princípios em detrimento de outros, com a consequente negação da equivalência de dignidade entre todas as normas constitucionais, em completo desvirtuamento do projeto constitucional tido em sua unidade.

Para isso, afirma *Bonavides*, aquela segunda concepção de Estado de Direito trouxe para a seara do Direito Constitucional o princípio ou máxima da proporcionalidade, concebido no Direito Administrativo como critério de limitação do exercício arbitrário do poder discricionário do administrador, transformando-o em princípio geral de Direito aplicável, assim, a todas as esferas de atuação estatal(7).

Este princípio passou a exercer um papel central no processo de expansão do conteúdo material da Constituição sobre o ordenamento jurídico infraconstitucional, como parâmetro de justo equilíbrio entre os valores ou princípios jurídico-constitucionais conflitantes, continuando também a exercer seu indispensável papel limitador do arbítrio administrativo na escolha dos meios e fins jurídicos a serem concretizados pelo Estado.

Por fim, no plano da atividade jurisdicional, o princípio passou a exercer função hermenêutica essencial, como critério-mor no controle de constitucionalidade das leis e atos do Poder Público concretizadores daqueles princípios jurídicos em conflito, na medida em que a observância do justo equilíbrio entre os princípios conflituosos passou a constituir condição de legitimidade constitucional de todos os atos praticados pelo Estado.

Na medida em que as declarações constitucionais de direitos deixaram de ser meras declarações político-filosóficas e tornaram-se atos de legislação, vinculantes, foi natural

---

(6) BONAVIDES, Paulo. *Curso de direito constitucional*. 20. ed. São Paulo: Malheiros, 2007. p. 398.

(7) *Idem*, p. 399.

que o controle de efetividade dos direitos fundamentais implicasse um alargamento sem precedentes do controle jurisdicional sobre o processo de constitucionalização material da ordem jurídica, com a consequente difusão do controle de constitucionalidade material dos atos legislativos e administrativos(8).

Hesse chama a atenção para a decisiva importância que tem a "interpretação" constitucional na consolidação e na preservação da força normativa da Constituição. Para atingir este fim, a interpretação deve conduzir à ótima concretização da norma (regra ou princípio), o que, para o autor, não se obtém pela mera subsunção lógica nem apenas pela "construção conceitual", mas depende da articulação do Direito com os diversos fatos concretos da vida: "*a interpretação adequada é aquela que consegue concretizar, de forma excelente, o sentido da proposição normativa dentro das condições reais dominantes numa determinada situação*"(9).

Neste caminho, a guinada hermenêutica pós-positivista vem viabilizar que, por meio dos princípios jurídicos, os ideais de justiça substancial, especialmente pronunciados na Constituição dirigente do Estado de Bem-Estar Social, não mais dependam apenas, para sua realização, da vontade política dos governantes, mas possam ser concretizados como uma ordem jurídica construída interpretativamente, por todos os atores sociais e estatais, na *práxis* constitucional, como verdadeira "vontade de Constituição"(10).

Barroso expressa esta mudança de rumos na interpretação constitucional como o aprimoramento de antigas fórmulas de realização da vontade da Constituição, sem menosprezo ao método clássico — o método *subsuntivo* de aplicação das regras — nem aos tradicionais métodos hermenêuticos — gramatical, histórico, sistemático e teleológico —, os quais continuam a desempenhar relevante papel na concretização do sentido das normas, embora não mais suficientemente. Não se trataria, portanto, de uma ruptura revolucionária, mas de um processo de evolução seletiva, que conserva muitos dos conceitos tradicionais, agregando-lhes novos fins(11).

5.2.2. Conflito e unidade da Constituição

Conforme leciona *Baracho*, a Constituição pode ser resultado de um compromisso para atender os interesses econômicos, sociais e políticos dominantes na época da sua elaboração, mas esse compromisso apenas retrata um acordo no essencial, ou seja, um pacto para a convivência harmônica, que se dá por meio de princípios básicos sobre os quais se

---

(8) *Idem, ibidem.*

(9) HESSE, Konrad. *A força normativa da Constituição*. Trad. Gilmar Ferreira Mendes. Porto Alegre: Safe, 1991. p. 19-23.

(10) Konrad Hesse denomina de "vontade de Constituição", basicamente, três comportamentos ideais: a) a compreensão da necessidade e do valor de uma ordem normativa inquebrantável; b) a compreensão de que esta ordem constituída é mais do que uma ordem legitimada pelos fatos, mas que exige um constante processo de legitimação; e c) a compreensão de que, ao contrário do que se dá com a lei do pensamento, a ordem constitucional não logra ser eficaz sem o concurso da vontade humana. Cf. HESSE, Konrad. *A força normativa da Constituição*. p. 19-20.

(11) BARROSO, Luis Roberto; BARCELLOS. Ana Paula de. O começo da história: a nova interpretação constitucional e o papel dos princípios no direito brasileiro. In: SAMPAIO, José Adércio Leite (Coord.). *Crise e desafios da Constituição*. Belo Horizonte: Del Rey, 2003. p. 472.

assenta o convívio político da coletividade, assim como ocorre com a Constituição brasileira de 1988[(12)].

No mesmo sentido, acentua *Barcellos* que cartas compromissórias, tal como a Constituição brasileira de 1988, refletem, de forma nítida ou distorcida, sociedades plurais, de forma que a consagração num mesmo texto normativo de opções e interesses políticos diversos, e até mesmo de direitos que em várias de suas evoluções poderão chocar-se reciprocamente, exige do intérprete um esforço argumentativo especial a fim de preservar cada uma das normas jurídicas envolvidas, na medida razoável, mantendo a unidade da Constituição[(13)].

Na base deste neoconstitucionalismo reside o reconhecimento de que os princípios figuram, ao lado e na mesma hierarquia das regras jurídicas, como verdadeiras normas jurídicas, voltadas a conferir ao sistema jurídico-constitucional a capacidade de adaptação, a permeabilidade aos valores éticos, a força normativa dos ideais comunitários e a necessária *unidade hierárquico-normativa* a que se refere *Canotilho* como um sentido útil do "princípio da unidade da Constituição"[(14)].

Sob esta ótica, conforme doutrina de *Barroso*,

> "a Constituição passa a ser encarada como um sistema aberto de princípios e regras, permeável a valores jurídicos suprapositivos, no qual as ideias de justiça e de realização dos direitos fundamentais desempenham um papel central."[(15)]

A unidade da Constituição, como uma "unidade hierárquico-normativa", significa, para *Canotilho*, que todas as normas contidas numa Constituição têm igual hierarquia, o que implica negar-se a existência de antinomias jurídico-constitucionais (incompatibilidades normativas solvíveis pelo reconhecimento de hierarquia entre normas constitucionais) e negar-se a existência de normas constitucionais inconstitucionais (o que também implicaria o reconhecimento de hierarquia entre normas positivadas na Constituição). Embora a Constituição possa ser uma "unidade dividida", dada a diferença de configuração e de significado material de suas normas, afirma o mestre português, isso *"em nada altera a 'igualdade hierárquica' de todas as suas regras e princípios quanto à sua validade, prevalência normativa e rigidez"*[(16)].

Daí que, na base dessa nova hermenêutica, desafiada a solucionar os entrechoques de princípios à luz da unidade normativo-constitucional, encontra-se a preocupação fulcral com a "justa medida" constitucional dos atos do Poder Público que possam implicar restrições desproporcionais a direitos fundamentais e a outros relevantes interesses e direitos sociais constitucionalmente garantidos; reside ainda a preocupação de que estes atos de autoridade violem o "justo equilíbrio" entre os princípios (fins) constitucionais afetados pelo ato.

---

(12) BARACHO, José Alfredo de Oliveira. O princípio da subsidiariedade: conceito e evolução. *Revista de Direito Administrativo*, Rio de Janeiro, Renovar, n. 200, p. 31, abr./jun. 1995.

(13) BARCELLOS, Ana Paula de. Alguns parâmetros normativos para a ponderação constitucional. In: BARROSO, Luis Roberto (Org.). *A nova interpretação constitucional:* ponderação, direitos fundamentais e relações privadas. Rio de Janeiro: Renovar, 2003. p. 51.

(14) CANOTILHO, J. J. Gomes. *Direito constitucional e teoria da Constituição.* p. 1.057.

(15) BARROSO, Luis Roberto. *Fundamentos teóricos e filosóficos do novo direito constitucional brasileiro.* p. 30.

(16) CANOTILHO, J. J. Gomes. *Direito constitucional e teoria da Constituição.* p. 1.155.

A consequência pragmática mais visível destas transformações ocorridas na dogmática jurídica é, sem dúvida, como acentua *Barcellos*, a ampliação quantitativa e qualitativa do espaço reservado à interpretação jurídica e ao intérprete, notadamente no plano do controle de constitucionalidade dos atos do Poder Público. Trata-se, afirma a autora, não apenas de mais espaço, mas de um "espaço novo", diverso do ocupado até então[17].

5.2.3. Regras e princípios jurídicos: a distinção qualitativa

Na teoria clássica do Direito Público, difundida pelos estudos do Direito Administrativo e depois transplantada para a doutrina do Direito Constitucional, os princípios são tidos como normas de elevado grau de abstração e generalidade, figurando como alicerces, "vigas mestras" ou valores fundantes do ordenamento jurídico, sobre os quais irradiam seus efeitos. Sua função interpretativa é mais destacada do que mesmo a sua função diretamente deontológica, já que são normas de elevado grau de abstração e generalidade[18].

A teoria moderna do Direito Público, difundida pelos estudos de Filosofia e Teoria Geral do Direito e depois transplantada para o Direito Constitucional, busca, por sua vez, afirmar a máxima força deontológica dos princípios, enquanto normas que podem ser aplicadas em diversos graus.

Foi a partir das contribuições doutrinárias de *Ronald Dworkin* e *Robert Alexy* que se construiu um dos principais pilares desta nova dogmática constitucional: a "distinção qualitativa" (também reconhecida como distinção forte) entre princípios e regras jurídicas, que se põe a superar distinções anteriores fundadas, basicamente, nos critérios do maior grau de generalidade axiológica e abstração semântica dos princípios relativamente às regras (a denominada distinção fraca)[19].

Tal distinção fraca não servia aos objetivos da nova hermenêutica, pois não conferia aos princípios força normativa autônoma, limitando-os à função de vetores interpretativos das regras jurídicas.

Dworkin, em seu duro combate doutrinário ao juspositivismo, refuta a ideia do Direito como um modelo puro de regras, por ignorar este modelo a importância dos princípios como fontes do Direito, defendendo a inteira fusão entre Direito e moral a partir de uma teoria baseada não apenas na distinção de grau axiológico, mas na distinção qualitativa entre regras e princípios[20].

Esta distinção, para *Dworkin*, diz respeito à lógica operacional das normas: as regras são aplicáveis na forma do "tudo-ou-nada", ou seja, diante da situação prevista em sua hipótese normativa, ou a regra é válida, e a consequência normativa deve ser aceita, ou ela não é válida; já os princípios, diferentemente, são normas que não firmam uma consequência

---

(17) BARCELLOS, Ana Paula de. Alguns parâmetros normativos para a ponderação constitucional, p. 50.

(18) *Idem*, p. 84-87.

(19) Segundo Humberto Ávila, a distinção fraca entre regras e princípios fundava-se no "conteúdo axiológico" (os princípios teriam conteúdo axiológico explícito e careceriam de regras para sua concretização) e no "modo de interação com outras normas" (ao contrário das regras, os princípios somente receberiam seu conteúdo de sentido por meio de um processo dialético de complementação e limitação). Cf.: ÁVILA, Humberto. *Teoria dos princípios*. p. 36.

(20) DWORKIN, Ronald. The model of rules. University of Chicago Law Review, 1967. p. 35-14. *Apud* ÁVILA, Humberto. *Teoria dos princípios*. p. 36.

jurídica precisa diante de uma dada circunstância, mas apenas oferecem "razões de decidir", como critérios que devem ser levados em conta na decisão judicial(21).

Na medida em que não determinam um resultado específico, os princípios caracterizam-se por uma dimensão de peso ou de importância, como "razões" que "guiam" e devem ser consideradas nas decisões jurídicas, mesmo que, para tanto, sejam submetidos a um "balanceamento" diante de outros princípios concorrentes como razões contextuais para o caso, conforme interpretação de *Sgarbi* à obra de *Dworkin*(22).

Esta dimensão de peso dos princípios revela-se quando dois princípios diferentes incidem sobre determinado caso concreto, entrando em rota de colisão. Neste caso, o conflito é solucionado levando-se em consideração o peso relativo (ou importância) assumido por cada princípio diante das circunstâncias do caso concreto, a fim de delimitar-se a medida em que cada um deverá ceder espaço diante do outro.

A doutrina de *Alexy*, por sua vez, uma das mais influentes no paradigma pós-positivista, partindo das considerações de *Dworkin*, sistematiza analiticamente a aplicação dos princípios jurídicos na jurisprudência do Tribunal Constitucional Federal alemão, à luz de soluções normativas obtidas por meio da aplicação "ponderada" dos princípios em colisão(23).

O jurista germânico, partindo da consideração dos direitos fundamentais em sua dimensão de princípios jurídico-constitucionais, em face da linguagem predominantemente finalística e axiológica de suas fórmulas textuais, como liberdade, igualdade, dignidade etc., na linha jurisprudencial do Tribunal Constitucional alemão, define o "princípio jusfundamental" como um mandado de otimização, ou seja, como uma norma que ordena que algo se realize na maior medida possível, dentro das possibilidades fáticas e jurídicas concretas(24).

Assim, em sintonia com a doutrina de *Dworkin*, *Alexy* considera que os princípios são normas que podem ser concretizadas em diferentes graus — a medida do seu cumprimento é determinada pelas possibilidades fáticas e jurídicas impostas pelos princípios em colisão, diante do caso concreto —, enquanto as regras são normas que não admitem graus diversos de cumprimento — elas só podem ser cumpridas ou não cumpridas. Neste ponto, porém, *Alexy* considera possível a não aplicação de uma regra válida, por força de uma exceção ditada pelas circunstâncias do caso concreto, nisto distanciando-se da doutrina do "tudo-ou-nada", precedida por *Dworkin*(25).

Para *Alexy*, portanto, a diferença qualitativa reside na seguinte lógica de aplicação das regras e princípios, diante de conflitos normativos:

a) a "colisão entre regras", caracterizando uma antinomia jurídica (regras diferentes que incidem sobre uma mesma situação fática, projetando soluções contraditórias), soluciona-se, ou pela declaração de invalidade de uma das regras, ou introduzindo-se em uma delas uma cláusula de exceção que elimine o conflito,

---

(21) CRISTÓVAM, José Sérgio da Silva. *Colisões entre princípios constitucionais*. p. 80-81.

(22) DWORKIN, Ronald. *Taking rights seriously*. Trad.: Nelson Boeira, Levando os direitos a sério. São Paulo: Martins Fontes, 2002. p. 41-43; SGARBI, Adrian. *Clássicos de teoria do direito:* John Austin, Hans Kelsen, Alfo Ross, Herber L. A. Hart, Ronald Dworkin. Rio de Janeiro: Lumen Juris, 2006. p. 152.

(23) ALEXY, Robert. *Teoría de los derechos fundamentales*. p. 524.

(24) *Idem*, p. 86-87.

(25) *Idem, ibidem.*

na medida em que o conceito de validade jurídica não comporta graduação: ou uma norma é válida ou não é válida. A cláusula de exceção a que se refere *Alexy* diz respeito a uma circunstância fática observada pelo intérprete, e que, em sua avaliação, justifique a não aplicação de uma das regras, no caso concreto, por constituir esta circunstância uma exceção à hipótese normativa. A norma seria incidente (porque ocorreu a hipótese normativa), mas não seria aplicável (porque ocorreu uma exceção à hipótese normativa)(26).

b) na "colisão entre princípios" (princípios diferentes que incidem sobre uma mesma realidade, projetando soluções contraditórias), um princípio tem que ceder gradualmente ante o outro, mas não pelo critério de validade (ambos se situam no plano de validade do ordenamento jurídico) nem por meio de cláusula de exceção. Aqui, diferentemente, estabelece-se uma "relação de precedência" de um princípio em relação ao outro, pois nos casos concretos os princípios têm diferentes pesos (importâncias), devendo preceder aquele que oferecer razões mais relevantes na solução do conflito. Estabelece-se, desta forma, entre os princípios, uma "relação de precedência condicionada": "em cada caso concreto, são identificadas as condições específicas sob as quais um princípio precede a outro", não se admitindo a existência de princípios absolutos nem de princípios pressupostamente precedentes(27).

Daí que, em face desta lógica de aplicação, outra distinção é apresentada por *Alexy*: as regras veiculam "comandos definitivos", e por isso não são ponderadas, mas plenamente aplicadas (ou não), enquanto os princípios veiculam "mandados *prima facie*" passíveis de medida através de um exame de ponderação.

Esta doutrina repercute fortemente no ideário jurídico contemporâneo, recebendo adesões e críticas proporcionais à importância de seus atributos teóricos. No Brasil, apesar do modesto e assistemático movimento jurisprudencial neste sentido, a teoria pós-positivista das normas jurídicas já recebe significativas contribuições doutrinárias, como a de *Humberto Ávila*, para quem as regras e princípios jurídicos se distinguem qualitativamente não pelo critério oferecido por *Dworkin* e *Alexy*(28) (da lógica operacional diante dos conflitos), mas pelos critérios:

a) "da natureza do comportamento prescrito" — princípios e regras se distinguem pelo modo como prescrevem o comportamento, pois enquanto as regras estabelecem obrigações, permissões e proibições mediante a descrição da conduta a ser adotada com vistas à realização de um fim (são normas imediatamente descritivas e comportamentais), os princípios apenas estabelecem uma finalidade de-

---

(26) *Idem*, p. 87-88.

(27) *Idem*, p. 88-90.

(28) Em apertada e perigosa síntese, pode-se dizer que Humberto Ávila discorda dos critérios operacionais distintivos entre regras e princípios oferecidos por Dworkin e Alexy, dentre outras razões, porque: (a) entende que não só os princípios, mas também as regras admitem em sua interpretação um processo de ponderação interna ou de conexões axiológicas entre razões e contrarrazões que determinam a sua aplicação; (b) porque as regras não funcionam, necessariamente, sob a lógica do tudo-ou-nada, mas admitem modulações valorativas que só se estabelecem à luz do caso concreto; e (c) porque a dimensão de peso não é um atributo empírico da norma, mas um resultado do juízo valorativo do aplicador. Cf. ÁVILA, Humberto. *Teoria dos princípios*. p. 35-59.

sejável, cuja realização desafia a adoção de determinados comportamentos (são normas imediatamente finalísticas)[29];

b) "da natureza da justificação exigida" — enquanto a interpretação e aplicação das regras exigem um "exame de correspondência" entre os fatos, a hipótese normativa e a finalidade que lhe são inerentes, a interpretação e aplicação dos princípios demandam um simples "exame de correlação" entre o fim visado e a conduta considerada necessária para a realização deste fim[30]; e

c) "da contribuição para a decisão" — princípios e regras distinguem-se quanto ao modo como contribuem para a solução do conflito, pois os princípios, por abrangerem apenas parte dos aspectos relevantes para a tomada de uma decisão (os fins), não têm a pretensão de gerar uma solução específica, mas de contribuir, ao lado de razões provenientes de outros princípios, para a tomada da decisão, sendo, pois, normas com pretensão de complementaridade e de parcialidade; já as regras, por abrangerem todos os aspectos necessários para a tomada de uma decisão (comportamentos e fins), têm a pretensão de gerar uma solução específica para o conflito entre razões[31].

Partindo destas premissas, *Ávila* põe-se a conceituar (1) "as regras", como normas imediatamente descritivas (porque descrevem condutas), primariamente retrospectivas (porque as condutas são previstas antecipadamente) e com pretensão de decidibilidade e abrangência (porque incidem definitivamente diante da ocorrência da hipótese normativa), sempre centrada nas finalidades que lhe dão suporte ou nos princípios que lhe são axiologicamente sobrejacentes; e (2) "os princípios", como normas imediatamente finalísticas (porque não descrevem comportamento, mas estabelecem fins a serem atingidos), primariamente prospectivas (fins voltados para o futuro) e com pretensão de complementaridade e parcialidade (porque não têm pretensão de definitividade, sujeitando-se às razões provenientes de outros princípios)[32].

Assim, embora divergindo dos critérios distintivos oferecidos por *Dworkin* e *Alexy*, *Ávila* corrobora o caráter problemático do pensamento hermenêutico pós-positivista, reconhecendo que, como os princípios projetam fins a serem perseguidos, mas não descrevem os comportamentos necessários a esta realização, normatizam apenas parte da controvérsia decorrente de sua violação. Precisamente por isso, diz o autor, "*a decisão deverá ser tomada por meio da ponderação quantitativa entre os princípios concretamente colidentes*"[33].

A doutrina de *Ávila*, portanto, em que pesem importantes divergências teóricas estabelecidas em relação às doutrinas de *Alexy* e *Dworkin*, delas não discrepa num aspecto essencial ao desdobramento da presente obra: os princípios jurídicos, por sua própria natureza primeiramente finalística e não descritiva, estão mais vulneráveis do que as regras jurídicas a conflitos diante de outros princípios, e sujeitos, assim, a uma interpretação (decisão) ponderada.

---

(29) *Idem*, p. 71. O autor refere-se ao conteúdo dos princípios como um "estado de coisas": uma situação qualificada por determinadas qualidades, que se transforma em um fim quando alguém aspira conseguir, gozar ou possuir essas qualidades.

(30) *Idem*, p. 73-76.

(31) *Idem*, p. 76-78.

(32) *Idem*, p. 78-79.

(33) *Idem*, p. 101.

5.2.4. *O conteúdo dos princípios jurídico-constitucionais: bens coletivos e direitos fundamentais*

Alexy, nesse ponto distanciando-se de *Dworkin*, compreende os princípios jurídicos como normas referidas tanto a direitos subjetivos (direitos fundamentais) como a bens coletivos, ou seja, a interesses sociais constitucionalmente consagrados[(34)].

Afirma o jurista germânico que o fato de um princípio referir-se a bens coletivos significa que ordena a criação ou manutenção de situações que satisfaçam, na maior medida possível, e de acordo com as possibilidade fáticas e jurídicas (diante dos conflitos com outros princípios jurídicos nos casos concretos), critérios que vão além da satisfação de direitos individuais, mas que visam a atender a interesses metaindividuais[(35)]. Nesse sentido figuram os princípios constitucionais brasileiros relativos à administração pública, da legalidade, impessoalidade, publicidade, moralidade e eficiência no trato da coisa pública (Constituição, art. 37, *caput*).

Alexy deixa evidente a possibilidade de ponderação entre as diferentes espécies de princípios, pois, em sua perspectiva, nenhum destes interesses albergados pela Constituição merece de forma absoluta e pressuposta mais proteção do que outro. Um princípio somente tem maior peso do que outro quando existem razões suficientes para se estabelecer essa medida diante das condições dadas no caso concreto, o que desafia, necessariamente, um exame de proporcionalidade[(36)].

Argumenta o teórico que se o princípio considerado absoluto fosse o referido a bens coletivos, até onde chegasse a necessidade de realização deste princípio não poderia haver direito fundamental; pelo contrário, se absoluto fosse o princípio referido a direito fundamental, sua falta de limitação jurídica levaria ao absurdo de considerar-se que os direito fundamental de cada indivíduo é absoluto em relação aos direitos fundamentais idênticos dos demais indivíduos, algo irrealizável[(37)].

Gilmar Mendes, atento a esta doutrina, identifica como "colisão em sentido estrito" aquela ocorrente apenas entre direitos fundamentais, e como "colisão em sentido amplo" aquela que envolve direitos fundamentais e outros princípios que protegem interesses da comunidade[(38)].

É neste sentido amplo que a presente obra aborda a temática dos princípios.

5.2.5. *Direitos Fundamentais: conformação e restrição*

Essenciais, neste passo, são algumas reflexões sobre o "âmbito de proteção" dos direitos fundamentais e sobre suas possíveis limitações.

Primeiramente, para que se possa identificar o âmbito de proteção de um determinado direito, ensina *Mendes*, é necessário que se identifique o objeto da proteção (o que é protegido?) e contra que espécie de agressão a proteção é outorgada (protegido contra o quê?). Isso significa que o âmbito de proteção não se confunde com a proteção efetiva, mas

(34) ALEXY, Robert. *Teoría de los derechos fundamentales*. p. 109-110.
(35) *Idem*, p. 110.
(36) *Idem*, p. 105-106.
(37) *Idem, ibidem*.
(38) MENDES, Gilmar. *Direitos fundamentais e controle de constitucionalidade*. São Paulo: Saraiva, 2004. p. 78.

apenas constitui um parâmetro constitucional que possibilita aferir-se a legitimidade de uma certa situação, ou seja, se a situação é legítima ou não à luz do âmbito de proteção de um direito fundamental: quanto mais amplo o seu âmbito de proteção, maior a possibilidade de se qualificar um ato como restritivo a este direito(39).

Portanto, para que o âmbito de proteção de um direito constitucional possa ser delimitado, há que se interpretar a norma constitucional, segundo *Mendes*, tendo em vista: (a) a identificação do bem jurídico protegido e a amplitude da proteção; e (b) a verificação de possíveis restrições a este bem jurídico contempladas na própria Constituição ou remetidas à "reserva legal de índole restritiva"(40).

Isso porque, além do "princípio geral de reserva legal" previsto no art. 5º, II, da Constituição de 1988, a Constituição ainda prevê expressamente em vários dispositivos restrições infraconstitucionais a direitos fundamentais, utilizando expressões diversas como "nos termos da lei" (art. 5º, VI e VX), "nas hipóteses e na forma que a lei estabelecer" (art. 5º, XIII) etc. Em outros momentos, a norma constitucional refere-se a conceitos jurídicos indeterminados cujo preenchimento pelo legislador ordinário balizará "a conformação" de um dado direito, com a correspondente delimitação do seu âmbito de proteção(41).

Em relação às normas que outorgam direitos de conteúdo positivo, prestacional, em regra suas menções à lei ordinária estão vinculadas não a uma restrição, mas a uma conformação do direito fundamental, como ocorre com as normas do art. 7º da Constituição garantidoras dos direitos fundamentais dos trabalhadores (*v.g.*, a norma do inciso XXVII: "*proteção em face da automação, na forma da lei*"). Estas garantias somente se concretizam mediante uma ação normativa do Estado, interventiva no domínio econômico, o que pressupõe uma atividade legal conformadora das prestações que constituem o objeto daqueles direitos. Aqui não há que se falar, portanto, em restrição.

Mas, ainda assim, os direitos fundamentais de conteúdo positivo, por dependerem de uma ação estatal que lhes confiram efetividade, podem ser restringidos por outras normas constitucionais que, ao conferirem competência ao legislador ordinário para conformação de institutos jurídicos afins, lhes confiram poder de restrição sobre o nível de efetividade daqueles direitos fundamentais. Nesse sentido será possível compreender a norma de competência (em princípio, meramente conformadora) também como uma "reserva legal de índole restritiva".

O raciocínio direciona-se à conclusão, a ser alcançada no Capítulo 6(42), de que a norma do art. 37, XXI, da Constituição da República, conferindo competência ao legislador ordinário para conformar o instituto jurídico da contratação de serviços e, no seu bojo, o instituto da licitação, também constitui uma "reserva legal restritiva" do nível de efetividade dos direitos fundamentais dos trabalhadores terceirizados no setor público, em face de diversos fatores inerentes à terceirização que potencializam esta restrição. O alcance dessa conclusão, no entanto, ainda desafia um indispensável exercício teórico.

Para uma teoria que considere que os direitos fundamentais são veiculados exclusivamente por regras jurídicas, como posições definitivas, o conteúdo do direito é definido pela regra que o institui e por outra eventual regra que o restringe (teoria interna). Já para

(39) *Idem*, p. 14.

(40) *Idem*, p. 15.

(41) *Idem, ibidem*. O autor oferece, como exemplo de um conceito indeterminado, o termo "função social" previsto no art. 5º, XXIII, da Constituição.

(42) Capítulo 6, item 6.11.

uma teoria que considere que os direitos fundamentais são veiculados por regras e princípios jurídicos, como posições *prima facie*, o limite a um direito fundamental é dado pelas regras constitucionais restritivas e também pelas possibilidades fáticas e jurídicas estabelecidas por princípios opostos no caso concreto, após uma ponderação (teoria externa). Esta é a posição de *Alexy* e de *Canotilho*, seguida, no particular, por *Gilmar Mendes*, para quem os direitos fundamentais são concebidos, primordialmente, como princípios(43).

Consenso parece haver no sentido de que os direitos fundamentais, por sua sede constitucional, somente podem ser restringidos por normas (regras ou princípios) constitucionais ou por normas infraconstitucionais expressamente autorizadas pela Constituição. No primeiro caso, tem-se uma restrição imediata, uma "cláusula constitucional restritiva", e no segundo caso tem-se uma "restrição mediata".

As normas ordinárias por meio das quais a Constituição autoriza o legislador ordinário a impor restrições (mediatas) a direitos fundamentais são também denominadas "reservas legais". Na verdade, como adverte *Alexy*, por meio destas reservas legais a Constituição não institui uma restrição, mas apenas autoriza uma restrição, daí por que são normas de competência(44).

Elas são classificadas em (a) "reservas legais simples", quando o enunciado constitucional não impõe nenhum condicionamento à restrição (*v.g.*, Constituição, art. 5º, VI: é assegurado o livre exercício dos cultos religiosos e garantida, *na forma da lei*, a proteção aos locais de cultos e a suas liturgias.); e (b) "reservas legais qualificadas", quando a Constituição autoriza a restrição com vistas a uma específica finalidade (*v.g.*, Constituição, art. 5º, XIII: garantia do livre exercício de qualquer trabalho, atendidas as "qualificações profissionais" que a lei estabelecer).

O problema da reserva legal, diz *Alexy*, é a sua delimitação material, pois a competência do legislador para impor restrições é limitada: (a) pelas condições ditadas nas reservas qualificadas, (b) pelas limitações impostas pelo conteúdo essencial do direito fundamental, e (c) pelo princípio da proporcionalidade. Diz o autor que através da vinculação de "competência formal" e de "ponderação" (sob o princípio da proporcionalidade) evita-se que o conteúdo dos direitos fundamentais fiquem totalmente à disposição do legislador, algo incompatível com o princípio de sua sujeição aos direitos fundamentais(45).

O Tribunal Constitucional Federal alemão, em pronunciamento sobre o tema, considerou que

> "apenas a colisão entre direitos de terceiros e outros valores jurídicos com hierarquia constitucional pode excepcionalmente, em consideração à unidade da Constituição e à sua ordem de valores, legitimar o estabelecimento de restrições a direitos não submetidos a uma expressa reserva legal."(46)

Desta forma, a Suprema Corte alemã refutou a possibilidade de que o legislador possa impor restrições a direitos fundamentais sem uma prévia autorização expressa da

(43) ALEXY, Robert. *Teoría de los derechos fundamentales*. p. 267-286; CANOTILHO, J. J. Gomes. *Direito constitucional e teoria da Constituição*. p. 124; MENDES, Gilmar. *Direitos fundamentais e controle de constitucionallidade*. p. 27.

(44) ALEXY, Robert. *Teoría de los derechos fundamentales*. p. 272-273.

(45) *Idem*, p. 283.

(46) MENDES, Gilmar. Direitos *fundamentais e controle de constitucionalidade*. p. 40.

Constituição, salvo por meio de uma ponderação que justifique a restrição à luz de algum outro interesse de nível constitucional.

No Brasil, diz *Gilmar Mendes*, "*a atividade legislativa, nessas hipóteses, estaria facilitada pela cláusula de reserva legal subsidiária contida no art. 5º, II, da Constituição*", embora esta ação limitadora deva ser "*imantada por todo tipo de cautela*"[47].

Outra não seria a cautela devida, no entanto, mesmo no Brasil, senão também a realização de uma ponderação entre a importância do direito restringido e a importância da medida restritiva para promoção de algum outro valor constitucional, à luz do princípio da proporcionalidade.

5.2.6. O conteúdo essencial dos direitos fundamentais

A Lei Fundamental da Alemanha prevê em seu art. 19, II, que "*em hipótese nenhuma um direito fundamental poderá ser afetado em sua essência*". Esta disposição, afirma *Mendes*, configura uma tentativa de conter um poder quase ilimitado do legislador no âmbito de disposição dos direitos fundamentais, conforme era reconhecido pela doutrina até o início do século XX, numa época em que apenas o princípio da legalidade e da reserva legal limitavam o arbítrio do Estado sobre as liberdades individuais, cuja eficácia poderia ser completamente esvaziada pela lei[48].

Esta espécie de disposição constitucional garantidora de uma essência dos direitos fundamentais, também presente nas Constituições portuguesa (1976) e espanhola (1978)[49], ensejou rica doutrina sobre a existência de um conteúdo essencial ou de um núcleo inviolável dos direitos fundamentais, formando-se, a respeito, duas posições dogmáticas.

Uma primeira posição, denominada de "teoria absoluta" do núcleo essencial, entende o núcleo essencial dos direitos fundamentais como uma unidade substancial autônoma que, independente de qualquer situação concreta, estaria a salvo de eventual investida do legislador ordinário[50]. Trata-se de uma interpretação material da norma que institui o direito fundamental, capaz de identificar um sentido mínimo irrestringível pela norma ordinária.

No outro extremo, uma segunda posição identificada como "teoria relativa" entende que o núcleo essencial há de ser definido para cada situação concreta, tendo em vista o objetivo perseguido pela norma de caráter restritivo. Assim, o núcleo essencial seria definido por meio de um processo de ponderação com base no princípio da proporcionalidade[51].

Alexy traça séria crítica à teoria absoluta, ao argumento de que ela é incompatível com a concepção dos direitos fundamentais como princípios, ou seja, como normas *prima facie*, que ordenam a realização de algo na maior medida possível. Para o autor, não existem princípios absolutos nem razões pressupostas que estabeleçam previamente um núcleo essencial, mas existem "condições" nas quais se pode afirmar com segurança que nenhum princípio oposto terá precedência: estas "condições de precedência", por sua segurança, é que definem o "núcleo de configuração da vida privada", mas o caráter absoluto da sua

(47) *Idem, ibidem.*
(48) *Idem*, p. 41.
(49) *Idem*, p. 42-43. Constituição portuguesa de 1976, art. 18º, n. 03; e Constituição espanhola de 1978, art. 53, I.
(50) *Idem, ibidem.*
(51) *Idem*, p. 44.

incidência é uma questão das relações entre os princípios, não se pondendo excluir a possibilidade de que, em certas situações, princípios opostos tenham precedência[52].

Para o autor, nem o princípio da dignidade da pessoa humana, que constitui o referencial ético de todo o ordenamento constitucional moderno, apesar de aparentar absoluto, não o é. Esta aparência se dá, segundo *Alexy*, porque existe uma regra da diginidade humana (condutas minimamente indispensáveis à sua preservação) ao lado de um princípio da dignidade humana (fins potencialmente realizáveis): só a regra é absoluta, já que a sua aplicação se dá no plano da validade. Além disso, argumenta, para este princípio existe um amplo grupo de condições de precedência com alto grau de segurança de que, sob elas (as condições), o princípio precede aos demais que com ele venham a colidir[53].

Desta forma, para *Alexy*, o núcleo essencial de um direito fundamental retratado num princípio jurídico, sempre constitui o resultado de uma ponderação entre este princípio e outro princípio contraposto, diante de um conflito ocorrente no caso concreto.

Tratando da distinção entre regras e princípios, *Barcellos* entende que à luz de uma finalidade ordenada por um princípio, a despeito de todas as indeterminações sobre os meios a serem utilizados para a sua consecução, há casos em que é possível afirmar que determinadas condutas são consideradas absolutamente indispensáveis para a realização do fim indicado pelo princípio[54].

Daí que, para a autora, nestes casos os princípios podem ser retratados como dois círculos concêntricos, em que o círculo interior corresponde a um núcleo mínimo de sentido, por decorrer do senso geral, assumindo um "caráter de regra" em face da sua determinação comportamental, enquanto o espaço residual entre o círculo menor e o maior (a coroa externa) seria o espaço especificamente "principiológico", reservado à ponderação, que complementaria o sentido da norma[55].

Nessa linha de raciocínio, adotando já uma interpretação material da Constituição brasileira, *Barcellos* sustenta que nas ponderações de princípios as soluções que prestigiem a dignidade humana têm precedência sobre as demais, seja em face de uma opção material clara da Carta Política brasileira pela centralidade da dignidade humana e, como decorrência, dos direitos fundamentais, seja porque, mesmo os defensores de uma teoria procedimentalista (da democracia deliberativa) da Constituição reconhecem que a garantia dos direitos fundamentais e da dignidade humana em patamares básicos constitui uma das condições essenciais para a manutenção do mecanismo democrático. O próprio Direito Internacional Público tratou de criar consensos nesse sentido, através das declarações de direitos[56].

---

(52) ALEXY, Robert. *Teoría de los derechos fundamentales*. p. 286.

(53) *Idem*, p. 106-109.

(54) BARCELLOS, Ana Paula de. Alguns parâmetros normativos para a ponderação constitucional. p. 74-75.

(55) *Idem*, p. 74. A autora ilustra a tese com exemplo interessante de um empregado doméstico que recebe ordem de seu empregador para "limpar a cozinha da residência" ao longo do dia, ao final do qual verifica que apenas as superfícies foram limpas (chão, mesas e bancadas), ao passo que o interior dos armários e eletrodomésticos não foram higienizados. Insatisfeito, no dia seguinte o empregador entrega ao empregado uma lista das "atividades específicas" a serem realizadas com o fim de se obter o resultado almejado. No primeiro dia, metaforicamente, a ordem do empregador foi veiculada por meio de um princípio, enquanto no segundo, por meio de uma regra. Observa a autora que a percepção dos dois indivíduos acerca das condutas necessárias para se atingir o fim (limpeza da cozinha) eram diversas, embora apresentassem um núcleo comum (a limpeza das superfícies).

(56) *Idem*, p. 109-110.

Como adverte *Mendes*, a teoria absoluta, ao acolher uma noção material do núcleo essencial, pode converter-se numa fórmula vazia, dada a dificuldade de se demonstrar ou caracterizar *in abstracto* a existência e os limites desse núcleo essencial, podendo ensejar o sacrifício do bem jurídico que se pretende proteger; por outro lado, a teoria relativa pode conferir uma flexibilidade exagerada ao estatuto dos direitos fundamentais[(57)], especialmente considerando o subjetivismo ínsito ao processo de ponderação.

Por essa razão, afirma *Mendes*, *Hesse* propõe uma fórmula conciliadora, que reconhece no princípio da proporcionalidade uma proteção contra as restrições arbitrárias ou desarrazoadas aos direitos fundamentais (teoria relativa), mas também contra lesão ao núcleo essencial dos direitos fundamentais (teoria absoluta)[(58)], o que não destoa substancialmente da proposta relativista de *Alexy*. O tema, portanto, está longe de alcançar fácil consenso.

5.2.7. Princípio da proporcionalidade

O vício de inconstitucionalidade material decorrente do excesso de poder legislativo constitui um dos mais tormentosos temas do controle de constitucionalidade da atualidade, eis que cuida de aferir a compatibilidade da lei com os fins constitucionalmente previstos ou de constatar a observância do princípio da proporcionalidade, o que implica proceder-se à censura sobre a adequação e a necessidade do ato legislativo[(59)].

O princípio ou máxima da proporcionalidade ocupa hoje espaço central na hermenêutica constitucional, como veículo de resolução de conflitos entre princípios ou valores constitucionais tensionados em casos concretos, diante da exigência de uma solução que preserve a unidade hierárquico-normativa, a supremacia e a força normativa da Constituição, permitindo que o Direito exerça sua função distributiva, fundada na ideia do Estado de Direito.

A máxima foi consagrada, inicialmente, pelo Direito Administrativo, no paradigma da supremacia da legalidade, ao exigir que os atos administrativos fossem adequados ao estrito cumprimento das finalidades da lei, e que os meios usados não ferissem demasiadamente os direitos do cidadão[(60)]. Na França do século XIX o princípio inicia sua trajetória no *Conséil D'État*, que, a partir da sua aplicação, elaborou a doutrina do desvio de finalidade. Esta doutrina autoriza a invalidação de ato administrativo discricionário, praticado por autoridade competente, quando contrário à finalidade da lei, permitindo que a jurisdição administrativa, com o tempo, passasse a controlar a compatibilidade dos atos da administração com os interesses coletivos tutelados[(61)].

Mas foi depois da Segunda Guerra, após o advento da Lei Fundamental de Bonn, e especialmente com a jurisprudência do Tribunal Constitucional alemão, que o princípio da proporcionalidade logrou aplicação de caráter constitucional, em matérias relacionadas à restrição de direitos fundamentais por atos do Poder Público[(62)].

---

(57) MENDES, Gilmar. *Direitos fundamentais e controle de constitucionalidade*. p. 44-45.
(58) *Idem*, p. 45.
(59) *Idem*, p. 46.
(60) CRISTÓVAM, José Sérgio da Silva. *Colisões entre princípios constitucionais*. p. 210.
(61) SARMENTO, Daniel. *A ponderação de interesses na constituição federal*. Rio de Janeiro: Lumen Juris, 2002. p. 79.
(62) BONAVIDES, Paulo. *Curso de direito constitucional*. p. 408.

Esta expansão do princípio, do Direito Administrativo para o Direito Constitucional, espalhou-se pelos países europeus de forma bastante heterogênea na segunda metade do século XX[(63)], especialmente por obra dos tribunais, que passaram a utilizá-lo, ainda que sob diferentes roupagens terminológicas, como critério de aferição da idoneidade constitucional das leis e demais atos estatais.

Foi tão intensa a atividade jurisprudencial em torno do princípio da proporcionalidade, especialmente no Tribunal Constitucional Federal da Alemanha, que vários autores, a exemplo de *Krauss* (em 1955)[(64)] e *Alexy* (em 1986)[(65)], dedicaram-se a teorizar sobre a sua aplicação jurisprudencial, oferecendo grandiosas contribuições doutrinárias sobre os seus elementos constitutivos. *Alexy* constrói toda a sua teoria de princípios, na atualidade, a partir da constatação de uma lógica de proporcionalidade na aplicação judicial dos princípios jurídicos, como um raciocínio específico da ponderação.

A jurisprudência alemã decompôs o princípio da proporcionalidade em três subprincípios, voltados a aferir, numa ordem procedimental e subsidiária: (1) a adequação ou idoneidade do meio utilizado pelo Poder Público para o atingimento do fim legal (subprincípio da adequação); (2) a estrita necessidade deste meio diante de outros eventuais meios alternativos menos gravosos a direitos (subprincípio da necessidade ou exigibilidade): e (3) a relação custo-benefício, à luz do Direito, entre a realização desta finalidade e o gravame causado a direitos individuais ou coletivos (proporcionalidade em sentido estrito).

O "subprincípio da adequação" exige uma relação empírica de idoneidade, como afirma *Ávila*, entre o meio utilizado pelo Poder Público e o fim jurídico a ser por ele perseguido. A primeira análise a ser feita, neste plano, é sobre a finalidade constitucional que o legislador, ou a finalidade legal que o administrador pretendeu atingir por meio do seu ato legislativo ou administrativo[(66)]. Se a finalidade real contrariar a finalidade normativa, ideal, do ato, ele já padece de vício de origem. Caso a finalidade real seja legítima, há que se perquirir se o meio eleito é apto a promovê-la.

O "subprincípio da necessidade ou exigibilidade" impõe, por sua vez, que o Poder Público adote, dentre os meios disponíveis para a consecução da finalidade jurídica, aquele menos gravoso a direitos individuais ou coletivos. Trata-se de uma exigência de escolha, caso haja alternativas, da medida menos gravosa à esfera dos direitos fundamentais dos cidadãos.

O "subprincípio da proporcionalidade" em sentido estrito, por fim, constitui o exame principal do procedimento de ponderação descrito por *Alexy*, daí por que o denomina "mandado ou máxima da ponderação". Ele consiste num autêntico juízo de balanceamento, à luz do caso concreto, entre a importância dos bens jurídicos restringidos pela medida do Poder Público, e a importância da realização desta medida para o Direito[(67)].

---

(63) Na França, o princípio continua no âmbito da jurisdição administrativa; na Itália ele chega ao Direito Constitucional sem homogeneidade em sua definição; na Espanha encontra-se o maior e mais recente exemplo de constitucionalização do princípio. Cf. BONAVIDES, Paulo. *Curso de direito constitucional*. p. 411-418.

(64) *Idem*, p. 410. Segundo Paulo Bonavides, a primeira obra clássica de sistematização do princípio da proporcionalidade, de autoria de Rupprecht von Krauss, intitulada *O Princípio da Proporcionalidade*, publicada em 1955, tornou-se uma contribuição clássica do Direito alemão sobre o assunto.

(65) *Theorie der Grundrechte*, originalmente publicada em 1986.

(66) ÁVILA, Humberto. *Teoria dos princípios*. p. 152.

(67) ALEXY, Robert. *Teoría de los derechos fundamentales*. p. 161.

Destarte, na perspectiva de *Alexy*, a proporcionalidade em sentido estrito oferece o raciocínio específico da ponderação: "*quanto maior for o grau de não satisfação dos direitos restringidos (ou seja, quanto maior for o grau de restrição aos princípios que veiculam estes direitos), tanto maior terá que ser a importância constitucional da satisfação do princípio concretizado pela medida restritiva*"(68).

Isso justifica, inclusive, o próprio conceito oferecido por *Alexy* aos princípios jurídicos, como "*mandados de otimização diante das possibilidades fáticas e jurídicas ditadas pelos princípios opostos no caso concreto*", pois só o caráter principiológico de uma norma já desafiaria, necessariamente, o raciocínio da proporcionalidade: enquanto os subprincípios da adequação e da necessidade possibilitam aferir-se a "possibilidade fática" da máxima realização do princípio diante de outros princípios opostos, a proporcionalidade em sentido estrito, por sua vez, permite aferir-se a "possibilidade jurídica" de sua máxima realização, caso o conflito não tenha sido eliminado no plano da concordância prática, ou seja, da harmonização interpretativa(69).

Se num exame de adequação verifica-se que a medida adotada pelo Poder Público é inidônea à consecução do fim almejado, a medida será suprimida por vício de finalidade, deixando de existir o conflito inicial. Da mesma forma, se num exame de necessidade verifica-se a existência de uma medida alternativa não gravosa ao princípio em colisão, apta a concretizar na mesma intensidade a finalidade jurídica almejada, o conflito também deixa de existir, de modo que, em ambas as hipóteses, o princípio ameaçado pela medida suprimida ou substituída alcança, no plano das possibilidades fáticas, sua máxima realização.

Constitui exigência decorrente da unidade da Constituição que, nos casos concretos, o intérprete busque, prioritariamente, soluções interpretativas capazes de harmonizar as normas constitucionais no plano prático, antes de lhes atribuir um conflito somente passível de solução ponderada, ideia que se cristaliza no denominado "princípio da concordância prática".

Caso, no entanto, se constante no plano desta análise fática a idoneidade e a necessidade da medida restritiva do princípio jurídico, outra alternativa não restará senão a realização de uma "ponderação", aquele balanceamento de "proporcionalidade em sentido estrito", criteriosamente fundamentado, entre a importância da satisfação de cada um dos princípios em conflito, no caso concreto, a fim de encontrar-se aquele justo equilíbrio exigido pelo princípio do Estado de Direito.

O fundamento constitucional do princípio reside, portanto, na função distributiva do Direito, no princípio de justiça que lhe é ínsito, traçado na limitação do poder ao estritamente necessário à realização dos interesses da coletividade.

No Brasil, o princípio não tem sede em norma geral de direito escrito, mas trata-se de instituto inegavelmente positivado em nosso ordenamento jurídico, pois, segundo *Bonavides*,

> "[...] flui do espírito que anima em toda sua extensão e profundidade o § 2º do art. 5º, o qual abrange a parte não escrita ou não expressa dos direitos e garantias da Constituição, a saber, aqueles direitos e garantias cujo fundamento decorre da natu-

(68) *Idem, ibidem.*
(69) *Idem*, p. 112.

reza do regime, da essência impostergável do Estado de Direito e dos princípios que este consagra e que fazem inviolável a unidade da Constituição."[70]

A questão sobre o assento constitucional do princípio, acentua *Cristóvam*, ainda não constitui ponto pacífico na doutrina brasileira, especialmente porque a jurisprudência do STF tende a buscar o *status* constitucional da proporcionalidade na cláusula do devido processo legal, disposta no art. 5º, LIV, da Constituição, tomando este princípio em sinonímia com o "princípio da razoabilidade"[71].

A razoabilidade é um princípio de origem anglo-saxônica, formulado originalmente na Inglaterra como garantia de prévio contraditório aos atos restritivos de direitos individuais (*due processo of law*), e que nos Estados Unidos ganhou foro de garantia substantiva de direitos individuais (*substantive due process*), limitadora do exercício arbitrário do Poder Legislativo e da discricionariedade administrativa, num controle não apenas formal, mas também material de legalidade destes atos sob o prisma da justiça.

Até os anos 1930 o princípio foi utilizado pela Suprema Corte americana como verdadeiro bastião de defesa das liberdades individuais, invalidando leis que interferiam na economia ou que tutelavam as relações de trabalho, em impedimento direto à criação de um direito social no país. Mas a partir desse período, por força da política intervencionista do Presidente Franklin Roosevelt, o eixo do processo legal substantivo transferiu-se da defesa das liberdades econômicas para a defesa dos direitos fundamentais, passando aquela Corte Suprema a adotar critério mais rígido para o controle de constitucionalidade das normas que afetavam o exercício dos direitos fundamentais[72].

Na lição de *Sarmento*, os princípios da razoabilidade e da proporcionalidade, embora decorrentes de origens diversas, na prática são fungíveis, eis que almejam o mesmo fim, de coibir o arbítrio do Poder Público, invalidando leis e atos administrativos viciados por desvio de finalidade[73].

Não obstante, não se deve olvidar, como bem adverte *Cristóvam*, que entre os princípios reside uma diferença estrutural de aplicação, pois enquanto a razoabilidade esgota-se no exame de adequação entre os fins legais e os meios adotados para alcançá-los, a proporcionalidade vai além e se baseia em três níveis de exames que estruturam seu raciocínio procedimental em busca de um justo equilíbrio entre normas com conteúdo de ordenação *prima facie*[74].

Outro aspecto relevante do princípio da proporcionalidade diz respeito à sua ligação com o conteúdo essencial dos direitos fundamentais.

---

(70) BONAVIDES, Paulo. *Curso de direito constitucional. Op. cit.*, p. 436. Diz o § 2º do art. 5º da Constituição: "*Os direitos e garantias expressos nesta Constituição não excluem outros decorrentes do regime e dos princípios por ela adotados, ou dos tratados internacionais em que a República Federativa do Brasil seja parte.*"

(71) CRISTÓVAM, José Sérgio da Silva. *Colisões entre princípios constitucionais.* p. 195.

(72) SARMENTO, Daniel. *Ponderação de interesses na constituição federal.* p. 84-85.

(73) *Idem*, pp. 87. Nesse mesmo sentido: BARROSO, Luis Roberto. Os princípios da razoabilidade e da proporcionalidade no Direito Constitucional. *Cadernos de direito constitucional e ciência política.* São Paulo: Revista dos Tribunais, a.6, n. 23, 1998; BARROS, Suzana de Toledo. *O princípio da proporcionalidade e o controle de constitucionalidade das leis restritivas de direitos fundamentais.* Brasília: Brasília Jurídica, 1996. Para Celso Antônio Bandeira de Mello, a proporcionalidade nada mais é do que uma face da razoabilidade. Cf. MELLO, Celso Antônio Bandeira de. *Curso de direito administrativo.* p. 68.

(74) CRISTÓVAM, José Sérgio da Silva. *Colisões entre princípios constitucionais.* p. 196.

Conforme lição de *Alexy*, vista acima, o conteúdo essencial de um direito fundamental já constitui o resultado de uma ponderação, diante de um princípio que lhe seja oposto num caso concreto[(75)]. No entanto, se se compreender o sentido ou conteúdo essencial como objeto de uma regra constitucional ou como um elemento substantivo, autônomo, passível de uma identificação material anterior a qualquer ponderação, conforme parece entender a corrente doutrinária majoritária acerca do assunto[(76)], há que se concluir que a invasão do conteúdo essencial de um direito fundamental não diz respeito apenas a um desvio de proporcionalidade, mas à verdadeira lesão a uma outra máxima de interpretação constitucional, o "princípio da proibição de excesso", muito referido pela jurisprudência.

Afirma *Cristóvam* que a doutrina nacional, na sua ampla maioria, costuma estabelecer identidade entre a proporcionalidade e a proibição de excesso[(77)]. No entanto, para *Ávila*, esta não é a posição mais acertada, pois enquanto a proibição de excesso visa a impedir que o Poder Público, no exercício de suas atribuições, retire o mínimo de eficácia de um direito fundamental (o mínimo essencial), a proporcionalidade visa a impedir que a restrição ao direito fundamental seja desproporcional à importância do direito ou dos fins promovidos pelo ato estatal[(78)].

Portanto, nesta perspectiva que mais condiz com uma "teoria absoluta do núcleo essencial", a proibição de excesso protege o núcleo essencial do direito, enquanto o exame de proporcionalidade protege a máxima eficácia do direito fundamental em sua plenitude.

Nestes aspectos, inclusive, encontra-se a grande dificuldade no uso dos princípios da proporcionalidade e da proibição de excesso como veículos de controle de constitucionalidade material dos atos legislativos, na medida em que este controle implica definir-se os limites do poder de conformação discricionária do legislador. Se o extrapolamento arbitrário desta margem de conformação, pelo legislador, constitui violência aos direitos fundamentais, a invasão desmedida da sua margem de ação discricionária, pelo Poder Judiciário, constitui violação dos princípios democrático e da separação de poderes.

As próximas reflexões visam a verificar como a doutrina retrata esta dificuldade.

5.2.8. *Efeitos horizontais dos direitos fundamentais e constitucionalização material da ordem jurídica*

De acordo com a doutrina liberal clássica dos direitos fundamentais, estes direitos limitam-se à regência das relações públicas entre os indivíduos e o Estado, representando verdadeiros limites ao exercício do poder estatal.

No entanto, como observa *Robert Alexy*, a partir de 1958 uma decisão do Tribunal Constitucional alemão (caso Lüth) sinalizou para uma direção diferente, com base em três ideias: (1) as normas de direito fundamental contêm não só direitos subjetivos de defesa do

(75) ALEXY, Robert. *Teoría de los derechos fundamentales*. p. 106-109.

(76) Neste sentido, a doutrina de Ana Paula Barcellos, analisada no item 5.2.3, também encontrada em: BARROS, Suzana de Toledo. *O princípio da proporcionalidade e o controle de constitucionalidade das leis restritivas de direitos fundamentais*. Brasília: Brasília Jurídica, 1996; e BONAVIDES, Paulo. *Curso de direito constitucional*. p. 360.

(77) CRISTÓVAM, José Sérgio da Silva. *Colisões entre princípios constitucionais*. p. 215-216.

(78) ÁVILA, Humberto. *Teoria dos princípios*. p. 136-137.

indivíduo perante o Estado, mas também representam uma ordem objetiva de valores que, enquanto decisão jurídico-constitucional, vale para todos os âmbitos do Direito e proporciona diretrizes e impulsos para a legislação, a administração e a justiça, em todos os campos do ordenamento jurídico acerca das relações entre os particulares(79); (2) se os direitos fundamentais vinculam os três poderes como princípios ou valores, nesta qualidade os direitos fundamentais podem ser relevantes em qualquer assunto jurídico, expandindo-se por todas as área do Direito; e (3) como os valores ou princípios tendem a entrar em colisão, torna-se indispensável aos poderes públicos levar a cabo uma ponderação de bens e, neste caso, como uma ponderação incorreta pode vulnerar o direito fundamental, o Tribunal Constitucional deve oferecer tutela contra o ato que efetuou esta ponderação(80).

Trata-se de um fenômeno denominado de **constitucionalização material da ordem jurídica,** que se expandiu por todo o Direito romano-germânico, com base na "teoria da irradiação ou dos efeitos horizontais dos direitos fundamentais sobre as relações privadas". Esta teoria implica reconhecer-se uma dimensão objetiva dos direitos fundamentais, que visa a reproduzir nas relações privadas o mesmo nível de garantia destinada aos indivíduos pelos direitos fundamentais, o que é praticamente consensual no panorama romano-germânico, subsistindo dúvida (ou polêmica) apenas sobre a forma e a intensidade desta irradiação(81).

Tal polêmica insere-se no natural embate entre as concepções político-doutrinárias liberal e social do Estado. No extremo ambiente liberal dos Estados Unidos, por exemplo, prevalece a doutrina da "*state action*", segundo a qual a eficácia horizontal dos direitos fundamentais nas relações privadas causa sérias desordens sobre a liberdade individual ao submeter os indivíduos às limitações inerentes aos direitos fundamentais. Segundo esta doutrina, o fenômeno rebaixa a Constituição a uma ordem fundamental que tudo decide nas relações privadas, implicando um intenso dirigismo estatal que elimina completamente a autonomia da vontade, impedindo que os indivíduos possam deliberar sobre o modo como pretendem constituir suas relações(82).

Mas, no ambiente romano-germânico, vencida esta corrente ultraliberal, dedicaram-se a jurisprudência e a doutrina à discussão sobre o nível e a forma desta irradiação, formando-se correntes liberais, que reclamam maior restrição da irradiação, e correntes mais socializantes, que clamam pela máxima irradiação possível.

Três são as principais teorias nesta seara.

A **teoria da eficácia indireta dos direitos fundamentais** afirma que os direitos fundamentais não se irradiam diretamente sobre as relações privadas, porque isso exterminaria a autonomia da vontade, transformando o Direito Privado em mera concretização da Constituição. As normas de Direito Privado devem sofrer um influxo indireto dos valores objetivos inferidos dos direitos fundamentais, por meio de uma atuação legislativa, cabendo precipuamente ao legislador, e não ao juiz, ponderar entre os valores constitucionais em conflito com respeito à autonomia privada, o que confere maior segurança jurídica às relações privadas. Ao Estado-juiz somente caberia efetivar esta ponderação,

(79) ALEXY, Robert. *Teoría de los derechos fundamentales.* p. 507.

(80) *Idem*, p. 44-45.

(81) SARMENTO, Daniel. A vinculação dos particulares aos direitos fundamentais no direito comparado e no Brasil. In: BARROSO, Luis Roberto (Org.). *A nova interpretação constitucional:* ponderação, direitos fundamentais e relações privadas. Rio de Janeiro: Renovar, 2003. p. 197.

(82) *Idem*, p. 193-199.

excepcionalmente, diante da inexistência de lei a respeito da matéria, mas, ao aplicar as normas privadas sem considerar a ordem objetiva de valores constitucionais, incorreria em violação a estes direitos[(83)].

Já para a **teoria da eficácia direta dos direitos fundamentais**, os perigos que espreitam os direitos fundamentais na sociedade capitalista da atualidade não provêm apenas do Estado, mas também dos poderes sociais e econômicos em geral. A opção constitucional pelo Estado Social importa no reconhecimento desta realidade, o que exige a irradiação direta dos direitos fundamentais sobre a ordem jurídica infraconstitucional, independentemente da mediação do legislador. Isso pressupõe uma concepção da Constituição como ordem fundamental. Conforme adverte *Sarmento*, esta vertente não nega a necessidade de uma ponderação do direito fundamental em jogo com a autonomia privada dos particulares envolvidos no caso. Esta tese, defendida por *Canotilho*, é a corrente predominante em Portugal e Espanha, mas não é a vertente acolhida pelo Tribunal Constitucional alemão[(84)].

A terceira corrente é retratada pela **teoria do dever de proteção estatal aos valores fundamentais**, segundo a qual o Estado tem a obrigação não apenas de abster-se de violar os direitos fundamentais, mas também de protegê-los diante de lesões e ameaças provenientes de terceiros, inclusive de particulares. Isso se faz por meio de uma ação legislativa, em respeito ao princípio democrático, mas quando o legislador omite-se em promover esta irradiação ou a promove de forma inadequada, ao Judiciário cabe apenas exercer o controle de constitucionalidade da atuação do legislador. Parte-se do princípio, então, de que a conciliação entre autonomia privada e direitos fundamentais incumbe ao legislador e não ao Judiciário. A jurisprudência do Tribunal Constitucional alemão divide-se entre esta teoria e a teoria da irradiação indireta[(85)].

Numa análise da matéria à luz do sistema constitucional brasileiro, *Sarmento* registra que a Constituição de 1988 é intervencionista e social, com seu generoso elenco de direitos sociais e econômicos (arts. 6º e 7º)[(86)], voltada para a promoção da igualdade substantiva, de forma que o *standard* normativo do Estado brasileiro, mesmo após as reformas constitucionais ditadas pela doutrina política neoliberal da década de 1990, continua sendo o de um Estado comprometido com a justiça social e com a igualdade substantiva:

> "Trata-se de uma Constituição que indica, como primeiro objetivo fundamental da República, 'construir uma sociedade livre, justa e solidária' (art. 3º, I, CF) e que não se ilude com a miragem liberal de que é o Estado o único adversário dos direitos fundamentais."[(87)]

Daí por que, na visão do autor, o sistema constitucional brasileiro não apenas se distancia da posição extremamente liberal prevalecente nos Estados Unidos, como ainda avança mais do que a Constituição alemã, a qual não consagra direitos fundamentais diri-

---

(83) Segundo Daniel Sarmento, *idem*, p. 214, esta é a posição defendida por Konrad Hesse, in: HESSE, Konrad. *Derecho constitucional e derecho privado.* Trad. Ignácio Gutiérrez. Madrid: Cuadernos Civitas, 1995. p. 60-61.

(84) *Idem*, p. 220-236.

(85) *Idem*, p. 236-239.

(86) *Idem*, p. 245.

(87) SARMENTO, Daniel. *Os direitos fundamentais nos paradigmas liberal, social e pós-social* (pós-modernidade constitucional?). p. 402.

gidos contra atores privados (salvo quanto ao direito de liberdade sindical), enquanto a Constituição brasileira, em seu art. 7º, confere direitos fundamentais aos trabalhadores, exercitáveis contra o empregador, um particular. A Constituição brasileira consagra um imenso rol de direitos sociais, enquanto a Lei Fundamental de Bonn apenas enuncia genericamente o princípio do Estado Social, sem enunciar diretamente nenhum direito social ou econômico[(88)].

A constitucionalização do Direito Privado no Brasil, afirma *Sarmento*, sequer é uma opção interpretativa, pois foi o próprio legislador constituinte que optou por disciplinar em linhas gerais inúmeros institutos do Direito Privado, como a família e a propriedade[(89)], submetendo seu exercício, inclusive, a uma função social que constitui princípio da ordem econômica (Constituição, art. 170, III).

Neste diapasão, com base em forte doutrina nacional e na análise de casos junto ao STF, conclui o autor que a irradiação direta dos direitos fundamentais sobre as relações privadas no Brasil já é uma realidade consolidada, embora as decisões judiciais nesse sentido não se apoiem em nenhuma fundamentação teórica que dê lastro à filiação a qualquer corrente específica de pensamento sobre a matéria[(90)]. As decisões, diz o autor, parecem basear-se mais numa intuição de justiça dos juízes do que numa argumentação dogmática sólida[(91)].

Duas ideias, por fim, marcam o pensamento desta doutrina, devendo ficar vincadas para utilização em momento posterior: (1) a aplicação dos direitos fundamentais às relações privadas depende sempre de uma ponderação com o princípio da autonomia da vontade, ponderação que deve ser feita prioritariamente pelo legislador, mas, não havendo regra legal a respeito, ou sendo esta inadequada, ao juiz cabe promover a incidência direta ou o controle de constitucionalidade sobre o ato legislativo; e (2) quanto maior for a desigualdade fática na relação entre os particulares, mais intensa será a proteção aos direitos fundamentais em jogo, e menor a tutela à autonomia da vontade, especialmente no âmbito das relações reconhecidamente desiguais, como a relação de consumo e a relação de trabalho[(92)].

5.2.9. Ponderação e controle de constitucionalidade

Como se vê, a discussão central em matéria de controle de constitucionalidade na atualidade reside em saber qual o limite da discricionariedade do legislador para, em suas medidas legislativas, proceder à ponderação entre os valores constitucionais em conflito, principalmente em face da irradiação dos direitos fundamentais sobre as relações privadas. Isso implica a necessidade de se ponderar entre a consequência imposta pelo direito fundamental e a preservação do princípio da autonomia da vontade.

Alexy refere-se à crítica mordaz de *Carl Schmitt* (1967) contra a constitucionalização material da ordem jurídica, no sentido de que, com a transformação dos direitos fundamentais em valores objetivos normativamente impostos à legislação ordinária, a Constituição

---

(88) SARMENTO, Daniel. A vinculação dos particulares aos direitos fundamentais no direito comparado e no Brasil. p. 245-246.
(89) *Idem*, p. 254.
(90) *Idem*, p. 260.
(91) *Idem*, p. 271-274.
(92) *Idem, ibidem.*

perderia o caráter de "ordem marco" (a Constituição que institui o catálogo de direitos fundamentais e as normas de organização do Estado, reservando as demais decisões ao livre jogo do processo democrático) e se converteria numa "ordem fundamental" do ente social, que contém todo o ordenamento jurídico; a Corte Constitucional estaria obrigada a implementá-la mediante decisões obtidas por meio da ponderação e o processo político democrático perderia consideravelmente seu significado, com o trânsito do Estado de legislação parlamentar para o Estado jurisdicional (fenômeno denominado de "sobreconstitucionalização")[(93)].

Entende *Alexy*, no entanto, em apertada síntese, que este prognóstico não se confirma, na medida em que se faz possível estabelecer uma constitucionalização adequada através de uma "dogmática das margens de ação" (ou margens de configuração, valoração ou apreciação, terminologias indistintamente usadas pela Corte Suprema alemã), utilizando-se dos próprios elementos inerentes à estrutura dos princípios constitucionais: por meio da ponderação de princípios, fundada na proporcionalidade, é possível definir-se, em um extremo, aquilo que a Constituição ordena; no outro extremo, aquilo que ela proíbe; e entre estes dois polos, aquilo que ela reserva à deliberação democrática do legislador[(94)].

Acredita *Alexy* que desta forma é possível conciliar-se a ideia da Constituição como uma "ordem marco" com a ideia da Constituição como uma "ordem fundamental", desde que esta ordem fundamental não seja entendida no sentido "quantitativo" atribuído por *Schmitt*, de uma Constituição que já decide tudo previamente e somente deixa ao legislador uma tarefa interpretativa, meramente reveladora da sua vontade, pois isto seria contraditório com o princípio democrático. É possível a conciliação se a ordem fundamental for entendida no sentido "qualitativo", ou seja, uma Constituição que resolve as perguntas fundamentais da comunidade — e nesse espaço é uma "ordem fundamental" —, mas que deixa outras questões sem resolver — e nesse espaço é uma "ordem marco".

A ideia de *Alexy* funda-se basicamente em que, por meio do processo de ponderação, é possível aferir-se se o legislador, ao editar regras jurídicas infraconstitucionais em espaço de conflito principiológico (*v.g.*, uma regra que vise a limitar a venda de cigarros, em razão dos males que o tabaco causa à saúde, ensejando conflito entre a garantia da livre iniciativa do produtor e a garantia de proteção à saúde pública), agiu com equilíbrio entre o nível de proteção ao princípio realizado (proteção à saúde) e o nível da restrição imposta ao princípio oposto (a livre iniciativa).

Este raciocínio, num tipo ideal elementar, pode resultar em três possibilidades no contexto deste exemplo oferecido por *Alexy*: (1) se o princípio constitucional (da saúde pública) é altamente concretizado com o mínimo possível de restrição ao princípio oposto (da livre iniciativa), então a medida legislativa é, não apenas possível, mas ordenada pela Constituição; (2) se o princípio constitucional (da saúde pública) é realizado em nível muito leve, com resultado pouco importante, mas a medida implica uma restrição altíssima ao princípio oposto (da livre iniciativa), a medida legislativa é, de plano, proibida pela Constituição; mas, (2) se entre o nível de proteção ao princípio constitucional realizado pela regra legal (da saúde pública) e o nível de restrição imposta ao princípio oposto (da

(93) ALEXY, Robert. Derecho constitucionale e derecho ordinario: jurisdiccione constitucionale e jurisdiccione ordinaria. p. 50-51.
(94) *Idem*, p. 54-70.

livre iniciativa) há um equilíbrio, neste espaço de equilíbrio a Constituição reserva ao legislador a margem de ação para determinar a solução normativa que considerar adequada[95].

Neste espaço de equilíbrio, em que há um tipo de empate ou de compatibilidade entre os níveis de promoção e restrição dos princípios opostos (a que *Alexy* denomina de margem de ação estrutural), a Constituição autoriza o legislador a adotar as medidas legislativas que entender adequadas sobre os princípios em conflito, cabendo a ele ponderar se adota, e de que forma.

O quadro a seguir esquematiza o raciocínio exposto:

Tabela 2 — Margem de ação do legislador ordinário

Altíssima realização de um princípio com mínima restrição a outros princípios	Realização de um princípio em nível compatível com a restrição a outro ou outros princípios	Mínima realização de um princípio com altíssima restrição a outro ou outros princípios
A Constituição ordena (necessário)	MARGEM DE AÇÃO DISCRICIONÁRIA DO LEGISLADOR	A Constituição proíbe (impossível)
Constituição como "ordem fundamental"	Constituição como "ordem marco"	Constituição como "ordem fundamental"

Importa compreender, neste passo, como deve ser solucionado eventual conflito entre a regra jurídica, constitucional, ou mesmo a produzida pelo legislador ordinário, e um princípio constitucional.

5.2.10. Princípios e regras no Estado Democrático

Buscando traçar parâmetros para uma interpretação constitucional, *Barcellos* sustenta que em tal situação as regras jurídicas têm preferência sobre os princípios.

Afirma a autora que há um consenso de que a ordem jurídica está a serviço de dois valores principais, a segurança (estabilidade e previsibilidade das relações sociais) e a justiça substancial. Quanto maior for o espaço deixado ao intérprete para realizar justiça no caso concreto, maior será a possibilidade de arbítrio e ameaça para a isonomia e a previsibilidade; quanto maior for a busca pela segurança e total previsibilidade das decisões do intérprete, retirando-lhe a liberdade de adaptação às especificidades do caso, maior será a possibilidade de que estas decisões sejam injustas[96].

Portanto, a harmonia de um sistema jurídico pressupõe o equilíbrio entre segurança e justiça e, neste sentido, princípios e regras, com suas diferentes estruturas e funções, desempenham um importante papel na manutenção desse equilíbrio: as regras conferem maior segurança, na medida em que veiculam efeitos jurídicos determinados, pretendidos pelo legislador de forma específica, contribuindo para a maior previsibilidade do ordenamento

(95) *Idem,* p. 67. O autor utiliza o exemplo mencionado para demonstrar que é possível estabelecer graus de ordenação entre os níveis de intensidade da realização de um princípio e os níveis de restrição a outros princípios, para viabilizar o raciocínio da ponderação.

(96) BARCELLOS, Ana Paula. Alguns parâmetros normativos para a ponderação constitucional. p. 78.

jurídico, e os princípios permitem segurança com justiça, na medida em que possibilitam maior adaptação do sistema normativo às infinitas possibilidades do caso concreto(97).

Mas o equilíbrio do sistema, continua *Barcellos*, não depende apenas da existência de regras e princípios, senão também que estas normas sejam manipuladas com respeito às suas diferentes funções e características. Os princípios devem ser ponderados, não as regras, pois estas já constituem o resultado de um processo de concretização legislativa de fins ou valores veiculados em princípios. A ponderação de regras fragiliza a estrutura do Estado de Direito, que exige segurança e previsibilidade, e fragiliza o princípio democrático, na medida em que se minimiza a vigência a uma regra jurídica que é fruto de uma deliberação do legislador democraticamente eleito(98).

Além disso, para a autora, há outra importante relação entre as estruturas de regras e princípios e a natureza da Constituição democrática: esta Constituição procura estabelecer, por meio de suas regras constitucionais, certos consensos mínimos colocados a salvo das deliberações majoritárias; por outro lado, mantendo princípios sem regras que lhe concretizem, procura preservar condições para o desenvolvimento do pluralismo político, de modo a que a cada momento histórico o povo possa fazer as escolhas que entender por bem. Caberá ao Legislativo e ao Executivo, no exercício de suas competências constitucionais, formular as opções que darão conteúdo a estes princípios(99).

Alexy não destoa substancialmente desta solução de precedência das regras sobre os princípios, também por considerar que as regras já contêm determinações concretizadoras de princípios, embora não descarte a possibilidade de que, em certas situações, razões apresentadas por um princípio contraposto sejam tão fortes que prevaleçam sobre razões que determinaram a edição de uma regra(100).

Ávila, por fim, traz a posição que melhor equaciona o debate, pois entende precedente a regra em relação ao princípio jurídico, desde que a regra se situe, ou no mesmo nível hierárquico-normativo do princípio, ou em nível superior.

O autor exemplifica com uma decisão do STF, em que a ação foi extinta por impossibilidade jurídica do pedido, considerando-se que não se poderia afastar regras constitucionais por violação de princípios, já que as regras constituem a concretização definitória do princípio, escolhida pelo Poder Constituinte Originário. O Poder Constituinte, afirma o Supremo, é livre para fixar os limites de um princípio constitucional, já que "*quem é livre para fixar um princípio também o é para impor-lhe exceções*"(101).

5.2.11. Parâmetros para uma argumentação racional no paradigma hermenêutico pós-positivista

Entre a busca por segurança e estabilidade jurídica, que justifica a noção de Estado de Direito, e o anseio pela construção de um Direito comprometido com os ideais de justiça

(97) *Idem*, p. 78-79.
(98) *Idem, ibidem.*
(99) *Idem, ibidem.*
(100) ALEXY, Robert. *Teoría de los derechos fundamentales*.p. 135.
(101) ÁVILA, Humberto. *Teoria dos princípios*. p. 106-107. O autor refere-se à decisão proferida na ADIn 815 do Supremo Tribunal Federal, na qual o Estado do Rio Grande do Sul aguiu inconstitucionalidade de uma regra da Constituição que versa sobre a proporcionalidade de representação no Congresso Nacional em face do próprio princípio federativo.

que alimentam a noção de democracia substancial, os riscos que oferecem as alternativas extremas só se amenizam no plano intermédio da ponderação e da proporcionalidade.

Por um lado, como reconhece *Alexy*, a ponderação não é um procedimento comprometido com uma única resposta correta, no sentido exato e matemático, mas nem por isso deixa de ser um procedimento racional, passível de uma "justificação correta", pois não deve ser resultado de um processo psíquico racionalmente incontrolável, mas de um processo de fundamentação que não se diferencia da fundamentação das regras semânticas estabelecidas para dar maior precisão a conceitos vagos(102).

Não interessa a importância que alguém atribua a este ou àquele elemento a ser ponderado, afirma *Alexy*, mas a importância que se deve conceder a eles reciprocamente, conforme o Direito. E neste ponto o procedimento de ponderação exerce seu relevante papel interpretativo no âmbito da nova hermenêutica, pois não cria uma pauta sobre a qual os casos devam ser decididos, mas proporciona "critérios" ao dizer o que precisa ser racionalmente fundamentado(103).

A este respeito, *Barroso* apresenta três parâmetros elementares de controle da argumentação que, a despeito da simplicidade, auxiliam a compreender o espírito da nova hermenêutica: (1) a argumentação jurídica deve ser capaz de apresentar fundamentos normativos, pois no Estado Democrático de Direito não cabe ao Judiciário impor condutas somente amparadas no bom senso e no sentido de justiça pessoal, mas há que se decidir com fundamento nas normas jurídicas, preservando-se o caráter jurídico da argumentação, com recurso ao mais amplo número de normas jurídicas possíveis; (2) os critérios utilizados na decisão devem ser passíveis de universalização, por força de um imperativo de isonomia, pois quanto mais um critério utilizado na solução de um caso puder ser transformado em regra geral para situações semelhantes, mais intensamente atenderá à expectativa de isenção e impessoalidade que é ínsito à noção do Estado de Direito; e (3) a interpretação deve guiar-se por dois conjuntos de princípios: o primeiro conjunto composto de princípios instrumentais de interpretação constitucional, e o segundo composto dos princípios constitucionais materiais centrais, que trazem a carga axiológica e finalística da ordem constitucional(104).

Os "princípios instrumentais" de interpretação constitucional, afirma *Barroso*, constituem premissas conceituais, metodológicas ou finalísticas que devem anteceder a solução

---

(102) ALEXY, Robert. *Teoria da argumentação jurídica:* a teoria do discurso racional como teoria da justificação jurídica. Trad. Zilda Hatchinson Schild Silva. São Paulo: Landy, 2001. p. 157-159. Ao admitir que a ponderação não conduz a uma única resposta exatamente correta, Alexy afasta-se da perspectiva hermenêutica de Dworkin, para quem sempre há uma única resposta correta para os casos jurídicos. Afirma Alexy que a questão da racionalidade da fundamentação jurídica conduz à questão da fundamentabilidade racional dos juízos práticos gerais ou dos juízos morais. Diz que esta discussão ética atual, metodologicamente orientada pela lógica moderna e, quanto ao conteúdo, orientada fortemente pelas ideias de Kant, tem mostrado que certamente não são possíveis teorias morais materiais que deem uma única resposta, com certeza intersubjetivamente concludente, a cada questão moral, mas que são possíveis teorias morais procedimentais que formulam regras ou condições da argumentação ou da decisão prática racional, tal como a sua teoria do discurso prático racional, apresentada na obra acima referida.

(103) ALEXY, Robert. *Teoría de los derechos fundamentales*. p. 160-167.

(104) BARROSO, Luis Roberto; BARCELLOS, Ana Paula de. O começo da história: a nova interpretação constitucional e o papel dos princípios no direito brasileiro. p. 487-490.

concreta da questão e, embora não estejam expressamente previstos nos enunciados da Constituição, são reconhecidos pela doutrina e jurisprudência[105]. São eles:

a) **Princípio da supremacia da Constituição:** trata-se do principal traço distintivo da Constituição, revelador da sua posição hierarquicamente superior no ordenamento jurídico, que impõe a prevalência das suas normas e constitui critério de legitimidade de todas as demais normas do sistema jurídico. Aqui reside a justificação do controle de constitucionalidade.
b) **Princípio da presunção de constitucionalidade das leis e atos do Poder Público:** a Constituição contém o código de conduta dos três Poderes estatais, de modo que o Poder Judiciário não é o único intérprete da Lei Maior, mas apenas o último intérprete, a quem cabe a interpretação definitiva. Daí por que deve manter uma atitude de deferência para com a interpretação levada a efeito pelos dois outros Poderes estatais, em respeito à autonomia e harmonia que entre eles a Constituição impõe. Portanto, um ato normativo somente deve ser declarado inconstitucional quando a invalidade for patente e não for possível decidir com base em outro fundamento.
c) **Princípio da interpretação conforme a Constituição:** em face da confluência dos dois princípios anteriores, o aplicador da norma infraconstitucional, diante de mais de uma interpretação possível, deverá prestigiar aquela que se compatibilize com a Constituição, ainda que não seja a que mais obviamente decorra do seu texto. Como técnica de controle de constitucionalidade, consiste numa ação de "correção e preservação do texto da lei ordinária", mediante a declaração de inconstitucionalidade de uma certa interpretação contrária à Constituição, sem redução de texto.
d) **Princípio da unidade da Constituição:** trata-se, como visto anteriormente, de uma unidade normativo-hierárquica. Como não existe hierarquia entre as normas da Constituição (regras e princípios), ao intérprete impõe-se harmonizar os comandos que tutelam valores ou interesses contrapostos "no caso concreto", de forma a obter, sempre que possível, a "concordância prática" entre estas normas. Somente diante da impossibilidade desta harmonização deverá ser reconhecida a existência de um conflito normativo passível de ponderação. Na ponderação, como também restou apreciado, a unidade da Constituição guiará a uma solução que preserve, ao máximo possível, a efetividade de ambas as normas.
e) **Princípio da proporcionalidade (ou da razoabilidade):** também estudado nos escritos anteriores, trata-se do raciocínio específico do procedimento de ponderação, em que os atos do Poder Público são analisados em sua adequação, necessidade e proporcionalidade em sentido estrito, a fim de verificar-se a sua compatibilidade com o fim institucional a que se destina.
f) **Princípio da efetividade:** efetividade significa, conforme *Barroso*, a realização do Direito, a atuação prática das normas, fazendo valer no mundo dos fatos os valores por ela tutelados. Traduz a aproximação entre o dever-ser e o ser da realidade social. Desta forma, entre as alternativas plausíveis de interpretação, deve-se prestigiar aquela que preserve a força normativa da Constituição, evitando-se

(105) *Idem*, p. 493-494.

soluções que se refugiem no argumento da não-aplicabilidade da norma ou de ocorrência de omissão do legislador[106].

Por fim, conforme preleciona *Canotilho*, "*a articulação de princípios e regras constitucionais (...) iluminará a compreensão da Constituição como um sistema interno assente em princípios estruturantes fundamentais*", os quais, por sua vez, assentam em subprincípios e regras constitucionais concretizadoras destes mesmos princípios[107].

Neste sentido, a classificação oferecida por *Barroso* aos "princípios constitucionais materiais", em: (1) **princípios fundamentais:** aqueles que expressam as decisões políticas no âmbito do Estado e que, portanto, oferecem sua estrutura essencial, definindo a forma, o regime e o sistema de governo, bem como a forma de Estado, resultando destas decisões a configuração básica da organização do poder político, os objetivos e fundamentos da República, a exemplo do princípio republicano (Constituição, art. 1º, *caput*), princípio federativo (art. 1º, *caput*), princípio do Estado Democrático de Direito (art. 1º, *caput*), princípio da separação de Poderes (art. 2º), princípio dos valores sociais do trabalho e da livre iniciativa (art. 1º, IV) etc.; (2) **princípios gerais:** são importantes especificações dos princípios fundamentais, com menor grau de abstração, a exemplo de todos os princípios de garantias fundamentais inferidos do art. 5º da Constituição; e (3) **princípios setoriais:** assim considerados aqueles que presidem um determinado conjunto de normas afetas a determinado tema, a exemplo dos princípios relativos à administração pública, como os princípios da legalidade, impessoalidade, moralidade, publicidade e eficiência, expressamente previstos no art. 37, *caput*, da Constituição[108].

Todas estas categorias constituem, enfim, parâmetros a serem observados na fundamentação dos juízos normativos formulados pelo intérprete, como premissa de correção da justificação. No entanto, antes mesmo deste momento final da interpretação, em que os fatos já foram identificados e as normas aplicáveis já foram selecionadas, adverte *Barroso*, a teoria da argumentação já suscita um dos maiores problemas relativos à racionalidade do discurso de justificação, e que diz respeito à seleção destes fatos e enunciados normativos[109].

Que critérios devem orientar o intérprete a dar relevância jurídica a determinados fatos, ou que normas são pertinentes para a solução do conflito, são questões muito mais graves quanto maior for a liberdade concedida ao intérprete.

Ao tratar da eficácia dos princípios jurídicos, *Ávila* propõe que os princípios possuem uma "eficácia externa seletiva", no sentido de oferecer ao intérprete parâmetros constitucionais para selecionar os eventos que se situam no centro dos interesses protegidos pelas normas jurídicas: "*pertinente será o evento cuja representação factual seja necessária à identificação de um bem jurídico protegido por um princípio constitucional*"[110].

Trata-se, para o autor, de um procedimento retro-operativo no qual, identificado o bem jurídico sobre o qual a decisão deve versar, identificam-se as normas (princípios e regras) que lhe sejam aplicáveis (esta é uma decisão do intérprete), mas estas normas é

---

(106) *Idem*, p. 493-497.

(107) CANOTILHO, J. J. Gomes. *Direito constitucional e teoria da constituição*. p. 1.047.

(108) BARROSO, Luis Roberto; BARCELLOS, Ana Paula de. O começo da história: a nova interpretação constitucional e o papel dos princípios no direito brasileiro. p. 497-499.

(109) *Idem*, p. 490.

(110) ÁVILA, Humberto. *Teoria dos princípios*. p. 100.

que, por sua vez, determinarão os fatos pertinentes, mediante uma "leitura axiológica" do material fático(111).

Daí que, nesta altura, centrada a abordabem na análise dos limites constitucionais da terceirização no serviço público, a investigação deve encaminhar-se para sua fase crucial por meio de uma averiguação sobre os bens jurídicos, as normas jurídicas e os fatos relevantes para uma interpretação constitucional do fenômeno.

5.3. *A SELEÇÃO DOS ELEMENTOS CONSTITUCIONAIS INTERPRETATIVOS DA TERCEIRIZAÇÃO NO SERVIÇO PÚBLICO*

Em assunto de terceirização na iniciativa privada, como ocorre com as questões de maior impacto social, a jurisprudência dos tribunais trabalhistas tem constituído no Brasil o material empírico-dogmático que melhor revela o real composto jurídico do fenômeno, formulado numa integração complexa de elementos reciprocamente conflituosos: os seus fundamentos de legitimidade social, fincados na necessidade de adaptação da economia produtiva nacional aos novos métodos de organização empresarial flexível, e as suas diferentes repercussões deletérias, imanentes ou circunstanciais, sobre relevantes interesses jurídicos dos trabalhadores e da sociedade.

Com a terceirização no serviço público ocorre idêntico fenômeno. Na medida em que a intensa terceirização praticada no interior da administração pública desencadeia a formação de milhares de contratos de emprego com todas as implicações próprias do fenômeno terceirizante, os impactos desta terceirização sobre a proteção jurídica dos trabalhadores terceirizados retratam-se nas milhares de lides por eles ajuizadas perante a Justiça do Trabalho, na maioria das vezes em busca da responsabilidade patrimonial do órgão ou ente público contratante da empresa empregadora, em face da inidoneidade financeira desta empresa para o cumprimento dos direitos rescisórios.

A partir da década de 1990, munido das novas atribuições que lhe foram acometidas pela Constituição de 1988, o MPT iniciou um aguerrido esforço voltado a coibir as terceirizações lesivas aos interesses jurídicos dos trabalhadores. Tanto as terceirizações ilícitas praticadas pela iniciativa privada quanto as praticadas pelo setor público tornaram-se objeto de intensa atuação repressiva, seja por meio dos termos de compromisso de ajustamento de conduta, ou por meio de ações civis públicas ajuizadas perante a Justiça do Trabalho em caso de resistência ao ajustamento espontâneo.

A questão da terceirização no serviço público, especificamente, por suas complexas implicações a direitos individuais, coletivos e difusos da massa trabalhadora, além dos demais interesses sociais envolvidos, tomou tão acentuada importância no âmbito das atribuições do MPT, que passou a ser objeto de um tratamento articulado no âmbito de uma de suas coordenadorias nacionais, a Coordenadoria Nacional de Combate às Irregularidades Trabalhistas na Administração Pública (Conap)(112). Inúmeros são os termos de compromis-

(111) *Idem*, p. 100.

(112) A Orientação n. 01 da Conap dispõe sobre o tema da terceirização no serviço público, prevendo que "*o Ministério Público do Trabalho é parte legítima para investigar e processar na Justiça do Trabalho questões que envolvam a terceirização irregular na administração pública, independentemente da existência de regime jurídico para o provimento dos cargos efetivo objetos da terceirização*". Cf. Ministério Público do Trabalho. Procuradoria

so de ajustamento de conduta firmados e de ações civis públicas ajuizadas, em todo o país, contra entidades públicas, com vistas à cessação de terceirizações lesivas à ordem jurídica.

Dentre as inúmeras atuações do MPT nesta área, duas chamam a atenção por sua abrangência: (1) a ação civil pública em que se firmou com a União um acordo judicial no sentido de não mais contratar cooperativas de trabalho para prestação de serviços terceirizados em sua atividade-fim ou atividade-meio, quando o labor, por sua natureza, demandar prestação em estado de subordinação ao Poder Público ou à própria cooperativa(113); e (2) outra ação civil pública já referida no Capítulo 3, ajuizada também em face da União, na qual esta se comprometeu, em acordo judicial, a somente efetuar contratações de serviços terceirizados nas hipóteses previstas no art. 1º do Decreto n. 2.271/1997 (atividades acessórias, instrumentais ou complementares às competências dos órgãos públicos), e a rescindir gradativamente todos os contratos de terceirização firmados fora destes parâmetros, mediante a substituição dos respectivos trabalhadores terceirizados por servidores admitidos mediante concurso público, sob pena de multa no valor de mil reais por cada trabalhador terceirizado de forma irregular, reversível ao Fundo de Amparo ao Trabalhador(114).

Ademais, diversas são as ações civis públicas ajuizadas contra entes da administração pública direta e indireta, nas quais, após exaustivos confrontos argumentativos, são proferidas decisões que delineiam os limites da terceirização permitida no âmbito da entidade demandada, determinando a cessação da prática ilícita, diante dos elementos fáticos e jurídicos de interesse no caso concreto.

No Capítulo 4 viu-se que a jurisprudência sumulada do TST (Súmula n. 331), influenciada pela legislação mais antiga sobre a terceirização no serviço público (Lei n. 5.645/1970), influenciou, por sua vez, a legislação mais recente sobre a matéria no âmbito federal (Decreto n. 2.271/1997) e continua influenciando diretamente os Tribunais de Contas na fixação dos limites de legalidade das terceirizações praticadas pelos entes públicos estaduais e municipais.

É a jurisprudência, destarte, e não a lei, que melhor apanha o fenômeno da terceirização na tensa dinâmica do mundo dos fatos, decompondo-o em seus diversos elementos e revelando que o problema da terceirização, para o Direito, seja no espaço público ou privado, é sempre o problema da sua medida.

Ademais, inconteste é a posição central da jurisprudência no pensamento jurídico moderno, em face do caráter problemático do pensamento hermenêutico em voga. Não por

---

Geral do trabalho. Coordenadoria Nacional de Combate às Irregularidades Trabalhistas na Administração Pública. Ata da Reunião de 9.3.2004. Disponível em: <http://pgt.mpt.gov.br/pgtgc/> Acesso em 11.2.2008.

(113) Este acordo judicial foi firmado nos autos da ação civil pública ajuizada pelo Ministério Público do Trabalho em face da União, Processo n. 01082.2002.020.10.00-0, 20ª Vara do Trabalho de Brasília — DF. Por meio dele, a União compromete-se a "*abster-se de contratar trabalhadores, por meio de cooperativas de mão-de-obra, para a prestação de serviços ligados às suas atividades-fim ou meio, quando o labor, por sua própria natureza, demandar execução em estado de subordinação, quer em relação ao tomador, ou em relação ao fornecedor dos serviços, constituindo elemento essencial ao desenvolvimento e à prestação dos serviços terceirizados*", sob pena de multa por cada trabalhador encontrado em situação irregular. Cf. Tribunal Regional do Trabalho da 10ª Região. Processo 01082.2002.020.10.00-0. Disponível em: < http://www.trt10.gov. br/index.> Acesso: em 11.2.2008.

(114) Tribunal Regional do Trabalho da 10ª Região. Processo 00810-2006-017-10-00-7. Disponível em: <http://www.trt10. gov.br/index.php> Acesso em: 11.2.2008. O Fundo de Amparo ao Trabalhador, criado pela Lei n. 7.998/1990, destina-se, especialmente, ao pagamento do seguro-desemprego e de um abono salarial anual aos trabalhadores com renda mensal de até dois salários mínimos.

outra razão, *Alexy*, um dos maiores arautos deste pensamento na atualidade, entende que a Ciência do Direito deve ser concebida primeiramente como uma disciplina prática.

A pergunta central da Ciência do Direito, para *Alexy*, é "*o que é devido nos casos concretos ou imaginados*", cuja resposta irá depender da forma como, em torno do fenômeno aqui abordado, se relacionam e se integram aquelas três dimensões da dogmática jurídica: a empírica, a analítica e a normativa. A jurisprudência constitui, ao lado da norma estatal heterônoma, um dos elementos empíricos centrais da dogmática jurídica. O que em cada caso concreto é concebido como juridicamente devido na dimensão normativa, determina-se pela forma como ela se relaciona com as demais — a empírica e a analítica.(115)

Assim é que, a partir da análise de argumentos colhidos em decisões paradigmáticas da Justiça do Trabalho e de Tribunais de Contas, em processos relativos ao controle de legalidade da terceirização no serviço público, deverão ser aqui identificados: (1) os bens jurídicos mais afetados pela prática da terceirização; (2) as normas jurídicas (regras e princípios) mais constantemente invocadas no trato da matéria; e (3) os fatos mais relevantes na análise dos casos concretos.

Com os dados colhidos nesta análise será possível aferir-se se a questão tem sido tratada na plenitude de suas implicações aos bens jurídicos protegidos pelos princípios e regras da Constituição referidos à matéria.

5.4. ANÁLISE DE CASOS: PARADIGMAS ARGUMENTATIVOS

Caso um. A primeira análise será feita em caráter hipotético, tomando como paradigma uma típica ação trabalhista individual promovida por trabalhador terceirizado em atividade-meio contra seu empregador e, simultaneamente, contra o ente público de Direito Público ou Privado, indistintamente, contratante do serviço terceirizado(116).

Esta ação, em regra, versa sobre o pagamento de direitos trabalhistas inadimplidos no curso do contrato de trabalho, como remuneração de horas extraordinárias trabalhadas, férias, décimo terceiro salário, fundo de garantia do tempo de serviço, adicionais de insalubridade ou periculosidade, além de direitos decorrentes da rescisão do contrato de trabalho, como aviso prévio indenizado, multa por despedida sem justa causa etc., tudo acompanhado do pedido de condenação do ente público tomador dos serviços, na qualidade de responsável patrimonial subsidiário, na forma da Súmula n. 331, IV, do TST.

Em grande parte das vezes, ou a empresa empregadora sequer é encontrada para responder à lide, por haver-se evadido, ou responde à demanda completamente destituída de patrimônio para satisfazer o pagamento final do débito a que é condenada. Portanto, o ajuizamento desta ação está, em regra, determinado pela inidoneidade econômica da empresa terceirizada.

Nesta situação, o ente público demandado geralmente invoca o já estudado art. 71, § 1º, da Lei n. 8.666/1993, sustentando a ausência de responsabilidade da administração pública pelo pagamento das verbas trabalhistas devidas pela empresa contratada. A decisão comumente afasta a aplicação do referido dispositivo com base no inciso IV da Súmula n. 331 do TST, ao argumento da responsabilidade objetiva da administração pública pelos danos que

(115) ALEXY, Robert. *Teoría de los derechos fundamentales.* p. 33-34.

(116) Situação concreta que se alinha a esta hipótese pode ser encontrada in: Tribunal Regional do Trabalho da 3ª Região. Processo 00615-2006-046-03-00-0. DJ 29.9.2007. Disponível em: <http://mg.trt.gov.br/ jurisprudencia> Acesso em: 11.2.2008.

seus agentes causam a terceiros, imputando-lhe culpa *in eligendo* e *in vigilando* por omissão em bem escolher e bem fiscalizar a empresa contratada (Constituição, art. 37, § 6º).

Aplicando a Súmula n. 331, a decisão paradigmática acaba por conceder ao trabalhador postulante o direito de executar o ente público tomador dos serviços para satisfação de suas verbas. Em se tratando de pessoa jurídica de Direito Público, esta execução segue o procedimento do precatório previsto no art. 100 da Constituição(117).

Observe-se, como anota *Catharino*, que esta responsabilidade patrimonial prevista na Súmula n. 331 constitui norma de nítido caráter processual, ou, como diz, é uma "*responsabilidade (...) sob condição processual*"(118), tendo em vista tratar-se de "benefício executório" instituído em favor do trabalhador-credor, caso, ajuizada a demanda contra o empregador inadimplente (e, por isso, certamente, após a cessação do vínculo de trabalho), o ente público seja chamado à relação processual e seja condenado.

A Súmula foi formulada para dar solução a esta típica lide individual, com objeto estritamente patrimonial, quando não mais existem condições para imputar-se ao empregador inadimplente, ou mesmo ao ente público tomador dos serviços, qualquer conduta regularizadora de eventual irregularidade na terceirização, ou mesmo satisfativa de direitos trabalhistas no curso da execução do contrato.

Ante o exposto, no plano desta lide individual, vedado o reconhecimento de vínculo de emprego diretamente com o Poder Público (na hipótese de constatação de uma terceirização em atividade-fim) por força da exigência de prévio concurso, o bem jurídico tutelado é, basicamente, "a proteção patrimonial do trabalho, após a cessação do vínculo de emprego". Esta proteção está jurisprudencialmente justificada nos princípios da dignidade da pessoa humana (Constituição, art. 1º, III) e do valor social do trabalho (art. 1º, IV), que afastam a possibilidade de que o beneficiário do trabalho humano possa eximir-se de responsabilidade pela satisfação dos direitos sociais do trabalhador.

Por sua vez, os casos dois e três, a seguir analisados, tratam do tema no plano das **ações civis públicas voltadas a coibir terceirização ilícita:**

Caso dois. O primeiro caso desta série diz respeito à ação civil pública promovida pelo MPT em face da Superintendência de Limpeza Urbana (SLU), autarquia criada pelo Município de Belo Horizonte com a finalidade de explorar com exclusividade o serviço de limpeza urbana municipal, e que vinha subcontratando empresas privadas para a realização de suas atividades essenciais de varrição, coleta, depósito e tratamento de lixo: 86% da coleta urbana de lixo e 90% da varrição de ruas eram realizadas por meio de trabalhadores terceirizados, enquanto o restante era desenvolvido pelos próprios empregados da autarquia. O MPT considerou ilegal a conduta, tendo em vista que o objeto social que lhe justificou a criação consiste exatamente na prestação do "serviço público" de que é delegatária, e pleiteou, assim, a cessação da prática, mediante a contratação de empregados públicos através de concurso.

À decisão de primeira instância, o juízo trabalhista acolheu a demanda, basicamente, sob os seguintes argumentos: (a) de que a atividade-fim da autarquia municipal é a presta-

(117) O procedimento do precatório, disciplinado pelo art. 100 da Constituição, consiste numa determinação judicial para que o ente público inclua no orçamento do próximo exercício a previsão do débito objeto da condenação para pagamento, na ordem cronológica de apresentação, com preferência para os créditos de natureza alimentícia, dentre eles, os créditos trabalhistas.

(118) CATHARINO, José Martins. *Neoliberalismo e sequela*. São Paulo: LTr, 1997. p. 95.

ção do serviço tipicamente público de limpeza urbana, finalidade pela qual foi criada; (b) que ao subcontratar tarefas inseridas em sua atividade finalística, a autarquia (b.1) pratica locação permanente de mão-de-obra, o que caracteriza *marchandage* (comercialização de trabalho humano repudiada pelo ordenamento jurídico), e (b.2) fere a regra constitucional do concurso público, na medida em que os trabalhadores terceirizados substituem indevidamente empregados públicos que deveriam ser admitidos mediante processo seletivo; (c) que a SLU poderia "terceirizar" a *gestão* do serviço, se isto atendesse ao interesse público e à "eficácia" na prestação do serviço público; e (d) que a terceirização praticada lesiona os princípios da legalidade, impessoalidade, moralidade e publicidade, impostos à administração pública (Constituição, art. 37, *caput*).

Com prumo nesta fundamentação, o juízo determinou que a autarquia substituísse todos os trabalhadores terceirizados por empregados públicos concursados(119).

Importantes elementos interpretativos ao tema desta obra são oferecidos por esta decisão. Primeiramente, ao estabelecer a diferença analítico-conceitual entre a terceirização de atividades e a desestatização de serviço público, apesar do uso do termo "terceirização" para designar as duas figuras. É um típico caso de uso indistinto do termo, mas com conotação distinta da figura. Ao dizer que a autarquia municipal poderia "terceirizar a gestão" do seu serviço, afirmou o julgador que ela poderia "desestatizar o serviço público" como um todo, por meio de um contrato de concessão. Neste caso, a gestão e prestação integral do serviço seriam transferidas a um ente da iniciativa privada, que responderia perante seus ususários.

Não se adentra aqui a discussão sobre a possibilidade jurídica de uma desestatização realizada por uma autarquia. Interessa vislumbrar na decisão a correta distinção à figura da terceirização de tarefas. Estas, na visão do julgador, não poderiam ser contratadas a terceiros, porque estariam inseridas nas atividades finalísticas, essenciais, da autarquia, no rastro do que dispõe a Súmula n. 331 do TST.

Os bens jurídicos preservados nesta decisão foram: (a) a proteção jurídica ao trabalho contra a sua comercialização; (b) a impessoalidade na admissão de servidores públicos, por meio do concurso; (c) a eficácia (ou eficiência) na prestação do serviço público, que poderia ser atingida por meio de uma concessão, mas não através de uma terceirização que promove a exploração do trabalho humano.

Em proteção a estes valores, o julgador invocou as seguintes normas jurídicas: (a) o regime jurídico-positivo de proteção contra a comercialização do trabalho, sem referência expressa a nenhum enunciado normativo; (b) os princípios constitucionais setoriais da administração pública, da "legalidade, impessoalidade, moralidade e publicidade"; (c) a regra do concurso público prevista no art. 37, II, da Constituição; e (c) implicitamente, o "princípio da eficiência" aplicado à administração pública (Constituição, art. 37, *caput*), ao concluir que a terceirização praticada não promove a eficácia na prestação do serviço público.

Caso três. Outra importante decisão judicial a ser abordada foi proferida em ação civil pública promovida pelo MPT em face da Cia. Energética de Minas Gerais (Cemig), sociedade de economia mista criada pelo Estado de Minas Gerais com o objetivo social de construir, operar e explorar sistemas de geração, transmissão, distribuição e comercialização de energia elétrica e serviços correlatos. Trata-se, portanto, de uma empresa estatal

(119) Tribunal Regional do Trabalho da 3ª Região. Processo 00391.2007.018. 03.00-9. Decisão disponível em: <http://mg.trt.gov.br/consultaunificada> Acesso em: 12.2.2008.

criada para atuar em concessão a um "serviço público" de natureza econômica, passível de mensuração e utilização *uti singuli*.

O MPT considerou ilegais diversos comportamentos da empresa estatal, dentre os quais, os que aqui interessam à análise do caso: (a) a terceirização de atividades de construção, extensão e modificação de redes de transmissão, manutenção de iluminação pública, instalação de medidores, desligação e religação de unidades consumidoras, recuperação do sistema elétrico, leitura de medidores de consumo, podas de árvores em prevenção a acidentes etc., eis que tais atividades estariam inseridas em sua atividade finalística; (b) a precariedade das condições de trabalho promovidas pela empresa, especialmente em face da omissão em adotar medidas elementares de proteção à saúde e, especialmente, à segurança dos seus empregados públicos, considerando a alta periculosidade inerente às atividades com energia elétrica, o que ensejou diversos acidentes de trabalho, alguns fatais, circunstância aliada à prática de superjornadas de trabalho além dos limites legais; (c) a omissão da empresa pública em fiscalizar o cumprimento, por suas empresas terceirizadas, das medidas de proteção à saúde e segurança dos seus respectivos empregados, diante da precariedade das condições a eles dispensadas: destituídos de treinamentos básicos para o exercício de atividades perigosas, o que houvera causado acidentes graves e fatais; destituídos de equipamentos elementares de proteção individual; destituídos de um programa de controle de medicina e saúde ocupacional; submetidos a jornadas de trabalho extenuantes, dentre tantas outras ilicitudes.

Ante o exposto, pleiteou-se em face da Cemig a regularização de todas as condições de saúde, segurança e medicina do trabalho, e de limitação de jornada de trabalho, relacionadas aos seus empregados, além da cessação da terceirização naquelas atividades finalísticas mediante a substituição dos trabalhadores terceirizados por empregados públicos concursados. Pleiteou-se, ainda, fossem garantidas aos trabalhadores terceirizados as mesmas condições de trabalho deferidas aos empregados próprios da Cemig, além da condenação desta empresa estatal ao pagamento de danos morais coletivos, reversíveis ao Fundo de Amparo ao Trabalhador.

Portanto, como se observa, o Ministério Público sustentou a ilegalidade da terceirização com base em dois argumentos fundamentais: (a) a posição estratégica das atividades terceirizadas no bojo das atribuições da empresa pública, constituindo a sua atividade-fim; e (b) a precariedade das condições de trabalho destinadas aos trabalhadores terceirizados, potencializada pela terceirização, como uma decorrência natural da conduta de indiferença da empresa tomadora para com as medidas de proteção devidas aos seus próprios empregados.

À longa decisão, ao final da qual deferiu quase que integralmente o pedido, o juízo de primeira instância argumentou com base nos seguintes elementos, sumariamente esquematizados:

a) preliminarmente, que, embora a condição precária de trabalho dispensada aos trabalhadores terceirizados fosse tema importante, seria "*irrelevante para o deslinde da controvérsia*", ou seja, da "*questão maior envolvida* [nos] *autos*", que diz respeito "*à licitude ou ilicitude da terceirização implementada pela ré* [Cemig] *em algumas de suas atividades*";
b) que a Súmula n. 331 do TST, visando a evitar a exploração da mão-de-obra em típica *marchandage*, impõe a aplicação dos princípios constitucionais da dignidade da pessoa humana e do valor social do trabalho, sem com isso estabelecer

qualquer prevalência destes sobre os princípios da livre iniciativa e da auto-organização empresarial, também resguardados pela Constituição;

c) que, apesar de difícil a delimitação casuística dos limites entre a atividade-fim e a atividade-meio, há consenso doutrinário de que, para isso, se deve atentar para as razões mais elevadas do instituto da terceirização: "*a especialização; a concentração naquilo que é vocação principal da empresa; a busca de maior eficiência na sua finalidade original; e não apenas a diminuição de custos...*";

d) que, comparando as atividades terceirizadas com o objetivo social da empresa pública (comercialização de energia elétrica), chega-se à conclusão de que tais atividades constituem o núcleo central de sua atividade-fim, razão pela qual foi criada, à exceção da atividade de poda de árvores, "*vez que, de fato, traduz-se em meio para o atingimento dos fins principais*" da Cemig;

e) que, a respeito da alegação da Cemig de que, na qualidade de concessionária de serviço público, estaria legalmente autorizada a terceirizar atividades "inerentes" ao serviço concedido, na forma do art. 25, § 1º, da Lei n. 8.987/1995[(120)], a interpretação constitucional deste dispositivo invocado exige a restrição das "tarefas inerentes ao serviço público" (passíveis de terceirização) à atividade-meio da empresa concessionária, sob pena de tal interpretação esbarrar "*nos princípios da dignidade da pessoa humana e do valor social do trabalho*"; que, além disso, uma interpretação elastecida da regra, que autorize a terceirização em atividade-fim da empresa concessionária pelo fato de se tratar de entidade da administração pública indireta, como pretendia a Cemig, violaria a igualdade de regime jurídico-trabalhista entre esta empresa pública exploradora de atividade econômica e as demais entidades da iniciativa privada, em afronta ao art. 173, II, da Constituição da República;

f) que, enfim, sendo ilícita a terceirização das tarefas inseridas em sua atividade-fim (à exceção da poda de árvores), e havendo esta terceirização ensejado o descumprimento sistematizado das normas de proteção à saúde e segurança dos trabalhadores terceirizados, com a exploração de sua mão-de-obra em condições contrárias aos seus direitos sociais, agiu a Cemig com culpa em relação aos danos causados a estes trabalhadores, na medida em que deveria ser sua real empregadora, razão pela qual seria condenada a pagar indenização por danos morais coletivos, no valor de trezentos mil reais[(121)].

---

(120) A Lei n. 8.987/1995 disciplina o regime de concessão e permissão de serviço público. Em seu art. 25 dispõe: "*Incumbe à concessionária a execução do serviço concedido, cabendo-lhe responder por todos os prejuízos causados ao poder concedente, aos usuários ou a terceiros, sem que a fiscalização exercida pelo órgão competente exclua ou atenue essa responsabilidade. § 1º Sem prejuízo da responsabilidade a que se refere este artigo, a concessionária poderá contratar com terceiros o desenvolvimento de atividades inerentes, acessórias ou complementares ao serviço concedido, bem como a implementação de projetos associados. § 2º Os contratos celebrados entre a concessionária e os terceiros a que se refere o parágrafo anterior reger-se-ão pelo direito privado, não se estabelecendo qualquer relação jurídica entre os terceiros e o poder concedente. § 3º A execução das atividades contratadas com terceiros pressupõe o cumprimento das normas regulamentares da modalidade do serviço concedido*".

(121) Tribunal Regional do Trabalho da 3ª Região. Processo n. 01473.2003. 004.03.00-4. Decisão disponível em: <http. mg.trt.gov.br/consultaunificada> Acesso em: 12.2.2008. Esta decisão foi integralmente confirmada pelo Tribunal Regional do Trabalho da 3ª Região em sede de recurso ordinário. Acórdão disponível em: <http:// mg.trt.gov.br/consultaunificada> Acesso em: 12.2.2008.

Com fundamento nestas justificações, o órgão julgador determinou à Cemig, em suma: (a) que se abstenha de terceirizar as tarefas relacionadas, situadas em sua atividade-fim, mediante a contratação de empregados públicos selecionados por meio de concurso público, no prazo de nove meses, sob pena de multa; (b) que a empresa estatal observe as normas legais de proteção à saúde e segurança dos seus próprios empregados, assim como as que disciplinam a limitação da jornada de trabalho e outros tantos aspectos irregulares, sob pena de multa; e (c) que recolha ao Fundo de Amparo ao Trabalhador a indenização por danos morais coletivos[(122)].

Observe-se, no entanto, que aquele referido pedido de garantia, em favor dos trabalhadores terceirizados, das mesmas condições de trabalho determinadas aos empregados da Cemig, foi o único pleito a ser indeferido. Argumentou o julgador que o pedido não seria passível de acolhimento, pois, em suas palavras,

> "como a própria lógica sinaliza, não é possível obrigar-se a reclamada [Cemig] a 'garantir' aos empregados das empresas terceirizadas (...) as condições de trabalho (...) e tudo o mais que restou deferido nesta ação, pelo simples fato de que à ré [Cemig] não pode ser imputada obrigação cabível a cada uma das empresas empregadoras daqueles referidos empregados."[(123)]

E concluiu o julgador:

> "(...) em se tratando de terceirização lícita, não há que se falar em responsabilização nem mesmo indireta da reclamada por inobservância da legislação trabalhista por cada uma das respectivas empresas empregadoras, como quer o autor."[(124)]

É notável a riqueza dos elementos interpretativos contidos nesta decisão.

Primeiramente, dela infere-se como bens jurídicos merecedores da tutela jurisdicional: (a) a proteção jurídica ao trabalho (especificamente, aquele prestado pelos empregados públicos da Cemig e pelos trabalhadores terceirizados em atividades finalísticas); (b) a proteção do trabalho humano contra a *marchandage*, com apoio na Súmula n. 331; (c) a proteção à impessoalidade na administração pública, pela imposição do concurso público; e (d) a proteção à isonomia de tratamento jurídico-trabalhista entre a empresa pública exploradora de atividade econômica e a empresa privada, como decorrência da garantia constitucional da livre concorrência.

Em proteção a estes valores, foram invocadas as seguintes normas jurídicas: (a) os princípios da dignidade humana e do valor social do trabalho (Constituição, art. 1º, III e IV); (b) a Súmula n. 331 do TST, síntese interpretativa do sistema jurídico-trabalhista em proteção contra a *marchandage*, inclusive como vetor interpretativo do art. 25, § 1º, da Lei n. 8.987/1995; e (c) o art. 173, II, da Constituição da República, no ponto em que determina a igualdade de regimes jurídico-trabalhistas entre as empresas públicas exploradoras de atividade econômica e a empresa privada, em garantia da livre concorrência.

Por último, os casos quatro e cinco retratarão duas **decisões adotadas pelo Tribunal de Contas da União** relativamente ao tema:

---

(122) *Idem, ibidem.*
(123) *Idem, ibidem.*
(124) *Idem, ibidem.*

Caso quatro. Nos idos de 2002, o TCU constatou a ilegalidade da contratação, pelo Instituto Nacional de Seguridade Social (INSS), de empresas prestadoras de serviços para o desenvolvimento de atividades de habilitação e concessão de benefícios previdenciários.

Conforme o voto condutor do julgamento, aprovado pelo Tribunal Pleno, a concessão e manutenção de benefícios é competência específica do INSS, na forma do art. 3º, III, do Dec. n. 99.350/1990, segundo o qual "*compete ao INSS: (...) III — conceder e manter os benefícios e serviços previdenciários*"[(125)].

Registra-se no voto que, em entrevistas com gestores do INSS, quando da auditoria realizada no órgão, constatou-se que (a) há casos de terceirizados que recebem mais do que funcionários de carreira; (b) o serviço de terceirizados muitas vezes precisa ser refeito por servidores de carreira; (c) houve aumento do número de cadastramentos de benefícios com erros, vez que os terceirizados não têm treinamento adequado; e (d) os terceirizados têm de apresentar certa produtividade, sob ameaça de demissão[(126)].

Ao final, a terceirização foi reputada ilícita, por ocorrer em atividade central da competência da entidade pública tomadora dos serviços, ferindo os limites estabelecidos no Decreto n. 2.271/1997[(127)].

No caso, em que pesem as circunstâncias gravosas a que eram submetidos os trabalhadores terceirizados, o bem jurídico maior cuja proteção o Tribunal de Contas visou a oferecer em sua decisão foi, inquestionavelmente, "o respeito às competências institucionais da autarquia federal previdenciária".

Caso cinco. A última situação a ser analisada diz respeito a uma decisão do TCU por meio da qual o órgão determinou à Caixa Econômica Federal (CEF), empresa pública federal exploradora de atividade econômica, a correção da ilegalidade consistente na contratação de serviço de *telemarketing* por meio de empresa terceirizada, quando tal atribuição está relacionada no manual de especificações de tarefas dos cargos efetivos da empresa, como atividades a serem desempenhadas por seus servidores de carreira, em violação da regra do art. 37, II, da Constituição da República, que trata de concurso público.

Em sua decisão, o órgão de contas orientou a CEF a ponderar se seria conveniente manter a realização de atividades de *telemarketing* como atribuição de cargo próprio dos seus servidores, com exclusão da possibilidade de terceirização, ou se, alternativamente, optaria por alterar seus manuais a fim de excluir a previsão destes serviços das atribuições de seus servidores efetivos, com a consequente viabilização da sua terceirização[(128)].

Reconheceu-se, assim, que a atividade de *telemarketing*, no contexto das atribuições da CEF, está relacionada à sua atividade-meio, mas que, ainda assim, seria ilegal a sua terceirização se as mesmas funções forem atribuídas a servidor público de carreira.

A CEF recorreu contra esta decisão ao mesmo Tribunal Pleno de Contas, argumentando que pretendia manter a terceirização, mas que também pretendia manter a previsão desta função em seu manual de atribuições, pois caso fosse necessário utilizar servidor próprio para as mesmas atividades, numa eventualidade, não poderia este alegar em juízo a ocorrência de um desvio de função.

---

(125) Tribunal de Contas da União. Processo TC-010.805/00-4. Decisão n. 201/2002 — TCU — Plenário, DOU 25.3.2002.

(126) *Idem, ibidem.*

(127) *Idem, ibidem.*

(128) Tribunal de Contas da União. Processo TC-005.565/01-3, Decisão n. 1.856/2004 — TCU — Plenário. DOU 6.12.2004.

O Pleno manteve a decisão anterior, basicamente ao argumento de que a concomitância de terceirização em atividade-meio com exercício simultâneo da atividade pela entidade pública tomadora constitui burla à regra constitucional do concurso público e vulnerabiliza a entidade pública a demandas trabalhistas provenientes dos trabalhadores ilegalmente terceirizados, com possibilidade de prejuízo ao patrimônio público[(129)].

É que em momento anterior, o Tribunal Superior do Trabalho por sua Primeira Seção de Dissídios Individuais, apreciando lide individual, chegou a reconhecer o direito à isonomia salarial entre trabalhadores terceirizados e empregados da Caixa Econômica Federal exercentes da mesma função, à luz do princípio constitucional da isonomia e da não-discriminação, ao argumento de que, sendo devida a isonomia de remuneração no caso do trabalho temporário (Lei n. 6.019/1974), por maiores razões seria devida essa igualdade remuneratória na hipótese de terceirização de atividades permanentes[(130)].

Diante de situações deste jaez, o TCU considerou ilícita a própria terceirização simultânea à execução direta da mesma atividade no âmbito da empresa estatal. O bem jurídico maior protegido por sua decisão é a "impessoalidade", vulnerada, neste caso, diante da existência de previsão nos manuais de cargos da empresa pública de atribuições idênticas às tarefas terceirizadas. A norma jurídica invocada, neste caso, é a regra do art. 37, II, da Constituição.

De posse destes dados, portanto, resta agora sistematizá-los.

5.5. BENS E NORMAS JURÍDICAS: ENCAMINHAMENTOS PARA A CONCLUSÃO

Os casos corroboram a assertiva de que problema da terceirização é sempre o problema do seu limite. E este limite não está dado completamente por enunciados normativos constitucionais ou infraconstitucionais, mas é construído interpretativamente, ainda que, em alguns casos, se disponha de mais regras jurídicas definidoras de comportamentos e, portanto, passíveis de subsunção, como ocorre com a terceirização no âmbito da administração pública central (Lei n. 8.666/1993 e Decreto Federal n. 2.271/1997).

No plano privado, a questão encontra-se mais amplamente sujeita à normatividade dos princípios jurídicos (valor social do trabalho, dignidade da pessoa humana etc.), dada a inexistência de um disciplinamento legal específico que delimite a terceirização em todos os ramos da atividade econômica.

Em decorrência desta diferença, aliada à natural diversidade de interesses que a terceirização alveja no âmbito das pessoas jurídicas de Direito Público e no âmbito das empresas estatais exploradoras de atividade econômica, aqui serão identificadas as duas categorias de bens jurídicos invocados pela jurisprudência, nos casos analisados: (a) os bens jurídicos referidos à administração pública central; e (b) os bens jurídicos referidos à administração pública empresarial.

Na primeira categoria enquadram-se os casos dois (SLU) e quatro (INSS), autarquias municipal e federal, respectivamente.

Que bens ou valores jurídicos os julgadores procuraram preservar nestes julgamentos?

---

(129) *Idem, ibidem.*

(130) Tribunal Superior do Trabalho, SBDI-I, E-RR — 654203/2000.9, Rel. Min. João Oreste Dalazen, DJ 11.11.2005.

Observa-se a preocupação primeira do TCU em preservar as competências da entidade previdenciária e as atribuições dos seus servidores públicos, contra uma invasão privada que viesse a desestabilizar o exercício dos deveres da entidade.

Em seu julgamento (caso quatro), o Tribunal ressalta que, para viabilizar a terceirização, foi emitida uma Instrução Normativa por meio da qual os trabalhadores terceirizados foram autorizados a acessar o sistema de processamento de dados da instituição, mas sob advertência dos crimes informatizados do governo federal (Lei n. 9.983/1990) e da segurança dos sistemas informatizados da Previdência Social (MPAS n. 4.494/1998)[131]. O aspecto revela o risco que estes acessos representam à estabilidade do sistema.

Por outro lado, verifica-se também a preocupação com a qualidade dos serviços prestados pelos trabalhadores terceirizados, embora, às vezes, recebam eles salários superiores aos dos servidores de carreira.

Isso demonstra a preocupação do órgão de contas com a preservação da higidez do serviço previdenciário em benefício da sociedade usuária. Neste caso, a censura à terceirização na atividade-fim do INSS se fundamenta, exclusivamente, na natureza finalística da atividade terceirizada, à luz do art. 1º do Decreto n. 2.271/1997.

Também no caso dois (SLU), o juízo expressou a necessidade de cessação da terceirização, a fim de preservar a eficácia, no sentido da "eficiência" do serviço público, além de proteger a impessoalidade resguardada por meio do concurso público. A proteção jurídica ao trabalho, contra a sua comercialização (*marchandage*), também constitui um bem jurídico protegido pela decisão.

Em suma, nesta categoria de entidades com personalidade de Direito Público, os bens jurídicos ameaçados pela *superterceirização* foram: (a) "a competência" dos órgãos estatais e as atribuições dos servidores públicos; (b) "a eficiência" no desenvolvimento do serviço público; (c) "a impessoalidade" no trato da coisa pública; e (d) "o valor social do trabalho".

Para oferecer proteção a estes valores, a solução judicial consistiu na determinação de cessação da terceirização.

Na segunda categoria, em que se situam os casos três (Cemig) e cinco (CEF), empresas estatais exploradoras de atividade econômica, duas diferentes decisões acentuam aspectos diversos da terceirização praticada nestas entidades: o primeiro caso ressalta a proteção a bens jurídicos mais relacionados à "defesa do trabalho humano", em face da submissão da empresa estatal ao mesmo regime jurídico-trabalhista das empresas privadas; e o segundo caso mais acentua "a igualdade de tratamento entre a empresa estatal e a empresa privada quanto ao regime de terceirização", preservando, ademais, a "impessoalidade" que lhe é exigida pela natureza pública do seu patrimônio.

A preocupação do Tribunal de Contas no caso cinco (CEF) não foi a proteção social do trabalhador terceirizado. Como ali se tratava de uma terceirização considerada em atividade-meio (*telemarketing*), buscou-se exigir da empresa estatal um comportamento idêntico ao exigido pela Justiça do Trabalho às empresas privadas, na medida em que esta Justiça especializada tende a considerar ilícita a terceirização mesmo em atividade-meio quando o tomador mantenha empregado próprio desenvolvendo idêntica tarefa[132].

(131) TCU, Processo TC-010.805/00-4.

(132) Neste sentido a seguinte ementa de julgado do TRT da 3ª Região: "CONTRATAÇÃO POR EMPRESA INTERPOSTA — IRREGULARIDADE — VÍNCULO DIRETO COM O TOMADOR DOS SERVIÇOS. Demonstrada a irregularidade na contratação de trabalhador por empresa interposta, configurando burla aos

No caso três (Cemig), o juízo também chamou a atenção para a necessidade de tratamento igualitário entre a empresa estatal exploradora de atividade econômica e a empresa privada, quanto ao regime de terceirização, sujeito ao disciplinamento jurisprudencial da Súmula n. 331.

Esta igualdade de condições visa a preservar o valor constitucional da livre concorrência (Constituição, art. 1º, IV e 170, IV), eis que a presença do Estado no domínio privado, com prerrogativas de Estado, desestabiliza a atividade econômica do respectivo setor. E este é um valor constitucional protegido pelas decisões.

No caso três (Cemig), a cessação da terceirização em atividade-fim, à luz da Súmula n. 331, é justificada na preservação da dignidade da pessoa humana e do valor social do trabalho; nestes mesmos princípios ancora-se a determinação de que a empresa adote inúmeras medidas de proteção remuneratória e de saúde e segurança em favor dos seus empregados.

Mas, quando se viu o julgador diante do pedido de imposição à Cemig de garantia das mesmas condições dignas aos trabalhadores terceirizados em atividade-meio, no entanto, não vislumbrou possibilidade de acolhida do pleito, ao argumento de que não cabe à empresa tomadora oferecer esta garantia aos empregados das empresas terceirizadas.

Aqui importa rememorar o primeiro caso analisado, da típica lide individual. Nela, imputa-se responsabilidade patrimonial ao ente público tomador dos serviços pela inadimplência da empresa tomadora após a cessação do vínculo, mesmo na terceirização considera lícita, em atividade-meio, com fundamento nas regras de reparabilidade dos danos causados a terceiros.

Ambos os casos retratam posição majoritária na jurisprudência. Sua conjungação revela que, diante de uma mesma situação — terceirização em atividade-meio —, a responsabilidade do tomador dos serviços é considerada *devida* após a lesão aos direitos dos trabalhadores terceirizados, esgotada a relação de trabalho, mas é considerada *indevida* no curso desta relação para prevenir as lesões relacionadas ao descumprimento de normas de saúde, de segurança, de remuneração no prazo legal, de controle de jornada etc.

Portanto, os bens juridicamente protegidos nesta segunda categoria analisada foram: (a) "a dignidade da pessoa humana" e "a proteção social do trabalho" terceirizado prestado em atividade-fim ou, *quando em atividade-meio, após a efetiva lesão aos direitos sociais*; (b) "a impessoalidade" na admissão de empregados públicos; e (c) "a igualdade de regimes jurídicos" de terceirização entre as empresas estatais e as empresas da iniciativa privada.

Este panorama dos bens jurídicos diretamente afetados pela terceirização no serviço público revela ainda uma importante dimensão dos conflitos de interesses que envolvem a questão, configurados, cada um ao seu modo, no âmbito das diferentes categorias acima analisadas.

No espaço das empresas estatais, sujeitas ao disciplinamento próprio da iniciativa privada, o conflito se estabelece, basicamente, entre as exigências do mercado (fator que dita a terceirização) e a exigência constitucional de proteção ao trabalho, temperada pela

---

princípios tuitivos do Direito do Trabalho, mostra-se correta a decisão que reconhece o vínculo empregatício diretamente com o tomador dos serviços e confere ao prestador os mesmos direitos assegurados aos demais empregados da empresa tomadora que labutem em condições idênticas, exercendo as mesmas atividades, porquanto a Constituição e a legislação ordinária não toleram discriminação". Tribunal Regional do Trabalho da 3ª Região, 2ª Turma, RO 02206-2004-092-03-00-8, Rel. Des. Sebastião Geraldo de Oliveira, DJ 23.5.2007.

exigência de impessoalidade na seleção de empregados públicos, em face da natureza específica dessas empresas (fatores restringentes da terceirização).

No espaço da administração pública central o conflito se delineia, em tipo ideal, entre as necessidades de racionalização dos recursos públicos (fator que impulsiona a contratação de serviços à iniciativa privada) e as exigências constitucionais de preservação das competências institucionais, de impessoalidade na seleção dos servidores e de proteção ao trabalho (fatores restritivos da terceirização).

A esta altura já se pode concluir que a terceirização é um fenômeno que comporta uma conflituosidade imanente, em quaisquer espaços em que se manifeste, embora os conjuntos de elementos ou bens jurídicos em conflito sejam próprios a cada uma das duas categorias de entidades públicas estudadas conforme a natureza dos interesses que veicule.

No Capítulo 6 será analisado como se apresentam e se equacionam estes conflitos à luz da nova hermenêutica constitucional. Nesta análise, os casos concretos aqui abordados continuarão guiando os raciocínios.

Capítulo 6

TERCEIRIZAÇÃO NO SERVIÇO PÚBLICO: UMA QUESTÃO DE PONDERAÇÃO

6.1. TERCEIRIZAÇÃO E PONDERAÇÃO

Ávila recusa-se a considerar a ponderação como uma técnica de raciocínio própria de aplicação dos princípios jurídicos (como propõe *Alexy*), pois em sua concepção toda interpretação, inclusive a das regras jurídicas, pressupõe um juízo de valoração entre razões e contrarrazões acerca da incidência e da aplicação da norma ao caso concreto. Diz o autor que nenhuma hipótese normativa compreende inteiramente a realidade, razão pela qual, "*a ponderação ou balanceamento* (...), *enquanto sopesamento de razões e contrarrazões que culmina com a decisão de interpretação, também pode estar presente* (...) *no caso de regras*"[(1)].

Aqui, *Ávila* utiliza a ideia de ponderação em seu sentido lato, como "*método destinado a atribuir pesos a elementos que se entrelaçam, sem referência a pontos de vista materiais que orientem esse sopesamento*"[(2)], ou seja, como um raciocínio inerente a qualquer ato de decisão que importe o balanceamento entre prós e contras, tal como ocorre em qualquer ato de interpretação, jurídica ou não. Neste sentido lato, todo mundo pondera ao tomar decisões que pressuponham uma avaliação de custo e benefício.

No entanto, não é esta a concepção de ponderação mais adotada pela doutrina da hermenêutica constitucional pós-positivista. Nela, a ponderação é utilizada num sentido estrito, como aquele raciocínio de sopesamento estruturado no princípio da proporcionalidade, voltado a aferir a relação de intensidade entre a importância das razões ditadas por um princípio jurídico e a importância da realização do princípio oposto, para o Direito, diante de um específico conflito principiológico, conforme visto no Capítulo anterior.

Neste sentido, observando-se as decisões tomadas pelos julgadores nos casos práticos analisados no Capítulo 5, constata-se entre eles uma certa lógica comum de ponderação, ainda que apenas intuitiva ou despropositada, entre a importância das "razões" que ditam a prática da terceirização e a importância das "razões" que restringem esta prática a um limite considerado tolerável ou juridicamente legítimo.

Este constante embate de razões na argumentação jurisprudencial denuncia a pouca densidade normativa em torno da matéria, revelando a presença mais intensa dos princípios do que a das regras jurídicas no disciplinamento da terceirização.

---

(1) ÁVILA, Humberto. *Teoria dos princípios*. p. 52.

(2) *Idem*, p. 130.

Princípios e regras, diz *Alexy*, são sempre "razões" para decidir, mas os princípios são razões *prima facie*, enquanto as regras são razões definitivas(3). Em razão disso é que a justificação exigida na aplicação dos princípios desafia um raciocínio de mais intenso contrasteamento entre razões contrapostas, enquanto a decisão tomada com base em regras baseia-se mais intensamente num raciocínio de "correspondência" entre os fatos, a hipótese normativa e a finalidade que lhe é inerente(4).

No caso das decisões estudadas sobre a terceirização, é importante observar que a lógica ponderativa encontra-se encoberta por uma linguagem jurisprudencial fortemente subsuntiva, a linguagem de "correspondência" que é própria da aplicação das regras jurídicas(5).

A evidência-mor deste descompasso encontra-se na forma como os operadores geralmente aplicam a Súmula n. 331 do TST na avaliação da legitimidade da terceirização: se a atividade é considerada instrumental, uma atividade-meio, a terceirização é imediatamente reputada lícita; e se é uma atividade finalística, de plano a terceirização é reputada ilícita, conforme raciocínio aplicado, por exemplo, no caso três (Cemig).

Da mesma forma, no caso quatro (INSS), o TCU, mesmo constatando que a terceirização violava interesses sociais relacionados à higidez do serviço público, apenas delimitou a ilegalidade da terceirização à luz na natureza finalística da atividade terceirizada, com base no art. 1º do Decreto n. 2.271/1997.

Estariam os julgadores, nestes casos, diante de situações em que a legalidade dos fatos (da terceirização) encontra delimitação específica e suficiente em regras jurídicas?

Primeiramente, no âmbito da "iniciativa privada", o limite da legítima terceirização não é dado por nenhuma regra jurídica específica, já que a matéria ainda não é objeto de uma legislação especial(6). Este limite é construído interpretativamente por uma complexa conjunção de princípios jurídicos mutuamente conflitantes, especialmente dos "princípios constitucionais do valor social do trabalho e da livre iniciativa" (Constituição, art. 1º, IV).

A ausência de regras jurídicas capazes de oferecer uma solução subsuntiva ao tema desafia o particular a agir em conformidade com a Constituição, sujeitando-se para isso a uma atuação ponderada entre os diversos princípios jurídicos que a respeito da matéria venham a colidir. A legitimidade desta atuação depende, portanto, de um adequado balanceamento entre os princípios conflitantes, cabendo aos órgãos estatais de controle de legalidade verificar a adequação constitucional desta ponderação.

Por meio da sua Súmula n. 331, o TST oferece um esboço genérico desta ampla interpretação ponderativa entre os princípios do valor social do trabalho e da livre iniciativa aplicados à questão da terceirização, como uma referência unificadora do pensamento

---

(3) ALEXY, Robert. *Teoría de los derechos fundamentales*. p. 101.

(4) A este respeito, o critério diferenciador entre regras e princípios oferecido por Humberto Ávila, relativo à "natureza da justificação exigida", tratado no Capítulo 5. Cf. ÁVILA, Humberto. *Teoria dos princípios*. p. 73.

(5) Raciocínio este em que a hipótese normativa constitui a premissa maior, o fato constitui a premissa menor, e do perfeito casamento entre os dois resulta uma conclusão única e inevitável.

(6) Em 1998, o governo federal (Fernando Henrique Cardoso) chegou a encaminhar ao Congresso Nacional o Projeto de Lei n. 4.302/1998, por meio do qual buscou disciplinar a prestação de serviços terceirizados em atividades não finalísticas das empresas tomadoras, com previsão de responsabilidade subsidiária pelos créditos trabalhistas inadimplidos pela empresa prestadora em atividade-meio, em moldes semelhantes à disciplina conferida pela Súmula n. 331 do TST. Após várias alterações promovidas pela Câmara dos Deputados, o Governo Lula encaminhou ao Congresso Nacional mensagem retirando o projeto de lei. Até o fechamento da presente edição essa mensagem presidencial ainda não havia sido apreciada.

jurisprudencial, balizando assim o comportamento da iniciativa privada para conferir-lhe segurança jurídica e previsibilidade, valores nodais do Estado de Direito.

Já no âmbito da "administração pública central", o limite de legitimidade da terceirização é oferecido mais concretamente por regras jurídicas previstas na Constituição (art. 37, XXI) e na legislação ordinária (a Lei n. 8.666/1993, o Decreto Federal n. 2.271/1997 etc.), já que aqui a terceirização é concebida pelo Direito Público como mecanismo voltado a promover finalidades estatais e, por isso, veiculado por meio de um instituto jurídico-administrativo, o contrato de prestação de serviços. Estas regras de Direito Público implicam necessariamente maior concretização dos princípios constitucionais referidos à matéria, promovendo mais intensa determinação do comportamento necessário à sua observância.

Diante de um conflito entre esses princípios referidos à matéria, presume-se que a decisão legislativa haja sido tomada na margem de ação discricionária do legislador, entre aquilo que a Constituição lhe ordena e aquilo que lhe proíbe à luz da proporcionalidade, sob pena de inconstitucionalidade da norma ou de inconstitucionalidade de uma interpretação contrária à Constituição, se outra favorável for possível.

Portanto, a identificação da margem de legitimidade constitucional da terceirização no serviço público depende, necessariamente, da identificação da natureza das normas jurídicas referidas à matéria (regras e princípios), no bojo de cada um dos regimes jurídicos (público ou privado) aplicáveis às entidades terceirizantes.

Estas premissas são indispensáveis para identificar-se o tipo de interpretação exigida pela dogmática jurídica, mais fundada em regras ou em princípios, diante dos casos concretos.

6.2. SÚMULA N. 331 DO TST: UMA PONDERAÇÃO A SER FINALIZADA

No plano da iniciativa privada puramente considerada, ou seja, no âmbito do mercado, o limite juridicamente tolerável da terceirização, como se afirmou, ainda não é objeto de uma legislação ordinária específica no Brasil, aplicável a qualquer atividade passível de terceirização.

O limite dessa terceirização encontra-se hoje orientado pela construção jurisprudencial consubstanciada na Súmula n. 331 do TST: "*somente é lícita a terceirização em atividade-meio, desde que inexistente pessoalidade e subordinação, imputando-se ao tomador do serviço responsabilidade subsidiária pelo pagamento dos direitos laborais inadimplidos*".

Esta orientação interpretativa está construída sobre dois raciocínios específicos.

Primeiramente, sobre uma **presunção:** a de que a terceirização praticada na atividade-meio do tomador do serviço constitui forma de organização flexível da empresa, teoricamente legitimada na teoria do foco ou da focalização, sendo, portanto, compatível com a fruição dos direitos sociais dos trabalhadores, diferentemente da terceirização em atividade-fim, que constitui veículo de burla ao regime de proteção social dos trabalhadores, uma forma de comercialização de mão-de-obra (*marchandage*) repudiada pelo Direito, porque em desprezo ao valor-trabalho.

Este raciocínio constitui resultado de uma evidente ponderação jurisprudencial entre os princípios constitucionais do valor social do trabalho e da livre iniciativa, ponderação esta construída no ambiente de intenso debate jurisprudencial retratado no Capítulo 4, e que deu origem a uma fórmula compromissória entre os interesses expansivos do capital produtivo (a livre iniciativa) e a imposição constitucional de proteção ao trabalho humano.

No entanto, como há de se demonstrar, esta fórmula não constitui a ponderação última exigida do julgador diante do caso concreto, mas um esboço inicial desta ponderação. Ela apenas oferece os critérios diretivos essenciais para que o julgador construa o raciocínio de proporcionalidade na situação real, diante de todos os seus elementos fáticos.

A Súmula apenas "presume" que a terceirização na atividade-meio do tomador seja viável porque compatível (proporcional) com a necessidade de expansão do capital e com o sistema de proteção social dos trabalhadores, mas esta presunção há de ser aferida nos casos concretos.

Não se tratando de uma regra jurídica, a Súmula de jurisprudência, por maior que seja o seu poder vinculante, não possui a natureza de lei em sentido formal e, por isso, não comporta uma aplicação subsuntiva. Ademais, em se tratando de um raciocínio de ponderação fundado em princípios jurídicos, é natural que a Súmula ainda careça de complementação na aplicação prática de suas premissas, pois nenhuma ponderação se esgota sem a prévia avaliação da possibilidade de harmonização "prática" entre as normas conflitantes(7).

Portanto, o critério divisório da legalidade da terceirização adotado pela Súmula n. 331 do TST — atividade-fim e atividade-meio — constitui uma solução ponderativa ainda incompleta, seja porque (a) está fundada numa presunção passível de elisão no caso concreto, seja porque, (b) como toda ponderação, carece da análise pormenorizada dos fatos somente fornecidos pelo caso concreto.

O segundo raciocínio da Súmula, por sua vez, apresenta-se como um **raciocínio subsuntivo:** de que, sendo lícita a terceirização em atividade-meio, o tomador dos serviços deve responder pelos danos que a empresa prestadora causar aos direitos sociais dos trabalhadores terceirizados, em face (a) da noção do "risco empresarial" atribuído pela CLT ao empreendedor (CLT, art. 2º)(8), (b) da noção civilista de "abuso de direito", à luz da qual o direito de terceirizar não pode ser exercido fora da sua finalidade social, e (c) da noção de "prevalência hierárquica das normas constitucionais protetivas do valor-trabalho sobre as demais normas que garantem os direitos de caráter civil e comercial"(9).

Apesar da aparência subsuntiva do raciocínio, no entanto, a solução normativa por ele apresentada depende de uma interpretação principiológica.

Primeiro, porque a noção de "risco empresarial" contida na regra do art. 2º da CLT é destinada especificamente à figura do empregador. É a solução primeira oferecida pela Súmula, com a cisão entre atividade-fim e atividade-meio que, ao divisar as figuras do "empregador" e do "tomador de serviços", afasta deste último a noção do risco empresarial contida na regra do art. 2º da CLT.

A figura do "abuso de direito", por sua vez, caracteriza-se pelo exercício de um direito em violação ao seu conteúdo axiológico. No caso da terceirização em atividade-meio, somente restaria configurado o abuso de direito se a jurisprudência também imputasse ao tomador dos serviços responsabilidade pelo cumprimento, ainda que subsidiário, dos direi-

(7) Sobre a questão, restou registrado no Capítulo 5 que, à luz do princípio da unidade da Constituição, o intérprete deve buscar nos casos concretos, prioritariamente, soluções interpretativas capazes de harmonizar as normas constitucionais no plano prático, antes de se lhes atribuir um conflito somente passível de solução ponderada, ideia que se cristaliza no denominado "princípio da concordância prática".

(8) Diz o art. 2º da CLT que "considera-se empregador a empresa, individual ou coletiva, que, assumindo os riscos da atividade econômica, admite, assalaria e dirige a prestação pessoal de serviços".

(9) DELGADO, Mauricio Godinho. *Curso de direito do trabalho*. p. 482-486.

tos dos trabalhadores terceirizados "no curso do vínculo de trabalho", pois só assim, diante de eventual inadimplemento, poder-se-ia afirmar que o tomador de serviços agiu de forma contrária à finalidade social da contratação[10].

No entanto, conforme visto na análise do caso três (Cemig), esta solução de responsabilidade prevista na Súmula tem sido aplicada em caráter estritamente reparatório. A jurisprudência somente tem imputado responsabilidade ao tomador do serviço quando constatado em juízo o inadimplemento da empresa prestadora quanto aos direitos "patrimoniais" efetivamente lesionados. A esta responsabilidade tem-se atribuído, portanto, natureza meramente indenizatória, e não satisfativa das obrigações.

Terceiro, e por fim, porque um argumento de "superioridade hierárquica das normas constitucionais que instituem direitos laborais" não encontra respaldo no pensamento hermenêutico moderno, por força do princípio da unidade da Constituição, que implica a unidade de equivalência hierárquica entre todas as normas constitucionais, regras e princípios.

Neste caso, o que a doutrina constata, na verdade, é que, diante das circunstâncias inerentes à terceirização, há uma "superioridade das razões" ditadas pelo princípio do valor social do trabalho, diante das razões oferecidas pelos princípios da livre iniciativa e da autonomia da vontade, ao pretenderem uma posição indene de responsabilidades ao tomador do serviço. E este é um raciocínio de proporcionalidade.

Portanto, também neste segundo aspecto (da responsabilidade), a Súmula n. 331 assume nítido caráter de solução ponderativa, figurando como uma espécie de ponderação *in abstracto* de princípios constitucionais, voltada a incidir de forma genérica e *ad futurum* sobre uma gama de situações semelhantes, aproximando-se, neste aspecto, de uma lei em sentido material.

Ora importa verificar, no entanto, sobre que fundamentos uma ponderação desta espécie deve estabelecer-se para atender aos princípios da supremacia, da efetividade e da unidade da Constituição.

6.3. O PRINCÍPIO "JUSFUNDAMENTAL" DA PROTEÇÃO SOCIAL DO TRABALHO NA CONSTITUIÇÃO DE 1988

Anota *Godinho Delgado* que, não por coincidência, a construção da democracia ocidental fez-se em sintonia com a construção do próprio Direito do Trabalho, "*atingindo seu clímax com o período de incorporação constitucional dos direitos fundamentais do trabalho, no pós-guerra, na Europa Ocidental*".

Consolidara-se o Direito do Trabalho, afirma o autor, como o patamar fundamental de afirmação da cidadania social da grande maioria das pessoas destituídas de riquezas, constituindo-se num dos principais instrumentos de generalização da democracia, em sua vocação distribuidora de renda, por meio das normas reguladoras do contrato de emprego,

(10) "O fator determinante da diferença entre o abuso de direito e ato ilícito é a natureza da violação a que eles se referem. No ato ilícito a violação é observada quando o indivíduo afronta diretamente um comando legal, porque o aludido comando contém previsão expressa da conduta praticada pelo indivíduo. Já no abuso, o sujeito aparentemente estaria agindo no exercício de seu direito, porém, violando os valores que justificam o reconhecimento desse direito pelo ordenamento jurídico. Nas duas possibilidades o sujeito encontra-se inserido no plano da antijuridicidade, sendo que, ao praticar o ato ilícito, viola os limites lógico-formais, enquanto que ao praticar o ato abusivo, viola os limites axiológico-materiais." Cf. BARROS, José Álvaro Quintiliano. Abuso de Direito. *Jus Navigandi*. Disponível em: <http://jus2.uol.com.br/ doutrina/texto> Acesso em: 14.2.2008.

e distribuidora de poder, por meio das normas e procedimentos relacionados à organização sindical[(11)].

Após a Segunda Grande Guerra, a noção de **direitos fundamentais do trabalho** consolidou-se no Direito Constitucional com a inserção, em várias Constituições de nações democráticas[(12)], de princípios e regras voltados a proteger o trabalho contra a superexploração econômica e a institucionalizá-lo como meio de acesso democrático a mínimas condições materiais dignas de vida.

No Brasil, desde a Constituição de 1934 que direitos destinados aos trabalhadores vêm garantidos em normas constitucionais relacionadas à ordem econômica e social, ou apenas à ordem econômica, como ocorreu com a Constituição de 1937[(13)]. A "constitucionalização" de direitos trabalhistas não constitui, portanto, novidade na vida jurídica do país. Mas a "fundamentalização" desses direitos, como verdadeiro pressuposto de existência do Estado Democrático de Direito, somente a Constituição de 1988 inaugurou.

A nova Constituição institui a República Federativa como Estado Democrático de Direito sob os fundamentos da dignidade da pessoa humana e dos valores sociais do trabalho e da livre iniciativa (Constituição, art. 1º, III e IV), conferindo aos trabalhadores submetidos à relação de emprego[(14)] uma série de direitos sociais mínimos (art. 7º) arrolados dentre os direitos e garantias fundamentais (Título II) e, por isso, selados com a irreversibilidade própria de cláusula pétrea contra propostas de emendas constitucionais tendentes a aboli-los (art. 60, § 4º, IV)[(15)].

A fórmula do Estado Democrático de Direito prenunciada no art. 1º da Constituição[(16)], último e mais evoluído paradigma do Estado moderno em seu compromisso ético com a realização dos direitos humanos[(17)], constitui, na noção de *Magalhães Filho*, "*a ideologia política que dá unidade à Constituição*", sendo um modelo de "[Estado] *que se estrutura através de uma democracia representativa, participativa e pluralista*", e que tem por fundamento o

(11) DELGADO, Mauricio Godinho. Direitos fundamentais na relação de trabalho. *Revista do Ministério Público do Trabalho*, Brasília, Procuradoria Geral do Trabalho, 2006, n. 31, p. 20-46.

(12) A exemplo das Constituições da França, Alemanha e Itália logo após a Segunda Grande Guerra, e as de Portugal e Espanha, décadas depois.

(13) A Constituição de 1934 previu direitos trabalhistas em dispositivo inserido no título da ordem econômica e social (art. 121). A Constituição de 1937 repetiu em seu art. 137 a garantia desses direitos, também inseridos no título dedicado à ordem econômica. As Constituições de 1946 e 1967, da mesma forma, trouxeram a garantia dos direitos elementares dos trabalhadores em seus arts. 157 e 158, respectivamente, também inseridos no título da ordem econômica e social. Somente a Constituição de 1988 alçou esses direitos à categoria dos direitos e garantias fundamentais (art. 7º, Título II — Dos Direitos e Garantias Fundamentais).

(14) Assim como aos trabalhadores avulsos (os portuários, cuja mão-de-obra é gerida por um órgão gestor de mão-de-obra, Lei n. 8.630/1993), na forma do art. 7º, XXXIV, da Constituição de 1988.

(15) Há objeções doutrinárias contra a fundamentalidade dos direitos dos trabalhadores arrolados no art. 7º da Constituição, no sentido de que, à luz do § 4º, IV, do art. 60 da Constituição, a cláusula de irreversibilidade seria destinada apenas aos "direitos e garantias individuais" constantes do Capítulo I do Título II da Constituição. José Adércio Sampaio confronta tais objeções, ao argumento de que diante de tal interpretação literal do art. 60 da Constituição, também os direitos políticos constantes do Capítulo IV do Título II da Lei Maior poderiam submeter-se a emendas tendentes a aboli-los, o que constituiria subversão ao princípio do Estado Democrático de Direito. Cf. SAMPAIO, José Adércio Leite. *Direitos fundamentais*. Belo Horizonte: Del Rey, 2004. p. 264-265.

(16) Art. 1º da Constituição de 1988: "A República Federativa do Brasil, formada pela união indissolúvel dos Estados e Municípios e do Distrito Federal, constitui-se em Estado Democrático de Direito e tem como fundamentos: I — a soberania; II — a cidadania; III — a dignidade da pessoa humana; IV — os valores sociais do trabalho e da livre iniciativa; V — o pluralismo político".

(17) DELGADO, Gabriela. *Direito fundamental ao trabalho digno*. São Paulo: LTr, 2006. p. 49-50.

duplo pilar da "soberania popular", expressa na manifestação da vontade do povo por meio do governo representativo (na dimensão da democracia formal), e da "dignidade da pessoa humana", consagrada na enunciação e na efetivação dos direitos fundamentais, que garantem a participação de todos nos processos políticos, sociais e jurídicos[18].

Godinho Delgado identifica quatro princípios constitucionais afirmativos do valor--trabalho na ordem jurídico-constitucional brasileira.

Primeiro, o **princípio da valorização do trabalho**, que confere essencialidade à conduta laborativa como um dos instrumentos mais relevantes de afirmação do ser humano, tanto no plano da sua individualidade, como no plano da sua inserção familiar e social. O trabalho, especialmente o regulado, assecuratório de um patamar mínimo de garantias ao trabalhador, foi eleito pela Constituição o mais importante veículo (senão o único, afirma *Godinho*) de afirmação democrática da grande maioria dos seres humanos que compõe a atual sociedade capitalista[19].

Esta valorização é imposta pela Constituição como norma constitutiva da República (art. 1º, IV: princípio dos valores sociais do trabalho e da livre iniciativa); é especificada nas normas que tratam do direito fundamental social ao trabalho (art. 6º) e dos direitos fundamentais dos trabalhadores empregados (art. 7º); concretiza-se como princípio da Ordem Econômica, fundada na "*valorização do trabalho humano e da livre iniciativa*" e na "*busca do pleno emprego*" (art. 170, IV), e como princípio da Ordem Social, que tem "*como base, o primado do trabalho*" (art. 193).

O **princípio da justiça social** é o segundo princípio constitucional afirmativo do trabalho, na visão do autor. Dentre os objetivos fundamentais da República, a Constituição impõe-lhe "*construir uma sociedade justa e solidária*", e "*erradicar a pobreza e a marginalização e reduzir as desigualdades sociais e regionais*" (art. 3º, I e III). Estes objetivos estão, por sua vez, intimamente atrelados à finalidade da Ordem Econômica e Financeira, que, segundo a Constituição, "*tem por fim assegurar a todos existência digna, conforme os ditames da justiça social*", observados, dentre outros princípios, a "*função social da propriedade*" e "a *busca do pleno emprego*" (art. 170, III, VIII)[20].

A noção de justiça social foi, assim, incorporada pela Constituição como verdadeira norma jurídica, princípio instigador do Direito, segundo o qual a realização material das pessoas não pode ficar sujeita apenas à sua aptidão pessoal para bem se posicionar no mercado capitalista, mas deve ser impulsionada por normas interventivas no domínio econômico, capazes de assegurar a quem trabalha um mínimo existencial civilizatório[21].

O **princípio da submissão da propriedade à sua função socioambiental**, por sua vez, afirma *Godinho*, decorre do reconhecimento constitucional de que "a propriedade privada dos meios de produção" submete-se a uma função social e, na mesma medida, ambiental, conforme a Constituição em seus arts. 5º, XXIII — "*a propriedade atenderá à sua função social*" — e 170, III — "*a função social da propriedade*" como princípio da Ordem Econômica[22].

---

(18) MAGALHÃES FILHO, Glauco Barreira. *Hermenêutica e unidade axiológica da Constituição*. Belo Horizonte: Mandamentos, 2001. p. 113-114 e 120-121.

(19) DELGADO, Mauricio Godinho. *Direitos fundamentais na relação de trabalho*. p. 24-27.

(20) *Idem, ibidem.*

(21) *Idem, ibidem.*

(22) *Idem, ibidem.*

Por fim, leciona o autor, o **princípio da dignidade da pessoa humana** "*traduz a ideia de que o valor central das sociedades, do Direito e do Estado Democrático é a pessoa humana, em sua singeleza, independentemente de seu 'status' econômico, social ou intelectual* (...)", um dos mais notáveis avanços da história juspolítica da humanidade(23).

Este princípio, que demarcou uma nova reflexão filosófica e jurídica sobre os Direitos do Homem após a traumática experiência totalitária na Alemanha nazista, exprime hoje a primazia da pessoa humana sobre o Estado; o reconhecimento de que "*a pessoa é o fim, e o Estado não mais do que um meio para a garantia e promoção dos seus direitos fundamentais*". Daí por que, afirma *Sarmento*, é o princípio da dignidade da pessoa humana, consagrado como fundamento da República, que costura e unifica todo o sistema pátrio de direitos fundamentais como epicentro axiológico da ordem constitucional, "*irradiando efeitos sobre todo o ordenamento jurídico e balizando não apenas os atos estatais, mas também toda a miríade de relações privadas que se desenvolvem no seio da sociedade e no mercado*"(24).

A Constituição brasileira, portanto, alçou o princípio da dignidade humana ao núcleo do sistema constitucional, concretizando-o em todas as normas voltadas à proteção da pessoa humana em suas diversas dimensões, mas, notadamente, em suas condições de fragilidade, seja como criança (art. 227), como idoso (art. 230) ou consumidor (art. 170, V), como pessoa economicamente desamparada (art. 203), portadora de deficiência (art. 203, IV) ou como trabalhador vulnerável à superexploração capitalista da sua mão-de-obra (art. 7º) com maltrato à sua saúde, segurança e, enfim, à sua dignidade.

Estes vários subprincípios de defesa do valor-trabalho sintetizam-se num **superprincípio jusfundamental de proteção social do trabalho**, um valor democrático-constitucional que "se concretiza" em duas vertentes: (1) como direito fundamental ao trabalho (Constituição, art. 6º), seja na liberdade de escolha da profissão ou ofício (art. 5º, XIII) ou na legítima pretensão a políticas públicas voltadas à promoção do pleno emprego (art. 170, VIII); e (2) como direito fundamental a "direitos decorrentes do trabalho" sob regime de emprego (art. 7º).

Na primeira vertente o direito fundamental possui tanto o caráter de direito de defesa contra interferências ilegítimas do Poder Público na escolha da atividade profissional, quanto o caráter de direito a prestação positiva, enquanto pretensão a que o Estado desenvolva políticas de promoção de emprego.

A segunda vertente, que particularmente interessa ao tema em estudo, implica, por sua vez, duas posições jurídicas imputadas ao trabalhador, no bojo do direito fundamental à proteção social do trabalho: (**1**) a titularidade de uma prestação positiva em face do Estado, voltada à promoção e proteção dos seus direitos laborais; e (**2**) a titularidade das próprias contraprestações laborais devidas pelo empregador à luz daqueles direitos promovidos pelo Estado.

Estas posições jurídica atribuídas pela Constituição ao trabalhador constituem a **dimensão subjetiva** do direito fundamental à proteção social do trabalho.

Na primeira posição jurídica o trabalhador empregado titulariza um direito fundamental a que o **Estado** promova atuação de "natureza normativa, organizacional e fática" voltada a garantir um patamar digno de contraprestação pelo seu trabalho e de tratamento

---

(23) *Idem, ibidem.*

(24) SARMENTO, Daniel. *Direitos fundamentais e relações privadas*. 2. ed. Rio de Janeiro: Lumen Juris, 2006. p. 88-102.

digno à sua pessoa, naquele nível minimamente imposto pelo art. 7º da Constituição, que institui o arcabouço dos direitos elementares decorrentes da relação de emprego[(25)].

A "natureza normativa" deste direito está em que, à luz do referido art. 7º, o Estado encontra-se obrigado a editar e manter normas e procedimentos de intervenção no domínio econômico para garantir aos trabalhadores meios necessários ao exercício dos seus direitos laborais, tais como as normas que definem a relação de emprego e o contrato de trabalho (CLT, arts. 2º, 3º, 452 a 456), que protegem esta relação jurídica contra toda forma de fraude (arts. 9º e 468), que qualificam e mensuram os direitos decorrentes da prestação do labor (*v.g.*, as normas sobre remuneração, férias, gratificação natalina, fundo de garantia do tempo de serviço), que disciplinam a organização sindical, os procedimentos relativos às negociações coletivas etc.

Exemplo paradigmático desta dimensão normativa encontra-se expressamente no inciso XXII do art. 7º da Constituição, que garante ao trabalhador a "*redução dos riscos inerentes ao trabalho, por meio de normas de saúde, higiene e segurança*". Estas normas estão traçadas em amplo espectro nos arts. 154 a 201 da CLT e particularizadas na regulamentação imputada ao Poder Executivo, tradicionalmente consubstanciada nas "Normas Regulamentadoras" do Ministério do Trabalho e Emprego[(26)].

A "natureza organizacional" deste direito fundamental diz respeito ao dever imputado ao Estado de organizar e manter órgãos de Inspeção do Trabalho, atribuídos de poder de polícia, com função fiscalizatória sobre o efetivo cumprimento dos direitos destinados aos trabalhadores. E a "natureza fática" da prestação decorre, por sua vez, do dever atribuído a estes órgãos de efetivamente exercitar seu poder de polícia sempre que necessário para dar concretude aos direitos dos trabalhadores (Constituição, art. 174).

A Constituição de 1988 ainda atribuiu ao MPT a incumbência de promover a defesa judicial dos interesses coletivos, difusos e individuais homogêneos dos trabalhadores (art. 129) e à Justiça do Trabalho competência para processar e julgar os conflitos decorrentes das relações de trabalho (art. 114). A manutenção e o funcionamento destas instituições também constituem objeto do direito fundamental em apreço.

Portanto, na clássica dimensão subjetiva dos direitos fundamentais, enquanto feixe de pretensões titularizadas pelo indivíduo, a primeira posição jurídica assumida pelo trabalhador é a de titular de um direito fundamental em face do Estado, que tem por objeto a promoção e proteção concreta dos direitos decorrentes do trabalho por meio daquelas prestações estatais positivas de normatização, de organização e de funcionamento de aparatos destinados a promover e defender estes direitos contra violações.

A segunda posição jurídica atribuída ao trabalhador, na dimensão subjetiva deste direito fundamental, diz respeito à própria titularidade dos direitos laborais inscritos no art. 7º da Constituição e, na forma do seu *caput*, de "*outros que visem à melhoria de sua condição social*", previstos na legislação ordinária ou nos instrumentos de negociação coletiva,

---

(25) Conforme adverte Elaine Nassif, dentre os 34 direitos constitucionalizados no art. 7º, 21 são considerados estritamente trabalhistas, como a indenização compesatória da dispensa injusta (I), o FGTS (III) e o décimo terceiro salário (VIII), enquanto outros possuem natureza previdenciária, como o seguro-desemprego (II), salário-família (XIII), licença à gestante (XVIII) e licença-paternidade (XIX). Cf. NASSIF, Elaine Noronha. *Fundamentos da flexibilização*: uma análise de paradigmas e paradoxos do direito e do processo do trabalho. São Paulo: LTr, 2001. p. 97.

(26) As Normas Regulamentadoras estão fundadas na Portaria n. 3.214/1978 do Ministério do Trabalho e Emprego.

desta vez exercitáveis perante o empregador, destinatário do dever de satisfação das respectivas prestações.

Aqui é imprescindível observar que a Constituição de 1988 não se limitou a "constitucionalizar" um conjunto de direitos econômicos destinados aos trabalhadores no espaço de disciplinamento do processo produtivo. Assim agiram as Constituições anteriores, de 1934 a 1967 (com a EC n. 01/1969), que em matéria de trabalho restringiam-se a instituir garantias de segurança social mínima ao trabalhador por meio de normas afetas à ordem econômica, sujeitas ao Poder Constituinte reformador[(27)].

A Constituição de 1988 foi muito além, ao "fundamentalizar" os direitos sociais destinados ao homem trabalhador, concebendo-os como pressuposto ideológico e existencial do Estado Democrático, ao largo da reforma constitucional, e elevando-os a veículos de realização de valores fundamentais da República Federativa do Brasil, tais como o "princípio do valor social do trabalho" e o princípio da "cidadania".

Nem se limitou a Constituição de 1988 a garantir ao trabalhador, em fórmula linguística fluida, "o direito fundamental a normas, organismos e procedimentos de tutela ao seu trabalho, imprescindíveis à proteção da sua dignidade". Por meio das regras do seu art. 7º, dotadas da elevadíssima densidade comportamental, a Constituição concretizou enormemente o conteúdo mínimo destas normas e desta tutela, definindo um denso "núcleo essencial" do direito fundamental à proteção do trabalho.

Isso mais se afirma na medida em que, para instituir a maioria desses direitos fundamentais previstos em seu art. 7º, a Constituição de 1988 não inaugurou os conceitos jurídicos constantes nas fórmulas textuais dos seus enunciados, dependentes de posterior regulamentação infraconstitucional, mas adotou expressões cujas propriedades já eram conotadas em conceitos elaborados pelo legislador ordinário à época da sua promulgação, e que foram apropriadas pelo ordenamento constitucional.

Predomina, portanto, nessa seara normativa, a previsão de conceitos constitucionais feita de modo indireto, conforme lição de *Ávila* vista no Capítulo 4[(28)].

É o que ocorre, por exemplo, com as previsões de direitos à "relação de emprego" (Constituição, art 7º, I), ao "fundo de garantia do tempo de serviço" (III), ao "décimo terceiro salário" (VIII), a "férias anuais remuneradas" (XVII), ao reconhecimento das "convenções e acordos coletivos de trabalho" (XXVI), às "normas de saúde, higiene e segurança" (XXII), dentre tantos outros.

Estas fórmulas linguísticas, apanhadas da legislação trabalhista em vigor à época da promulgação da Constituição[(29)], traduzem institutos previamente configurados pelo legis-

(27) Daí por que, nestas Constituições de 1934 a 1967 (com a EC n. 01/1969), os direitos dos trabalhadores vieram sempre dispostos em títulos destinados à ordem econômica ou à ordem econômica e social, jamais em títulos destinados aos direitos fundamentais, como o faz a Constituição de 1988 ao dispô-los no Capítulo II (Dos Direitos Sociais) do Título II (Dos Direitos e Garantias Fundamentais).

(28) ÁVILA, Humberto. *Teoria dos princípios* — Da definição à aplicação dos princípios jurídicos. 6. ed. São Paulo: Malheiros, 2006. p. 112.

(29) A "relação de emprego" já era instituto configurado, basicamente, pelos arts. 2º, 3º e 442 da CLT (Decreto-Lei n. 5.452/1943), submetidos a forte construção interpretativa doutrinária e jurisprudencial à época da promulgação da Constituição de 1988. Nessa época, o "fundo de garantia do tempo de serviço" encontrava-se configurado pela Lei n. 5.107/1966. O "décimo terceiro salário" encontrava-se instituído pelas Leis n. 4.090/1962 e n. 4.749/1965, e as "férias anuais remuneradas" pelos arts. 129 a 149 da CLT com as alterações introduzidas pelo Decreto-Lei n. 1.535/1977 e pela Lei n. 7.414/1985. As "convenções e acordos coletivos de trabalho", à época da promulgação da nova Constituição, já eram institutos configurados pelos arts. 611 a 625 da CLT com as altera-

lador ordinário, e que, por consubstanciarem certos patamares de proteção, não podem ser reconfigurados pelo legislador infraconstitucional para restringir o conteúdo de proteção que instituem, sob pena de inconstitucionalidade da nova norma por violação ao direito fundamental (art. 7º, *caput*). Afinal, tais direitos já foram concebidos com um conteúdo mínimo de eficácia imediata.

Apenas uma pequena parcela dos direitos laborais previstos no art. 7º da Constituição de 1988 não se reveste dessa prévia configuração. Isso ocorre com os direitos inaugurados pela norma constitucional, a exemplo da "licença-paternidade" (inciso XIX), do adicional de remuneração para "atividades penosas" (XXIII) e da "proteção em face da automação" (XXVII). Pela novidade em relação à legislação trabalhista anterior, estes direitos nasceram dependentes de uma regulamentação ordinária que lhes conferisse eficácia e aplicabilidade.

O mesmo ocorre com direitos que, embora previamente configurados, tiveram seus patamares de proteção alargados pela norma constitucional por meio de fórmulas linguísticas inovadoras, como ocorre com o aviso prévio, previsto no art. 487 da CLT com prazo de oito ou trinta dias ao término da relação de emprego. Esse prazo foi ampliado pelo art. 7º da Constituição, que previu "*aviso prévio proporcional ao tempo de serviço, sendo de no mínimo trinta dias, na forma da lei*" (XXI). O prazo mínimo de trinta dias foi imediatamente aplicado às relações em curso, mas a "proporcionalidade" ainda resta dependente, até os dias de hoje, de uma legislação ordinária que o configure.

Apesar desses exemplos, pouco restou ao legislador infraconstitucional em matéria de configuração dos direitos fundamentais retratados no art. 7º da Constituição.

Nesta seara, o legislador constituinte, por assim dizer, ponderou, ele mesmo, o princípio do valor social do trabalho com o princípio da livre iniciativa, atribuindo ao primeiro um núcleo mínimo inviolável. Na ilustração oferecida por *Barcellos*, vista no Capítulo 5, o princípio da proteção social do trabalho apresenta-se neste caso como dois círculos concêntricos, em que o círculo interior, menor, corresponde às garantias mínimas instituídas pelo art. 7º da Constituição, e o espaço intermédio entre o círculo menor e o maior constitui um espaço normativo propriamente principiológico, onde se situam todas as medidas de maximização daquele núcleo essencial. Somente este conteúdo principiológico é passível de ponderação, mas, em face da alta densidade comportamental dos direitos que compõem o núcleo essencial, pouco espaço de ponderação restou ao legislador em matéria de direito dos trabalhadores.

Dessa forma, vale frisar, a Constituição de 1988 não deixou ao legislador nem ao intérprete margem considerável de discussão sobre o conteúdo mínimo dos direitos fundamentais dos trabalhadores.

6.4. *A DIMENSÃO OBJETIVA DO PRINCÍPIO DA PROTEÇÃO SOCIAL DO TRABALHO: OS EFEITOS HORIZONTAIS DOS DIREITOS FUNDAMENTAIS DOS TRABALHADORES*

Abordou-se no Capítulo 5 o fenômeno da "constitucionalização material da ordem jurídica", que se desenvolve a partir da irradiação de valores ou princípios constitucionais

---

ções introduzidas pelo Decreto-Lei n. 229/1967. E, por fim, muitas das "normas de saúde, higiene e segurança" garantidas pelo inciso XXII do art. 7º da Constituição, já se encontravam configuradas por meio da Portaria n. 3.214/1978 do Ministério do Trabalho e Emprego, que institui as Normas Regulamentadoras. Desde então, estas normas vêm sendo progressivamente aperfeiçoadas.

objetivos sobre as relações privadas, uma realidade consolidada no constitucionalismo brasileiro, especialmente em se tratando de relações marcadas pela desigualdade fático-econômica, que potencializam o desrespeito a valores constitucionalmente consagrados, em face da típica situação de sujeição de um indivíduo em relação a outro.

Esta constitucionalização material implica o reconhecimento de uma **dimensão objetiva** dos direitos fundamentais dos trabalhadores.

Os valores objetivos já previstos textualmente na Constituição, tais como o valor social do trabalho (art. 1º, IV), o primado do trabalho na ordem econômica (art. 170), o trabalho como veículo de justiça social (art. 193) e a função social da propriedade dos meios de produção (art. 173, III) somente se "concretizam" com o efetivo respeito aos direitos fundamentais dos trabalhadores. Sem a efetivação destes direitos tais valores ou princípios objetivos restam renegados a elementos de retórica.

Portanto, ao tempo em que estes princípios "concretizam-se" nas normas de direito fundamental do trabalhador, estas normas, além de atribuírem direitos subjetivos ao trabalhador (perante o Estado e perante o empregador), também projetam um valor objetivo a ser concretizado em todos os âmbitos do Direito. Elas proporcionam diretrizes que incidem sobre todos os campos do ordenamento jurídico acerca das relações entre os particulares.

Esta dimensão objetiva pode ser identificada, diz *Alexy*, por meio de uma tríplice abstração do aspecto subjetivo do direito fundamental: abstrai-se o seu titular (no caso em questão, o trabalhador), o seu destinatário (o Estado e o empregador) e a relação prestacional existente entre eles (a prestação estatal ou patronal), até sobrar apenas o bem jurídico tutelado. Este bem jurídico constitui um valor ou princípio objetivo fundamental da ordem jurídica, que por ela se irradia influenciando todo o direito subjetivo, não mais apenas nas relações entre o indivíduo e o Estado, e, neste caso em estudo, não mais apenas entre o trabalhador e o empregador originariamente apanhados pela norma, mas também nas relações entre os particulares em geral[(30)].

Em se tratando das normas de direito fundamental dos trabalhadores, obtém-se como resultado desta abstração a seguinte noção concreta: "tendo em vista que o trabalho constitui valor constitucional estrutural do sistema democrático, o exercício do direito de propriedade sobre os meios de produção somente se legitima democraticamente quando cumpre a função social de promover trabalho com dignidade à pessoa humana, e, portanto, com respeito aos direitos fundamentais dos trabalhadores".

Num modelo ideal, esta é uma mensagem objetiva central que se pode extrair do conjunto das normas de direito fundamental dos trabalhadores na Constituição brasileira, confirmando todos aqueles princípios referidos ao trabalho, estudados no tópico anterior.

Trata-se de um princípio objetivo que se irradia sobre todas as relações privadas de trabalho cujas condições fáticas se enquadrem no modelo de organização produtiva que depende do trabalho subordinado e regulado, pois é dele que cuidam as normas do art. 7º da Constituição.

Daí o sentido e a importância da aplicação teórica dos efeitos horizontais dos direitos fundamentais dos trabalhadores sobre a relação de trabalho terceirizado. Parte-se do reconhecimento de que, em face das transformações ocorridas no modelo de organização empresarial fordista, com a consolidação da terceirização, as relações de trabalho subordinado tornaram-se fragmentárias e dispersas entre vários atores organizados em cadeia. O

---

(30) ALEXY, Robert. *Teoría de los derechos fundamentales*. p. 508-510.

empregador, destinatário imediato dos direitos fundamentais do trabalhador empregado, já não é mais, necessariamente, o beneficiário (empresarial) final da sua mão-de-obra, pois um tomador de serviço pode assumir esta posição.

Neste novo modelo de produção, uma relação privada de natureza civil (travada pelo contrato interempresarial de prestação de serviço) desencadeia a formação de várias relações de emprego entre o prestador do serviço e seus empregados, relação esta cuja disciplina contratual mínima tem por objeto os direitos fundamentais dos trabalhadores.

Em se tratando de um serviço interempresarial de apoio, prestado com autonomia na atividade-meio do tomador (conforme presunção instituída pela Súmula n. 331), este tomador assume a posição de um "terceiro juridicamente interessado na relação de emprego" na medida em que adquire o serviço não como elemento de consumo, mas como um meio de produção.

Adquirindo o serviço, o tomador aqui não figura como consumidor alheio às relações de produção, mas figura como um produtor que passa a integrar a cadeia produtiva, exercendo sobre este meio de produção (o serviço) um direito de propriedade constitucionalmente afetado por uma função social.

O valor social do trabalho está impregnado, portanto, no serviço adquirido, por força daquela ordem constitucional decorrente do efeito horizontal dos direitos fundamentais dos trabalhadores: tendo em vista que o trabalho constitui valor estrutural do sistema democrático, o legítimo exercício do **direito de propriedade sobre o serviço (meio de produção)** está condicionado à função social de promover trabalho com dignidade à pessoa humana, e, portanto, com respeito aos direitos fundamentais dos trabalhadores. O respeito a estes direitos pressupõe, no mínimo, a implementação do seu conteúdo essencial.

Resta saber, no entanto, à luz da teoria em foco, "como" a Constituição conforma esse interesse jurídico.

6.5. AUTONOMIA DA VONTADE E VALOR SOCIAL DO TRABALHO: UMA PONDERAÇÃO INEVITÁVEL

Conforme advertido no Capítulo 5, duas ideias marcam o pensamento da doutrina contemporânea, especialmente no Brasil, a respeito dos efeitos horizontais dos direitos fundamentais sobre as relações privadas: (1) a aplicação dos direitos fundamentais às relações privadas depende sempre de uma ponderação com o princípio da autonomia da vontade, ponderação que deve ser feita prioritariamente pelo legislador, mas, não havendo regra legal a respeito, ou sendo esta inadequada, ao juiz cabe promover a incidência direta ou o controle de constitucionalidade sobre o ato legislativo; e (2) quanto maior for a desigualdade fática na relação entre os particulares, mais intensa será a proteção aos direitos fundamentais em jogo, e menor a tutela à autonomia da vontade, especialmente no âmbito das relações reconhecidamente desiguais, como a relação de consumo e a relação de trabalho[31].

A primeira noção, aplicada ao tema da terceirização na iniciativa privada, informa que a questão não pode ser tratada constitucionalmente sob nenhum enfoque exclusivo, nem da proteção da livre iniciativa e nem da proteção dos direitos fundamentais dos tra-

(31) SARMENTO, Daniel. A vinculação dos particulares aos direitos fundamentais no direito comparado e no Brasil. p. 271-274.

balhadores. Os princípios da supremacia, da efetividade e da unidade da Constituição impõem soluções capazes de realizar otimamente ambos os princípios em jogo.

O tema da terceirização encontra-se no epicentro do conflito principiológico constitucional, retratado nos princípios dos "*valores sociais do trabalho e da livre iniciativa*" (Constituição, art. 1º, IV), cuja conciliação na vida real constitui verdadeiro desafio histórico-político dos regimes que se pretendem democráticos.

Disso decorrem duas consequências específicas.

Primeiramente, não é dado ao intérprete ignorar que o movimento de horizontalização da empresa constitui uma alteração estrutural no processo de organização produtiva, em todo o mundo, no bojo da qual a economia nacional precisa situar-se como condição de participação no mercado globalizado. À luz do princípio constitucional da livre concorrência (Constituição, art. 170, IV) não é legítimo privar-se o capital produtivo do uso da terceirização de serviços quando a prática for compatível com a efetividade dos direitos fundamentais dos trabalhadores.

Ademais, não é dado ao Direito do Trabalho reproduzir na relação civil interempresarial de prestação de serviço — de terceirização — as mesmas qualidades obrigacionais da relação de emprego. A autonomia da vontade, que constitui fundamento do princípio constitucional da livre iniciativa, impede que ao tomador do serviço seja imposta idêntica condição imputada pela Constituição ao empregador, como destinatário imediato das prestações de direitos fundamentais dos seus empregados (art. 7º, I).

Analisando o embate entre as razões que ditam a terceirização no mundo moderno e as mazelas que a prática incita aos direitos dos trabalhadores, *Britto Pereira* anota que

> "a dificuldade decorre (...) da necessidade de eleger soluções que não constituam obstáculo à adaptação do sistema de produção de bens e serviços às novas exigências de mercado; que assegurem rentabilidade necessária a quem se dispõe a produzir, como forma de proteção à livre iniciativa, sem que tal aprimoramento seja alcançado à custa dos interesses dos indivíduos que executam os serviços, cuja defesa é missão e razão de ser do Direito do Trabalho. Só assim preserva-se a Constituição, na parte que prevê os fundamentos da República Federativa do Brasil (art. 1º) e da ordem econômica (art. 170), onde se faz alusão à valorização do trabalho humano e à livre iniciativa. A manutenção do equilíbrio entre ambos é imposição constitucional."[32]

Por isso, a contratação de serviço interempresarial exige uma ponderação entre a autonomia privada e a ordem constitucional de respeito aos direitos fundamentais dos trabalhadores. Se já se sabe como este respeito é imposto ao empregador, resta saber de que forma este respeito é imposto pela Constituição ao tomador dos serviços.

Embora a fórmula do Estado Democrático de Direito, instituído sob o influxo dos princípios de proteção do trabalho e da livre iniciativa, comporte uma pluralidade de concepções doutrinárias sobre o modelo de ordem econômica adotada (ou seja, sobre o modelo de atuação ou intervenção do Estado em relação ao processo econômico)[33], é possível

(32) PEREIRA, Ricardo José Macedo de Britto. A responsabilidade da tomadora na prestação de serviços terceirizada. *Revista do Ministério Público do Trabalho*, Brasília, Procuradoria Geral do Trabalho, n. 18, p. 79-87, set. 1999.

(33) Em *A ordem econômica na Constituição de 1988*, Eros Roberto Grau reúne diferentes concepções interpretativas de grandes juristas brasileiros sobre o perfil da ordem econômica na Constituição de 1988, retratando as

afirmar que o *standard* normativo do Estado brasileiro, mesmo após as reformas constitucionais ditadas pela doutrina política neoliberal da década de 1990, continua sendo o de um Estado comprometido com a justiça social e com a igualdade substantiva[34].

O princípio da propriedade privada, instituto basilar desta ordem econômica, previsto no art. 170, II, da Constituição, consagra (ou apenas corrobora) o regime capitalista como forma de organização econômica elementar da sociedade brasileira. Mas a ele a Constituição adiciona uma série de condicionamentos voltados a conformá-lo aos fundamentos e objetivos do Estado Democrático de Direito, dentre os quais, o valor social da livre iniciativa (art. 1º, IV), a função social da propriedade (arts. 5º, XXIII e 170, III) e, no caso especial, a relativização da autonomia da vontade nas relações de trabalho subordinado, à luz do seu art. 7º, I, que prevê como direito fundamental dos trabalhadores "*relação de emprego protegida contra despedida arbitrária ou sem justa causa* (...)".

Deste dispositivo extrai-se um elemento de imediata importância para o tema aqui analisado: a Constituição destina ao trabalhador a "garantia de uma espécie de relação jurídica" com o capitalista, profundamente dirigida pela norma jurídica — a "relação de emprego" —, em que a autonomia da vontade das partes é substituída pela vontade da lei como forma de compensar uma desigualdade, reconhecida como premissa fática, que vulnerabiliza profundamente a dignidade da pessoa do trabalhador.

Trata-se, aqui, da garantia essencial ao Direito do Trabalho, incumbido de regular as condições elementares do trabalho subordinado, e que somente devolve às partes a livre disposição sobre sua relação quando satisfeitas as condições mínimas essenciais à preservação do valor-trabalho.

Portanto, para que se possa realizar uma ponderação entre a autonomia da vontade e o valor-trabalho no caso da prestação de serviço, duas circunstâncias empíricas também deverão ser consideradas: (a) a de que a relação civil de terceirização depende do estabelecimento de relações de trabalho marcadas pelo dirigismo constitucional e, portanto, profundamente esvaziadas na autonomia de vontade das partes com o fim de proteger os direitos fundamentais dos trabalhadores; e (b) a de que a triangularização desta relação de trabalho subordinado (consubstanciada na terceirização) constitui fator de vulnerabilização ao nível de garantia constitucional destes direitos fundamentais, conforme demonstrado nos Capítulos anteriores.

A constatação desta última circunstância fática não decorre de uma escolha aleatória do intérprete, mas da observação dos bens jurídicos que as inúmeras decisões judiciais em matéria de terceirização (tais como aquelas analisadas no Capítulo 5) têm procurado preservar, e, por conseguinte, dos riscos que, nos casos concretos, a terceirização tem representado a estes bens jurídicos.

---

inúmeras possibilidades hermenêuticas acerca da presença do Estado na economia, à luz dos fundamentos constitucionais da República Federativa do Brasil. Ao final, conclui o autor que "a ordem econômica (mundo do dever ser) produzida pela Constituição de 1988 consubstancia um meio para a construção do Estado Democrático de Direito. Não o afirma como 'Estado de Direito Social' — é certo — mas a consagração dos 'princípios de participação' e da 'soberania popular', associada ao quanto se depreende da interpretação, no contexto funcional, da totalidade dos princípios que a conformam (a ordem econômica), apontam no sentido dele". Cf.: GRAU, Eros. *A ordem econômica na Constituição de 1988*. p. 179 e 313.

(34) SARMENTO, Daniel. Os direitos fundamentais nos paradigmas liberal, social e pós-social (pós-modernidade constitucional?). p. 402.

Da mesma forma, as normas que restringem a terceirização, assim considerada, inclusive, a Súmula n. 331 do TST em seu caráter *abstrato* e *ad futurum*, também evidenciam a necessidade de contenção de efeitos deletérios da prática sobre interesses constitucionais. Basta que se identifiquem estes efeitos indesejados pela norma para que se possa concluir sobre os riscos representados pela prática aos bens jurídicos tutelados. Estes riscos podem ser sintetizados como uma "diminuição da garantia de cumprimento dos direitos fundamentais dos trabalhadores em decorrência da posição concorrencial do serviço no mercado interempresarial"(35).

Há que se considerar, portanto, nesta ponderação, que o contrato de prestação de serviços desencadeia relações de emprego submetidas a rígida disciplina normativa protetiva do trabalho, e que, ao mesmo tempo, diminui profundamente o nível de efetividade desta proteção.

Para devolver este nível de efetividade protetiva àquele condizente com a exigência constitucional, será necessário, portanto, que a relação civil de prestação de serviço também se sujeite ao impacto da relativização da autonomia da vontade, para garantia da relação de emprego que desencadeia e da qual depende para existir. Isto implicará, naturalmente, a limitação do uso da terceirização a um patamar compatível com a proteção dos direitos fundamentais dos trabalhadores, e em alguma medida de responsabilização do tomador dos serviços pela satisfação destes direitos fundamentais. Isto é ordem constitucional.

A medida desta responsabilização deve ser aquela indispensável, pelo menos, à satisfação do núcleo inviolável dos direitos fundamentais dos trabalhadores, pois até que este núcleo esteja satisfeito não há ponderação possível. Somente a partir daí é que a autonomia da vontade, própria da relação civil, será devolvida aos contratantes, num processo de ponderação(36).

O estabelecimento desta medida de responsabilidade depende, portanto, do aprofundamento do raciocínio de ponderação, neste caso, a partir da sua formulação essencial: "preservado o núcleo inviolável dos direitos fundamentais dos trabalhadores, quanto maior for o grau de restrição ao princípio da proteção social do trabalho, tanto maior terá que ser a importância constitucional da satisfação do princípio concretizado pela terceirização, o da livre iniciativa e autonomia da vontade".

Na medida em que visa a dinamizar a economia, criando riquezas voltadas a promover o desenvolvimento do país, a terceirização põe-se a serviço de um objetivo fundamental da República Federativa do Brasil, que é o de "garantir o desenvolvimento nacional" (Constituição, art. 2º, II). Mas, para que possa ostentar este *status*, há que se compatibilizar com o conjunto dos objetivos da República, dentre eles, o objetivo de "**construir uma sociedade livre, justa e solidária**", princípio de justiça que pressupõe a promoção do valor-trabalho.

Em matéria de trabalho e, especialmente, em matéria de trabalho terceirizado, este objetivo só se cumpre se a terceirização promover a liberdade fático-econômica do trabalhador, a justiça social na distribuição de trabalho e renda, e a **solidariedade** entre todos os partícipes da relação de trabalho no cumprimento destes objetivos.

---

(35) A este respeito, ver o tópico 1.6. Capítulo 1 (Terceirização, uma revolução patronal).

(36) Ilustrado o princípio da proteção do trabalho como "dois círculos concêntricos" (Cap. V, item 5.2.6), a autonomia da vontade é relativizada para garantir o cumprimento do seu núcleo essencial (círculo menor), mas é novamente devolvida na medida de sua importância constitucional diante do conteúdo puramente principiológico do princípio da proteção social do trabalho, situado no espaço entre o núcleo central e a coroa externa.

Se a ordem constitucional de respeito aos direitos fundamentais dos trabalhadores irradia-se sobre a relação civil de terceirização, e se esta relação, para legitimar-se democraticamente, pressupõe a "solidariedade" dos seus atores no cumprimento da função social da propriedade dos meios de produção, será inevitável que esta irradiação implique, objetivamente, uma medida de responsabilidade solidária do tomador do serviço, "ao lado do prestador", em relação à efetivação daqueles direitos fundamentais.

Trata-se de uma responsabilidade solidária que não difere substancialmente daquela que, na noção incrustada na cultura civilista, decorre do contrato ou da vontade da lei (Código Civil, art. 265). No entanto, aqui, a fonte desta solidariedade está na Constituição que, do alto de sua supremacia normativa, impõe-se à lei e à vontade das partes.

Esta responsabilidade solidária constitucional também não difere substancialmente da responsabilidade prevista no tem IV da Súmula n. 331 do TST, embora se apresente em maior medida e intensidade. A responsabilidade dita "subsidiária" prevista na Súmula é apenas uma porção mais restrita de responsabilidade solidária[(37)]: é solidária porque ao tomador do serviço é imputada a integralidade da dívida (Código Civil, art. 264)[(38)], mas é subsidiária porque limitada por um benefício de ordem "processual" conferido ao tomador, à semelhança do benefício de ordem que a lei confere ao fiador demandado pelo pagamento da dívida (à luz do art. 827 do Código Civil)[(39)] ou ao sócio em relação à sociedade (à luz do art. 596 do Código de Processo Civil)[(40)].

A limitação jurisprudencial, que faz desta responsabilidade dita "subsidiária" uma medida insuficiente para o cumprimento da ordem constitucional, não está no benefício de ordem em favor do tomador do serviço, pois esse benefício preserva sua diferente posição jurídica em relação à posição do empregador ante os direitos laborais. O que limita indevidamente esta responsabilidade é a natureza estritamente reparatória, e não satisfativa que a jurisprudência lhe tem conferido.

Conforme visto no estudo do caso três (Cemig), a lógica responsabilizatória criada par dar solução ao tema da terceirização no bojo da lide individual trabalhista não é tomada pela jurisprudência em sua ampla dimensão, de forma a projetar-se sobre o curso da relação de trabalho. Nesta lógica, ela limita-se a garantir a percepção, pelo trabalhador, de verbas inadimplidas, geralmente após a ruptura do vínculo de emprego, o que lhe retira qualquer eficácia satisfativa das prestações laborais durante a execução dos trabalhos, não servindo como instrumento de garantia preventiva de novos inadimplementos, objeto das ações civis públicas.

Pela mesma razão, a responsabilidade constitucional em apreço também constitui medida mais ampla do que aquela responsabilidade "solidária" imputada ao empreiteiro principal para a satisfação dos débitos trabalhistas inadimplidos pelo subempreiteiro, à luz

(37) Esta também é a posição de Souto Maior, para quem a responsabilidade prevista na Súmula n. 331 é uma espécie de responsabilidade solidária. Cf.: MAIOR, Jorge Luiz Souto. A terceirização sob uma perspectiva humanista. In: HENRIQUE, Carlos Augusto Junqueira; DELGADO, Gabriela Neves (Orgs.). *Terceirização no direito do trabalho*. Belo Horizonte: Mandamentos, 2004. p. 62-63.

(38) Código Civil Brasileiro, art. 264: "Há solidariedade, quando na mesma obrigação concorre mais de um credor, ou mais de um devedor, cada um com direito, ou obrigado, à dívida toda".

(39) Código Civil Brasileiro, art. 827: "O fiador demandado pelo pagamento da dívida tem direito a exigir, até a contestação da lide, que sejam primeiro executados os bens do devedor".

(40) Código de Processo Civil, art. 596: "(...) O sócio, demandado pelo pagamento da dívida, tem direito a exigir que sejam primeiro excutidos os bens da sociedade".

do art. 455 da CLT[(41)]. Neste caso, também se está diante de uma responsabilidade estritamente reparatória, processual, construída como solução para uma lide individual posterior ao rompimento do contrato de trabalho, no específico setor da construção civil.

A responsabilidade constitucional ainda constitui medida mais ampla do que a responsabilidade "solidária" imputada pela Lei n. 6.019/1974 ao tomador do trabalho temporário, pois, neste caso, além de reparatória, a responsabilidade ainda condiciona-se à falência da empresa fornecedora da mão-de-obra e restringe-se ao pagamento de verbas remuneratórias e previdenciárias (art. 16)[(42)].

Portanto, a solução responsabilizatória constitucional ora proposta, que visa à efetivação dos direitos fundamentais dos trabalhadores no contexto das relações de trabalho terceirizado, não se satisfaz com estas soluções infraconstitucionais construídas para oferecer respostas a conflitos individuais provenientes da terceirização, eis que insuficientes para responder aos conflitos coletivos que desafiam soluções "preventivas" das lesões aos direitos fundamentais dos trabalhadores, através das ações civis públicas propostas pelos entes sindicais e pelo MPT.

O presente raciocínio apenas visa a oferecer critérios iniciais para uma ponderação que deve ser complementada na análise do caso concreto, como ocorre com qualquer ponderação, pois somente o caso concreto irá oferecer todos os elementos necessários a um juízo adequado de proporcionalidade, dizendo: (a) se a terceirização é utilizada nas atividades-meio como veículo de focalização das atividades empresariais ou se é utilizada como instrumento de burla à proteção social do trabalhador, e em que medida isso ocorre; (b) se o exercício desta livre iniciativa das empresas contratantes está sendo compatível com a satisfação dos direitos fundamentais dos trabalhadores, e em que medida isso ocorre; e (b) se o tomador do serviço está agindo de forma condizente com a sua parcela de responsabilidade na efetivação dos direitos fundamentais dos trabalhadores terceirizados, exercendo a fiscalização e a cobrança, que por isso lhe cabe, sobre a conduta do prestador, acerca da satisfação desses direitos.

A ponderação inicial deve ser feita prioritariamente pelo legislador, através de regras que limitem a terceirização imputando responsabilização solidária ao tomador do serviço, na medida indispensável à efetivação dos direitos fundamentais dos trabalhadores; uma responsabilidade "satisfativa", incidente no curso das relações de trabalho, com o necessário benefício de ordem "obrigacional" em favor do tomador, sob pena de inconstitucionalidade da medida.

Se não é dado ao legislador imputar ao tomador dos serviços a mesma qualidade obrigacional imputada ao empregador, pena de violação do princípio da autonomia da vontade, também não lhe é dado omitir esta responsabilização nem implementá-la em medida irrisória, insuficiente à satisfação da ordem constitucional.

Como adverte *Britto Pereira*, esta responsabilidade imputada ao tomador do serviço não constitui obstáculo à terceirização, mas, pelo contrário, "*reforça-a, ao assegurar que não*

(41) O dispositivo foi objeto de estudo no Capítulo 4.

(42) Lei n. 6.019/1974, art. 16: "No caso de falência da empresa de trabalho temporário, a empresa tomadora ou cliente é solidariamente responsável pelo recolhimento das contribuições previdenciárias, no tocante ao tempo em que o trabalhador esteve sob suas ordens, assim como em referência ao mesmo período, pela remuneração e indenização previstas nesta Lei".

seja utilizada como instrumento de fraude aos direitos trabalhistas, mas como importante mecanismo nas mãos do empreendedor" para adaptar-se às necessidades do marcado[(43)].

Alcança-se, neste passo, uma primeira noção a respeito dos limites da margem de ação do legislador sobre o tema da terceirização na iniciativa privada à luz da Constituição de 1988: (1) num extremo, lhe é ordenado acolher a prática da terceirização num nível compatível com a sua finalidade institucional (promover a focalização empresarial), impondo ao tomador do serviço uma responsabilidade solidária "obrigacional" com o empregador, com vistas a conferir garantia de efetivação aos direitos fundamentais dos trabalhadores; (2) no outro extremo, lhe é proibido pela Constituição adotar medidas liberalizantes da terceirização em patamar que a torne incompatível com a sua função social, a exemplo de uma medida que torne indene o tomador do serviço de responsabilidade pela efetivação dos direitos fundamentais dos trabalhadores; e (3) entre os dois extremos, a Constituição reserva ao legislador uma margem de ação para disciplinar o modo como estas limitações à autonomia da vontade devem ser implementadas com respeito ao núcleo essencial dos direitos fundamentais dos trabalhadores.

Enquanto não se houver legislado a respeito, esta ordem constitucional de ponderação incidirá diretamente sobre o particular, cabendo ao Poder Judiciário verificar a adequação da sua conduta à luz da Constituição. O quadro a seguir esquematiza esta noção:

Tabela 3 — Ponderação de princípios (terceirização na iniciativa privada)

A Constituição ordena (necessário)	MARGEM DE AÇÃO DISCRICIONÁRIA DO LEGISLADOR	A Constituição proíbe (impossível)
A máxima realização possível do princípio da livre iniciativa com respeito, no mínimo, ao núcleo essencial dos direitos fundamentais dos trabalhadores	Ponderação entre o princípio da livre iniciativa (autonomia da vontade) e o princípio da proteção social do trabalho	A plena realização do princípio da livre iniciativa com lesão ou vulnerabilização do núcleo essencial dos direitos fundamentais dos trabalhadores
(1) acolher a prática da terceirização num nível compatível com a sua finalidade: promover a focalização empresarial; (2) impor ao tomador do serviço responsabilidade solidária com o empregador, para preservar o núcleo essencial dos direitos fundamentais dos trabalhadores	Disciplinar a terceirização e o modo de imputação da responsabilidade solidária ao tomador dos serviços	Adotar medidas liberalizantes da terceirização que a torne incompatível com a sua função social, como, *v.g.*, tornar indene o tomador do serviço de qualquer responsabilidade pela efetivação dos direitos fundamentais dos trabalhadores, violando ou expondo a violação seu núcleo essencial

(43) PEREIRA, Ricardo José Macedo de Britto. A responsabilidade do tomador na prestação de serviços terceirizada. p. 78.

6.6. *TERCEIRIZAÇÃO E RETROCESSO SOCIAL: MAIS UMA RAZÃO PARA PONDERAR*

Na lição de *Sarlet*, a Constituição agrega um "princípio da vedação do retrocesso social", que constitui princípio de proteção ao "nível de efetivação" infraconstitucional já conferido aos direitos fundamentais sociais, em face das reformas neoliberais da atualidade. Esta proteção funda-se na noção de segurança jurídica, como elemento do Estado de Direito, e na noção de maximização da eficácia das normas de direitos fundamentais.

Trata-se de um direito fundamental à segurança jurídica, que em sua dimensão objetiva exige um mínimo de continuidade do Direito, e na dimensão subjetiva protege a confiança do cidadão nesta continuidade[(44)].

Não se discute, neste plano, a manutenção dos níveis gerais de proteção social alcançados no âmbito do Estado Social. Aqui a questão diz respeito à flexibilização dos níveis de efetividade já alcançados pelos "direitos fundamentais sociais", tal como ocorre com os direitos fundamentais dos trabalhadores terceirizados. Ainda que suas posições jurídico-fundamentais não sejam objetivamente restringidas, a terceirização potencializa a lesão a estes direitos, diminuindo consideravelmente seu "nível de garantia e efetividade" e vulnerabilizando seu núcleo essencial.

Parte desta redução de efetividade já decorre naturalmente da terceirização como uma repercussão imanente ao fenômeno, na medida em que foi concebido como instrumento de expansão do poder do capital sobre o trabalho, conforme estudado nos Capítulos 1 e 2. Mas este rebaixamento de eficácia ainda pode ser "potencializado" pela forma como a terceirização é levada a cabo ou como é concebida pelo Direito, gerando repercussões circunstanciais deletérias sobre a efetividade dos direitos sociais dos trabalhadores envolvidos[(45)].

A norma jurídica que se ponha a disciplinar a terceirização sem atentar para a necessidade de recomposição dos níveis de efetividade dos direitos fundamentais dos trabalhadores terceirizados, perdidos no processo de adaptação do regime jurídico ao novo modelo empresarial flexível, apenas estará potencializando as repercussões deletérias imanentes dessa terceirização sobre o valor-trabalho, facilitando as repercussões deletérias circunstanciais e legitimando, assim, indisfarçável retrocesso social.

Neste sentido, a Súmula n. 331 do TST, ao apresentar uma fórmula ponderativa inacabada, dependente de complementação à vista do caso concreto, também pode constituir veículo normativo de retrocesso social, caso sua fórmula, aplicada de forma subsuntiva, sem atenção ao conjunto fático concreto e sem compromisso com a efetividade dos direitos fundamentais dos trabalhadores, venha a produzir resultado que legitime a vulnerabilização do núcleo essencial desses direitos.

Embora não possuam eficácia de lei em sentido formal, as súmulas de jurisprudência do TST possuem indiscutível natureza normativa em face da sua função recursal unificadora da jurisprudência do tribunal[(46)]. Na medida em que a Súmula n. 331 permite genericamente a

---

(44) SARLET, Ingo Wolfgang. A eficácia do direito fundamental à segurança jurídica: dignidade da pessoa humana, direitos fundamentais e proibição de retrocesso social no direito constitucional brasileiro. *Mundo Jurídico.* Disponível em: <http://www. mundojurídico.adv.br> Acesso em: 21.2.2008.

(45) O tema das repercussões imanentes e circunstanciais da terceirização na iniciativa privada foi objeto de estudo no item 1.6. do Capítulo 1 (Terceirização, uma revolução patronal).

(46) Conforme registra Ursulino Santos, hoje é indiscutível a normatividade das súmulas de jurisprudência do TST, eis que as decisões que as contrariem são passíveis de reforma em sede de recurso de revista ou de

terceirização em atividade-meio do tomador, sujeitando-o a uma responsabilidade meramente "processual", esta solução, quando não adaptada às circunstâncias do caso concreto, enseja indisfarçável efeito redutor de eficácia dos direitos dos trabalhadores terceirizados.

No caso três (Cemig), por exemplo, em que a atividade de poda de árvores foi considerada uma atividade-meio da entidade tomadora. Supondo-se que os trabalhadores terceirizados nessa atividade estivessem submetidos às mesmas condições precárias de trabalho dispensadas aos demais trabalhadores terceirizados em atividade-fim (excessos sistemáticos de jornada além do limite legal, condições inseguras e insalubres etc.). Nesta hipótese, ao indeferir o pedido de extensão aos trabalhadores da atividade-meio, no curso dos seus vínculos de emprego com a empresa prestadora, da mesma garantia de efetividade que foi imposta à Cemig quanto aos direitos dos seus empregados, o julgador estaria se recusando a reconhecer a natureza "satisfativa" da responsabilidade prevista na Súmula n. 331 do TST, conferindo-lhe um sentido estritamente "reparatório".

Estaria o julgador, nesta situação, aplicando a Súmula de forma subsuntiva, sem a devida complementação do seu raciocínio de proporcionalidade à luz dos fatos do caso concreto, ensejando que, diante de uma mesma situação — a terceirização em atividade-meio com lesão aos direitos fundamentais dos trabalhadores — fosse considerada devida a responsabilidade do tomador do serviço pela "reparação" pós-contrato, mas não fosse considerada devida a sua responsabilidade pela "satisfação" da obrigação inadimplida, no ato da inadimplência, no curso do contrato.

Tal raciocínio, dominante na jurisprudência, legitima a terceirização como meio de superexploração da força de trabalho e protege a autonomia da vontade das entidades contratantes para além da permissão constitucional, em detrimento do nível de efetividade exigido pela Constituição ao núcleo essencial dos direitos fundamentais dos trabalhadores.

O aprofundamento da ponderação objeto da Súmula n. 331, na hipótese em apreço, deveria conduzir, ou à proibição da terceirização na atividade de poda de árvores — porque, no caso concreto, restou elidida a presunção de compatibilidade desta terceirização com a efetivação do princípio jusfundamental da proteção do trabalho —, ou à imputação da responsabilidade solidária constitucional à empresa tomadora pela satisfação dos direitos laborais inadimplidos pela prestadora, no ato da inadimplência, sob pena de multa.

Com isso a empresa tomadora seria instigada a recrudescer os critérios de fiscalização e controle sobre a conduta da empresa contratada, no pleno exercício de sua autonomia privada e em solidariedade social para com a proteção do núcleo essencial dos direitos fundamentais dos trabalhadores terceirizados.

6.7. LIMITES DA TERCEIRIZAÇÃO NA ADMINISTRAÇÃO PÚBLICA CENTRAL: A NOVA CONFORMAÇÃO DO INTERESSE PÚBLICO

No Capítulo 3 ficou assentado que, no âmbito da administração pública central, a terceirização consiste numa técnica de organização administrativa por meio da qual os órgãos e entes públicos, a fim de obterem auxílio no exercício eficiente de suas competências institucionais, contratam da iniciativa privada aquelas tarefas de apoio administrativo legalmente autorizadas, sob o regime contratual especial de Direito Administrativo.

---

embargos (CLT, art. 896). Cf. SANTOS, Ursulino. Inconstitucionalidade de enunciado de súmula e precedente normativo. *Revista LTr*, São Paulo, v. 60, n. 11, p. 1.453. nov. 1996.

Enfatizava-se, com isso, o caráter jurídico-institucional da contratação de serviços pela administração pública, com objeto vinculado aos "serviços" previamente autorizados pela Lei n. 8.666/1993 (art. 6º, II) e com uma finalidade afetada à realização do "interesse público". Daí a submissão deste negócio jurídico ao estrito regime de Direito Administrativo, marcado pelas noções de "indisponibilidade do interesse público" e de "supremacia do interesse público sobre o interesse privado".

Esta primeira explicação, extraída do pensamento paradigmático do Direito Administrativo clássico, é a que ainda norteia, no senso jurídico comum, o tratamento dos institutos administrativos e a sua juridicidade marcada pela noção da estrita legalidade: à administração pública somente cabe fazer aquilo que a lei previamente autoriza.

No entanto, a averiguação dos limites de legitimidade desta contratação de serviços no marco da nova hermenêutica constitucional pós-positivista, como se propõe, exige que também estas categorias jurídico-administrativas sejam repensadas à luz da nova hermenêutica, que propugna por um novo modelo teórico para o Direito Administrativo.

Para a moderna concepção dogmática constitucional pós-positivista, as categorias básicas do Direito Administrativo clássico fundam-se numa retórica de legalidade que apenas encoberta a insubmissão do Poder Executivo ao Parlamento, alimentando a insindicabilidade dos atos discricionários pelo Poder Judiciário e sustentando uma estrutura de verticalidade nas relações entre a administração e o administrado, que reproduz relações autoritárias de tradição absolutista[(47)].

Binenbojm retrata esta crítica questionando a lisura da explicação histórica oficial sobre a gênese do Direito Administrativo clássico. Nesta explicação, o Direito Administrativo teria nascido da dócil submissão do poder ao Direito, nos albores da Revolução Francesa e, por isso, dele haveria recebido as prerrogativas jurídicas exorbitantes do Direito comum — os privilégios da administração pública — para viabilizar a realização do interesse público, porque pressupostamente superior ao interesse privado. À administração, nesta ótica, restaria uma função meramente executiva, de cumprimento mecânico da vontade já manifestada pelo legislador (princípio da estrita legalidade)[(48)].

Na visão teórica moderna da doutrina administrativista, a criação destas suas categorias básicas que conferem excesso de privilégio à administração em relação ao particular, observa *Binenbojm*, "*só foi possível em virtude da postura ativista e insubmissa daquele órgão administrativo* [o *Conseil d'État* em França] *à vontade do Parlamento*". A origem pretoriana do Direito Administrativo, como uma construção jurisprudencial do Conselho de Estado, derrogatória do Direito comum, traria em si a contradição da "*criação de um direito especial da Administração Pública* [como resultado] *não da vontade geral, expressa pelo Legislativo, mas de decisão autovinculante do próprio Executivo*"[(49)].

A criação de uma jurisdição administrativa e do correspondente contencioso administrativo também constitui, conforme *Binenbojm*, outra contradição genética que, sob a retórica da separação de Poderes, somente visou a alargar a esfera de liberdade da administração, "*tornando-a imune a qualquer controle judicial*". Isto marcaria uma "surpreendente" identidade com o modelo de poder da monarquia absoluta e revelaria o quanto o Direito

(47) BINENBOJM, Gustavo. Da supremacia do interesse público ao dever de proporcionalidade: um novo paradigma para o direito administrativo. *Revista de Direito Administrativo*, Rio de Janeiro, Renovar, n. 239. p. 1-31, 2005.

(48) *Idem*, p. 2-3.

(49) *Idem*, p. 3.

Administrativo, em sua gênese, era alheio a qualquer propósito garantístico. Pelo contrário, diz o autor, "*seu intuito primeiro foi o de diminuir as garantias que os cidadãos teriam caso pudessem submeter o controle da atividade administrativa a um poder equidistante, independente e imparcial — o poder judiciário*"(50).

Nisto reside a razão pela qual, na visão de *Moreira Neto*, os conceitos básicos tradicionais ligados à preservação da autoridade da administração pública na conformação do interesse público tomaram tamanha importância estruturante para a disciplina do Direito Administrativo. Eles levaram à consolidação da dogmática da disciplina sobre a ideia central "*de que o interesse público é um interesse próprio da pessoa estatal, externo e contraposto aos dos cidadãos*"(51), modelo que encontrou no Brasil espaço ideal para se institucionalizar à sombra de uma cultura política patrimonialista e autoritária.

No entanto, diante dos movimentos políticos atuais, que impulsionam a migração "*de um paradigma de Estado barateador do custo da produção do capital e gerador de emprego e renda para o de um Estado prestador de serviços e fomentador do desenvolvimento*"(52), surge a ideia da "constitucionalização do Direito Administrativo", traduzindo a necessidade de que o Estado assuma a posição de promotor dos "direitos fundamentais" e da "democracia", vetores axiológicos que passam a pautar a atuação de todos os setores estatais, inclusive da administração pública, promovendo as seguintes superações dogmáticas:

a) o "princípio da supremacia do interesse público sobre o privado" é repensado à luz da proporcionalidade, na medida em que a noção de "interesse público" não mais pode ser tomada como resultado de um pretenso raciocínio subsuntivo do administrador diante da lei; o "interesse público" se concretiza num juízo de ponderação entre os direitos fundamentais e outros valores e interesses metaindividuais constitucionalmente consagrados, tornando-se assim um conceito amplamente passível de controle jurisdicional de constitucionalidade(53);
b) a estrita legalidade administrativa como dogma da vinculação positiva à lei, em negação formal a qualquer vontade autônoma dos órgãos da administração, é substituída pelo reconhecimento da existência dos extensos espaços decisórios destituídos de disciplinamento legal e que passam a ser preenchidos por balizas principiológicas constitucionais — fundadas na dignidade da pessoa humana — que guiam o administrador na criação interpretativa da noção de interesse público à luz da proporcionalidade;

(50) *Idem*, p. 4.

(51) MOREIRA NETO, Diogo de Figueiredo. Mutações do direito administrativo, p. 10-11. 2000. *Apud* BINENBOJM, Gustavo. Da supremacia do interesse público ao dever de proporcionalidade: um novo paradigma para o direito administrativo. p. 6.

(52) COSTIN, Cláudia. Ética e administração pública. *O Globo*, 2.8.2000.

(53) Neste sentido Humberto Ávila, para quem não existe um princípio constitucional da supremacia do interesse público sobre o privado, já que a concretização dos direitos fundamentais individuais integra os fins do Estado. A verificação de que a administração deve orientar-se sob o influxo do interesse público não significa que se estabeleça uma relação de prevalência entre interesses públicos e privados, já que eles não estão principalmente em conflito, mas apenas circunstancialmente, diante de casos concretos. Nestes casos, o interesse público deve resultar de uma ponderação, pois a única ideia apta a explicar a relação entre interesses públicos e particulares, ou entre o Estado e o cidadão, é o postulado da unidade e reciprocidade de interesses. Cf. ÁVILA, Humberto Bergmann. Repensando o princípio da supremacia do interesse público sobre o particular. *Revista Diálogo Jurídico*, Salvador, CAJ — Centro de Atualização Jurídica, v. I, n. 7, out. 2001. Disponível em: <http://www.direitopublico.com.br> Acesso em: 23.2.2008.

c) em consequência, a Constituição, e não mais a lei, passa a se situar no centro da vinculação administrativa à juridicidade, tornando-se a lei apenas mais um elemento de mediação entre a Constituição e a administração pública[54].

Esta nova concepção teórica do Direito Administrativo decorre da aplicação da nova hermenêutica constitucional à atuação da administração pública, com fundamento: na centralidade da pessoa humana como fim de todo o sistema jurídico, na normatividade dos princípios, no reconhecimento da conflituosidade imanente aos valores constitucionais e na exigência de máxima efetividade dos direitos fundamentais à luz da proporcionalidade.

O cerne deste pensamento aplicado à administração está na exigência de que o administrador, inexistindo regra jurídica específica reguladora da situação administrada, promova a conformação do "interesse público" por meio de uma justa ponderação entre os direitos fundamentais e outros princípios constitucionais em conflito, no caso concreto, a fim de conferir máxima efetividade aos valores fundantes do Estado Democrático de Direito.

Certamente que esta ponderação deve ser feita prioritariamente pelo legislador, mas, na maioria das vezes nem a Constituição nem a lei realizam o juízo de ponderação completo entre os interesses conflitantes por meio de regras específicas. Nestes casos, afirma *Binenbojm*, tal como o legislador, incumbirá ao administrador público "*percorrer as etapas da adequação, necessidade e proporcionalidade em sentido estrito para 'encontrar' o ponto arquimediano de justa ponderação*" entre direitos individuais e metas coletivas[55].

Supera-se, assim, a ideia da plena discricionariedade administrativa diante da ausência de regras jurídicas disciplinadoras da situação administrada, passando-se a reconhecer ao administrador público, de forma idêntica ao legislador, uma "margem de ação discricionária para ponderação", situada entre aquilo que a Constituição lhe ordena e aquilo que lhe proíbe, espaço este em que as decisões devem ser tomadas com base na proporcionalidade, por exigência de unidade da Constituição.

Conforme lição de *Pessoa*, a ponderação encontra-se presente no atual discurso jurídico desde a matriz constitucional, espraiando-se pela etapa da concretização legislativa, e chegando ao seu grau de maior concretude decisória nas atividades administrativa e judicial[56].

Nesse sentido leciona *Odete Medauar*, para quem a noção da "preponderância do interesse público" como "o bem de toda a coletividade" vem sendo matizado pela ideia de que "*à administração cabe realizar a ponderação dos interesses presentes numa dada circunstância, para que não ocorra sacrifício 'a priori' de nenhum interesse*"[57].

Não é diferente a posição de *Scorsim*, para quem,

> "É preciso que o velho princípio da supremacia do interesse público sobre o particular sofra um processo de interpretação conforme a Constituição, a fim de que as garantias individuais e sociais não sejam desconsideradas. A idéia de oposição entre interesse público e privado há de ser substituída pela ideia de complementariedade.

---

(54) BINENBOJM, Gustavo. Da supremacia do interesse público ao dever de proporcionalidade: um novo paradigma para o direito administrativo. p. 6-7.

(55) *Idem*, p. 28.

(56) PESSOA, Robertônio Santos. Neoconstitucionalismo, política e administração pública — dilemas a serem enfrentados. *Interesse Público: Revista Bimestral de Direito Público*, São Paulo, Notadez, n. 39, p. 46-47, 2006.

(57) MEDAUAR, Odete. *Direito administrativo moderno*. 3. ed. São Paulo: Revista dos Tribunais, 1999. p. 145-146.

Ambos constituem-se bens igualmente protegidos pelo ordenamento jurídico. Na hipótese de conflito entre eles, a solução será dada pelo método da ponderação."[58]

A nova conformação do interesse público, portanto, congrega uma constelação de interesses individuais e coletivos convivendo lado a lado no texto constitucional, como paradigmas normativos que vinculam a máquina estatal, verdadeiras metas ou diretrizes da administração pública. Dessa forma, afirma *Binenbojm*, o interesse público, num caso específico, pode residir na implementação de um interesse coletivo, mas também na de um interesse eminentemente individual (*v.g.*, a movimentação do aparato policial para a proteção de um cidadão, em defesa do valor-segurança)[59].

Neste contexto, a dicotomia interesse público primário *x* interesse público secundário[60] perde muito do seu sentido, pois torna-se inconcebível que a administração pública se ponha em defesa de interesses que não sejam coincidentes com a concretização dos direitos fundamentais e dos demais valores coletivos cuja guarda a Constituição lhe incumbe no caso concreto.

Destas lições as seguintes premissas devem ser extraídas, para o trato do tema em análise:

a) as finalidades previstas na legislação ordinária como interesses a serem atingidos por meio da terceirização de serviços (evitar o crescimento desmesurado da máquina pública, promover economicidade e racionalização de recursos humanos, viabilizar a focalização dos entes públicos em suas competências essenciais etc.) somente podem ser reputadas como finalidades de "interesse público" quando justificáveis, à luz da proporcionalidade, ante as restrições que a terceirização venha a ensejar a outros interesses ou princípios constitucionais no caso concreto;
b) as regras jurídicas ordinárias que disciplinam a terceirização haverão de ser interpretadas conforme a Constituição, considerando-se todos os bens jurídico-constitucionais afetados pela prática; não havendo possibilidade de interpretação condizente com a unidade proporcional dos princípios em conflito, a ponderação legislativa há de ser considerada inconstitucional;
c) nenhum interesse puramente estatal ou puramente pragmático da máquina administrativa (interesse público secundário) poderá ser promovido por meio da terceirização de serviços se não for coincidente com o "interesse público" aferido por meio da ponderação dos princípios constitucionais em conflito, em respeito à unidade e à máxima efetividade da Constituição; e
d) nos espaços deixados à escolha discricionária do administrador as escolhas haverão de ser feitas levando-se em consideração a proporcionalidade entre as finali-

(58) SCORSIM. Ericson Meister. O processo de evolução do estado, da administração pública e do direito administrativo. *Interesse Público: Revista Trimestral de Direito Público*, São Paulo, Notadez, n. 42, p. 138, 2007.

(59) BINENBOJM, Augusto. Da supremacia do interesse público ao dever de proporcionalidade: um novo paradigma para o direito administrativo. p. 19.

(60) Segundo a doutrina administrativista, "interesse público primário" é o interesse público propriamente dito, titularizado pela sociedade e atribuído ao Estado. O "interesse público secundário" consistiria num interesse particular do Estado, enquanto pessoa jurídica, mas que só pode ser perseguido pelo Estado se coincidente com o interesse público primário. Cf. FROTA, Hidemberg Alves da. O princípio da supremacia do interesse público sobre o privado no direito positivo comparado: expressão do interesse geral da sociedade e da soberania popular. *Revista de Direito Administrativo,* Rio de Janeiro, Renovar, n. 230, p. 48-49, jan./mar. 2005.

dades da terceirização e suas repercussões deletérias sobre outros bens constitucionais afetados.

Os bens jurídicos afetados pela prática da terceirização na administração pública central, conforme se concluiu da análise dos casos dois (SLU) e quatro (INSS) estudados, foram: (a) a higidez das competências estatais e das atribuições dos servidores públicos; (b) a eficiência administrativa no desenvolvimento do serviço público; (c) a impessoalidade no trato da coisa pública; e (d) o valor social do trabalho.

Ora importa saber como estes valores constitucionais conformam os limites da contratação de serviços.

6.8. O PRINCÍPIO DA EFICIÊNCIA ADMINISTRATIVA: DA TECNOCRACIA À DEMOCRACIA

O art. 10, §§ 2º e 7º, do DL n. 200/1967, e o art. 2º, III, do Decreto Federal n. 2.271/1997, que atualmente o regulamenta, revelam muito sobre as finalidades que por meio da terceirização de serviços a União pretende alcançar: (a) que os entes e órgãos da administração pública possam "*concentrar-se*" (DL n. 200/1967, art. 10, § 2º) nas atividades nodais de suas competências, para delas "*melhor desincumbir-se*" (§ 7º); (b) "*impedir o crescimento desmesurado da máquina administrativa*" (§ 7º); e (c) promover a "*economicidade*" e "*melhor aproveitamento dos recursos humanos, materiais ou financeiros disponíveis*" (Dec. n. 2.271/1997, art. 2º, III).

A Lei Nacional n. 8.666/1993, por sua vez, ao conceituar o "serviço" passível de contratação como "*toda atividade destinada a obter determinada utilidade de interesse para a Administração*" (art. 6º, II), atribui ao instituto a função de atender a necessidades imediatas da administração pública no desempenho de suas atribuições.

Uma leitura sistemático-teleológica das regras jurídicas dirá, portanto, que a terceirização consiste num artifício disponibilizado à administração pública para que obtenha no mercado serviços prontos e acabados, como utilidades indispensáveis à satisfação dos seus interesses, a fim de que, livrando-se de sua realização direta, possa "concentrar-se" no núcleo de suas competências, promovendo com isso o "melhor emprego" e a "economicidade" dos seus recursos humanos, materiais e financeiros disponíveis.

À luz desta justificação legal, a contratação de serviço irá encontrar sua fonte de legitimidade constitucional, certamente, no "princípio da eficiência administrativa", atualmente previsto de forma expressa no *caput* do art. 37 da Constituição. Trata-se de um princípio setorial da administração pública brasileira expressamente inserido pela EC n. 19/1998 no bojo da Reforma Administrativa do Aparelho do Estado.

Mas, em que pese esta sua recente expressão literal, o princípio da eficiência sempre constituiu norma constitucional implicitamente imposta à administração pública por força da sua vinculação à realização do interesse público, o que a coloca diante do imperativo funcional de operar poderes para dar cumprimento a deveres ou competências.

Nesse sentido, *Meirelles*, escrevendo sob a égide da Constituição de 1967, aludia ao "dever de eficiência" imposto aos agentes públicos como exigência de realização de suas atribuições com presteza, perfeição e rendimento funcional[(61)].

---

(61) MEIRELLES, Hely Lopes. *Direito administrativo brasileiro*. 12. ed. São Paulo: Revista dos Tribunais, 1986. p. 69.

A positivação deste dever ocorreu a partir do DL n. 200/1967, que revelou preocupação com o controle das atividades administrativas (art. 13), inclusive com o controle finalístico (denominado de "supervisão ministerial") sobre as entidades da administração pública indireta (art. 25); firmou o compromisso de ajustamento da legislação sobre os servidores públicos para conformá-la à consecução de metas voltadas a uma gestão eficiente, à profissionalização e ao aperfeiçoamento do serviço público (art. 94, II, III e V) e incitou a terceirização de serviços para viabilizar a concentração dos órgãos públicos em suas prioridades, evitando o crescimento desmesurado da máquina pública (art. 10, §§ 2º e 7º)(62).

A partir da nova Reforma Administrativa do Aparelho do Estado implementada pela EC n. 19/1998, no entanto, a doutrina liberal tecnocrática então em voga buscou alçar a eficiência a um critério central de aferição de legitimidade de toda a atuação administrativa, capaz inclusive de conformar a própria legalidade dos atos administrativos sob a perspectiva do melhor "rendimento econômico" dos seus resultados, em favor do "cidadão-cliente" pagador de impostos(63).

Parte-se, aqui, do discurso de uma "eficiência" imanente ao modelo gerencial das empresas privadas, como antídoto a uma "ineficiência" também imanente ao modelo clássico de administração pública do Estado Social, binômio que permeia todo o ideário da reforma. Busca-se nele justificar a necessidade de um sistema político pautado no ideal da máxima produtividade da atuação estatal, pela articulação racional ótima entre custos e benefícios econômicos, especialmente por meio da transferência de atribuições estatais ao particular(64).

Trata-se, portanto, de uma noção tecnocrática de eficiência, que pode ser compreendida na seguinte lição doutrinária de *Bresser Pereira*, muito anterior à elaboração dos estatutos da reforma por ele idealizada como Ministro de Estado:

> "O utilitarismo característico do racionalismo tecnoburocrático é claramente verificável através do objetivo político básico visado pela tecnoburocracia: a eficiência. O primeiro e mais importante objetivo a ser alcançado por um sistema tecnoburocrático é a eficiência econômica, é a maximização dos resultados em relação aos recursos empregados, é '**o aumento da produtividade de trabalhadores, administradores, máquinas e recursos naturais**'. (...) O critério de racionalidade de um ato está em sua eficiência econômica, em sua utilidade. (...) Os objetivos econômicos são, na prática, colocados acima de todos os demais. É difícil para o homem comum e particularmente para o tecnoburocrata imaginar que possa haver outros valores,

(62) JÚNIOR, Edílson Pereira Nobre. Administração pública e o princípio constitucional da eficiência. *Revista de Direito Administrativo*, Rio de Janeiro, Renovar, n. 241, p. 224, 2005.

(63) Neste sentido, o próprio Plano Diretor da reforma, quando diz que "*a reforma do aparelho do Estado passa a ser orientada predominantemente pelos valores da eficiência e qualidade na prestação de serviços públicos* (...)", tendo como uma de suas estratégias "*o controle ou cobrança a posteriori dos resultados*", deixando de lado a prévia exigência de correção formal dos atos administrativos. *Plano diretor da reforma do aparelho do Estado*. p. 02.

(64) *Idem*. Não por outra razão, os objetivos previstos no Plano Diretor para os denominados "serviços não-exclusivos" do Estado estão voltados, prioritariamente, à sua transferência para a iniciativa privada, a fim de "*aumentar* (...) *a eficiência e a qualidade dos serviços, atendendo melhor o cidadão-cliente a um custo menor*".

eventualmente maiores, a serem atingidos, como a liberdade, o amor, a beleza, a verdade, a justiça, a realização pessoal."[(65)] (destaque nosso)

Conforme *Becker*, a tecnocracia, vinculada à "lógica dos fatos", procura a independência de todo o universo político e, por conseguinte, da legitimação democrática. Como o sistema democrático nem sempre garante a tomada do poder pelos tecnicamente mais competentes, o programa de reforma do aparelho do Estado "*privilegia a mudança induzida pela via administrativa, descartando a via política, esta percebida como portadora de vícios e perversões capazes de comprometer a perfeição, virtude e eficácia do enfoque técnico*"[(66)].

Esta ênfase na eficiência como um valor absoluto a ser perseguido, "*ainda que os constrangimentos legais não sejam totalmente removidos*"[(67)], nos termos do projeto da reforma, não condiz, no entanto, com as exigências do Estado Democrático de Direito, que pressupõe uma legalidade pluridimensional, voltada à realização estatal dos mais diferentes interesses ou valores consagrados na Constituição, inclusive os princípios reciprocamente conflituosos[(68)].

O princípio da eficiência estampado no art. 37, *caput*, da Constituição, há de ser tomado no Estado Democrático como uma ordem de máxima efetividade da atuação administrativa na consecução do "interesse público", enquanto suma equilibrada e proporcional dos interesses constitucionais em jogo em cada situação concreta, de modo a preservar, entre a atuação administrativa e seu resultado, uma relação de custo-benefício não apenas econômico, mas também uma relação equilibrada de custo-benefício social.

Daí a razão pela qual o uso da terceirização, além da justificativa fundada na racionalização e na economicidade de recursos materiais gerada em favor do erário, também deve ser avaliada à luz do custo-benefício social que enseja a direitos fundamentais e a outros valores sociais constitucionalmente consagrados.

É inquestionável que a ideia da eficiência deve modificar o paradigma de interpretação do Direito Administrativo, exigindo da administração pública uma atuação mais ágil e flexível, menos custosa e burocrática, e mais adaptada à nova velocidade do mundo contemporâneo globalizado e informatizado. Mas estas são exigências pautadas numa economicidade a serviço do "interesse público".

Na perspectiva da nova hermenêutica, a eficiência comparece, assim, como um importante vetor interpretativo de aferição da máxima realização das finalidades da lei e da Constituição, traduzidas na ponderação entre os interesses contrapostos.

---

(65) PEREIRA, Luiz Carlos Bresser. A sociedade estatal e a tecnoburocracia. São Paulo: Brasiliense, 1981. p. 88. *Apud* BECKER, Laércio Alexandre. Eficiência e democracia na reforma do Estado e do processo. *Revista de Processo* — Instituto Brasileiro de Direito Processual, São Paulo, Revista dos Tribunais, n. 102, p. 276, 2001.

(66) BECKER, Laércio Alexandre. Eficiência e democracia na reforma do Estado e do processo. p. 277. Esta perspectiva é inferida das figuras do contrato de gestão, das agências executivas (reguladoras) e das organizações sociais, criadas pela EC n. 19/1998 e marcadas pelo controle predominantemente técnico, de resultado, a salvo de maiores interferências políticas.

(67) *Plano diretor da reforma do aparelho do Estado*. p. 48.

(68) Di Pietro manifesta sua preocupação com esta perspectiva dada pelo Plano da Reforma à eficiência, como algo contraposto à legalidade: "*Preocupo-me um pouco hoje com essa idéia de eficiência que está na base de toda reforma administrativa do Estado porque se coloca a eficiência num pólo e a legalidade no outro pólo como duas coisas opostas, e acho que a gente tem que procurar a eficiência dentro da legalidade*". Cf. DI PIETRO, Sylvia Maria Zanella. O sistema de pareceria entre os setores público e privado, execução de serviços através da concessão, permissão e terceirização — aplicação adequada destes institutos. *Boletim de Direito Administrativo*, São Paulo, NDJ, p. 587, set. 1997.

Nesta perspectiva, a contratação de serviços de apoio administrativo constituirá instrumento de eficiência administrativa sempre que puder colaborar para a focalização dos órgãos e entes públicos em suas competências essenciais, com racionalização de recursos públicos. A medida desta eficiência está no ponto em que os benefícios produzidos não sejam anulados pelas repercussões negativas da terceirização sobre outros interesses constitucionais relevantes, o que exige que sua utilização seja feita de forma equilibrada e proporcional aos valores comunitários em jogo.

Dentre estes valores, a preservação das competências dos órgãos e agentes públicos constitui o primeiro elemento atingido pela terceirização.

6.9. O PRINCÍPIO DA ORGANIZAÇÃO FUNCIONAL DA ADMINISTRAÇÃO PÚBLICA

Como uma associação política conformada por uma Constituição, o Estado de Direito constitui-se, antes de tudo, num centro de competências ou deveres distribuídos entre as funções legislativa, judiciária e administrativa, esta última atribuída a diversas pessoas jurídicas de Direito Público (as entidades federativas e seus respectivos entes e órgãos públicos) e de Direito Privado (suas empresas estatais exploradoras de atividade econômica).

Para desincumbir-se de suas atribuições, o Estado depende de pessoas físicas, os denominados agentes públicos, que manifestam a vontade estatal atuando como verdadeiros órgãos do Estado[(69)].

Portanto, a expressão "administração pública" pode ser utilizada numa acepção subjetiva, para designar o conjunto de pessoas (públicas e privadas) e de órgãos que exercitam atividade administrativa; e num sentido objetivo[(70)], como o plexo de deveres ou competências voltados à satisfação imediata dos interesses da coletividade.

Porém, por sua natureza institucional, a administração pública nem é apenas o conjunto de pessoas e nem apenas o conjunto de competências, mas a integração das pessoas e entidades atuando de modo organizado, permanente e contínuo, sob um regime jurídico específico, comprometidas com a promoção de determinados valores fundamentais[(71)]. Esta concepção integrada é a que retrata a administração pública como uma "organização funcional".

Tal como registrado por *Weber*, a estrutura burocrática estável é condição inafastável para a legitimidade democrática do poder político[(72)]. A democracia exige que as funções públicas sejam exercidas por pessoas físicas integradas permanentemente nas instituições estatais, profissionalizadas para a realização eficiente de suas tarefas, sujeitas a um regime jurídico de deveres e prerrogativas que lhes imponham e assegurem atuação orientada à realização do Direito[(73)].

---

(69) A "teoria do órgão" funda-se na ideia de que os agentes que manifestam a vontade estatal constituem-se em órgãos do Estado, pois ao Estado é atribuída sua vontade, o que difere da relação de representação, em que o representante apenas expressa a vontade do representado. Cf. FILHO, Marçal Justen. *Curso de direito administrativo.* p. 92-98.

(70) DI PIETRO, Sylvia Maria Zanella. *Direito administrativo.* p. 55.

(71) JUSTEN FILHO, Marçal. *Curso de direito administrativo.* p. 565.

(72) WEBER, Max. *Economia e sociedade.* Trad.: Regis Barbosa e Karen Elsabe Barbosa. 4. ed. São Paulo: UnB, 2004. v. 2, p. 396 e ss.

(73) JUSTEN FILHO, Marçal. *Curso de direito administrativo.* p. 566.

Justen Filho anota que a natureza institucional da administração pública lhe confere uma identidade cultural que se reproduz em padrões de conduta dos seus integrantes, gerando uma linha de continuidade de tal modo vinculada a tradições que, quanto mais consolidada esta estrutura organizacional, menor é a influência das decisões políticas sobre o seu modo de operação, o que envolve aspectos positivos e negativos. O grande desafio do Estado Democrático reside em adotar regimes jurídicos de atuação destas pessoas e entes públicos compatíveis com a estrutura institucional necessária e suficientemente adequada para implementar as medidas e as alterações reputadas adequadas(74).

A Constituição de 1988 concebeu a República Federativa do Brasil como um Estado Democrático de Direito dotado dos objetivos de "*construir uma sociedade livre, justa e solidária*" (art. 1º, I), de "*garantir o desenvolvimento nacional*" (II) e de "*promover o bem de todos, sem preconceitos (...)*" (IV). Para isso, a Constituição organizou o Estado (Título III), conferindo-lhe uma estrutura político-administrativa de caráter federativo (art. 18) e atribuindo a cada uma de suas esferas políticas (União, Estados, Distrito Federal e Municípios) uma série de competências legislativas e materiais (arts. 21 a 24, 30 e 32), distribuídas, conforme a natureza, entre seus diversos órgãos e entidades.

Desta forma, a Constituição pressupõe a necessidade de estruturas burocráticas permanentes e contínuas, aptas ao exercício de todas as incumbências estatais, sejam elas políticas, tais como as atribuições dos exercentes de mandatos eletivos, dos juízes e membros do Ministério Público e dos Tribunais de Contas, ou estritamente administrativas, como as atividades de fomento, de polícia administrativa ou de serviços públicos *stricto sensu*, acometidas aos servidores públicos em geral e aos particulares em colaboração com o Poder Público (no caso dos serviços públicos).

Daí por que, em seu Título III (que cuida da organização do Estado) a Constituição traz um Capítulo (VII) especificamente destinado à estrutura e ao funcionamento da "administração pública" (art. 37), e aos deveres e prerrogativas dos seus servidores (arts. 38 a 42).

No art. 37, que trata em 22 incisos das disposições gerais sobre a administração pública, os incisos XIX e XX disciplinam a criação de suas empresas estatais e suas subsidiárias. Todos os demais 20 incisos são destinados ao estabelecimento de regras e princípios aplicáveis ao regime de trabalho firmado entre a administração pública e seus agentes. Deste total, 19 enunciados cuidam do regime de trabalho prestado "diretamente" pela pessoa física — o servidor público — ao Estado, seja por vínculo permanente (cargo ou emprego público) ou transitório (cargo em comissão e contrato temporário por excepcional interesse público), mas sempre em regime de subordinação profissional deste servidor à administração(75).

Somente o inciso XXI do art. 37 da Constituição disciplina uma modalidade específica de "contratação de serviços" (além das obras e alienações) marcada pela autonomia profissional do prestador contratado e pela relação apenas "indireta" mantida entre a administração e as pessoas físicas executoras do trabalho, ou seja, a terceirização.

Neste contexto, a contratação indireta de serviços aparece como uma modalidade "excepcional" de obtenção de força de trabalho, em face do "caráter residual" das atividades

(74) *Idem, ibidem.*

(75) Nesta situação estão os exercentes de cargos em comissão de livre nomeação e exoneração (Constituição, art. 37, V). Apesar do traço político de sua nomeação, eles também se inserem no regime de subordinação profissional, ao exercerem "funções" de chefia, direção e assessoramento, embora esta propriedade subordinante seja mais diluída pelo aspecto político da nomeação.

passíveis de contratação: elas não integram atribuições "essenciais" à manifestação e à concretização da vontade estatal.

Disto se dessume que o critério de medida da terceirização no serviço público é, antes de mais nada, a **competência estatal**, assim como, à luz da teoria do foco, a vocação (a denominada atividade-fim) da empresa privada constitui o critério de medida da terceirização permitida no mercado(76). Trata-se de um regime de exceção, na medida em que a órbita de sua incidência (dos serviços terceirizáveis) é traçada no marco periférico e residual das competências dos órgãos e entes públicos contratantes.

Di Pietro, seguindo *Guglielmi*, afirma que a função material objeto do contrato de prestação de serviço "*não é caracterizada por competências, porque a pessoa executante não está normalmente em condição de produzir atos jurídicos para as necessidades do serviço público*", razão pela qual esta função é antes definida por elementos negativos(77), ou seja, excepcionais.

No entanto, na perspectiva de análise adotada nesta obra, qualquer espécie de definição que exclua as atividades terceirizáveis do conjunto das competências estatais deve ser tomada com temperamento. O contrato de prestação de serviços não deixa de implicar a transferência de uma parcela de competência estatal ao particular, ainda que se trate de uma competência estritamente executória que, por si só, não seja capaz de constituir atos administrativos. Mas, sendo uma atividade indispensável à execução destes atos administrativos, não discrepa "em natureza" das atividades atribuídas aos servidores públicos, senão apenas em intensidade e importância estratégica na obtenção do resultado visado pela competência estatal, conforme o ponto de vista político, jurídico e administrativo vigente em cada época.

É o que ocorre, por exemplo, com o serviço de limpeza de uma repartição pública, uma tarefa de preparo do ambiente físico necessário à prática dos atos administrativos, e que poderia perfeitamente integrar o rol de atribuições de servidores públicos lotados na repartição, como acontecia normalmente em períodos anteriores ao movimento de terceirização. Apenas em face do imperativo de economia de recursos públicos é que, na conjuntura atual, a realização dessa atividade tende a ser atribuída a uma empresa privada, considerando sua menor importância estratégica para a obtenção do resultado visado pela repartição pública. Mas essa menor intensidade estratégica da atividade de limpeza da repartição pública em nada afeta a sua natureza de tarefa inerente às competências do órgão público, porque indispensável à sua realização.

Neste aspecto, inclusive, a delimitação das atividades terceirizáveis no marco das competências estatais não discrepa substancialmente da delimitação dos serviços públicos *stricto sensu* no conjunto das atividades econômicas: trata-se de uma delimitação histórico-

(76) A diferença substancial entre as situações está em que, enquanto o objeto social de uma empresa constitui manifestação da "vontade" do seu proprietário, a competência atribuída à administração pública não resulta de sua própria vontade, mas de um "dever" que lhe é imputado pela ordem jurídica. Diferentemente da propriedade, em que prevalece a vontade, ressalta Di Pietro, a administração caracteriza-se pela predominância do dever e da finalidade: toda administração pressupõe uma "atividade dependente de uma vontade externa, individual ou coletiva, vinculada ao princípio da finalidade". Cf. DI PIETRO, Sylvia Maria Zanella. *Direito administrativo*. p. 53-54.

(77) Os elementos negativos seriam, para a autora: 1) o objeto do contrato não constitui o serviço público como um todo, mas tarefas anexas a este serviço; 2) a ausência de laço contratual com os usuários do serviço público; e 3) a ausência de um regime de direito administrativo. Cf. DI PIETRO, Sylvia Maria Zanella. *Parcerias na administração pública*. p. 241.

-constitucional, porque dependente da ideologia constitucional vigente em cada época a respeito da presença do Estado no processo econômico (serviço público), assim como a respeito da presença da atividade econômica no interior do Estado (a terceirização).

Assim é que a contratação de serviço sempre foi traduzida pela legislação ordinária como uma medida residual na "organização funcional da administração pública": primeiramente, pela Lei n. 5.645/1970, ao restringir as atividades terceirizáveis a simples atividades de apoio administrativo; depois, pela Lei n. 8.666/1993, ao definir serviço passível de terceirização como utilidades de interesse instrumental à administração pública; e pelo Decreto Federal n. 2.271/1997, ao definir os serviços terceirizáveis pela União como acessórios, instrumentais ou complementares às matérias de **competência** dos órgãos e entes públicos.

Ante o exposto, infere-se da leitura integrada dos dispositivos constitucionais a existência de um princípio de "organização funcional da administração pública" fundado na exigência democrática de um quadro de carreira pública profissionalizado para o exercício das atribuições estatais, o que pressupõe a predominância das relações de trabalho firmadas "diretamente" entre o Poder Público e seus agentes, sujeitos ao regime estatutário ou de Direito Privado, conforme as necessidades contingentes, mas sempre exclusivamente comprometidos com a realização de competências institucionais do Estado.

A terceirização, neste cenário, é tratada pela legislação constitucional como uma medida residual em relação à contratação direta de servidores públicos.

6.10. O PRINCÍPIO DA IMPESSOALIDADE

Intimamente interligado ao princípio da organização funcional da administração pública está o princípio da impessoalidade no trato da coisa pública. Este princípio, expressamente proclamado no *caput* do art. 37 da Constituição como valor inerente à administração pública, recebe diversas interpretações na doutrina brasileira.

Para *Afonso da Silva*, o princípio da impessoalidade significa que os atos e provimentos administrativos são imputáveis não ao funcionário que o pratica, mas ao órgão ou entidade administrativa em nome do qual age o funcionário; o administrado não se confronta com o funcionário *x* ou *y* que expediu o ato, mas com a entidade cuja vontade foi manifestada por ele. Isso porque, para o constitucionalista, a primeira regra do estilo administrativo é a objetividade[(78)].

Meirelles, por sua vez, associou a impessoalidade ao princípio da finalidade no atendimento do interesse público: o funcionário público fica impedido de buscar outro objetivo, no interesse próprio ou de terceiro[(79)].

Para *Bandeira de Mello* a impessoalidade significa que a administração tem que tratar a todos os administrados sem discriminações, benéficas ou detrimentosas, de forma que o princípio não é senão o próprio princípio da legalidade ou isonomia[(80)].

Os aspectos apontados nestas concepções guardam entre si uma lógica comum voltada a impedir que fatores pessoais, subjetivos, possam direcionar os fins da atividade admi-

(78) SILVA, José Afonso da. *Curso de direito constitucional positivo*. 13. ed. São Paulo: Malheiros, 1997. p. 615.
(79) MEIRELLES, Hely Lopes. *Direito administrativo brasileiro*. p. 81.
(80) MELLO, Celso Antônio Bandeira de. *Elementos de direito administrativo*. 3. ed. São Paulo: Malheiros, 1992. p. 60.

nistrativa, seja na conduta da administração em relação aos administrados, seja na relação com seus próprios servidores públicos e colaboradores privados.

Neste veio, para *Medauar* os princípios da impessoalidade, moralidade e publicidade encontram-se intimamente ligados numa relação de instrumentalização recíproca: a impessoalidade é forma de se atuar com moralidade; a publicidade visa a conferir tratamento impessoal, dificultando medidas contrárias à moralidade e à impessoalidade; e a moralidade administrativa pressupõe a observância da impessoalidade e da máxima transparência dos atos administrativos[(81)].

Em sua missão de restaurar o regime democrático, a Constituição de 1988 não apenas previu expressamente em seu art. 37 os princípios da impessoalidade, da moralidade e da publicidade administrativas, como ainda conferiu concretização comportamental a vários deles através de regras de conduta específicas.

É o que ocorre com as regras jurídicas relativas à seleção dos profissionais a serem investidos nos cargos e empregos públicos, assim como das pessoas e entidades particulares contratadas para a prestação de serviços. No primeiro caso, a Constituição exige o "*concurso público de provas ou de provas e títulos, de acordo com a natureza ou complexidade do cargo ou emprego*" (art. 37, II) como condição de validade dos respectivos atos admissionais (§ 2º), e nas contratações de serviços a Constituição exige o procedimento de "*licitação pública que assegure igualdade de condições a todos os concorrentes*" (XXI).

Estas são "regras jurídicas" que conformam um núcleo essencial dos princípios da impessoalidade e da moralidade dos atos administrativos, aplicáveis à admissão e contratação, pelo Estado, de seus respectivos servidores públicos e colaboradores privados.

Poder-se-ia afirmar, inclusive, que a necessidade de um quadro funcional estável e contínuo a serviço do Poder Público (princípio da organização funcional da administração pública) já decorre da exigência do tratamento impessoal a ser dispensado pelos administradores ocupantes de cargos eletivos transitórios, aos servidores públicos efetivos, para a proteção do interesse geral ante interesses político-partidários[(82)]. Esta estabilidade da organização funcional da administração pública é resultado de uma árdua conquista republicana e democrática contra o regime patrimonialista de recrutamento de servidores públicos como mero espólio ou despojo decorrente do processo eleitoral.

No entanto, antes deste objetivo vinculado à impessoalidade, a organização funcional já é uma necessidade inerente ao próprio Estado de Direito, por força da exigência de uma estrutura estatal profissionalizada para o atendimento das competências do Poder Público. A impessoalidade agrega-se a este princípio como um valor republicano e democrático, para torná-lo compatível com as exigências do Estado Democrático de Direito.

Portanto, o princípio da organização funcional da administração pública aqui enfatiza a profissionalização do quadro permanente de servidores públicos, enquanto o princípio da impessoalidade acentua o caráter objetivo que deve marcar a seleção não apenas destes servidores, como também dos prestadores de serviços (terceirização) e delegatários de serviços públicos como um todo.

Aqui importa frisar que o elemento constitucional mais invocado pela jurisprudência como limite à terceirização no serviço público tem sido a regra do concurso público,

(81) MEDAUAR, Odete. *Direito administrativo moderno.* p. 140.

(82) VILLA, Jesús Leguina. A constituição espanhola e a fuga do direito administrativo. *Gênesis — Revista de Direito Administrativo Aplicado*, Curitiba, Gênesis, n. 6, p. 638, 1995.

conforme visto nos quatro últimos casos práticos estudados (SLU, Cemig, INSS e CEF). Mas seria mesmo este o elemento constitucional de maior valia na delimitação da prática da terceirização no serviço público?

6.11. PARÂMETROS CONSTITUCIONAIS PARA UMA INTERPRETAÇÃO PONDERADA: AS ATIVIDADES TRANSITÓRIAS OU PERIODICAMENTE NECESSÁRIAS

Desta rápida análise de princípios e regras constitucionais já se percebe que, diferentemente do tema da terceirização na iniciativa privada, no âmbito do serviço público a matéria encontra uma disciplina constitucional muito mais densa e, por conseguinte, comporta condicionamentos constitucionais que tornam sua conformação legal ainda mais complexa.

Diante do que reza o art. 37, XXI, da Constituição, não resta dúvida de que a terceirização no serviço público é, *lato sensu*, uma prática constitucional. Mas até que ponto é constitucional, é uma questão que depende da interpretação integrada dos seus elementos, considerando que (a) a contratação de serviços está fundada na realização do princípio da eficiência administrativa, mas condicionada pelas repercussões restritivas que enseja sobre (b) o princípio da organização funcional da administração pública, sobre (c) o princípio da impessoalidade e também sobre (d) o princípio "jusfundamental" da proteção social do trabalho.

Ao exigir a "licitação" prévia na "contração de serviços", a regra do art. 37, XXI, da Constituição comporta dupla dimensão: (**1**) de forma imediata, impõe um comportamento (a licitação) que concretiza o princípio da impessoalidade; (**2**) de forma mediata, confere uma competência ao legislador ordinário para "*na forma da lei*" disciplinar a contratação de serviços como veículo de realização do princípio da eficiência administrativa[(83)].

Trata-se, neste aspecto, de uma "reserva legal de índole restritiva", na medida em que a regra autoriza o legislador ordinário a instituir uma "medida residual" no âmbito da organização funcional da administração pública com a correspondente exceção à regra do concurso público, assim como uma "medida restritiva" ao nível de efetividade da proteção social dos respectivos trabalhadores terceirizados, em face da natural perda de efetividade dos seus direitos fundamentais.

Mas o problema da reserva legal, como visto no Capítulo anterior, é a sua delimitação material, pois a competência do legislador para impor restrições a direitos fundamentais é limitada: (a) pelas condições ditadas nas reservas qualificadas; (b) pelas limitações impostas pelo conteúdo essencial do direito fundamental; e (c) pelo princípio da proporcionalidade[(84)].

A regra do art. 37, XXI, da Constituição, não institui uma reserva legal qualificada, pois não qualifica expressamente os serviços passíveis de contratação indireta. O dispositivo não menciona que espécie de serviço deve ser terceirizado à vista da finalidade dessa terceirização. Nisso reside, inclusive, toda a dificuldade de interpretação em torno do tema.

---

(83) Constituição, art. 37, XXI, ora rememorado para facilitar a o acompanhamento do raciocínio: "*ressalvados os casos especificados na legislação, as obras, **serviços,** compras e alienações serão contratados mediante processo de licitação pública que assegure igualdade de condições a todos os concorrentes, com cláusulas que estabeleçam obrigações de pagamento, mantidas as condições efetivas da proposta, nos termos da lei, o qual somente permitirá as exigências de qualificação técnica e econômica indispensável à garantia do cumprimento das obrigações*". (destaque nosso).

(84) Capítulo 5, item 5.2.5.

Portanto, neste caso a reserva legal somente encontrará seu "limite constitucional imanente" no conteúdo essencial dos direitos fundamentais restringidos e no encontro ponderado dos princípios constitucionais referidos à matéria, por força da exigência de unidade da Constituição.

Importa saber, neste passo, qual a margem de ação discricionária deixada ao legislador ordinário para a ponderação acerca desse limite.

Souto Maior entende que o termo "serviço" previsto no art. 37, XXI, da Constituição, compreende exclusivamente serviços transitórios, na medida em que "*só pode ser entendido como algo que ocorra fora da dinâmica permanente da administração* (...), *como, por exemplo, a implementação de um sistema de computador* (...)", já que esta contratação não pode contrariar a regra constitucional do concurso público (art. 37, I e II) destinada a todas as atividades permanentemente necessárias à administração pública:

> "Se nos 'serviços' a que se refere o inciso XXI pudessem ser incluídos os serviços que se realizam no âmbito da administração de forma permanente, não haveria como fazer uma distinção entre os diversos serviços que se executam, naturalmente, na dinâmica da administração, senão partindo do critério não declarado da discriminação, retomando, ademais, o caráter estamental que influenciou a formação da nossa sociedade. Mas, isso, como se sabe, ou se deveria saber, fere frontalmente os princípios constitucionais da não-discriminação, da isonomia, da igualdade e da cidadania."[(85)]

Nesta linha, *Souto Maior* propõe uma interpretação da Lei n. 8.666/1993 conforme a Constituição, para que se compreendam como serviços passíveis de contratação, à luz do art. 6º, II deste diploma legal, apenas aqueles serviços transitórios ou permanentemente periódicos (art. 57), a exemplo da manutenção de elevadores, transporte de valores etc.[(86)]

Em que pese a intensidade dos argumentos, essa interpretação deixa de considerar a força normativa do princípio constitucional da eficiência administrativa como elemento propulsor da contratação de serviços e desconsidera ainda que, ao lado do concurso público, a "licitação" imposta no inciso XXI do art. 37 da Lei Maior também constitui veículo de realização do princípio da impessoalidade.

Ou, por outra perspectiva, o princípio constitucional da impessoalidade, dotado de caráter primariamente finalístico, concretiza-se tanto na regra do concurso público (Constituição, art. 37, II), quando se houver de selecionar servidores públicos, como na regra da licitação (art. 37, XXI), quando se houver de selecionar empresas para prestação de serviços.

A resposta ao problema da limitação constitucional dos serviços terceirizáveis não será dada, portanto, apenas pela exigência do concurso público em atividades permanentes, mas, antes, pela análise do impacto da contratação indireta destas atividades sobre o conjunto de princípios e regras constitucionais referidos à matéria.

A autorização constitucional dada ao legislador para definir os serviços terceirizáveis (Constituição, art. 37, XXI) encontra sua primeira parada interpretativa obrigatória no "princípio da organização funcional da administração pública", pois toda terceirização,

(85) MAIOR, Jorge Luiz Souto. Terceirização na administração pública: uma prática inconstitucional. *Boletim Científico da Escola Superior do Ministério Público da União*, Brasília, ESMPU, n. 17, p. 87-117, out./dez. 2005.
(86) *Idem*, p. 112.

como visto acima, é delimitada residualmente no marco de uma competência estatal. Se a terceirização ultrapassa esse marco, certamente implica alguma forma de restrição ao referido princípio.

E quanto mais invade o fluxo operacional da atividade que constitui a competência do órgão ou ente público, mais a terceirização dinamiza o movimento de desregulamentação institucional e desprofissionalização do serviço público, ofendendo sua organização funcional. Liquidam-se funções e esgotam-se planos de carreiras indispensáveis ao exercício contínuo e profissional das responsabilidades que se encontram sob o pálio estatal, seja porque são privativas de Estado, como o poder de polícia, seja porque não foram transferidas ao particular pelos meios ordinários de desestatização, como os serviços públicos estatizados.

Ainda assim é possível que alguma medida de restrição ao princípio da organização funcional se imponha constitucionalmente, por força da necessária ponderação entre este princípio e outros que com ele venham a colidir no caso concreto.

Mas, antes de constituir uma restrição à organização funcional, a terceirização constitui uma delimitação residual de competência que lhe é inerente, autorizada, como visto, na mensagem de exceção contida textualmente no art. 37, XXI, da Constituição.

Num modelo ideal, essa mensagem de exceção diz que "nem toda força de trabalho indispensável à realização das tarefas do Estado deve ser sempre por ele diretamente admitida e organizada em quadro de carreira pública". Como saber que atividades são estas que não pressupõem a organização em quadro de carreira? Somente à luz dos fatos e normas constitucionais incidentes em cada caso concreto esta exceção tomará feição específica, oferecendo as razões que a justificam.

Mas será que apenas aquelas atividades transitórias ou periodicamente necessárias configurariam esta esfera de exceção, como pretende *Souto Maior*?

Há que se atentar que, a princípio, não constitui exigência da "organização funcional da administração pública" a admissão de servidores públicos para integrar quadro de carreira voltado à realização de tarefas transitórias ou esporadicamente necessárias. Este princípio exige um quadro permanente, estável e profissionalizado de servidores para a realização das tarefas contínuas do serviço público. Daí por que a contração de serviços transitórios, na prática, sequer lhe representa uma exceção.

Seria impensável a realização de sucessivos concursos públicos para a seleção impessoal de trabalhadores a cada necessidade de serviço transitório ou esporádico, gerando custos e procedimentos infindáveis, contrários ao uso racional dos recursos públicos. Nem se poderia, por outro lado, aventar a possibilidade de admissão desse pessoal por mero procedimento simplificado de seleção, com dispensa do concurso público, na medida em que a Constituição somente excetuou a regra do concurso de provas para o cargo em comissão e na hipótese de contratação temporária por "excepcional" interesse público (art. 37, IX). Em se tratando de serviços para atender a necessidades temporárias "ordinárias e previsíveis" (*v.g.*, a atividade de manutenção de elevadores de um prédio público), não há que se falar em contratação temporária por excepcional interesse público.

Por sua vez, a contratação permanente destes servidores em quadro de carreira (o que viabilizaria o concurso público) macularia profundamente o princípio da eficiência, diante do imenso desperdício de recursos públicos na manutenção de um quadro funcional parcialmente ocioso (nos períodos intercalares das necessidades do serviço), que ainda demandaria uma estrutura gigantesca de gestão administrativa contrária ao uso racional dos recursos humanos, financeiros e materiais da administração.

A impessoalidade possível de ser realizada, no caso, é aquela resguardada no procedimento de "licitação", própria para a contratação de serviços[87].

Os princípios, como mandados de otimização que são, na concepção de *Alexy*, exigem que suas finalidades sejam observadas na máxima medida, "dentro das possibilidades fáticas e jurídicas". Ocorrendo estas duas opções — concurso ou licitação —, "o princípio da impessoalidade" certamente exigirá que a regra do concurso público prevaleça sobre a regra da licitação, pois o concurso é um instrumento muito mais eficaz para otimizar sua finalidade, na medida em que por meio dele se avalia meritocraticamente as habilidades profissionais de cada candidato a servidor público, enquanto por meio da licitação não se avalia a habilidade profissional de cada pessoa prestadora das atividades integrantes do serviço, mas apenas a capacidade técnica e econômica da entidade contratada.

Entretanto, a máxima realização de um princípio está sempre sujeita às possibilidades fáticas e jurídicas provenientes de outros princípios conflitantes. Mesmo diante de uma opção entre concurso público e licitação, a máxima realização do princípio da impessoalidade irá depender das condições ditadas por todos os princípios referidos à matéria no caso concreto, estabelecendo-se entre eles aquela "relação de precedência condicionada" referida por *Alexy*.

No caso dos serviços transitórios, como o concurso não representa uma opção praticamente viável, por frontal violação da eficiência administrativa, resta a licitação como uma legítima alternativa de realização da impessoalidade.

Apenas o princípio da proteção social do trabalho, neste caso, exige a contratação direta e permanente dos trabalhadores pelo Poder Público, como medida de máxima eficácia dos direitos fundamentais dos trabalhadores terceirizados, já que, em princípio, toda terceirização implica retração do nível de proteção social ao trabalho.

Mas, ainda assim, esta máxima realização do princípio não se justificaria, no caso, diante das fortes razões contrárias ditadas pela conjugação dos demais princípios constitucionais analisados: (a) o princípio da organização funcional da administração pública não exige esta contratação permanente; (b) o princípio da eficiência restaria profundamente violado; e (c) o princípio da impessoalidade não seria passível de observância por meio do concurso público caso estas contratações fossem feitas de forma transitória segundo a necessidade do serviço.

A máxima realização "possível" da proteção ao trabalho, neste caso, será aquela veiculada por medidas que confiram à terceirização um patamar humanizador adequado à exigência constitucional de efetividade dos direitos fundamentais dos trabalhadores e de respeito ao seu núcleo essencial inviolável.

(87) A importância do princípio da impessoalidade na solução desta questão pode ser avaliada considerando-se que no regime constitucional de 1967, quando ainda não vigorava a regra do concurso público para as admissões de empregados públicos, os entes públicos contratavam com grande facilidade o pessoal necessário à realização de diversas de suas atividades transitórias, dispensando-o ao final dos serviços sem qualquer obstáculo legal. Esta prática, que hoje não mais condiz com a exigência constitucional de impessoalidade e moralidade no trato da coisa pública, à época satisfazia aos padrões vigorantes de eficiência administrativa. Portanto, paradoxalmente, é a exigência de impessoalidade que hoje, de alguma forma, torna inviável a contratação direta, mediante concurso público, de todos os trabalhadores necessários a estas atividades temporárias.

Verificadas estas condições, analisadas em tese, a contratação indireta de serviços em atividades transitórias ou periodicamente necessárias à administração pública constituirá verdadeira ordem constitucional, somente passível de elisão se razões superiores ao princípio da eficiência se apresentarem num processo de ponderação à vista das circunstâncias do caso concreto.

No caso, não se estará diante de uma terceirização facultada pelo legislador ordinário, passível de autorização legal ao administrador, mas de verdadeira prática imposta pela Constituição.

Neste sentido, inclusive, há que se considerar como uma ordem constitucional a terceirização de todos aqueles serviços previstos no art. 6º, II, da Lei n. 8.666/1993 — demolição, conserto, instalação, montagem, operação, conservação, reparação, adaptação, manutenção, transporte, locação de bens, publicidade, seguro ou trabalhos técnico-profissionais — sempre que sua necessidade for transitória ou apenas periódica para a administração.

Ora cumpre analisar a questão no tocante às atividades permanentemente necessárias aos misteres estatais.

6.12. TERCEIRIZAÇÃO EM ATIVIDADES PERMANENTES DO SERVIÇO PÚBLICO

De plano, a máxima realização do princípio da impessoalidade já recomenda a admissão direta de todos os servidores necessários à execução das atividades continuamente necessárias à administração pública, das mais simples às mais complexas, por meio do procedimento do "concurso público", dada a sua maior eficácia na seleção impessoal e objetiva dos respectivos profissionais. Importa, neste caso, o maior grau de eficácia do concurso em relação à licitação, para a realização da impessoalidade na seleção das pessoas físicas prestadoras de trabalho.

O argumento da dificuldade "prática" de realização do concurso público para funções mais simples, que não dependem de qualificação profissional específica, tais como as atividades de copeiragem, conservação e limpeza etc., exerceu grande influência na edição da Súmula n. 331 do TST, que alargou a permissão da terceirização na atividade-meio das empresas estatais. Trata-se de um argumento que deve ser avaliado, portanto, no plano das possibilidades fáticas de máxima realização do princípio da impessoalidade.

Para avaliar o argumento numa perspectiva atual, tem-se que verificar qual o núcleo essencial do princípio da impessoalidade aplicado à situação: neste núcleo reside a exigência de "objetividade" na seleção dos profissionais que prestam serviços ao Poder Público. Visando a implementar esta finalidade com máxima eficácia, a regra do art. 37, II, da Constituição, instituiu o concurso público de provas ou provas e títulos, "*de acordo com a natureza ou complexidade do cargo ou emprego*"(88), lançando mão do critério meritocrático de habilidade profissional como dado objetivo para a seleção dos agentes públicos.

Prevendo que a prova do concurso seja adequada à natureza ou complexidade do cargo ou emprego, "*na forma prevista em lei*", o constituinte remete ao legislador ordinário uma espécie de "reserva legal qualificada", na medida em que permite uma intervenção restritiva na forma de realização da prova como meio de resguardar o fim maior almejado, a impessoalidade.

---

(88) Esta expressão epigrafada foi inserida pela Emenda Constituicional n. 19/1998.

Havendo possibilidade de superar-se a dificuldade na realização destas provas em atividades elementares, por mais que isso dependa de fórmulas criativas diversas das tradicionalmente aplicadas, todo o esforço possível deve voltar-se a preservar a máxima vontade do princípio constitucional. Uma dificuldade cuja solução a própria Constituição viabiliza não constitui razão por si só capaz de coarctar a admissão direta destes profissionais pelo Poder Público.

Oportuna é, sobre o tema, a lição de *Konrad Hesse*, quando diz

> "A Constituição não está desvinculada da realidade histórica concreta de seu tempo. Todavia, ela não está condicionada, simplesmente, por esta realidade. Em caso de eventual conflito, a Constituição não deve ser considerada, *necessariamente*, a parte mais fraca. Ao contrário, existem pressupostos realizáveis que, mesmo em caso de confronto, permitem assegurar a força normativa da Constituição. Somente quando esses pressupostos não puderem ser satisfeitos, dar-se-á a conversão dos problemas constitucionais, enquanto questões jurídicas, em questões de poder. Nesse caso, a Constituição jurídica sucumbirá em face da Constituição real."[(89)]

Apesar das dificuldades práticas que, de fato, a realização de concurso público em atividades elementares apresenta, tais dificuldades são perfeitamente superáveis se houver "*vontade de Constituição*"[(90)], nos dizeres de *Hesse*[(91)].

Entretanto, ainda que o argumento prático possa ser afastado com boa vontade e criatividade dos governantes, o princípio da impessoalidade não impõe sozinho a regra do concurso público em todas as atividades permanentes, pois outros princípios também constitucionais poderão exercer influxos em sentido diverso, impondo uma medida menor de impessoalidade (a licitação) em certos casos, diante de condições específicas de precedência.

O princípio da organização funcional da administração pública, por exemplo, comporta uma realização gradativa no caso das atividades permanentes, pois a exigência de um quadro profissionalizado e estável de servidores se apresenta em grau mais intenso nas atividades burocráticas integradas no "fluxo operacional" do serviço que constitua competência do órgão ou entidade pública, do que nas tarefas de preparo ou de suporte a estas atividades burocráticas.

Se nos serviços transitórios ou apenas periodicamente necessários em tese a terceirização sequer representa uma exceção ao princípio da organização funcional, nos serviços permanentemente necessários ela representará sempre alguma medida de restrição, maior

---

(89) HESSE, Konrad. *A força normativa da Constituição*. p. 25.

(90) *Idem*, p. 19.

(91) A dificuldade de realização de concurso público para seleção de pessoal em serviços de limpeza e conservação foi sustentada em 1993 pelo então Subprocurador-Geral do Trabalho, perante o TST, em seu requerimento de alteração do Enunciado n. 256. Atualmente integrante do TST, Ives Gandra da Silva Martins Filho critica a atuação do Ministério Público do Trabalho em combater o uso pelo Poder Público de cooperativas irregulares de trabalho para o exercício destas funções elementares. Segundo Ives, "*o resultado é que, hoje, o governo tem dificuldades para contratar pessoal de limpeza, por exemplo. 'Imagine fazer um concurso público para contratar pessoal de limpeza. Quais os critérios? Como vamos decidir, entre 50 milhões de pessoas, quem está mais apto para limpar janelas?', questiona*". Cf. HAIDAR, Rodrigo. *Consultor Jurídico*, 04.09.2007. Disponível no site: <http://blog.oabperuibe. org.br/2007/09/> Acesso em: 25.2.2008.

ou menor, conforme a posição da atividade terceirizada no conjunto das atribuições do órgão ou ente público contratante.

Daí que, para avaliação do grau de exigência constitucional de admissão direta de servidores para a satisfação do princípio da organização funcional, é necessário identificar-se a posição estratégica da tarefa ou atividade no contexto das competências do órgão ou ente público: quanto mais interdependentes forem as atividades que compõem a sequência de operações burocráticas necessárias à realização da competência do órgão, maior a exigência de formação de um quadro integrado, permanente e estável de servidores profissionalizados para o seu cumprimento.

A terceirização destas atividades implica séria violação ao princípio, na medida em que submete os objetivos tipicamente públicos aos interesses estratégicos da iniciativa privada, impedindo a profissionalização integrada dos agentes envolvidos na execução das atividades e inviabilizando a continuidade estável do nível de profissionalização deles exigida.

Menos intensamente sacrificado será o princípio, por outro lado, no caso de contratação de atividades que, embora indispensáveis à produção do resultado final do serviço, sejam atividades instrumentais, não-burocráticas, ou seja, não integradas ao fluxo operacional do serviço e, portanto, passíveis de prestação destacada e de realização autônoma em relação às hierarquias administrativas, tais como os serviços de transporte, de limpeza e conservação, de reprografia e telefonia, em entidades públicas que não tenham estas tarefas como objeto central de suas competências.

Nestes casos, a profissionalização dos respectivos prestadores constitui premissa indispensável à boa realização do serviço como um todo, mas eventual instabilidade no nível desta profissionalização não atinge tão duramente o fluxo operacional burocrático do serviço. Um alto nível de qualificação profissional destas atividades instrumentais também deve ser obtido através da licitação na contratação de serviços.

Já o princípio da eficiência administrativa, por sua feição econômica contingenciada pela necessidade de satisfação de direitos fundamentais, reage de forma bastante imprecisa numa avaliação panorâmica como a que ora se realiza no caso dos serviços permanentes. Este princípio é mais dependente, neste contexto, da análise de elementos empíricos que viabilizem aferir-se o nível de qualidade que a prestação direta ou indireta dos serviços possa ensejar no caso concreto, assim como a economicidade e racionalidade de recursos que ambas as formas de contratação possam oferecer na situação específica para estabelecer-se a respeito uma relação de custo-benefício econômico e social.

Daí que, em tese, o princípio da eficiência também sinaliza para uma realização gradativa conforme a natureza instrumental ou burocrática da atividade no contexto da competência do órgão ou ente público. E, neste caso, ele incide de forma articulada com o princípio da organização funcional da administração pública.

Na medida em que a organização funcional exige um quadro estável de servidores públicos profissionalizados para a realização das atividades burocráticas inseridas no fluxo operacional do serviço, o princípio da eficiência tenderá a determinar que estas atividades sejam desenvolvidas pelos servidores de forma qualificada, com presteza e agilidade, em atenção às necessidades do cidadão. A economia e a racionalidade de recursos financeiros e humanos, nesta situação, serão justificadas numa gestão eficiente da força de trabalho dos servidores públicos concursados em benefício dos resultados almejados pela ordem jurídica.

Mas, em outro extremo, na medida em que a organização funcional se acomodar com menos resistência à terceirização de atividades instrumentais, não-burocráticas, o princípio da eficiência potencializará esta alternativa em face da possibilidade de maior concentração dos esforços da administração pública na realização de suas tarefas essenciais, assim como de maior focalização de seus esforços na profissionalização do seu quadro essencial de servidores, com a correspondente economia e racionalização de recursos humanos e financeiros.

Aqui, repita-se, a análise de eficiência está profundamente condicionada por fatores empíricos, embora se possa vislumbrar em seus fundamentos econômicos uma forte predisposição para a prestação destacada, terceirizada, das atividades ditas instrumentais.

Por fim, o princípio da proteção social do trabalho, ignorando quaisquer estratificações estratégicas sobre a essencialidade da atividade, exige a máxima efetividade dos direitos fundamentais dos trabalhadores envolvidos em todas as atividades permanentes, por mais simples e instrumentais que sejam, e a sua integração a um quadro estável de carreira com garantia de satisfação de todos os benefícios sociais destinados aos servidores públicos.

Este é um princípio que sempre almeja a contratação direta e estável de todos os prestadores de serviços, e por isso restará invariavelmente à deriva das condições de precedência ditadas pelos demais princípios, seja porque, no caso dos trabalhos temporários, a eficiência administrativa oferece fortíssimas razões contrárias à contratação direta, seja porque, no caso das atividades permanentes, a organização funcional e a eficiência administrativa podem conjugar fortes razões em favor da concentração dos recursos administrativos nas atividades burocráticas, próprias do fluxo operacional do serviço público, com a consequente terceirização de atividades de apoio.

No entanto, se nenhum princípio é, *a priori*, absoluto, há que se rememorar que o princípio da proteção social do trabalho possui um denso "núcleo essencial" definido pela Constituição, que diz respeito à exigência de garantia de cumprimento dos direitos fundamentais previstos em seu art. 7º. E isto não pode ser objeto de ponderação. Quaisquer condicionamentos impostos pelos demais princípios, no sentido de exigir a prática da terceirização, deverão ser proporcionalmente compensados com medidas de garantia à satisfação dos direitos fundamentais dos trabalhadores terceirizados.

Conforme premissa acima estabelecida, as finalidades previstas na legislação ordinária como interesses a ser atingidos por meio da terceirização de serviços (evitar o crescimento desmesurado da máquina pública, promover economicidade e racionalização de recursos humanos, viabilizar a focalização dos entes públicos em suas competências essenciais etc.) só podem ser reputadas como de "interesse público" quando justificadas, à luz da proporcionalidade, diante das restrições que a terceirização venha a ensejar a outros interesses ou princípios constitucionais no caso concreto.

Partindo dessas premissas, portanto, também aqui na seara do serviço público uma ponderação fundada no raciocínio de proporcionalidade pode ensejar um enunciado genérico do seguinte tipo: "preservado o núcleo essencial dos direitos fundamentais dos trabalhadores, quanto maior for o grau de restrição ao princípio da proteção social do trabalho, da impessoalidade e da organização funcional da administração pública, tanto maior haverá de ser a importância constitucional da satisfação do princípio da eficiência administrativa, sempre que estiver a exigir a terceirização em atividades permanentes de apoio administrativo".

Uma ponderação "abstrata" como esta por certo que ainda não comporta resultados precisos, pois toda ponderação, repita-se, depende de dados empíricos somente fornecidos pelo caso concreto, principalmente quando em jogo está um princípio de caráter pragmático e estratégico como o da eficiência administrativa.

Mas, ainda assim, já é possível colher desta análise importantes parâmetros para a definição daquilo que a Constituição ordena, como a terceirização em atividades transitórias, e aquilo que proíbe terminantemente, como a terceirização em atividades burocráticas inseridas no fluxo operacional da competência dos órgãos ou entes públicos.

Nestas atividades, todos os princípios constitucionais referidos à matéria exigem de forma concertada a formação de um quadro "profissional" de servidores públicos (organização funcional) admitidos mediante "concurso público" (impessoalidade), com "direitos e prerrogativas garantidas" por um regime de Direito Público ou de Direito Privado (proteção social do trabalho), com vistas à realização "eficiente" (eficiência) das competências estatais.

A terceirização nestas atividades burocráticas constitui aquele estudado fenômeno de *superterceirização*, que maltrata a administração pública brasileira e tanto prejuízo vem causando aos interesses maiores da sociedade, com séria vulneração ao princípio democrático.

Enquanto o implemento da desestatização de serviços públicos geralmente decorre de decisões político-administrativas mais centralizadas nos órgãos de cúpula do Poder Executivo, titularizados por exercentes de mandatos eletivos, inclusive em face da maior repercussão política, social e financeira destas decisões, o uso da terceirização, diferentemente, é decidido de forma mais disseminada em diversas instâncias executivas intermediárias, de menor hierarquia.

Esta competência executória para a prática da terceirização é mais disseminada, ainda, em face da simplicidade do seu instrumento, o contrato administrativo propriamente dito, e do seu conteúdo geralmente relacionado a atividades materiais subalternas, de mero apoio administrativo, com pouca visibilidade e *status* social, direcionadas a trabalhadores com menor qualificação profissional e menor remuneração, como nos clássicos serviços de limpeza, conservação, copeiragem etc. Este aspecto acaba conferindo aos contratos de terceirização menor importância política e menor visibilidade social.

Disto decorre imensa vulnerabilidade ao princípio democrático, na medida em que a linha divisória entre a prática legal da terceirização e a prática ilícita da *superterceirização*, com todas as suas repercussões deletérias analisadas, acaba demarcada em searas distantes dos espaços de discussão e de deliberação democrática.

Isso exige um esforço ainda maior do Poder Judiciário em aferir a legitimidade constitucional dessas contratações, inclusive contrastando a norma ordinária invocada pelo administrador, no caso concreto, à luz dos princípios constitucionais referidos à matéria, num juízo de ponderação.

O quadro a seguir ilustra uma proposta de margem de ação do legislador ordinário para o disciplinamento legal da terceirização no serviço público central, considerando os aspectos tratados nesta análise:

Tabela 4 — Ponderação de princípios (terceirização na administração pública central)

A Constituição ordena (necessário)	MARGEM DE AÇÃO DISCRICIONÁRIA DO LEGISLADOR	A Constituição proíbe (impossível)
A máxima realização dos princípios da organização funcional, da impessoalidade, da eficiência administrativa e do valor social do trabalho	Ponderar sobre a viabilidade da terceirização em atividades instrumentais, não-burocráticas, relativamente ao conjunto de competências dos órgãos ou entes públicos	A imposição de eficiência econômica em detrimento dos demais princípios: da organização funcional da administração pública, da impessoalidade e da proteção social do trabalho
(1) Disciplinar a terceirização em atividades transitórias ou apenas periodicamente necessárias; e (2) garantir o máximo de efetivação aos direitos fundamentais dos trabalhadores terceirizados, com respeito ao seu núcleo essencial	(1) Discernir as atividades permanentes não-burocráticas passíveis de terceirização; e (2) disciplinar os meios de garantia social dos trabalhadores terceirizados, com respeito ao núcleo essencial dos seus direitos fundamentais	Autorizar a terceirização em atividades burocráticas inseridas no fluxo operacional dos serviços que constituam a competência dos órgãos e entes públicos

6.13. AS NORMAS LEGAIS IMPONDERADAS

Este quadro analítico já permite a avaliação de alguns aspectos da legislação vigente sobre a terceirização no serviço público, à luz de uma interpretação ponderada dos princípios em estudo, o que não raro conduzirá à conclusão de que algumas das regras que tratam do tema padecem de inquestionável vício de constitucionalidade, em face da desproporcionalidade com que protegem determinados interesses egoísticos dos entes públicos em detrimento de interesses substanciais da comunidade política.

6.13.1. As atividades terceirizáveis e a Constituição

No tocante à delimitação das atividades passíveis de terceirização, importa observar a despreocupação com que o legislador ordinário, no art. 6º, II, da Lei n. 8.666/1993, conceituou os serviços sujeitos à contratação indireta, referindo-se a eles como "*toda atividade destinada a obter determinada utilidade de interesse para a administração*", o que à primeira vista pode sugerir uma ampla permissão legal para a terceirização de toda e qualquer atividade.

Esta leitura incompatível com a Constituição é superada levando-se em consideração o elemento exemplificativo do dispositivo legal — *as referidas atividades de demolição, conserto, instalação, montagem, operação, conservação, reparação, adaptação, manutenção, transporte, locação de bens, publicidade, seguro ou trabalhos técnico-profissionais.* Trata-se, evidentemente, de atividades de apoio administrativo, não-burocráticas, ou de atividades que, sendo burocráticas (como os serviços técnico-profissionais), apenas são necessárias de forma transitória ou periódica, inviabilizando a formação de um correspondente quadro de carreira.

Os serviços técnicos especializados referidos no art. 13 da Lei n. 8.666/1993 (estudos, planejamentos, projetos executivos, pareceres, perícias e avaliações em geral, assessorias e consultorias técnicas, auditorias financeiras e tributárias, patrocínio ou defesa de causas judiciais ou administrativas etc.), em face da sua natureza essencialmente técnica e predominantemente burocrática, não comportam uma modalidade de contratação terceirizada de forma permanente. A Constituição proíbe terminantemente qualquer medida (legislativa ou administrativa) que promova a terceirização em atividades desta natureza quando inseridas no ciclo permanente de produção do serviço público.

Portanto, cabendo ao intérprete conferir à norma infraconstitucional uma interpretação condizente com os limites dados pela Constituição, mas que também preserve ao máximo o ato de vontade do legislador ordinário, há que se considerar como "serviço" passível de contratação pelo Poder Público, à luz dos arts. 6º, II, e 13 da Lei n. 8.666/1993, "*toda atividade transitória ou periodicamente necessária, destinada a obter determinada utilidade de interesse para a administração*". Quanto às atividades permanentes não-burocráticas, de apoio administrativo, sua terceirização ganhará foro constitucional diante da ponderação entre as exigências provenientes de todos os princípios atingidos pela prática no caso concreto.

A "justa medida" da terceirização nas atividades permanentes de apoio (não-burocráticas) deve ser construída interpretativamente, considerando que, diante dos gravames que esta terceirização enseja ao princípio da impessoalidade (reduzida em efetividade na figura da licitação) e ao princípio da proteção do trabalho (reduzida em garantia de efetividade), ela somente se legitimará, diante da Constituição, se lhe forem agregadas garantias: (a) de total impessoalidade no trato do trabalhador terceirizado pela administração pública; e (b) de cumprimento do núcleo essencial dos seus direitos fundamentais.

Nesse sentido, também há que se conferir interpretação conforme a Constituição ao art. 1º do Decreto n. 2.271/1997, no ponto em que reputa terceirizáveis no âmbito federal as atividades "*acessórias, instrumentais ou complementares*" aos assuntos de competência dos órgãos contratantes, pois a significação destas expressões está profundamente condicionada pela ponderação constitucional: uma atividade burocrática que integre o fluxo operacional de um dado órgão público até pode ser considerada, pelo seu administrador, como uma atividade apenas acessória ou complementar aos assuntos de competência do órgão público, tendo em conta sua menor importância estratégica para a obtenção do resultado final do serviço; ela só não pode ser reputada acessória ou complementar para o fim de tornar-se terceirizada, pois à luz da Constituição não há razão legítima que autorize esta interpretação.

Essas conclusões desafiam a análise de constitucionalidade do art. 71, § 1º, da Lei n. 8.666/1993, no ponto em que, aparentemente, busca tornar indene o Poder Público de qualquer responsabilidade pelo cumprimento dos direitos dos trabalhadores terceirizados.

6.13.2. A responsabilidade do Poder Público pelos direitos fundamentais dos trabalhadores terceirizados

Diz o art. 71, § 1º, da Lei n. 8.666/1993 que "*a inadimplência do contratado, com referência aos encargos trabalhistas, fiscais e comerciais não transfere à Administração Pública a responsabilidade por seu pagamento* (...)".

O TST considera inaplicável esta imunidade de responsabilidade ao Poder Público sempre que se verificar o inadimplemento das obrigações trabalhistas por culpa *in vigilando* do órgão público (por omitir-se em fiscalizar adequadamente o cumprimento dessas obrigações pela empresa contratada), incidindo a responsabilidade objetiva da administração pública sob a modalidade de risco administrativo pelos danos que seus agentes causarem a terceiros (Súmula n. 331, IV, do TST)[(92)].

Estes argumentos, com se vê, estão articulados na perspectiva de uma responsabilidade "reparatória" do Poder Público pelos danos que seus agentes, omissos em fiscalizar a empresa terceirizada, causaram ao trabalhador terceirizado.

Ocorre que, conforme analisado anteriormente, esta solução não atende de forma suficiente ao imperativo constitucional decorrente da configuração ponderada dos princípios referidos ao trabalho terceirizado.

O Estado é o primeiro destinatário de todos os direitos fundamentais consagrados na Constituição, dentre os quais os direitos fundamentais dos trabalhadores. O dever estatal de proteção a estes direitos, através daquelas medidas normativas, organizacionais e fáticas tratadas anteriormente, não se dessubstancia na posição assumida pela administração pública no contrato de prestação de serviços.

Este dever, pelo contrário, se potencializa na medida em que é o próprio organismo estatal, devedor dos direitos fundamentais, que faz uso de uma técnica de produção de serviço profundamente fragilizadora do valor-trabalho, a terceirização. Esta técnica, por sua vez, somente se justifica na satisfação de um interesse superior da sociedade, o interesse público, cuja configuração não mais comporta operações subsuntivas do administrador à luz de uma norma que considere adequada à satisfação das necessidades imediatas da administração.

Não existe um interesse público presumidamente superior a direitos fundamentais, pelo simples fato de que, no Estado Democrático, o interesse público reside na concretização destes direitos, e por isso deve resultar de uma ampla ponderação de todos os princípios constitucionais atingidos pelo ato administrativo.

Conforme premissa acima instituída, as finalidades previstas na legislação ordinária como legítimos interesses a serem atingidos por meio da terceirização (promover economicidade e racionalização de recursos humanos, viabilizar a focalização dos entes públicos em suas competências essenciais etc.) somente constituem "interesse público" quando justificáveis, à luz da proporcionalidade, diante das restrições que a terceirização enseja a outros interesses ou princípios constitucionais no caso concreto, tal como o rebaixamento imposto ao nível de garantia dos direitos fundamentais dos trabalhadores.

Uma imunidade de responsabilidade ao Poder Público relativamente a estes direitos constitui violenta lesão à liberdade fático-econômica do homem trabalhador, desferida pelo primeiro destinatário de sua guarda e proteção, que é o Estado. Violenta-se, no caso, o sentido primeiro do direito fundamental, enquanto direito subjetivo limitador do poder do Estado, e o que é pior, violenta-se esse direito em seu núcleo essencial.

A prática da terceirização pelo Estado, muito ao contrário do que sugere uma leitura apressada do texto legal, somente reforça sua responsabilidade pela preservação dos valores constitucionais vulnerabilizados pela prática. O uso da terceirização torna o Poder Público "proporcionalmente" mais "solidário" para com os efeitos negativos que a sua prática enseja sobre a garantia de direitos dos trabalhadores.

---

(92) Resolução TST n. 96/2000, DJ 18.9.2000. Precedente: Incidente de Uniformização de Jurisprudência em Recurso de Revista, Processo n. TST-IUJ-RR-297.751/96.2, em que é recorrente o Banco do Brasil S/A e recorrida Maria Tereza Leite da Silva. DJ 20.10.2000.

Daí por que, neste juízo abstrato de ponderação, já é possível identificar de plano a inconstitucionalidade de uma interpretação do art. 71, § 1º, da Lei n. 8.666/1992, ou de qualquer outra norma com semelhante disposição(93), que tenda a afastar do Poder Público a responsabilidade pela satisfação de direitos fundamentais inadimplidos pelas empresas por ele contratadas(94).

Neste passo, uma segunda premissa acima firmada diz que as regras jurídicas ordinárias que disciplinam a terceirização haverão de ser interpretadas conforme a Constituição considerando-se todos os bens jurídico-constitucionais afetados pela prática. Não havendo possibilidade de interpretação condizente com a unidade proporcional dos princípios em conflito, a medida legislativa há de ser considerada inconstitucional.

Uma interpretação possível do dispositivo em comento, ainda capaz de compatibilizá-lo com a ordem constitucional, é aquela oferecida por *Fleury*, para quem "*a proibição insculpida no § 1º do art. 71 da Lei n. 8.666/1993, deve ser entendida, pois, como proibição de transferência direta de responsabilidade trabalhista para o ente contratante, via previsão editalícia ou contratual*"(95).

Ao Poder Público não é dado assumir, contratualmente, a responsabilidade pela satisfação primeira dos créditos laborais, porque à empresa terceirizada é reservada a posição jurídica de "empregadora".

No entanto, se no plano privado a Constituição relativiza profundamente a vontade dos particulares em proteção ao conteúdo essencial dos direitos fundamentais dos trabalhadores, no espaço público as razões constitucionais são ainda mais incisivas para afirmar a responsabilidade "solidária" do Poder Público para com a garantia desses direitos, no sentido de uma responsabilidade subsidiária em relação ao empregador (devedor primeiro das prestações), mas solidária em relação ao trabalhador terceirizado quanto à totalidade e à efetividade dos seus direitos no curso do vínculo de trabalho.

No espaço público, conformado pela realização equilibrada dos interesses da sociedade, essa responsabilidade é imposta pela Constituição como verdadeira "condição" ao uso da contratação de serviços em atividades permanentes, de modo a tornar este uso "proporcional" às restrições que a prática da terceirização enseja àqueles mesmos interesses. Trata-se, portanto, de uma responsabilidade "obrigacional" contínua, devida no curso da execução dos trabalhos diante da simples inadimplência por parte da empresa contratada.

---

(93) O raciocínio é aplicável a qualquer norma ordinária que possa ensejar o entendimento vedado pela Constituição. A Lei n. 8.987/1995, que disciplina a concessão de serviços públicos, ao prever em seu art. 25 a possibilidade de terceirização de atividades inerentes ou complementares ao serviço concedido, dispõe em seu § 2º que "*os contratos celebrados entre a concessionária e os terceiros a que se refere o parágrafo anterior reger-se-ão pelo direito privado,* **não se estabelecendo qualquer relação jurídica entre os terceiros e o poder concedente**" (grifo não original). Idêntico dispositivo é encontrado no art. 94 da Lei n. 9.472/1997, que disciplina a organização e a concessão do serviço público de telecomunicações.

(94) Até o fechamento desta edição, ainda pende de julgamento no Supremo Tribunal Federal a Ação Declaratória de Constitucionalidade n. 16/2007, promovida pelo governo do Distrito Federal com o propósito de ter declarada a constitucionalidade do § 1º do art. 71 da Lei n. 8.666/1993, e, por conseguinte, ter afastada a responsabilidade subsidiária do Poder Público prevista no inciso IV da Súmula n. 331 do Tribunal Superior do Trabalho. O pedido de suspensão liminar dos efeitos do verbete sumulado foi indeferido. Cf. *Supremo Tribunal Federal*, ADC n. 16/2007. Disponível em: <www.stf.gov.br> Acesso em: 20.2.2008.

(95) FLEURY, Rodrigo Curado. A responsabilidade trabalhista da administração pública na contratação de serviços terceirizados. *Revista LTr*, v. 66, n. 03, mar. 2002, p. 315.

Neste sentido, inclusive, a tese jurisprudencial de responsabilidade reparatória prevista na Súmula n. 331, IV, do TST, fundada no "dever de indenizar", não satisfaz integralmente à exigência constitucional, pois deixa sem resposta inúmeras situações em que a Constituição impõe ao administrador uma conduta "inibitória" de práticas que violam a efetividade dos direitos fundamentais dos trabalhadores terceirizados e os demais princípios republicanos, tais como: (a) quando o ente público contratante dos serviços interfere na escolha dos empregados da empresa terceirizada; (b) quando descuida no procedimento de licitação para escolha de empresas economicamente solváveis, desencadeando contratos de alto risco para os trabalhadores; (c) quando adota posturas de proteção aos interesses econômicos da empresa terceirizada em detrimento dos direitos dos trabalhadores; (d) quando explora o estado de necessidade do trabalhador terceirizado abandonado pela empresa empregadora (empresários que evadem da execução dos contratos), submetendo-o a acordos financeiros espúrios sob promessa de recontratação através da futura empresa prestadora do mesmo serviço, com a finalidade de evitar ou diminuir um passivo trabalhista a ser arcado, subsidiariamente, pelo erário[(96)] etc.

A última hipótese ainda mais se agrava em situação encontradiça que bem simboliza a precariedade das relações de trabalho terceirizado no cenário empresarial brasileiro: quando o próprio sindicato dos trabalhadores firma com a representação patronal convenção ou acordo coletivo de trabalho com previsão de supressão ou redução de direitos rescisórios por ocasião da extinção do contrato de prestação de serviços entre o empregador e a empresa tomadora (ocasião em que estes empregados são, em regra, dispensados), sob a condição de que os mesmos trabalhadores terceirizados continuem prestando serviços, agora contratados pela empresa prestadora substituta.

Levado a cabo esse tipo de "acordo rescisório", a antiga empregadora beneficia-se com a redução do encargo trabalhista; a prestadora de serviços substituta colabora com a entidade tomadora, permitindo que esta "determine" quem serão seus empregados lotados na execução dos serviços; e a entidade tomadora beneficia-se amplamente do "acordo" diante da certeza de que poderá manter nos postos de serviços aqueles trabalhadores terceirizados de sua preferência, assim como, diante da garantia de que estes trabalhadores beneficiados com o novo (velho) emprego não recorrerão à Justiça do Trabalho em busca de direitos patrimoniais cuja responsabilidade lhe pode ser imputada subsidiariamente.

Nesse "acerto de contas" apenas o trabalhador terceirizado oferece em sacrifício algo em troca do benefício auferido com a continuidade da situação de "emprego": ele oferece seu direito fundamental, premissa constitucional de dignidade humana, fundamento da organização sociopolítica. Em regra, esse sacrifício recai sobre os direitos fundamentais à

(96) Esta é uma prática frequentemente detectada pelo Ministério Público do Trabalho, a exemplo da situação retratada no Relatório conclusivo do PI n. 281/2006 da Procuradoria Regional do Trabalho da 3ª Região — MG. Nele constatou-se que a administração da empresa pública Centrais de Abastecimento de Minas Gerais — CEASA/MG incitou 108 trabalhadores terceirizados, contratados através de empresa que se evadiu da execução do contrato, a ajuizarem ações trabalhistas contra a própria entidade pública e, nelas, firmarem acordos rescisórios mediante o pagamento de valores muito inferiores aos realmente devidos como condição para a recontratação desses mesmos trabalhadores através da empresa prestadora de serviços substituta. Com tal conduta o administrador público buscou conter o passivo trabalhista deixado pela empresa terceirizada inadimplente, embora com tal conduta implicasse lesão massificada de direitos fundamentais dos trabalhadores. *Procuradoria Regional do Trabalho da 3ª Região. Cf.*: Procedimento Investigatório n. 281/2006, Relatório conclusivo, mar. 2007.

indenização compensatória pela dispensa sem justa causa (Constituição, art. 7º, I) e ao aviso prévio (XXI), suprimidos em troca do "novo" emprego[97].

Isso quando, além dos direitos rescisórios inadimplidos, o trabalhador não tem reduzido seu patamar salarial no "novo" emprego, espécie de redução salarial sem mudança de função que a terceirização é capaz de produzir no âmbito de suas repercussões imanentes, num dos mais astuciosos dribles ao clássico sistema de proteção social do trabalhador.

No âmbito do Poder Público, esse tipo de "acerto rescisório" somente agrava o cenário de ofensa à Constituição, pois além da violência perpetrada ao núcleo essencial de direitos fundamentais do trabalhador, com a redução ou supressão da indenização compensatória à dispensa, do aviso prévio etc., a entidade pública tomadora ainda se imiscui na escolha dos trabalhadores contratados pela empresa prestadora, em choque frontal com o princípio da impessoalidade que norteia o procedimento de licitação (Constituição, art. 37, XXI) substitutivo do concurso público (art. 37, II).

Portanto, mesmo quando a terceirização é levada a cabo em atividade-meio, sua prática constituirá ilícito sempre que violar o núcleo essencial dos direitos fundamentais dos trabalhadores terceirizados e restringir desproporcionalmente os princípios constitucionais republicanos, podendo ser coibida ou corrigida administrativamente ou através das ações ajuizadas pelo Ministério Público.

6.14. LIMITES CONSTITUCIONAIS DA TERCEIRIZAÇÃO NAS EMPRESAS ESTATAIS

Com base nesses elementos já é possível estabelecer-se um breve quadro analítico sobre os limites constitucionais da terceirização também nas empresas estatais. Estas empresas estão submetidas a um regime jurídico híbrido, predominantemente de Direito Privado, mas sujeito a contenções constitucionais de Direito Público em face da necessidade de controle social sobre a realização dos interesses de natureza coletiva (Constituição, art. 173).

Estas empresas estatais exploradoras de atividade econômica estão inseridas no domínio privado sob as regras de mercado, sendo-lhes expressamente vedados, pela Constituição, privilégios fiscais que não sejam extensivos à iniciativa privada (Constituição, art. 173, § 2º), assim como proibida qualquer atuação que implique eliminação da concorrência (§ 4º), valor protegido pela Carta Magna à luz do princípio da livre iniciativa.

Pronunciando-se em Ação Direta de Inconstitucionalidade ajuizada em face de lei ordinária do Distrito Federal que disciplina o pagamento da remuneração de férias aos empregados da administração pública direta e "indireta", o Supremo Tribunal Federal considerou que ao restringir condições previstas na CLT (art. 145) a respeito da satisfação do

(97) A previsão dessa espécie de "acordo rescisório" em acordo ou convenção coletiva de trabalho tem sido combatida pelo Ministério Público do Trabalho, sob o argumento da nulidade da cláusula convencional por violação à Constituição. Em situação parecida, a 7ª Turma do Tribunal Superior do Trabalho, ao julgar lide individual, considerou fraudulenta ao sistema do FGTS cláusula convencional que previa essa espécie de "acordo rescisório", caracterizando-a como hipótese de culpa recíproca no ato da dispensa (Lei n. 8.036/90, art. 18, § 2º). Com isso a cláusula visava viabilizar o levantamento do depósito do FGTS pelo trabalhador recontratado pela nova empresa terceirizada, mas, ao mesmo tempo, o pagamento de metade apenas da indenização rescisória a ele devida. Em seu julgamento, reconhece o Tribunal que *"a cláusula normativa em epígrafe, além de macular o contexto legal pertinente ao Fundo de Garantia por Tempo de Serviço, bem como a sua própria finalidade — pois não é possível flexibilizar hipóteses de levantamento do Fundo, uma vez que envolve terceiros, já que o FGTS também serve ao sistema habitacional —, propicia fraude por parte das empresas prestadoras de serviços". Tribunal Superior do Trabalho*, 7ª Turma, RR 415/2006-011-10-00, Rel. Ministro Ives Gandra Martins Filho, DJ 7.12.2007.

direito a férias, a lei distrital incorreu em inconstitucionalidade "quanto aos empregados das empresas estatais", submetidas que estão estas empresas ao regime jurídico trabalhista próprio da iniciativa privada (Constituição, art. 173). Segundo a Corte Suprema, assim agindo o Distrito Federal usurpou competência legislativa privativa da União, única competente para dispor sobre Direito do Trabalho (Constituição, art. 22, I).

Nesta esteira, foi declarada no caso concreto a inconstitucionalidade do vocábulo "indireta" previsto no texto da norma, a fim de excluir da sua incidência as empresas estatais exploradoras de atividade econômica, regidas pelo Direito do Trabalho.

É o que se infere de excerto do julgado:

> "1. (...) A expressão 'servidor da administração indireta' abrange o servidor das empresas públicas e das sociedades de economia mista. 2. Sucede que tais empresas estão sujeitas ao regime jurídico trabalhista (art. 173, § 1º, da C.F. de 05.10.1988, agora art. 173, § 1º, inciso II, em face da redação dada pela E.C. nº 19/98, que, no ponto, não a alterou). 3. Por outro lado, 'compete privativamente à União legislar sobre direito do trabalho' (art. 22, inc. I, da Constituição Federal). 4. E, sobre remuneração de férias de empregados de empresas privadas, já legislara a União Federal, na C.L.T. (art. 145), mais favoravelmente àqueles. 5. Ocorreu, na hipótese, usurpação de competência da União, pois, embora tenha o Distrito Federal competência para regular o regime jurídico de seus servidores (art. 61, § 1º, inc. II, letra 'c', c/c arts. 32, § 1º, e 25, da C.F.), não a tem para regular direitos dos empregados em empresas privadas, como são as empresas públicas e as sociedades de economia mista, ao menos quando contrarie norma expressa baixada pela União, que, a respeito, tem competência privativa. 6. Precedentes do S.T.F. 7. Ação Direta julgada procedente para se declarar a inconstitucionalidade do vocábulo 'indireta' constante do texto referido."[(98)]

Observe-se que, no caso, a inconstitucionalidade da norma distrital não esteve fundada na simples intromissão do Estado federado em matéria de competência privativa da União. Ao lado dessa circunstância, o vício de inconstitucionalidade decorreu precisamente da restrição imposta pela norma distrital a um direito laboral previsto na norma tipicamente trabalhista (CLT) editada pela União.

Se o contrário se desse, ou seja, se a norma distrital oferecesse ao trabalhador condição mais benéfica do que aquela prevista na CLT, certamente que tal disposição figuraria como uma liberalidade patronal, prontamente respaldada na natureza ampliativa da proteção laboral que constitui o núcleo ideológico do Direito do Trabalho (Constituição, art. 7º, *caput*), passando tal condição mais benéfica a integrar os contratos de trabalho dos empregados públicos atingidos pela norma, à luz do art. 444 da CLT[(99)].

Em matéria de terceirização, não há razão para que discrepe o raciocínio.

A norma estadual ou distrital que, a pretexto de disciplinar a criação e a organização administrativa de empresas estatais (Constituição, art. 18 c/c art. 37, XIX), impuser regime de terceirização que extrapole os limites permitidos pela legislação trabalhista às empresas da iniciativa privada, padecerá de irremediável inconstitucionalidade, pois estará a impor

---

(98) Supremo Tribunal Federal. Ação Direta de Inconstitucionalidade ADI 1515/DF. Confederação Nacional dos Trabalhadores na Indústria (CNTI) e Governador do Distrito Federal. Relator Ministro Sydney Sanches. Julgamento Tribunal Pleno 12.3.2003. DJ 11.04.2003, p. 26.

(99) Art. 444 da Consolidação das Leis do Trabalho: "*As relações contratuais de trabalho podem ser objeto de livre estipulação das partes interessadas em tudo quanto não contravenha às disposições de proteção ao trabalho, aos contratos coletivos que lhes sejam aplicáveis e às decisões das autoridades competentes*".

restrição à configuração das relações de emprego entre a entidade estatal e os trabalhadores cuja mão-de-obra for imprescindível ao exercício de sua atividade finalística. Isso implicará inquestionável usurpação de competência legislativa privativa da União, única competente para legislar sobre requisitos de configuração de relação de emprego.

Não há, portanto, razão constitucional para a exclusão das empresas estatais do regime de tratamento legal e jurisprudencial da terceirização aplicável às empresas privadas. E embora essas empresas estatais utilizem instrumento contratual similar ao do Poder Público central em suas terceirizações (o contrato de prestação de serviço), aqui não se está diante daquele instituto jurídico-institucional concebido pelo Direito Público para a realização de interesses tipicamente sociais, mas de um veículo de preservação de interesses republicanos como a impessoalidade, a moralidade e a legalidade no trato da coisa pública.

Conforme conclusão extraída da análise dos casos práticos, os bens jurídicos protegidos contra os efeitos da terceirização no âmbito das empresas estatais são: (a) "a dignidade da pessoa humana" e "a proteção social do trabalho" terceirizado; (b) "a impessoalidade" na admissão de empregados públicos; e (c) "a igualdade de regimes jurídicos" de terceirização entre as empresas estatais e as empresas da iniciativa privada.

As empresas estatais encontram-se, destarte, inexoravalmente sujeitas ao disciplinamento da Súmula n. 331 do TST quanto aos limites de sua terceirização em atividade-meio, com uma única diferença relativa à solução dos casos de terceirização em atividade-fim, já que a regra do concurso público impede o reconhecimento de relação empregatícia com o Poder Público.

A ponderação necessária, neste plano, coincide com aquela desenvolvida no ambiente privado (entre a autonomia da vontade e o valor social do trabalho), agravada pela exigência da impessoalidade, o que impõe ao administrador ainda maior responsabilidade sobre a condução dos contratos de terceirização.

Em linha com o que ocorre na iniciativa privada, as empresas estatais são solidariamente responsáveis, ao lado das empresas contratadas, pela "satisfação" dos direitos fundamentais dos trabalhadores terceirizados, embora destinatárias do benefício de ordem "obrigacional" decorrente de sua posição de "terceiro juridicamente interessado". No curso do contrato estão elas obrigadas a adotar comportamento compatível com a efetividade dos direitos fundamentais, exercendo os controles indispensáveis sobre as empresas contratadas, sob pena de coibição judicial da própria terceirização, caso constatada a incompatibilidade sistemática do comportamento empresarial com o uso responsável da terceirização em atividade-meio.

A exigência constitucional de tratamento isonômico das empresas estatais com as da iniciativa privada, inclusive quanto ao regime de direitos e obrigações trabalhistas, somente reforça a impossibilidade de que sejam, por lei ordinária, imunizadas de responsabilidade sobre o cumprimento dos direitos fundamentais dos trabalhadores terceirizados, como à primeira leitura pretende sugerir o art. 71, § 1º, da Lei n. 8.666/1993.

Se assim o fizesse, a norma ordinária seria inconstitucional por violação ao art. 173 da Constituição, em sua função tuitiva do regime de livre concorrência, pois esta imunidade representaria um "*privilégio*" que não é dado à iniciativa privada (art. 173, § 2º), além de constituir forma de "*aumento arbitrário dos lucros*" que à lei cabe reprimir (§ 4º), ao invés de promover.

Portanto, também em relação a essas empresas há que se conferir à norma em apreço uma interpretação condizente com a Constituição.

6.15. A TERCEIRIZAÇÃO DE ATIVIDADES NA CONCESSÃO DE SERVIÇOS PÚBLICOS

A Lei n. 8.987/1995, regulamentando o art. 175 da Constituição, disciplina o regime de concessão e permissão de serviços públicos, conceituando para este efeito a concessão de serviço público como a delegação de sua prestação a uma pessoa jurídica de direito privado que demonstre capacidade para seu desempenho, "por sua conta e risco" e por prazo determinado (art. 2º, II).

Em seu art. 25 o diploma legal regulador das concessões estabelece a responsabilidade da concessionária pela execução do serviço concedido, imputando-lhe a integral responsabilidade pelos prejuízos que em decorrência dessa execução causar aos usuários e a terceiros. Não obstante essa responsabilidade, diz o § 1º do dispositivo, a concessionária pode contratar com terceiros "*o desenvolvimento de* ***atividades inerentes, acessórias ou complementares ao serviço concedido****, bem como a implementação de projetos associados*".

O enunciado legal é vazado nos seguintes termos:

> "Art. 25. Incumbe à concessionária a execução do serviço concedido, cabendo-lhe responder por todos os prejuízos causados ao poder concedente, aos usuários ou a terceiros, sem que a fiscalização exercida pelo órgão competente exclua ou atenue essa responsabilidade.
>
> § 1º Sem prejuízo da responsabilidade a que se refere este artigo, a concessionária poderá contratar com terceiros o desenvolvimento de **atividades inerentes, acessórias ou complementares ao serviço concedido**, bem como a implementação de projetos associados.
>
> § 2º Os contratos celebrados entre a concessionária e os terceiros a que se refere o parágrafo anterior reger-se-ão pelo direito privado, **não se estabelecendo qualquer relação jurídica entre os terceiros e o poder concedente** (destaques nossos)."

A primeira intelecção, literal, do enunciado conduz ao raciocínio de que, na execução do serviço público concedido, a concessionária pode terceirizar não apenas as atividades-meio, na linha de permissão da Súmula n. 331 do TST, mas quaisquer atividades relacionadas à execução do serviço público, independentemente da sua natureza instrumental ou finalística.

Referindo-se a atividades "acessórias e complementares" o dispositivo faz uso de qualificações idênticas às que foram posteriormente utilizadas pelo Decreto n. 2.271/1997 para identificar as atividades passíveis de terceirização no âmbito das pessoas jurídicas de Direito Público na órbita federal.

Mas ao referir-se a atividades "inerentes" ao serviço público concedido, a regra legal faz uso da mais abrangente qualificação já utilizada pelo ordenamento jurídico para referir-se a atividades passíveis de terceirização, pois inerente é tudo aquilo "*que está por natureza inseparavelmente ligado a alguma coisa ou pessoa*"(100), servindo para designar qualquer atividade, seja acessória, instrumental ou mesmo integrante do fluxo operacional do serviço executado.

Neste caso, teria o legislador alargado os limites da terceirização praticada no âmbito dos serviços públicos "concedidos" (executados por particulares) para além dos limites conferidos ao próprio ente público concedente?

O exercício da ponderação de princípios levado a cabo no item 6.12 conduziu à conclusão de que a terceirização praticada pelo Poder Público nas atividades permanentes

---

(100) FERREIRA, Aurélio Buarque de Holanda. *Novo dicionário Aurélio da língua portuguesa*. 3. ed. Curitiba: Positivo, 2004. p. 1.099.

inseridas no fluxo operacional dos serviços públicos caracteriza o fenômeno da *superterceirização* profundamente lesiva aos princípios republicanos e à efetividade dos direitos fundamentais dos trabalhadores, constituindo por isso uma prática inconstitucional.

Na seara puramente privada, por sua vez, o limite constitucional da terceirização foi identificado na proporcionalidade entre a autonomia privada e a ordem de efetivação dos direitos fundamentais dos trabalhadores, respeitado o núcleo essencial desses direitos, o que coloca à margem da autorização constitucional a terceirização em atividades finalísticas das empresas privadas, já que não se justifica à luz da teoria da focalização da empresa em sua vocação essencial.

O fato de o serviço público, atribuído ao Poder Público, vir a ser delegado ao particular através da concessão não altera a força de incidência dos princípios constitucionais referidos à matéria, senão apenas a ordem dessa incidência.

Na execução de serviços públicos concedidos, por força da incidência do regime de Direito Público sobre uma atividade executada pelo particular, a autonomia da vontade encontra-se profundamente condicionada pelas cláusulas regulamentares interventivas, a fim de assegurar-se a efetividade do interesse coletivo, fazendo incidir mais fortemente nesse flanco o princípio da eficiência administrativa.

Nesse espaço não incidem os princípios da organização funcional e da impessoalidade, já que a mão-de-obra é livremente contratada pelo particular, por sua conta e risco, situando-se o confronto de razões no espaço que medeia as exigências dos princípios da eficiência administrativa e da livre iniciativa (que reclamam a terceirização como veículo de superprodutividade) e o princípio jusfundamental da proteção social do trabalho (que repulsa a terceirização como veiculo de precarização do trabalho).

E se nenhum princípio constitucional, em tese, se sobrepõe a outro sem uma prévia ponderação fundada na proporcionalidade, é de se ver que o dispositivo legal em estudo incorrerá em grave déficit de proporcionalidade se autorizar a terceirização em qualquer atividade integrante do serviço público concedido, inclusive com afastamento de responsabilidade do Poder Público concedente em relação aos atos praticados pelos "terceiros" contratados, supervalorizando a eficiência econômica do serviço em detrimento daquela "responsabilidade solidária constitucional" existente entre os participantes da cadeia produtiva de qualquer serviço em relação aos direitos fundamentais dos trabalhadores.

Não interessa à sociedade a superprodutividade do serviço público em detrimento da superexploração da mão-de-obra, se é dela, em último plano, o prejuízo decorrente da marginalização social do laborista.

A natureza pública do serviço, por sua essencialidade para a coesão social, é que determina a posição especial do ente público incumbido de executá-la. Se esta natureza pública do serviço não autoriza o próprio ente público que lhe é titular a terceirizar além daquelas atividades meramente instrumentais, não será a presença do particular na execução destes mesmos serviços que subverterá essa ordem de proteção aos valores maiores da sociedade política, especialmente considerando que em relação às suas obrigações trabalhistas a entidade concessionária não desfruta de qualquer benefício ou privilégio ante os demais particulares (Lei n. 8.987/1995, art. 31).

Quando a entidade concessionária é, também, uma empresa estatal, regida pelo art. 173 da Constituição, a força dos argumentos mais se justifica, pois a prática da terceirização agrava não apenas a efetividade dos direitos fundamentais dos trabalhadores, mas tende também a vulnerar a impessoalidade na contratação dos empregados públicos em face da substituição do concurso público pela licitação de empresas.

Portanto, embora possa ter constituído a primeira pretensão do legislador ordinário alargar ao máximo o campo de incidência da terceirização na órbita dos serviços públicos concedidos, certamente com vistas a conferir ao ente concessionário a maior flexibilidade possível na busca por produtividade e eficiência econômica, tal ilação encontra sério obstáculo numa medida de proporcionalidade constitucional da terceirização no serviço público, desafiando interpretação da norma conforme a Constituição, sob pena de sua ilegitimidade.

Nesta interpretação conforme a Constituição, assim como se propôs em relação ao art. 1º do Decreto n. 2.271/1997 (item 6.13.1), a significação das "atividades inerentes, acessórias ou complementares ao serviço público concedido" é condicionada pela ponderação constitucional: uma atividade que compõe o fluxo operacional de um determinado serviço público concedido (*v.g.*, a atividade de ligamento, desligamento e religamento de energia elétrica em domicílios, no contexto de um serviço de distribuição de energia elétrica), embora seja inerente ao serviço executado, não comporta terceirização à luz da Constituição, pois extrapola o sentido legítimo da terceirização na iniciativa privada, fundada na focalização da empresa em sua especialidade, nem condiz com a "função social da prestação do serviço público" (Constituição, arts. 1º, IV; 170, 175 e 193).

Desta forma, a atividade passível de terceirização pelas entidades concessionárias é aquela acessória e instrumental, que não compõe o fluxo burocrático do serviço concedido, sob pena de lesão à ordem proporcional dos princípios constitucionais.

A Lei n. 9.472/1997, que disciplina a organização e a concessão do serviço público de telecomunicações, também traz em seu art. 94 disposição idêntica à do art. 25 da Lei n. 8.987/1995, quando prevê a contratação de terceiros no desenvolvimento de atividades "inerentes, acessórias ou complementares ao serviço". Na esteira dos argumentos expostos, uma interpretação deste dispositivo conforme a Constituição conduzirá à máxima restrição das atividades terceirizáveis, mesmo porque, nos termos do art. 127 deste diploma legal,

> "a disciplina da exploração dos serviços **no regime privado** terá por objetivo viabilizar o cumprimento das leis, em especial das relativas às telecomunicações, à ordem econômica e aos direitos dos consumidores, destinando-se a garantir (...) VIII — **o cumprimento da função social do serviço de interesse coletivo**, bem como dos encargos dela decorrentes." (destaques nossos)

Não há como viabilizar o cumprimento das leis, especialmente as relativas à ordem econômica fundada na valorização do trabalho (Constituição, art. 170), nem o cumprimento da função social do serviço público, que pressupõe o respeito aos direitos fundamentais, com medidas de *superterceirização* que priorizam resultados econômicos em detrimento do conjunto proporcional dos interesses constitucionais.

6.16. TERCEIRIZAÇÃO ILÍCITA, TRABALHO LÍCITO

Um último aspecto do tema a ser analisado diz respeito à solução dos casos de terceirização ilícita em atividade-fim no âmbito do Poder Público. Vedado o reconhecimento judicial de vínculo de emprego, em face da exigência de concurso público, a tendência inicial da jurisprudência foi de equiparar, em consequência jurídica, esta terceirização ilícita à contratação direta de servidores sem prévio concurso público.

Diante das contratações diretas sem concurso, a jurisprudência trabalhista consolidou entendimento na Súmula n. 363 do TST[101], no sentido que, sendo nulo o respectivo contrato de trabalho (Constituição, art. 37, § 2º), ao trabalhador somente é devida uma indenização correspondente ao valor dos salários *stricto sensu* do período trabalhado, sem direitos rescisórios, gratificações, férias etc., por força da impossibilidade de devolução da força de trabalho despendida — teoria da irretroatividade das nulidades no Direito do Trabalho.

Partindo do raciocínio de que o trabalho terceirizado em atividade-fim corresponde a esta forma ilícita de contratação sem concurso público, e esteando-se na solução oferecida à terceirização ilícita na iniciativa privada — o reconhecimento do vínculo direto entre o trabalhador e o tomador do seu serviço —, passou-se naturalmente a considerar que, no âmbito do Poder Público, a solução ideal também seria o reconhecimento da existência fática do vínculo direto de trabalho entre o ente público e o trabalhador, o que, incontinente, desafiaria a declaração de nulidade deste vínculo por ausência de concurso público, com as consequências da Súmula n. 363 do TST: ao trabalhador seria devida uma indenização no valor do salário *stricto sensu.*

Esta solução, no entanto, contradiz a leitura integrada dos princípios constitucionais referidos à matéria.

Isto porque a solução conferida na iniciativa privada à terceirização ilícita (o reconhecimento do vínculo) tem por objetivo conferir proteção ao trabalho subordinado contra a dissimulação de um contrato de prestação de serviço autônomo. O princípio constitucional promovido com esta decisão é o da proteção social do trabalho, em respeito ao núcleo essencial dos direitos fundamentais dos trabalhadores. Desta forma, no plano privado, quanto mais evidente a ilicitude da terceirização, maior a incidência de uma solução protetiva do valor-trabalho por meio do reconhecimento direto do vínculo de emprego.

No âmbito público, a solução que equipara a terceirização ilícita à contratação sem concurso tende a vislumbrar nessa terceirização, primeiramente, a violação ao princípio da impessoalidade. No entanto, há que se observar que, diferentemente da contratação direta de servidor sem concurso, na terceirização, mesmo sendo ilícita quanto à atividade, o princípio da impessoalidade ainda resta relativamente resguardado quando a empresa é selecionada por meio de procedimento licitatório. Ainda que nulo seja o contrato por vício do seu objeto (a atividade-fim), a prévia licitação constituiu instrumento de seleção objetiva da empresa prestadora.

É certo que a licitação, comparada com o concurso público, constitui veículo de menor eficácia na seleção objetiva das pessoas que prestam serviços à administração, mas, ainda assim, representa um legítimo instrumento de impessoalidade na seleção dos prestadores autônomos de serviço.

Sendo a terceirização praticada em atividade finalística do ente público, a licitação ainda vem substituir indevidamente o concurso público, revelando-se instrumento inadequado para resguardar a impessoalidade. Ainda assim, realizada uma licitação com respeito aos critérios legais, o princípio constitucional mais diretamente violado no caso não é o da impessoalidade, mas o da "organização funcional da administração pública", pois, como

(101) Súmula n. 363 do TST: "*A contratação de servidor público, após a CF/1988, sem prévia aprovação em concurso público, encontra óbice no respectivo art. 37, II, e § 2º, somente lhe conferindo direito ao pagamento da contraprestação pactuada, em relação ao número de horas trabalhadas, respeitado valor da hora do salário mínimo, e dos valores referentes aos depósitos de FGTS*".

antes se asseverou, a terceirização em atividade finalística dos órgãos públicos fragiliza primeiramente o exercício das competências estatais, desprofissionalizando o serviço público e esgotando os quadros de carreira.

Reconhecida a nulidade do contrato de terceirização por violação dessas competências, e não decorrendo esta nulidade de vício no procedimento de licitação, há que se reconhecer, portanto, a presença, ainda que em nível muito reduzido, de alguma objetividade no trato com a empresa contratada.

Nesta esteira, a Constituição não equipara as situações de terceirização ilícita e de contratação direta sem concurso público. Ambas violam a norma constitucional de forma incisiva, mas sob perspectivas relativamente diferentes.

Assim é que se faz necessário compreender a regra do § 2º do art. 37 da Constituição como uma ponderação realizada pelo legislador constituinte, diante da hipótese de contratação direta de servidor sem concurso, no ponto em que atribui "*nulidade*" ao ato de admissão irregular e determina a "*punição da autoridade responsável, nos termos da lei*"[(102)].

Pondera-se, nesta regra jurídica, entre a preservação da impessoalidade e a necessidade de preservação do valor-trabalho, em face da posição destacada deste valor no conceito fundamental do Estado Democrático de Direito (Constituição, art. 1º, IV). Ao administrador a regra imputa responsabilidade, e ao trabalhador penaliza apenas com a nulidade do seu ato admissional por violação da impessoalidade.

Na terceirização em atividade-fim, em princípio seu contrato não é nulo por vício de impessoalidade. Antes, é viciado por desvio de competência estatal e só de forma mediata ofende a impessoalidade, por inadequação do instrumento. Daí por que, declarada a nulidade do contrato administrativo entre a empresa e o Poder Público, o vínculo básico de trabalho (o contrato, como ato admissional) existente entre esta empresa e seus empregados resta incólume de vício.

Afinal, constatada a ilicitude da terceirização praticada pelo ente público em sua atividade-fim, é impossível o reconhecimento do vínculo de emprego como medida de proteção do valor-trabalho (tal como ocorre na iniciativa privada), em face da exigência do prévio concurso público. Mas, por outro lado, resta resguardado um mínimo de impessoalidade no ato da licitação procedida para a seleção da empresa prestadora. Portanto, se a atividade terceirizada não constitui trabalho ilícito (a ilicitude decorre da invasão de competência estatal), a solução que melhor atende à medida proporcional dos princípios conflitantes é a declaração de nulidade do contrato de prestação de serviços entre o Poder Público e o particular, mas com o reconhecimento da plena legitimidade dos vínculos de emprego mantidos entre o particular e seus empregados, e, por conseguinte, a imputação de responsabilidade patrimonial ao Poder Público por eventuais verbas inadimplidas no período contratual, à luz da Súmula n. 331 do TST, sem prejuízo do direito de regresso contra o administrador público responsável pela contratação ilegal, em caso de dolo ou culpa (Constituição, art. 37, § 6º).

Permanece, portanto, a responsabilidade do Poder Público para com a efetividade dos direitos fundamentais dos trabalhadores, porque é o contrato de prestação de serviços praticado por ato da administração que, apesar de sua nulidade, desencadeia a formação de vínculos de emprego legítimos à luz da Constituição, com a correspondente incidência dos direitos fundamentais dos trabalhadores terceirizados.

(102) Constituição, art. 37, § 2º: "*A não-observância do disposto nos incisos II e III implicará a nulidade do ato e a punição da autoridade responsável, nos termos da lei*".

CONCLUSÃO

Os estudos desenvolvidos no **Capítulo 1** levam ao reconhecimento da terceirização na iniciativa privada como uma técnica de organização produtiva por meio da qual a entidade produtora de bens e serviços contrata no mercado atividades inerentes ao seu processo produtivo. A explicação científica do fenômeno oferecida pela Ciência da Administração, consistente na necessidade de focalização da empresa em sua vocação essencial (teoria do foco), direciona, no entanto, para a contratação de atividades instrumentais à realização do objetivo central do empreendimento.

O movimento terceirizante expandiu-se sistematicamente no Brasil a partir dos anos 1980, inicialmente como veículo de especialização da empresa em sua vocação central, mas logo se transfigurou num movimento de *superterceirização*, invadindo os espaços dessa vocação essencial e tornando-se, na década de 1990, uma poderosa estratégia defensiva de sobrevivência empresarial, instrumento de redução do custo da mão-de-obra, sob o influxo das reformas neoliberais no contexto da globalização econômica.

Mesmo a terceirização racionalmente justificada, ao desestabilizar as bases da organização produtiva verticalizada, horizontalizando-a numa rede de empresas parceiras mas autônomas, desmontou o espaço fenomênico em que se manifestam as figuras estruturais do Direito do Trabalho: a clássica relação jurídica de emprego e a organização sindical dos trabalhadores. Dessa forma, pela primeira vez em sua história o Direito do Trabalho viu-se diante de uma nova teorização da empresa, diversa daquela sobre a qual construiu seus pilares de sustentação e sofrendo, por conseguinte, sério déficit de efetividade em seu sistema de proteção ao trabalhador.

Fragmentando as relações sociais no âmbito da empresa, a terceirização decodificou importantes códigos de segurança do clássico sistema normativo de proteção social, por força de suas **repercussões deletérias imanentes** sobre as relações de trabalho, tais como a pulverização da ação sindical, a criação de empregos precários e transitórios com o aumento da rotatividade da mão-de-obra, o aumento da jornada de trabalho, a redução salarial e de benefícios sociais dos trabalhadores terceirizados, a piora sensível das condições de saúde e segurança no trabalho etc.

Essas repercussões imanentes ainda são potencializadas por condutas empresariais progressivamente precarizadoras das relações de trabalho terceirizado, denominadas de **repercussões deletérias circunstanciais**, a exemplo da contratação de empresas prestadoras de serviço economicamente inidôneas, da contratação de serviços por preço inferior ao razoavelmente suficiente à satisfação dos direitos dos trabalhadores, da omissão da empresa tomadora em fiscalizar o cumprimento das obrigações trabalhistas por parte da empresa prestadora de serviços, do uso indiscriminado da terceirização em atividades essenciais ao empreendimento com o fito de reduzir o custo de produção etc.

À luz desses aspectos, ressaltou-se o caráter revolucionário-patronal da terceirização na iniciativa privada como instrumento de recuperação do poder do capital sobre o trabalho, apenas razoavelmente modulado pelo Direito do Trabalho na medida das suas possibilidades.

O **Capítulo 2** foi destinado ao estudo panorâmico do movimento de terceirização no interior da administração pública brasileira. Viu-se que neste espaço a terceirização de atividades de apoio operacional iniciou-se timidamente com a reforma administrativa promovida pelo governo militar na década de 1960 (DL n. 200/1967), difundindo-se primeiramente na estrutura da administração pública federal como importante técnica de racionalização de recursos humanos e materiais na realização das atividades públicas.

Na década de 1990, sob o ideário político neoliberal hegemônico, a terceirização tornou-se um poderoso veículo de redução do tamanho da máquina estatal nos países centrais do Ocidente. No Brasil a técnica logo encontrou foro de legitimação política no contexto de uma grande reforma do aparelho do Estado comprometida com o modelo de administração gerencial descentralizada, voltada para a *eficiência* dos resultados e baseada na experiência de administração gerencial da iniciativa privada, em substituição ao considerado velho modelo de administração pública burocrática, rigidamente verticalizada, do Estado de Bem-Estar Social.

Um radical processo de enxugamento do quadro funcional do Estado no plano da política de diminuição da máquina do Estado, iniciada no governo Fernando Collor, coincidiu com a promulgação da Constituição da República de 1988, que passou a exigir a ampla submissão a concurso público para admissão em "cargo e emprego público" (Constituição, art. 37, II). Diante da restrição à realização de novos concursos públicos e das crescentes demandas sociais por prestação das atividades públicas, os administradores passaram a cooptar recursos humanos por meios alternativos ao regime oficial do cargo e do emprego públicos, proliferando-se na administração pública brasileira, dentre vários artifícios ilícitos, as contratações temporárias irregulares, as contratações indevidas de estagiários, o uso indiscriminado de cargos em comissão com desvio de finalidade, além da terceirização indiscriminada em atividades inerentes ao núcleo de competências dos órgãos públicos contratantes.

Este quadro de *superterceirização* no serviço público tomou dimensões exorbitantes, vindo o Tribunal de Contas da União, no ano de 2005, a apurar a presença de mais de 33.000 trabalhadores terceirizados em atividades finalísticas na administração pública direta federal, em violação à lei e à Constituição, o que levou o Ministério Público do Trabalho a promover medida judicial em face da União, no bojo da qual foi firmado um acordo de metas para a substituição progressiva dos trabalhadores ilegalmente terceirizados no curso dos cinco anos seguintes.

Foi visto que aspectos conjunturais do modelo de terceirização precária implantado na iniciativa privada e reproduzido no interior da administração pública brasileira desencadearam repercussões profundamente conflitivas em diversos níveis de interesses. No âmbito da administração pública, além das consequências que lhe são inerentes na iniciativa privada, a terceirização ainda agrega repercussões institucionais próprias ao ambiente estatal, cuja manifestação irá amoldar-se à intensidade e à extensão com que for praticada.

Tais efeitos deletérios foram avaliados em dois planos específicos: o *institucional*, que reflete as repercussões da terceirização no interior da máquina pública e na relação entre o público e privado; e o *social*, que reverbera nos direitos dos trabalhadores e dos destinatários das atividades públicas.

No plano institucional, a *superterceirização* dinamiza o movimento de desregulamentação institucional e desprofissionalização do serviço público, liquidando funções e esgotando planos de carreiras indispensáveis ao exercício das responsabilidades que se encontram sob o pálio estatal, seja porque são próprias do Estado, como atividades que implicam o exercício do poder de polícia, seja porque não foram transferidas ao particular pelos meios ordinários de desestatização, como os serviços públicos centralizados. Promove-se, assim, a quebra do paradigma do serviço público e do correspondente agente público sem a necessária deliberação democrática a respeito das funções que a sociedade, no âmbito do Estado subsidiário, deseja tomar como seu próprio campo de atuação.

No plano social, por sua vez, a terceirização no serviço público enseja a precarização das condições de trabalho, a fragilização da organização coletiva dos servidores e a discriminação entre servidores públicos e terceirizados. A *superterceirização* coloca o Estado na rota da exploração desmedida da mão-de-obra privada flutuante, sob o mesmo regime de controle quantitativo que move a iniciativa privada na busca pelo absoluto domínio do capital sobre o trabalho, ao passo que seus próprios servidores, envolvidos nas mesmas atividades de finalidade social, gozam de maior segurança jurídica e social e trabalham sob regime mais benéfico, de controle qualitativo e profissional.

A fragmentação das relações jurídicas promovida pela terceirização no âmbito da administração pública constitui elemento de dispersão e enfraquecimento dos movimentos reivindicatórios dos terceirizados, vulnerabilizados no confronto de forças, e dos próprios servidores públicos efetivos que, diante dos constantes cortes de pessoal e da ausência de novas admissões por concurso público, veem seus sindicatos se esvaziarem. Este contrachoque de posições favorece, inclusive, um ambiente de profunda discriminação.

Não obstante todas as suas repercussões imanentes e potenciais, a terceirização instituída pelo Direito Público como técnica de organização administrativa do serviço público constitui, em seus limites razoáveis, instrumento de realização do interesse público, enfoque apanhado nas análises levadas a cabo no **Capítulo 3**.

Pela complexidade dessa dinâmica entre o interesse público a ser realizado e as repercussões deletérias que desencadeia, viu-se que os limites da terceirização no serviço público não são nitidamente encontrados em enunciados normativo-constitucionais expressos e autossuficientes, mas dependem de uma conjunção de elementos normativos, com caráter de regras e princípios constitucionais.

O primeiro passo na identificação destes limites deu-se com a análise acerca da diferença entre as figuras da "terceirização no serviço público" e da "desestatização de serviço público". Para isso, empreenderam-se estudos conceituais sobre o "serviço público" e sobre o instituto da "contratação de serviços" no interior da máquina pública.

Concluiu-se que a desestatização de serviços públicos consiste na transferência de sua execução à iniciativa privada por delegação (Constituição, art. 175), figurando como veículo de remodulação da atuação do Estado no processo econômico sob a lógica da doutrina política liberal, enquanto a terceirização no serviço público, objeto específico desta obra, diz respeito à contratação, na iniciativa privada, de atividades de apoio administrativo ao Poder Público no exercício de suas atribuições. Enquanto a desestatização redimensiona o tamanho do Estado no processo econômico, a terceirização redimensiona o tamanho da economia dentro do Estado na realização direta de suas atribuições.

Não obstante a diferença técnico-conceitual, observou-se que a *terceirização-base* (em atividades de apoio administrativo) e a *superterceirização* (em atividades finalísticas dos órgãos públicos) apresentam importantes propriedades desestatizantes. Embora pareçam constituir intensidades diferentes de um mesmo fenômeno, no plano jurídico-institucional estas duas realidades representam fenômenos absolutamente diversos: (a) a *terceirização-base* constitui técnica concebida pelo Direito Público voltada a viabilizar a focalização dos órgãos e entes públicos em suas competências essenciais, podendo constituir, assim, instrumento de afirmação destas competências, enquanto (b) a *superterceirização* constitui ilícito administrativo, caracterizado pela atribuição indevida de competências públicas a agentes privados, em verdadeira desestatização sub-reptícia e democraticamente ilegítima de funções estatais, fragilizando a atuação do Estado no exercício de suas responsabilidades.

Daí concluir-se, ainda no Capítulo 3, que as "repercussões" desestatizantes da *terceirização-base*, decorrentes da transferência de responsabilidades à iniciativa privada, não se confundem com os "propósitos" desestatizantes ilegítimos da *superterceirização*.

O **Capítulo 4** foi dedicado à evolução normativa sobre a terceirização no serviço público no contexto das transformações legais e jurisprudenciais também referentes à terceirização na iniciativa privada, em face do profundo imbricamento político e jurídico do fenômeno em ambos os espaços, público e privado.

O Decreto-Lei n. 200/1967 ofereceu os primeiros impulsos à contratação indireta de serviços de apoio administrativo; a Lei n. 5.645/1970 disciplinou essa terceirização no âmbito dos entes públicos federais com personalidade de Direito Público, delimitando o caráter acessório e instrumental das atividades passíveis de terceirização; a Lei n. 6.019/1974, que instituiu o regime de trabalho temporário na iniciativa privada, por sua vez, marcou o primeiro momento de ruptura normativa do Direito do Trabalho com o paradigma da relação bilateral de trabalho no Brasil, ao permitir o fornecimento de mão-de-obra de uma empresa a outra para suprir demandas transitórias ou picos de produção motivados por eventos extraordinários.

Esse regime legal de trabalho temporário acabou cimentando caminho para a naturalização da ideia da "prestação de serviços interempresariais" na iniciativa privada, no embalo do movimento de contratação de serviços já iniciado na administração pública, expandindo-se sistematicamente no país, a partir do início da década de 1980, o processo influenciado pela política internacional neoliberal de expulsão de várias atividades do interior das empresas, com a progressiva organização de um mercado de serviços.

Inicialmente a Justiça do Trabalho manteve-se restritiva à prática da terceirização, editando o Enunciado de Jurisprudência n. 256 de 30.9.86, por meio do qual desconhecia a validade de contratos de prestação de serviços interempresariais que não tivessem expressa autorização legal.

Na década de 1990, no entanto, período das mais contundentes reformulações políticas e econômicas neoliberais no país, a exigência de flexibilização das formas de contratação de mão-de-obra fez disseminar a terceirização em praticamente todos os setores da economia privada, invadindo, inclusive, as atividades consideradas essenciais das empresas.

Sem uma regulamentação legal específica, o fato da terceirização restou lançado à disciplina jurisprudencial da Justiça do Trabalho que, pressionada pela pungência da realidade econômica, cancelou o Enunciado n. 256, editando em seu lugar a Súmula de Jurisprudência n. 331 de 21.12.1993, a qual prevê a legalidade da terceirização em "*serviços especializados ligados à atividade-meio do tomador, desde que inexistente a pessoalidade e a subordinação direta*", reconhecendo a responsabilidade subisidiária do tomador quanto aos créditos trabalhistas inadimplidos.

Nesse passo, o estudo lançou-se a demonstrar como a disciplina legal e prática da terceirização na administração pública exerceu influência nesse processo de flexibilização da jurisprudência trabalhista acerca da terceirização na iniciativa privada e, posteriormente, num círculo argumentativo, como essa jurisprudência trabalhista mais flexível influenciou a edição do Decreto n. 2.271/1997, que atualmente regulamenta as atividades passíveis de terceirização no serviço público federal com uso de uma linguagem mais permeável à interpretação casuística: "*atividades materiais acessórias, instrumentais ou complementares aos assuntos que constituem área de competência legal do órgão ou entidade*" (art. 1º).

A fim de viabilizar uma compreensão orgânica do ordenamento jurídico nacional sobre os limites da terceirização no serviço público, identificou-se primeiramente, no art. 37, XXI, da Constituição, a referência constitucional expressa sobre a contratação de obras e serviços pelo Poder Público. Regulamentando este dispositivo, a Lei n. 8.666/1993 conceituou os serviços passíveis de contratação (art. 6º, II), oferecendo critérios para a identificação da natureza instrumental e não-burocrática dessas atividades.

Constatou-se, neste sentido, a existência de uma escala constitucional de disciplinamento normativo-hierárquico acerca da contratação de serviços, que parte da própria norma constitucional (art. 37, XXI), passando pela lei nacional (Lei n. 8.666/1993, art. 22, XXVII), para finalizar na norma de Direito Público de competência da própria entidade federativa no exercício de sua autonomia administrativa.

A partir do **Capítulo 5** o estudo passou a especular se esses condicionamentos legais e jurisprudenciais atualmente impostos à terceirização, traçados numa interpretação marcada pelo paradigma positivista, conferem à prática, no âmbito da administração pública, a conformação constitucional condizente com o grau de suas repercussões deletérias — imanentes ou circunstanciais — sobre todos os valores ou princípios constitucionais por ela afetados.

Identificou-se, nesse plano, a presença de um conflito principiológico referente ao fenômeno, idealmente proposto como "*um conflito entre o interesse imediato da máquina pública em fazer o máximo uso da terceirização para a realização ágil e eficiente das atividades governamentais (princípio da eficiência administrativa), e, de outro, interesses relevantes da sociedade, indispensáveis à coesão social (a máxima proteção social do trabalhador e a máxima realização de valores republicanos, como uma administração pública profissionalizada e autônoma, regida pela impessoalidade e pela moralidade), limitadores da prática da terceirização a um patamar minimamente indispensável*".

A problematização proposta desafiou a realização de uma análise teórica situada no marco da dogmática constitucional contemporânea, a "nova hermenêutica constitucional" que, disposta a inovar o paradigma da interpretação positivista fundada na autossuficiência das regras jurídicas, busca reaproximar o Direito da moral no reconhecimento da plena normatividade dos princípios jurídicos, valores compartilhados por toda a comunidade, abrigados na Constituição com carga deontológica equivalente à das regras.

Essa hermenêutica constitucional difusamente denominada de *pós-positivista* pressupõe a interconflituosidade principiológica como algo imanente ao ordenamento jurídico e que há de ser racionalmente resolvida sob critérios jurídicos, a fim de preservar-se a unidade da Constituição.

Para isso, buscou-se na teoria moderna do Direito Público e, em especial, na doutrina de *Ronald Dworkin*, *Robert Alexy* e *Humberto Ávila*, o fundamento doutrinário adequado à compreensão dos novos movimentos interpretativos, tomando-se como ponto de partida a distinção qualitativa entre **princípios e regras jurídicas**; o reconhecimento da qualidade normativa dos princípios jurídicos enquanto *mandados de otimização* ou *normas primariamente finalísticas*; a dimensão principiológica dos direitos fundamentais e a urgência de uma interpretação da norma constitucional capaz de oferecer soluções normativas adequadas ao conflito principiológico, tomando como parâmetro o imperativo da "proporcionalidade" inerente ao Estado Democrático de Direito.

Dessa forma, o "princípio da proporcionalidade" foi estudado em sua tríplice dimensão material e procedimental no exame de ponderação: a adequação, a necessidade e a proporcionalidade em sentido estrito.

Na análise acerca dos "efeitos horizontais dos direitos fundamentais sobre o ordenamento jurídico" concluiu-se que na Constituição brasileira de 1988 os direitos fundamentais exercem intensa irradiação sobre as relações privadas, especialmente em matéria de proteção jurídica ao trabalhador, embora essa irradiação desafie uma ponderação prévia entre o valor constitucional veiculado pelo direito fundamental e o princípio da autonomia da vontade.

Traçou-se, então, uma importante abordagem sobre parâmetros argumentativos indispensáveis à racionalidade da justificação interpretativa no paradigma pós-positivista, com destaque para a análise dos princípios instrumentais de interpretação constitucional, tais como os princípios da supremacia da Constituição, da presunção de constitucionalidade das leis e atos do Poder Público, da interpretação conforme a Constituição, da unidade da Constituição, da proporcionalidade e da máxima efetividade.

Com base nesse aporte teórico, passou-se a uma análise de casos concretos extraídos da jurisprudência trabalhista envolvendo o tema da terceirização no serviço público, com o objetivo de selecionar os principais elementos normativo-constitucionais referidos à matéria, capazes de viabilizar uma proposta de interpretação constitucional fundada na ponderação de princípios.

Os casos estudados revelaram que em relação aos entes com personalidade de Direito Público, os bens constitucionais mais afetados pela terceirização são a competência dos órgãos estatais e as atribuições dos servidores públicos, a eficiência no desenvolvimento do serviço público, a impessoalidade no trato da coisa pública e o valor social do trabalho.

No âmbito das empresas estatais, entidades com personalidade jurídica de Direito Privado, foram identificados como bens constitucionais mais afetados pela prática da terceirização a dignidade da pessoa humana, a proteção social do trabalho terceirizado, a impessoalidade na admissão de empregados públicos e a igualdade de regimes jurídicos de terceirização entre as empresas estatais e as empresas da iniciativa privada.

De posse dessas informações, no **Capítulo 6** o estudo buscou oferecer critérios que viabilizem o exame de ponderação entre esses princípios constitucionais naturalmente conflitantes diante da prática da terceirização no serviço público: o **princípio jusfundamental da proteção social do trabalho**, profundamente vulnerabilizado pela prática da terceirização; o **princípio da eficiência administrativa** como fator de incremento de uma terceirização condicionada aos demais interesses sociais; o **princípio da organização funcional da administração pública** como imperativo de preservação das competências estatais e de profissionalização das carreiras públicas; o **princípio da impessoalidade** e a exigência de objetividade por meio do concurso público nas contratações diretas de servidores, e por meio da licitação nas contratações de serviços.

Como preservar a máxima otimização de todos esses princípios constitucionais diante das repercussões deletérias, imanentes e potenciais que a terceirização no serviço público apresenta?

O desafio de oferecer resposta a esta questão é enfrentado tomando-se em conta a diversidade dos conflitos de interesses que se estabelecem quando a terceirização é praticada no âmbito das pessoas jurídicas de Direito Público e quando é praticada no âmbito das empresas estatais submetidas ao regime trabalhista de Direito Privado, nos moldes oferecidos pelo estudo de casos práticos realizado no Capítulo 5.

Constatou-se que no **âmbito da administração pública centralizada, de Direito Público**, no qual a terceirização encontra uma disciplina constitucional mais densa, a contratação de serviços está fundada na realização do princípio da eficiência administrativa, mas está condicionada pelas repercussões restritivas que enseja sobre o princípio da organização funcional da administração pública, sobre o princípio da impessoalidade e também sobre o princípio "jusfundamental" da proteção social do trabalho.

Ao exigir a licitação prévia na contração de serviços, a regra do art. 37, XXI, da Constituição acaba por conferir competência ao legislador ordinário para "*na forma da lei*" disciplinar a contratação de serviços como veículo de realização do princípio da eficiência administrativa, instituindo com isso uma "reserva legal de índole restritiva", na medida em que autoriza o legislador ordinário a adotar uma "medida residual" no âmbito da organização funcional da administração pública (já que a contratação direta de servidores públicos é substituída pela contratação de serviços), assim como uma "medida restritiva" ao nível de efetividade da proteção social dos respectivos trabalhadores terceirizados, em face da natural perda de efetividade dos seus direitos fundamentais diante da terceirização.

À ausência de expressa menção constitucional sobre que espécie de serviço deve ser terceirizado, compreendeu-se que essa reserva legal encontra seu limite constitucional imanente no conteúdo essencial dos direitos fundamentais dos trabalhadores, restringidos em efetividade, e no encontro ponderado dos princípios constitucionais referidos à matéria.

Daí que, trilhando uma minuciosa análise de razões e contrarrazões na complexa conjugação dos princípios constitucionais afetos à questão, a obra encaminhou-se às seguintes propostas interpretativas diante dos conflitos principiológicos ensejados pela terceirização no âmbito das pessoas jurídicas de Direito Público:

1. Constitui verdadeira ordem constitucional a terceirização de serviços em **atividades transitórias ou periodicamente necessárias à administração pública central**, como medida de eficiência administrativa a ser tolerada proporcionalmente pelos demais princípios em conflito, salvo se razões superiores ao princípio da eficiência se apresentarem no caso concreto, num juízo de ponderação;

2. Nas **atividades permanentemente necessárias à administração pública central**, a conjugação ponderada dos princípios constitucionais revela a exigência de um quadro estável de servidores públicos profissionalizados para a realização das atividades burocráticas inseridas no fluxo operacional do serviço público, de forma qualificada, com presteza e agilidade, em atenção às necessidades do cidadão. Quanto às atividades permanentes instrumentais, de apoio administrativo, a Constituição tende a admitir uma terceirização voltada à focalização dos esforços da administração pública na realização de suas competências e na profissionalização do seu quadro essencial de servidores.

3. No entanto, a **legitimidade constitucional dessa terceirização** está condicionada não apenas pela natureza da atividade terceirizada (burocrática ou de apoio), como tem entendido a jurisprudência corrente sobre o tema, mas também, essencialmente, pela observância da impessoalidade e pela garantia de efetividade dos direitos fundamentais dos trabalhadores terceirizados. A justa medida constitucional dessa terceirização deve ser construída interpretativamente, nos casos concretos, considerando que, diante dos gravames que enseja ao princípio da impessoalidade (pela substituição do concurso público pela licitação) e ao princípio da proteção do trabalho (reduzida em garantia de efetividade), a terceirização somente se legitima, diante da Constituição, se lhe forem agregadas garantias de total impessoalidade no trato do trabalhador terceirizado, pela administração pública, e de cumprimento do núcleo essencial dos seus direitos fundamentais.

4. Em face dessas limitações, revela-se **inconstitucional a interpretação do art. 71, § 1º, da Lei n. 8.666/1992,** ou de disposições idênticas contidas em outras normas ordinárias, que tenda a afastar do Poder Público a responsabilidade pela satisfação de direitos fundamentais dos trabalhadores inadimplidos pelas empresas contratadas. Uma interpretação capaz de compatibilizar o dispositivo ordinário à ordem constitucional é aquela segundo a qual ao Poder Público não é dado assumir, contratualmente, a responsabilidade pela satisfação primeira dos créditos laborais, porque à empresa terceirizada é reservada a posição jurídica de "empregadora".

No **âmbito das empresas estatais exploradoras de atividade econômica**, por sua vez, inseridas pela Constituição no domínio privado sob as regras de mercado, submetidas ao mesmo regime trabalhista das empresas privadas e proibidas de qualquer atuação que implique eliminação da concorrência, a terceirização submete-se ao mesmo disciplinamento legal e jurisprudencial conferido à iniciativa privada. A ponderação necessária, neste plano, coincide com aquela desenvolvida no ambiente privado, entre a autonomia da vontade e o valor social do trabalho, ponderação esta retratada abstratamente na Súmula n. 331 do TST, uma espécie de solução compromissória que limita a terceirização à atividade-meio das empresas sob certos condicionamentos. Esta solução é agravada na seara das empresas estatais em face da exigência da impessoalidade na seleção de empregados públicos e na seleção das empresas prestadoras de serviços.

Em linha com o que ocorre na iniciativa privada, a legitimidade constitucional da terceirização nas empresas estatais não se limita à natureza da atividade terceirizada, finalística ou instrumental, mas também condiciona-se à máxima efetividade do princípio "jusfundamental" de proteção do trabalho, o que desafia a responsabilidade solidária dessas empresas, ao lado das empresas contratadas, pela satisfação dos direitos fundamentais dos trabalhadores terceirizados, embora sejam destinatárias do benefício de ordem obrigacional decorrente de sua posição de "terceiro juridicamente interessado".

Por fim, a exigência constitucional de tratamento isonômico das empresas estatais com as da iniciativa privada, inclusive quanto ao regime de direitos e obrigações trabalhistas, somente reforça a inviabilidade constitucional de que sejam, por lei ordinária, imunizadas de responsabilidade sobre o cumprimento dos direitos fundamentais dos trabalhadores terceirizados.

No **plano dos serviços públicos concedidos à iniciativa privada**, o estudo encaminhou-se à conclusão de que os limites constitucionais da terceirização mantêm-se alinhados às soluções ponderadas aplicáveis às empresas privadas e às empresas estatais concessionárias, não se alterando o resultado da conjunção principiológica em face da natureza pública do serviço.

Se a natureza do serviço não autoriza o próprio ente público titular do serviço a terceirizar além daquelas atividades meramente instrumentais, não será a presença do particular na execução destes mesmos serviços que subverterá essa ordem de proteção aos princípios constitucionais, especialmente considerando que em relação aos direitos fundamentais dos trabalhadores a entidade concessionária não desfruta de qualquer benefício ou privilégio ante os demais particulares. Sendo uma empresa estatal a concessionária do serviço público, os argumentos mais se justificam em face da exigência de impessoalidade no trato da coisa pública.

Desta forma, também o art. 25 da Lei n. 8.987/1995, que disciplina a terceirização nos serviços públicos concedidos, desafia uma interpretação conforme a Constituição, para compreender-se que a atividade passível de terceirização pelas entidades concessionárias é aquela atividade acessória e instrumental, que não compõe o fluxo burocrático do serviço concedido. Ademais, essas entidades concessionárias respondem solidariamente, ao lado das empresas prestadoras de serviços, pela satisfação dos direitos fundamentais dos trabalhadores, sob pena de lesão à ordem proporcional dos princípios constitucionais incidentes.

O último aspecto analisado foi o referente à solução normativo-principiológica oferecida pela Constituição para a **terceirização ilícita em atividade-fim do ente público**. Seguiu-se à conclusão de que, neste caso, o contrato de terceirização não é nulo por vício de impessoalidade. Antes, é viciado por violação da competência estatal e só de forma mediata ofende a impessoalidade, por inadequação do instrumento (a licitação, ao invés do concurso público). Daí por que, declarada a nulidade do contrato administrativo entre o Poder Público e a empresa prestadora por desvio de competência (a atividade-fim constitui competência do ente público), o vínculo básico de trabalho existente entre a prestadora e seus empregados resta incólume de vício.

Neste caso, a solução que melhor atende à medida proporcional dos princípios constitucionais em conflito direciona para a nulidade do contrato de terceirização entre o Poder Público e o particular, o reconhecimento de legitimidade dos vínculos de emprego mantidos entre o particular e seus empregados e a imputação de responsabilidade patrimonial ao Poder Público por eventuais verbas inadimplidas no período contratual, à luz da Súmula

n. 331 do TST, em face da responsabilidade do Poder Público para com a efetividade dos direitos fundamentais dos trabalhadores, sem prejuízo do direito de regresso contra o administrador público responsável pela contratação indevida.

Em linha de princípio com a nova hermenêutica constitucional, que apanha a Constituição como sistema aberto de regras e princípios, permeável a valores jurídicos suprapositivos, as reflexões lançadas no presente estudo não se puseram com o intento de esgotar as possibilidades interpretativas do texto constitucional acerca da matéria, mas na expectativa de oferecer subsídios argumentativos capazes de enriquecer o debate sobre a terceirização no serviço público, recolocando o trabalhador terceirizado no centro deste debate, como destinatário de uma ordem constitucional de proteção "jusfundamental" à dignidade humana, pressuposto existencial do Estado Democrático de Direito.

REFERÊNCIAS BIBLIOGRÁFICAS

ALEXY, Robert. Tres escritos sobre los derechos fundamentales y la teoría de los principios. Derecho constitucionale e derecho ordinario: jurisdiccione constitucionale e jurisdiccione ordinaria. Trad.: Carlos Bernal Pulido. *Serie de teoría jurídica y filosofia del derecho*, Bogotá, Universidad Externado de Colômbia, n. 28, 2003.

______. *Teoria da argumentação jurídica:* a teoria do discurso racional como teoria da justificação jurídica. Trad.: Zilda Hatchinson Schild Silva. São Paulo: Landy, 2001.

______. *Teoría de los derechos fundamentales.* Trad.: Ernesto Garzón Valdés. Madrid: Centro de Estudios Constitucionales, 1993.

ALVES, Giovanni. *O novo (e precário) mundo do trabalho:* reestruturação produtiva e crise do sindicalismo. São Paulo: Boitempo, 1999.

ANTUNES, Ricardo. *Os sentidos do trabalho:* ensaio sobre a afirmação e a negação do trabalho. São Paulo: Boitempo, 7ª impressão, 2005.

ARAGÃO, Alexandre Santos de. Delegações de serviço público. *Revista Interesse Público*, Rio de Janeiro, Notadez, n. 40, 2006.

AROUCA, José Carlos. *O sindicato em um mundo globalizado.* São Paulo: LTr, 2003.

ÁVILA, Humberto. *Teoria dos princípios:* da definição à aplicação dos princípios jurídicos. 6. ed. São Paulo: Malheiros, 2006.

______. Repensando o princípio da supremacia do interesse público sobre o particular. *Revista Diálogo Jurídico*, Salvador, CAJ — Centro de Atualização Jurídica, v. I, n. 7, out. 2001. Disponível em: <http://www.direito publico.com.br> Acesso em: 23.2.2008.

BARACHO, José Alfredo de Oliveira. O princípio da subsidiariedade: conceito e evolução. *Revista de Direito Administrativo*, Rio de Janeiro, Renovar, n. 200, abr./jun. 1995.

BARCELLOS, Ana Paula de. Alguns parâmetros normativos para a ponderação constitucional. In: BARROSO, Luis Roberto (Org.). *A nova interpretação constitucional:* ponderação, direitos fundamentais e relações privadas. Rio de Janeiro: Renovar, 2003.

BARROS, Alice Monteiro de. A terceirização e a jurisprudência. *Revista do TRT 3ª Região*, Belo Horizonte, Tribunal Regional do Trabalho da 3ª Região, n. 22(51), jul. 1991/jun. 1992.

BARROS, Guilherme. Empresas cuidam mais dos funcionários. *Folha de S. Paulo*, 7.9.2007, Cad. B, p. 2.

BARROS, Suzana de Toledo. *O princípio da proporcionalidade e o controle de constitucionalidade das leis restritivas de direitos fundamentais.* Brasília: Brasília Jurídica, 1996.

BARROSO, Luis Roberto (Org.). *A nova interpretação constitucional:* ponderação, direitos fundamentais e relações privadas. Rio de Janeiro: Renovar, 2003.

______. Fundamentos teóricos e filosóficos do novo direito constitucional brasileiro: pós-modernidade, teoria crítica e pós-positivismo. In: BARROSO, Luis Roberto (Org.). *A nova interpretação constitucional:* ponderação, direitos fundamentais e relações privadas. Rio de Janeiro: Renovar, 2003.

BARROSO, Luis Roberto; BARCELLOS, Ana Paula de. O começo da história: a nova interpretação constitucional e o papel dos princípios no direito brasileiro. In: SAMPAIO, José Adércio Leite (Coord.). *Crise e desafios da Constituição.* Belo Horizonte: Del Rey, 2003.

BATISTA, Henrique Gomes. Uma máquina de R$ 100 bi. *O Globo*, 15.10.2006.

BAUMAN, Zigmunt. *Globalização, as consequências humanas.* Trad.: Marcus Penchel. Rio de Janeiro: Jorge Zahar, 1999.

BECKER, Laércio Alexandre. Eficiência e democracia na reforma do Estado e do processo. *Revista de Processo* — Instituto Brasileiro de Direito Processual, São Paulo, Revista dos Tribunais, n. 102, 2001.

BINENBOJM, Gustavo. Da supremacia do interesse público ao dever de proporcionalidade: um novo paradigma para a o direito administrativo. *Revista de Direito Administrativo*, Rio de Janeiro, Renovar, n. 239, 2005.

BONAVIDES, Paulo. *Curso de direito constitucional.* 20. ed. São Paulo: Malheiros, 2007.

BRAVERMAN, Harry. *Trabalho e capital monopolista:* a degradação do trabalho no século XX. Trad. Nathanael C. Caixeiro. 3. ed. Rio de Janeiro: LTC, 1987.

BRITO, Armando de. O contrato realidade e a terceirização. *Revista LTr*, São Paulo, v. 58, 1994.

BUEN, Nestor de. O Estado do mal-estar. *Revista LTr*, São Paulo, v. 62, n. 05, mar. 1998.

BULOS, Uadi Lammêgo. Reforma Administrativa: primeiras impressões. *Revista de Direito Administrativo*, Rio de Janeiro, Renovar, n. 214, 1998.

CANOTILHO, J. J. Gomes. *Direito constitucional e teoria da Constituição.* 7. ed. Coimbra: Almedina, 2003.

CARELLI, Rodrigo de Lacerda. *Terceirização e intermediação de mão-de-obra:* ruptura do sistema trabalhista, precarização do trabalho e exclusão social. Rio de Janeiro: Renovar, 2003.

______. *Cooperativas de mão-de-obra:* manual contra a fraude. São Paulo: LTr, 2002.

CARVALHO NETO, Antonio Moreira de. Terceirização de serviços públicos no Reino Unido e os impactos sobre as relações de trabalho: considerações sobre a realidade brasileira. *Revista do Serviço Público*, Brasília, ENAP, v. 120, n. 2, p. 103, 1996.

CATHARINO, José Martins. *Trabalho temporário.* Rio de Janeiro: Edições Trabalhistas, 1984.

______. *Neoliberalismo e sequela.* São Paulo: LTr, 1997.

COCCO, Giuseppe. *Trabalho e cidadania:* produção e direitos na era da globalização. São Paulo: Cortez, 2000.

COSTIN, Cláudia. Ética e administração pública. *O Globo*, 2.8.2000.

COUTINHO, Aldacy Rachid. Direito do trabalho: a passagem de um regime despótico par um regime hegemônico. *Revista da Faculdade Mineira de Direito*, Belo Horizonte, v. II, ns. 03 e 04, 1. e 2. sem. 1999.

CRISTÓVAM, José Sérgio da Silva. *Colisões entre princípios constitucionais:* razoabilidade, proporcionalidade e argumentação jurídica. Curitiba: Juruá, 2007.

DIEESE. *Os trabalhadores frente à terceirização.* São Paulo: Pesquisa DIEESE n. 07, maio 1993. Disponível em: <http://memoria.dieese.org.br/museu> Acesso em: 5.2.2008.

DIEESE. *Pesquisa de emprego e desemprego 2007.* Disponível em: <http://www.dieese.org.br> Acesso em: 23.11.2007.

DELGADO, Gabriela. *Terceirização* — paradoxo do direito do trabalho contemporâneo. São Paulo: LTr, 2003.

______. *Direito fundamental ao trabalho digno.* São Paulo: LTr, 2006.

DELGADO, Mauricio Godinho. *Capitalismo, trabalho e emprego:* entre o paradigma da destruição e os caminhos da reconstrução. São Paulo: LTr, 2005.

______. *Curso de direito do trabalho.* 6. ed. São Paulo: LTr, 2007.

______. Direitos fundamentais na relação de trabalho. *Revista do Ministério Público do Trabalho*, Brasília, Procuradoria Geral do Trabalho, n. 31, 2006.

DELGADO, Mauricio Godinho; PORTO, Lorena Vasconcelos. O Estado de bem-estar social no capitalismo contemporâneo. In: DELGADO, Mauricio Godinho; PORTO, Lorena Vasconcelos (Org.). *O estado de bem-estar social no século XXI.* São Paulo: LTr, 2007.

DI PIETRO, Maria Sylvia Zanella. *Direito administrativo*. 12. ed. São Paulo: Atlas, 2000.

______. O sistema de pareceria entre os setores público e privado, execução de serviços através da concessão, permissão e terceirização — aplicação adequada destes institutos. *Boletim de Direito Administrativo*, São Paulo, NDJ, set. 1997.

______. *Parcerias na administração pública* — concessão, permissão, franquia, terceirização, parceria público-privada e outras formas. 5. ed. São Paulo: Atlas, 2005.

DINIZ, José Janguiê Bezerra. O fenômeno da terceirização. *Revista LTr*, São Paulo, n. 60-02, 2005.

DWORKIN, Ronald. *Levando os direitos a sério*. Trad.: Nelson Boeira. São Paulo: Martins Fontes, 2002.

FERNANDES, Jorge Ulisses Jacoby. A terceirização no serviço público. *Revista LTr*, São Paulo, n. 60, abr. 1996.

______. Lei de responsabilidade fiscal e terceirização. *Boletim de Direito Administrativo e Responsabilidade Fiscal*, São Paulo, NDJ, ano III, n. 32, mar. 2003/2004.

FERRARI, Terezinha. *Na cidade just in time:* uma forma do estar urbano. Disponível em: <http://www.usjt.br/prppg/informe/2006> Acesso em: 12.10.2007.

FERRAZ, Luciano. A lei de responsabilidade fiscal e a terceirização de mão-de-obra no serviço público. *Revista eletrônica de direito administrativo*, Salvador, Instituto Brasileiro de Direito Público, n. 08, nov./dez. 2006, jan. 2007. Disponível em: <www.direitodoestado.com.br> Acesso em: 20.01.2008.

FERREIRA, Aurélio Buarque de Holanda. *Novo dicionário Aurélio da língua portuguesa*. 3. ed. Curitiba: Positivo, 2004.

FILHO, Glauco Barreira Magalhães. *Hermenêutica e unidade axiológica da Constituição*. Belo Horizonte: Mandamentos, 2001.

FILHO, Leônidas Siqueira. A terceirização de mão-de-obra no serviço público e a lei de responsabilidade fiscal. *Repertório de Jurisprudência IOB*, São Paulo, IOB, n. 06, 2ª quinzena mar. 2002.

FLEURY, Rodrigo Curado. A responsabilidade trabalhista da administração pública na contratação de serviços terceirizados. *Revista LTr*, v. 66, n. 03, mar. 2002

FONSECA, Francisco César Pinto da. *O consenso forjado:* a grande imprensa e a formação da agenda ultraliberal no Brasil. São Paulo: Hucitec, 2005.

FREITAS, Juarez. Sistema de parceria entre os setores público e privado: execução de serviços através de concessão, permissão e terceirização — aplicação adequada destes institutos. *Boletim de Direito Administrativo* — Doutrina, pareceres e atualidades, São Paulo, NDJ, maio 1997.

FROTA, Hidemberg Alves da. O princípio da supremacia do interesse público sobre o privado no direito positivo comparado: expressão do interesse geral da sociedade e da soberania popular. *Revista de Direito Administrativo*, Rio de Janeiro, Renovar, n. 230, jan./mar. 2005.

GIOSA, Lívio. *Terceirização:* uma abordagem estratégica. 5. ed. São Paulo: Pioneira, 1997.

GRAU, Eros Roberto. *A ordem econômica na Constituição de 1988* (interpretação e crítica). 11. ed. São Paulo: Malheiros, 2005.

GUERZONI FILHO, Gilberto. Análise da Lei n. 9.962, de 22 de fevereiro de 2000. A contratação de servidores pela CLT. *Revista Diálogo Jurídico*, Salvador, CAJ — Centro de Atualização Jurídica, ano I, v. 1, n. 2, maio 2001. Disponível em: <http://www. direitopublico. com.br> Acesso em: 20.2.2008.

GUSMÃO, Rute. A terceirização de serviços na contra-reforma do Estado. *Revista Quadrimestral de Serviço Social*, São Paulo, Cortez, n. 70, p. 108-109, jul. 2002.

GOVERNO FEDERAL. Ministério da Administração e Reforma do Estado. *Caderno MARE n. 01*. Disponível em: <http://www.planejamento.gov.br/arquivos> Acesso em: 25.2.2008.

HAIDAR, Rodrigo. *Consultor Jurídico*, 04.09.2007. Disponível em: <http://blog.oabperuibe. org.br/2007/09/> Acesso em: 25.2.2008.

HESSE, Konrad. *A força normativa da Constituição*. Trad.: Gilmar Ferreira Mendes. Porto Alegre: Safe, 1991.

JÚNIOR, Edílson Pereira Nobre. Administração pública e o princípio constitucional da eficiência. *Revista de Direito Administrativo*, Rio de Janeiro, Renovar, n. 241, 2005.

JUSTEN FILHO, Marçal. *Curso de direito administrativo*. São Paulo: Saraiva, 2005.

KIEFER, Sandra. Terceirização perde *status*, mas não para o governo. *Estado de Minas*, 23.09.2007.

LEIRIA, Jerônimo Souto. *Terceirização:* uma alternativa de flexibilização empresarial. 6. ed. Porto Alegre: Sagra Luzzatto, 1993.

MACHADO, Carlos Wagner Costa. Mudanças na organização do trabalho: subcontratação "pós-fordista" *versus* terceirização "à brasileira". *Revista Vanguarda Econômica*, Belo Horizonte, FACISA, ano 04, set. 1996.

MAGANO, Octavio Bueno. O TST e a prestação de serviços a terceiros. *Revista LTr* — Suplemento Trabalhista, São Paulo, 1987.

MAIOR, Jorge Luiz Souto. A terceirização sob uma perspectiva humanista. In: HENRIQUE, Carlos Augusto Junqueira; DELGADO, Gabriela Neves (Org.). *Terceirização no direito do trabalho*. Belo Horizonte: Mandamentos, 2004.

______. Terceirização na administração pública: uma prática inconstitucional. *Boletim Científico da Escola Superior do Ministério Público da União*, Brasília, ESMPU, n. 17, out./dez. 2005.

MALAGUTI, Manoel Luiz. Terceirização, taylorismo e conflito. *Revista Raízes*, João Pessoa, Universidade Federal da Paraíba, n. 10, dez. 1994.

MARIA, Estanislau. Terceirização e instalações são criticadas por ambientalistas. *Folha Online*, 12.04.2001. Disponível em: site <http://www1. folha.uol. com.br/folha / cotidiano> Acesso em: 11.12.2007.

MARCHADO, Milla. Terceirização, quem perde e quem ganha. *Revista Anamatra*, São Paulo, Forense, out. 2003.

MARTINS FILHO, Ives Gandra da Silva. Pedido de revisão do Enunciado 256, da súmula do TST. *Revista do Ministério Público do Trabalho*, Brasília, Procuradoria Geral do Trabalho, n. 07, mar. 1994.

MEDAUAR, Odete. *Direito administrativo moderno*. 3. ed. São Paulo: Revista dos Tribunais, 1999.

MEIRELLES, Hely Lopes. *Direito administrativo brasileiro*. 12. ed. São Paulo: Revista dos Tribunais, 1986.

MELLO, Celso Antônio Bandeira de. *Curso de direito administrativo*. 11. ed. São Paulo: Malheiros, 1999.

______. *Curso de direito administrativo*, 13. ed. São Paulo: Malheiros, 2001.

______. *Elementos de direito administrativo*. 3. ed. São Paulo: Malheiros, 1992.

MENDES, Gilmar. *Direitos fundamentais e controle de constitucionalidade*. São Paulo: Saraiva, 2004.

MENDES, Gilmar Ferreira; MARTINS, Ives Gandra da Silva. A superação do regime único: legitimidade da admissão de servidores público sob o império da consolidação das leis do trabalho. *Revista LTr*, São Paulo, n. 62, nov. 1998.

MINISTÉRIO DO PLANEJAMENTO, ORÇAMENTO E GESTÃO. *Plano diretor da reforma do aparelho do Estado*, 1995. Disponível em: <www.bresserpereira.org.br/ Documents/MARE/ Plano Diretor/ plano-diretor.pdf> Acesso em: 30.10.2007.

MORAES, Alexandre de. *Direito constitucional*. 22. ed. São Paulo: Atlas, 2008.

MOREIRA NETO, Diogo de Figueiredo. Globalização, regionalização, reforma do Estado e da Constituição. *Revista de Direito Administrativo*, Rio de Janeiro, Renovar, n. 211, 1998.

MOTTA, Carlos Pinto Coelho. Terceirização e funcionalização: conflito ou complementariedade. *Boletim de Direito Administrativo*, São Paulo, NDJ, dez. 1997.

NASSIF, Elaine Noronha. *Fundamentos da flexibilização:* uma análise de paradigmas e paradoxos do direito e do processo do trabalho. São Paulo: LTr, 2001.

NAKAGAWA, Fernando. Investimento externo deve bater record da privatização. *Folha de S. Paulo*, São Paulo, 22.09.2007.

NOGUEIRA NETO, Domingos de Souza. A contratação por via de empresa interposta e a atividade de telefonia. *Revista LTr*, São Paulo, v. 56, out. 1992.

PASTORE, José; ZYLBERSTAJN, Hélio. *A administração do conflito trabalhista no Brasil.* São Paulo: IPEA, 1987.

PEREIRA, Ricardo José Macedo de Britto. A responsabilidade da tomadora na prestação de serviços terceirizada. *Revista do Ministério Público do Trabalho*, Brasília, Procuradoria Geral do Trabalho, n. 18, set. 1999.

PESSOA, Robertônio Santos. Alerta! "A nova administração pública". *Jus Navigandi.* Disponível em: <www.jusnavigandi/doutrina> Acesso em: 31.10.2007.

______. Neoconstitucionalismo, política e administração pública — dilemas a serem enfrentados. *Interesse Público: Revista Bimestral de Direito Público*, São Paulo, Notadez, n. 39, 2006.

PINHEIRO, Armando Castelar; FUKSAKU, Kiichiro. *A privatização no Brasil:* o caso dos serviços de utilidade pública. Brasília, Governo Federal do Brasil, Departamento de Relações Institucionais, 2000.

POCHMANN, Márcio. *A superterceirização dos contratos de trabalho.* Pesquisa publicada no site do SINDEEPRES — Sindicato dos Empregados em Empresas de Prestação de Serviços a Terceiros. Disponível em: <http://www.sindeepres.org.br> Acesso em: 13.10.2007.

PRUNES, José Luiz Ferreira. *Terceirização do trabalho.* Curitiba: Juruá, 1995.

RAMOS, Dora Maria de Oliveira. *Terceirização na administração pública.* São Paulo: LTr, 2001.

RIFKIN, Jeremy. *O fim dos empregos:* o declínio inevitável dos níveis dos empregos e a redução da força global de trabalho. Trad.: Ruth Gabriela Bahr. São Paulo: Makron, 2004.

ROBORTELLA, Luiz Carlos Amorim. *Terceirização:* aspectos jurídicos, responsabilidades, direito comparado. São Paulo: LTr, 1994. v. 58.

RODRIGUEZ, Américo Plá. *Princípios de direito do trabalho.* São Paulo: LTr, 1993.

SAMPAIO, José Adércio Leite. *Direitos fundamentais.* Belo Horizonte: Del Rey, 2004.

SANTOS, Ursulino. Inconstitucionalidade de enunciado de súmula e precedente normativo. *Revista LTr*, São Paulo, v. 60, n. 11, nov. 1996.

SARLET, Ingo Wolfgang. A eficácia do direito fundamental à segurança jurídica: dignidade da pessoa humana, direitos fundamentais e proibição de retrocesso social no direito constitucional brasileiro. *Mundo Jurídico.* Disponível em: <http://www. mundojurídico.adv.br> Acesso em: 21.2.2008.

SARMENTO, Daniel. *A ponderação de interesses na Constituição Federal.* Rio de Janeiro: Lumen Juris, 2002.

______. A vinculação dos particulares aos direitos fundamentais no direito comparado e no Brasil. In: BARROSO, Luis Roberto (Org.). *A nova interpretação constitucional:* ponderação, direitos fundamentais e relações privadas. Rio de Janeiro: Renovar, 2003.

______. *Direitos fundamentais e relações privadas.* 2. ed. Rio de Janeiro: Lumen Juris, 2006.

______. Os direitos fundamentais nos paradigmas liberal, social e pós-social (pós-modernidade constitucional?). In: SAMPAIO, José Adércio Leite (Org.). *Crise e desafios da Constituição.* Belo Horizonte: Del Rey, 2004.

SAMPAIO, José Adércio Leite (Coord.). *Crise e desafios da constituição.* Belo Horizonte: Del Rey, 2003.

SCORSIM, Ericson Meister. O processo de evolução do estado, da administração pública e do direito administrativo. *Interesse Público: Revista Trimestral de Direito Público*, São Paulo, Notadez, n. 42, 2007.

SENNETT, Richard. *A corrosão do caráter:* consequências pessoais do trabalho no novo capitalismo. Rio de Janeiro: Record, 2004.

______. *A cultura do novo capitalismo.* Trad.: Clóvis Marques. Rio de Janeiro: Record, 2006.

SGARBI, Adrian. *Clássicos de teoria do direito:* John Austin, Hans Kelsen, Alfo Ross, Herber L. A. Hart, Ronald Dworkin. Rio de Janeiro: Lumen Juris, 2006.

SILVA, Almiro do Couto e. Os indivíduos e o Estado na realização de tarefas públicas. *Revista de Direito Administrativo*, São Paulo, Renovar, n. 209, 1997.

______. Privatização no Brasil e o novo exercício de funções públicas por particulares: Serviço público à brasileira. *Revista de Direito Administrativo*, Rio de Janeiro, Renovar, n. 230, out. 2002.

SILVA, José Afonso da. *Curso de direito constitucional positivo*. 13. ed. São Paulo: Malheiros, 1997.

SILVA, José Ajuricaba da Costa e. Terceirização, a solução jurídica japonesa. *Revista LTr*, São Paulo, v. 58, n. 02, fev. 1994.

SOARES, Pedro. Petrobras gasta 36,5% a mais com pessoal. *Folha de S. Paulo*, 21.5.2007.

SPITZ, Clarice. Fornecedores da Petrobras doaram R$ 2 milhões ao PT. *Folha de S. Paulo*, 21.11.2006. Disponível em: <http://www1.folha.uol.com.br/folha/brasil> Acesso em 11.10.2007.

______. PF prende 13 por fraudes na Petrobras; três são funcionários da estatal. *Folha Online*, 10.07.2007. Disponível em: <http://www1.folha.uol.com.br/folha/brasil> Acesso em: 11.10.2007.

SOUTO, Paulo. *Notas taquigráficas da audiência pública realizada na comissão de estudos econômicos do senado federal*. Brasília: Senado Federal.

SÜSSEKIND, Arnaldo. Nova Regulamentação do trabalho temporário e da terceirização de serviços. *Revista de Direito Administrativo*, Rio de Janeiro, Renovar, n. 226, 2001.

TRIBUNAL DE CONTAS DA UNIÃO. *Relatório e parecer prévio sobre as contas do governo república - exercício 2001*. Disponível em: <www2.tcu.gov.br/ pls/portal/ docs/PAGE/ TCU> Acesso em: 1º.11.2007.

______. *Relatório e parecer prévio sobre as contas do governo república — exercício 2003*. Disponível em: <www2.tcu.gov.br/ pls/portal/ docs/PAGE/ TCU> Acesso em: 1º.11.2007.

______. *Relatório e parecer prévio sobre as contas do governo república — exercício 2004*. Disponível em: <www2.tcu.gov.br/ pls/portal/ docs/PAGE/ TCU> Acesso em: 12.01.2008.

TÁCITO, Caio. A reforma do Estado e a modernidade administrativa. *Revista de Direito Administrativo*, Rio de Janeiro: Renovar, n. 215, 1999.

VAZ, Lúcio. Maiores doadoras a candidatos eleitos no Congresso são empreiteiras. *Folha de S. Paulo*, 11.11.2006.

VIANA, Márcio Túlio. A proteção social do trabalhador no mundo globalizado — o direito do trabalho no limiar do século XXI. *Revista LTr*, São Paulo, n. 07, v. 63, jul. 1999.

______. Terceirização e sindicato: um enfoque para além do jurídico. *Revista LTr*, São Paulo, v. 67, n. 07, jul. 2003.

VILLA, Jesús Leguina. A constituição espanhola e a fuga do direito administrativo. *Gênesis — Revista de Direito Administrativo Aplicado*, Curitiba, Gênesis, n. 06, 1995.

VERÍSSIMO, Renata; FILGUEIRAS, Sônia. Governo gasta com terceirização até o dobro do que paga a servidor. *Folha de S. Paulo*, 07.01.2007.

ZAGO, Lívia Maria Armentano Koenigstein. As despesas com o pessoal: lei complementar n. 101, de 04 de maio de 2000. *Revista de Direito Administrativo*, Rio de Janeiro, Renovar, n. 226, out./dez. 2001.

WEBER, Max. *Economia e sociedade*. Trad.: Regis Barbosa e Karen Elsabe Barbosa. 4. ed. São Paulo: UnB, 2004. v. 2.